KB076066

근대한국의 사회과학 개념 형성사 2

근대한국의 사회과학
개념 형성사 2

하영선·손열 엮음

창비

개념사와의 조우, 의미 있는 궤적

지난 2012년 8월 핀란드 헬싱키에서 열린 세계개념사학회 학술대회에
참가하였다. 이 책의 필자 4인을 포함한 총 8인의 한국팀이 폭염의 서울을
뒤로하고 도착한 헬싱키는 호수의 나라 수도답게 맑고 쾌적한 환경을 자
랑하고 있었다. 발트해 동쪽 너머 상트페테르부르크가 파리 분위기의 지
극히 세련된 러시아 도시이고, 서쪽 너머로 있는 스톡홀름이 북유럽 역사
의 중심부답게 런던풍의 중후하면서도 상업적인 분위기를 자아낸다면, 그
중간에 선 헬싱키는 덜 세련되고 덜 부유하지만 유럽과 러시아, 그리고 아
시아적 색채가 복합되어 묘한 느낌을 주는 도시였다.

이러한 헬싱키의 분위기는 회의장으로 이어졌다. 미국의 실증과학이나
프랑스의 담론분석(discourse analysis)이라는 주류의 학문경향과 거리가
있는 개념사 연구는 주변부의 모양새를 하고 있었다. 미국이나 영국에서
의 학회행사가 잘 알려진 오성급 호텔에서 스타학자로부터 대학원생까지
전세계로부터 모여든 수백, 수천명의 연구자들이 교류하는 지식시장이라
면, 개념사 회의는 주로 변방의 나라나 변방의 대학에서 온 70~80명의 수

수한 학자들이 수수하게 꾸며진 헬싱키대학 강의실에 모여 앉아 학문적 열정을 교환하는 장이었다. 참석자는 핀란드가 제일 많았는데, 개최국인 탓도 있지만 핀란드가 가진 개념사 연구의 전통 때문이기도 하다.

주지하다시피 핀란드는 카리 팔로넨(Kari Palonen)이라는 대표 주자를 필두로 한 개념사 강국이다. 라인하르트 코젤렉(Reinhart Koselleck)으로 대표되는 독일 개념사 연구가 18세기 중반부터 19세기 중반까지 유럽 독일어권의 사회과학 개념들이 사회변화 속에서 어떻게 의미 변화를 가져왔는지를 분석하는 작업이었다면, 핀란드의 개념사 연구는 서로 다른 시공간의 비교연구, 특히 중심과 주변의 개념 형성을 비교분석적으로 다루는 특징을 보인다. 이는 핀란드가 겪은 비극의 역사를 대변하는 것이기도 하다. 우랄어족인 핀족이 1세기경 지금의 핀란드 남부에 정착하였으나 12세기 스웨덴의 침략과 함께 피지배의 역사가 시작되었고, 18세기에는 러시아 세력이 확장하면서 세력충돌의 장이 되는 속에서 기나긴 국권회복운동 끝에 제1차 세계대전 후 독립을 쟁취한 고난의 역사를 갖고 있다. 핀란드는 유럽과 러시아라는 두 문명을 교차적으로, 숙명적으로 수용하는 속에서 특정 언어에서 서로 다른 의미의 혼재, 모순 등이 발생하는 현상에 갈등할 수밖에 없었다.

한국은 중국이라는 대국과 사대교린관계를 맺으며 오랫동안 생존과 활로를 유지했고, 19세기 중반 서양 제국주의의 동진에 따른 문명사적 전환기에서 일본과 중국 사이에서 부국강병 경쟁의 실패로 식민지화의 비극을 겪었다. 따라서 한국에게 핀란드의 역사는 비교적 익숙하다. 이번 개념사 대회에서 핀란드와 함께 한국이 양대 참여국인 사실은 우연이 아닐지도 모른다. '중심'의 국가들은 자기정체성과 자기의 관념이 담긴 개념을 사용해왔기 때문에 언어에 담긴 의미가 투명하고 자명해서 개념사가 크게 흥미롭지는 않다. 반면 핀란드나 한국과 같은 '주변'은 생존과 번영을 위해 '중심'의 의미권에 편입되고자 애써왔으나 자기와 맞지 않는 개념을 사용하는 데 따르는 어색함과 답답함을 겪어야 했다.

회의장에서 유럽학자들이 한국학자에게 던진 질문들, 아시아에서 왜 유독 한국이 많이 참여하고 있는지, 일본과 중국의 학자들이 국제교류를 주저하는 이유는 무엇인지, 한국에서 개념사 연구의 위상은 어떠한지 등 어느 하나 쉽게 답변하기 어려운 것들이었지만 적어도 서양의 근대지식 수용을 놓고 한국이 겪어온 어려움의 깊이는 어렵지 않게 전달할 수 있었다. 유럽의 개념사가 넓은 의미에서 동일한 의미권 내에서 개념의 형성과 변용을 연구하는 것이고, 후발국인 일본의 경우 천하세계의 주변에 위치하였기에 일본의 개념사가 근대서양의 개념을 수용하기 상대적으로 용이한 처지를 반영하는 연구라고 한다면, 한국의 개념사는 후–후발국으로서 전통의 무게가 더욱 큰 조건하에서 후발국의 전파를 함께 받으면서 보다 압축적인 변환을 겪는 과정을 분석하는 고난이도의 연구과제이다(하영선 2009).

천하질서라는 명분체계를 체화하는 데 우등생이었던 한국은 19세기 근대서양의 언어를 알기 이전에 그에 해당되는 의미가 없었고, 의미를 이해하는 순간 그에 합당한 언어를 만들어내야 했다. 이 언어가 이웃 일본(혹은 중국)에 의해 번역어로 만들어졌을 때 한국은 이를 토착화하기 위한 또한 차례의 어려움을 겪어야 하였다. 이러한 개념전쟁의 과정을 주체적으로 소화하지 못하고 식민지 지배를 받게 된 한국은 일본의 개념으로 살았고, 해방 후 이를 극복하기 위해 미국이 생산해온 개념들을 거의 무비판적으로 수입하는 결과를 낳았다. 근대서양의 영미적 전통에 입각한 미국의 학문체계가 보편의 지위를 얻고 한국 사회과학계에 압도적 영향력을 행사해온 것이다. 학계의 주류는 미국대학 박사 일변도이고, 이런 추세는 조금도 바뀔 기미가 없다. 신세대는 더 미국적으로 글로벌하다. 필자 역시 미국의 대학에서 박사과정을 이수했지만 유명대학 유명학자들이 생산하는 이론을 비판적으로 검토하는 작업에는 민감하면서도 정작 그 이론이 딛고 있는 개념에 대한 비판적 성찰은 관심 밖이었다. 종종 미국박사들이 한통

속으로 비판받는 이유다.

　이런 점에서 개념사 연구는 장소의 논리에 입각하여 진정한 의미의 국제정치학을 하기 위해 새로운 사고틀을 마련하는 작업이다. 다시 말해서 일본의 제국적 언어와 미국의 냉전적 언어를 넘어서서 주체적 사회과학을 하기 위한 기반 쌓기 작업이며, 이를 바탕으로 21세기 세계질서의 변환을 정확히 읽고 역사의 주인공으로 발돋움하기 위한 실천적 과제이기도 하다.

　1995년 봄 하영선 선생님이 주도하여 "전파연구"라는 공부모임이 시작되었다. 한국 사회과학이 사용하고 있는 주요 개념을 심층적으로 이해하기 위해서 19세기 중반 이래 전개된 서양 개념의 전파와 수용을 읽어보려는 시도였다. 당시 갓 박사학위를 받고 야심차게 새로운 프로젝트를 모색하던 필자도 참여하였다. 솔직히 말해서 개념사 연구에 대한 자발적 필요보다는 하선생님으로부터 약점을 찔린 탓이었다. 더운 여름 어느날 토오꾜오의 국회도서관 주변을 돌면서 나눈 대화는 나름 잘 썼다고 자부하는 박사학위 논문 소개로 시작되었지만, 그 논문에서 쓰는 핵심 개념이 어떤 의미를 담고 있는가라는 하선생님의 질문에 대답이 막혔다. 그동안 해온 공부의 기초가 흔들리는 느낌을 받았고, 그 막연한 위기의식과 함께 막연한 호기심이 공부모임으로 필자를 이끌었다. 일본 정치경제, 국제정치경제를 전공하는 입장에서는 교양 공부에 가까웠다.

　그렇게 시작한 전파연구모임은 18년째 쉼 없이 계속되고 있다. 19세기 개화언어도 읽고 전통언어도 읽었으며 전파의 원류인 유럽언어도 읽었다. 조선시대로 거슬러가기도 하고 식민지시대로 넘어가기도 했다. 국제정치 텍스트가 주였지만 국내정치, 경제, 문화 영역도 다양하게 접했다. 저작, 신문, 일기, 사진 등 다양한 매체를 넘나들었다. 또 세월이 세월인지라 구성원도 많이 바뀌고 공부 분위기도 많이 바뀌었다. 이렇게 긴 시간의 만남도 이례적이지만 그 공부내용도 지극히 이례적이고, 더더욱 연구 성과물이 단 한권뿐——『근대한국의 사회과학 개념 형성사』(창비 2009)——인 것도

8

이례적이다. 그러는 동안 개념사 관련 글도 몇편 써보았지만 내 공부의 우선순위에서는 여전히 밀려나 있었다. 개념사 공부가 크게 흥미롭지 않았고, 당장 내게 주어진 과제들을 해결하는 데 직접적 도움을 주지도 않았기 때문이다. 오랫동안 해왔기 때문에 여기서 중단할 수 없다는 의무감에서 나간 적도 부지기수다.

그럼에도 불구하고 필자가 여전히 개념사를 붙잡고 있는 이유는 한가지, 쉽게 뿌리치지 못할 사명감이다. 우리 사회과학이 창조와 혁신의 시대로 넘어가려면 반드시 개념의 창조와 혁신이 필요하다는 믿음, 이를 위해서는 개념사라는 일종의 공공재, 아니 수퍼공공재를 누군가는 학계에 제공해야 한다는 믿음 때문이다. 헬싱키의 유럽학자들은 열명에 가까운 한국 측 참가자 수에 놀라지만 사실 한국에서 어원사나 전파경로사 수준을 넘어 본격적인 개념사 연구를 수행하는 사회과학 연구자 수는 그보다 크게 많지 않다. 역설적으로 그 때문에 개념사 연구의 끈을 놓기 어렵다. 그래서 또 한권의 개념사를 만드는 데 참여하였다.

이 책은 제목 그대로 『근대한국의 사회과학 개념 형성사』의 후속작이다. 첫번째 저작이 19세기 중반부터 20세기 첫 10년까지 전통으로부터 근대로의 이행기 14개 주요개념의 전파사를 다루었다면, 제2권은 시간축을 전통세계의 천하질서로부터 21세기 복합질서로 확장하여 논의하고 있다. 19세기 중반 이래의 '개념전쟁'을 더 정확히 분석하기 위해서는 전통개념을 보다 체계적으로 이해해야 하고, 또 근대개념의 수용을 통해서 21세기 한국이 사용하고 있는 핵심 개념들의 의미를 제대로 이해하고 있는지 따져볼 필요가 있었기 때문이다. '사대'개념이 전자에 해당하고, '자유'개념은 후자의 경우이다. '국가' '외교' '독립' '민권' '기술' 등은 제1권처럼 19세기 중후반의 근대이행기를 다루고 있고, '국제협조' 개념은 식민지시기를 다루고 있으며, '동아시아질서' 개념은 이 모든 시공간을 관통하고 있다.

이 책 역시 전파연구모임의 산물이다. 제1권 출판 이후 서울대학교의 전재성 교수와 방송통신대학교의 강상규 교수가 차례로 간사역할을 맡아 헌신하며 이끌었다. 키따뀨우슈우대학의 김봉진 선생님은 국경을 넘나들며 전파모임을 참석하는 열정을 보여주었으며 이화여자대학교의 구대열, 양승태 선생님은 자칫 느슨해질 법한 공부모임 분위기를 여러 의미에서 다 잡아주는 귀중한 역할을 하셨다. 이헌미 박사, 권민주 석사, 남민욱 석사, 송지예 석사 등은 긴 시간 조교로서 많은 수고를 해주었다. 이들은 결코 공부모임 뒤치다꺼리하는 차원에 머물지 않았다. 다들 이번 헬싱키 대회에 참가하며 차세대 개념사 연구의 대표 주자를 기약하고 있다. 어찌 보면 한국의 개념사 연구는 이들의 손에 달려 있을지도 모른다.

창비는 예의 격조 있고 세심한 편집으로 원고의 수준을 현격히 높여주었다. 일류 출판사의 혜택이다. 일반적으로 후속편은 상업적 가치가 떨어짐에도 불구하고 개념사 연구의 학술적 가치를 평가하여 흔쾌히 출판을 허락해주신 창비의 백영서 주간께 특별히 감사드린다. 올 한해 바쁜 출판 일정임에도 불구하고 최대한 출판편의를 제공한 염종선 편집국장, 그리고 출판의 전과정을 꼼꼼히 챙겨주신 황혜숙 팀장의 노고에도 깊이 감사드린다. 교정자 성지희씨는 학자의 난삽한 문장을 읽기 편한 문장으로 바꾸는 데 비상한 능력을 보여주었다. 또한 이 책을 별 탈 없이 출판하게 된 데에는 기획에서 출판까지 궂은일을 도맡아온 서울대학교 외교학과의 송지예 석사의 도움이 컸다.

그 무엇보다도 이 책은 하영선 선생님의 작품이다. 필자들이 모인 전파연구모임 18년을 선두에 서서 완주하셨다. 단 한번도 결석하지 않은 개근생이고, 모든 과제물을 꼼꼼히 읽고 오는 모범생이며, 대화를 남다르게 주도하는 우등생이다. 학문에 대한 경이로운 욕심과 넘치는 치열함에 비상한 두뇌까지 더하여서 따라가는 후학을 종종 절망케 한다. 범접하기 어려운 풍모이지만 그 안에는 더없이 자상하고 순수한 매력을 담고 있다.

이제 8월 31일자로 33년간 봉직한 서울대학교 외교학과를 떠나셨다. 관악은 아쉽지만 바깥세계는 반갑다. 선생님을 보다 가까이에서 모시고 더 넓게 활동할 수 있기 때문이다. 그 출발은 정년기념 고별강연이었으며 바로 이 책의 제1장에서 펼친 전통질서에서 복합질서로의 여덟마당에 대한 심화연구와 공개강연으로 이어질 것이다. 이와 함께 필자들은 무수한 지적 도전을 받게 될 것이고, 태산 같은 학문적 은혜를 입을 것이다. 어떻게 보답해드릴지 막막하다.

끝으로 하영선 선생님의 사모님인 이연화 중앙대학교 부총장님을 빼놓고 개념사를 논할 수 없다. 전파모임을 해온 수지서재(書齋)는 사모님의 준비로 시작되어 마무리로 끝났다. 수지서재가 전파의 산실이라면 사모님은 산파이며 보모이셨다. 전파모임이 언제까지 지속될지 모르겠으나, 후학이 개념사를 개념 있게 할 때까지 사모님은 거기 계실 것이다. 귀중한 책의 머리말을 쓰는 영광으로 두분께 무한한 감사의 뜻을 표한다.

2012년 9월
손열

**차
례**

책머리에 | 개념사와의 조우, 의미 있는 궤적__5

**제1장 동아시아질서 개념의 역사적 변환:
천하에서 복합까지** · 하영선__19

    I. 천하질서__19

      1. 선진(先秦) 천하질서의 형성__20

      2. 청대 천하질서의 변환__22

    II. 국제질서__24

      1. 금수문명의 전파와 변용__24

      2. 일본 '대아시아주의'의 좌절__26

    III. 냉전질서__28

      1. 한국전쟁의 비극__29

      2. 미중 데탕트와 7·4남북공동성명의 명암__30

    IV. 복합질서__36

      1. 미중시대의 개막__36

      2. 21세기 동아시아 신질서 건축의 미학__41

제2장 '사대'의 개념사적 연구 · 전재성__45

    I. 서론__45

    II. 전통 사대질서에 대한 이론적 견해들__47

1. 페어뱅크의 전통적 중화질서론__47

2. 신청사론__48

3. 동주 이용희의 동아시아 지역질서론__50

III. **중국 '사대' 개념의 시원__54**

IV. **조선 이전 한반도 왕조의 '사대' 개념__57**

V. **조선시대 '사대' 개념__60**

1. 조명관계와 '사대'__60

2. 조청관계와 '사대'__67

3. 실학기의 자주적 천하관과 '사대'__72

VI. **결론__75**

제3장 한국의 근대국가 개념 형성사 연구:
개화기를 중심으로 · 김성배__77

I. **한국의 정치공동체 개념: '나라'와 '국가'__77**

II. **근대국가로서 '국가'개념의 전파경로__78**

1. 동아시아의 전통적 국가관념: 천하, 국, 방__78

2. 서양 근대국가 개념의 전통__84

3. 일본의 '국가'개념 형성과 청과 조선으로의 전파__87

III. **한국의 근대국가 개념 형성과정__93**

1. 만국공법과 주권사상의 도전과 대응: 박규수와 김윤식__94

2. 주권과 국민국가 개념의 수용: 문명개화파의 국가개념__100

3. 근대국가로서 '국가'개념 정착: 유길준의 사례__106

IV. 결론을 대신하여__115

제4장 지역공간의 개념사: 한국의 '동북아시아' · 손열__117

I. 서론__117

II. 근대한국의 공간개념__120

III. 냉전기 공간개념__128

IV. 탈냉전과 동북아__134

V. 동아시아와의 경쟁__142

VI. 결론__146

제5장 19세기 조선의 외교개념 · 김수암__148

I. 서론__148

II. '차용' 용어로서의 외교의 전통적 관념__149

III. 1870, 80년대 전통과 근대의 복합적 용례__153

1. 청의 번역서와 일본의 영향__153

2. 조일수호조규와 교빙-교제사무의 갈등__154

3. 인신무외교와 전권제도에 대한 인식__157

4. 외교부서의 창설과 외교개념__160

IV. '내치외교' 자주 관행과 '밖'에 대한 인식__164

V. 결론__169

제6장 근대한국의 '자주'와 '독립' 개념의 전개:
'속방자주'에서 '자주독립'으로 · 김현철_171

    I. 머리말_171

    II. 조일수호조규부터 1880년대 이전까지 '속방자주' 개념의 의미_173

    III. 갑신정변부터 청일전쟁까지 '독립'개념의 전개_182

    IV. 청일전쟁 이후 대한제국시기까지 '자주독립' 개념의 사용_191

    V. 맺음말_199

제7장 근현대 한국에서 국제정치영역의 자유개념 · 강동국_201

    I. 머리말_201

    II. 예비적 고찰: 조선시대의 국제정치적 자유개념_205

    III. 자유개념의 계승과 서양 개념의 유입: 1860~1910_208

    1. 자유개념와 independence의 결합과 분리_208

    2. 국제정치영역 자유개념의 새로운 등장_210

    IV. 자유주의의 좌절과 방종의 대두: 1910~45_216

    1. 자유개념의 부흥과 좌절_216

    2. 자유개념의 침체_222

    3. 자유와 방종_225

    V. 냉전적 자유개념의 유입과 전개: 1945~59_234

    1. 정치적 자유개념의 주류화_234

    2. 두 영역의 자유개념의 불안한 공존_238

VI. 두 영역의 자유의 분립과 충돌: 1960~87__242

1. 국내정치영역 자유의 대두: 4·19혁명에서의 자유__242

2. 국제정치영역 자유의 재등장: 5·16쿠데타와 자유__245

3. 자유개념의 주변화__249

4. 자유개념의 분산__257

VII. 맺음말__262

제8장 민권과 제국: 국권상실기 민권개념의 용법과 변화, 1896~1910 · 문유미__269

I. 독립협회: 임금의 권리와 인민의 권리__274

II. 『황성신문』: 정부의 권리와 인민의 권리__282

III. 『대한매일신보』: 국민의 권리와 인민의 정부__298

IV. 결론__305

제9장 근대한국의 기술개념 · 김상배__307

I. 머리말__307

II. 전통 동아시아의 기술개념__311

III. 실학의 기술개념__316

IV. 동도서기론의 기술개념__322

V. 개화론의 기술개념__330

VI. 맺음말__338

제10장 식민지 한국의 국제협조주의 · 권민주_342

I. 머리말_342

II. 전간기 국제협조주의_345

1. 유럽의 국제협조주의_345

2. 일본의 국제협조주의_349

III. 식민지 한국의 국제협조주의_354

1. 국제협조주의와 세계개조 개념_354

2. 세계개조론의 토대_362

IV. 식민지 한국의 국제협조주의 비판_369

1. 국제협조주의의 한계_369

2. 전쟁의 발발가능성_374

V. 맺음말_380

참고문헌_383

찾아보기_415

제1장

동아시아질서 개념의 역사적 변환: 천하에서 복합까지

•

하영선

중국의 부상과 미국의 변환을 겪고 있는 21세기 동아시아는 신질서 건축의 논의를 본격화하고 있다. 새로운 미중시대의 가능성을 맞이한 오늘의 역사는 동아시아라고 부르는 정치공간에서 삶터를 마련하고 있는 한반도에도 핵심적인 영향을 미치게 될 것이다. 따라서 동아시아의 신질서 건축은 21세기 한국의 최대 숙제다. 이 숙제를 풀기 위해서 동아시아질서 개념의 역사적 변환을 천하, 국제, 냉전의 순서로 이해한 뒤 마지막으로 21세기 동아시아 신질서를 미학적으로 건축해보고자 한다.

I. 천하질서

동아시아는 지역정치공간을, 19세기 중반 이래 서양의 국제질서라는 개념으로 새롭게 바라보게 되기 이전까지 오랫동안 천하질서로 불러왔다. 천하개념은 선진(先秦)시대에 형성된 이후 동아시아질서의 통일과 분열의 과정에서 역사적으로 전개되었으며, 마지막으로 청대에 이르러 보다 복합적인 의미를 갖게 된다.

1. 선진(先秦) 천하질서의 형성

한반도를 포함하는 동아시아는 역사적으로 오랫동안 천하예의지방(天下禮儀之邦)이라는 문명표준에 익숙해져 살아왔다(이용희 1962; 1972, 20~37면; 김용구 1997; 김한규 2005; 홍승현 2009; 叶自成 2003; 渡辺信一郎 2003; Fairbank 1968; Cosmo 2002). 천(天)이 본격적으로 정치적 의미를 가지고 동아시아에서 사용되기 시작한 것은 기원전 11세기 중국의 은왕조에 이은 주왕조의 등장과 함께였다. 주나라 건국시기의 대표적 금문(金文)인 『대우정(大盂鼎)』에는, 위대한 문왕은 천명(天命)을 받았으며 무왕은 사방(四方)을 보유했다고 새겨져 있다.[1] 주나라 문왕은 새 왕조의 건립을 하늘의 명이라는 명분으로 정당화하면서 천명을 받은 자라는 천자(天子) 칭호를 쓰기 시작했고, 무왕은 문왕의 대를 이어 적을 물리치고 천명이 미치는 사방을 보유함으로써 천하의 모습을 갖추었다. 그리하여 천자가 다스리는 천하가 있고 그 밑에 제후의 국들이 품어져 있으며 변방에 오랑캐(夷狄)의 국들이 위치한 위계질서가 만들어졌다. 천자는 가까운 제후국가와 봉건관계를 맺었으며 먼 오랑캐국들과는 필요에 따라서 제후국들과의 관계를 초보적으로 원용했다. 천하질서의 이런 모습은 그 이후 3천년 가까운 기간 동안 동아시아 질서의 기본 형태를 이루었다.

서주(西周)왕조 이후 춘추시대에 들어오면 예(禮)를 기준으로 하여 천하질서를 보다 명확하게 중화와 이적으로 나누는 화이(華夷)개념이 뿌리를 내린다(渡邊英幸 2010). 춘추시대의 동주(東周)가 국력의 쇠퇴로 정치적 권

---

1) "玟王受天有大令 在珷王嗣玟乍邦 辟氒匿 匍有四方," 『殷周金文集成』, 北京: 中華書局, 1984-1994; 小南一郎 2006.

위와 지배력을 빠르게 잃어가는 가운데 패권국가들이 등장하여 중화를 형성하고 예를 명분으로 크고 작은 이적국가들을 다스리게 된다. 예(禮)라는 글자의 풍(豊)이 본래 제기(祭器)의 모양을 나타낸 것이란 점에서 알 수 있듯 예는 하늘이나 귀신들에 대한 제사에 기원을 두고 있으며, 춘추전국시대에 이르면 인간관계 전체를 규율하는 것으로 의미가 확대되었다. 천자와 제후 간에는 책봉(冊封)과 조공(朝貢)의 예를 교환하는 군신관계를 맺었으며 권외의 야만인 오랑캐와의 관계에도 이 예를 준용했다. 오랫동안 구미의 근대 국제질서가 군사와 경제 무대를 중심으로 펼쳐졌던 것과 대조적으로, 천하질서의 무대는 예를 강하게 명분화하고 있었던 것이다.

춘추시대의 각축에 이은 소수 패권국가 중심의 전국시대에 천하개념은 보다 구체적인 정치공간으로 자리 잡았다. 『예기(禮記)』 왕제(王制) 편과 『여씨춘추(呂氏春秋)』 심분람(審分覽) 신세 편에서는 사해(四海)로 둘러싸인 사방 3천리의 천하를 9주(州)로 나누어 9주의 중심에 있는 사방 천리의 영역을 천자가 지배하는 기내(畿內)로 구획하고 나머지 8주는 방백을 두어 통치한다고 설명하고 있다. 『금문상서(今文尚書)』 우공(禹貢) 편은 앞에 나온 9주설과 함께, 천자의 왕성부터 5백리 간격으로 전복(甸服), 후복(侯服), 수복(綏服) 또는 빈복(賓服), 요복(要服), 황복(荒服)의 5복을 설정하고 있다. 전국시기 저작인 『국어(國語)』 주어(周語) 상(上)에서는 5복을 보다 자세하게 설명한다. "선왕의 제도는 왕의 직할지를 전복으로 부르고 그 밖은 제후국인 후복, 제후국의 밖은 빈복, 그 밖의 만이가 사는 요복, 융복이 사는 곳은 황복이라고 했습니다. 전복은 천자의 제(祭)에, 후복은 천자의 사(祀)에, 빈복은 천자의 향(享)에, 제수품을 담당했으며, 요복은 천자에게 매년 공물을 바치고, 황복은 군위를 계승할 때 와서 천자를 조현(朝見)해야 합니다."

천하예의지방의 기본 행동원칙은 큰 나라는 작은 나라를 사랑하고 작은 나라는 큰 나라를 섬긴다는 자소사대(字小事大)였다. 자소사대는 어지러웠던 춘추전국시대 국가들의 행동규범으로 등장했다. 『춘추좌전(春秋左傳)』을 보면 "예란 작은 나라가 큰 나라를 섬기고 큰 나라가 작은 나라를 아끼는 것을 말하는데 사대는 그때의 명을 함께 하는 데 있고, 자소는 작은 나라가 없는 것을 구제하는 데 있다"고 설명한다.[2] 『맹자(孟子)』에서는 "대국이면서 소국을 섬긴 자는 천을 기쁘게 한 자이고 소국으로서 대국을 섬긴 자는 천을 두려워한 자다. 천을 기쁘게 하는 자는 천하를 지키고 천을 두려워하는 자는 그 국을 지킨다"라고 말한다.[3]

분열과 통합의 역사를 걸어온 동아시아의 천하질서는, 사대자소를 기본으로 삼고 시세에 따라서 간접적으로 통치하는 기미(羈縻)정책과 직접적으로 군사력을 동원하는 정복정책을 작동시켜왔다.

2. 청대 천하질서의 변환

동아시아 천하질서는 청조에 들어서면서 보다 복합적 변환을 겪게 된다. 청대의 역사에 대해서는 최근 주목할 만한 새 연구가 진행되고 있다. 우선 중국에서는 '국가청사 편수공정(國家淸史纂修工程)'이라는 이름으로 지난 10년 동안 2012년을 목표로 청대의 역사를 '통일적 다민족국가론'의 시각에서 정리하는 방대한 프로젝트를 진행하고 있다.[4] 또한 1990년대 이래 등장한 미국의 신청사(新淸史) 연구는 청제국을 기존의 한화(漢化) 중심의 논의와 달리 한화와 만족(滿族)적 특성의 복합적 시각에서 새롭게 볼 것을 강조하고 있다(Waley-Cohen 2004, 193~206면). 제임스 헤비아(James L. Hevia)는 국가이익을 위해 치열하게 부국강병을 추진한 서양과 달리 중국적 세계질서는 책봉조공의 제도 속에서 사대자소의 예를 지키는 것에 보

---

2) "禮也者 小事大 大字小之謂 事大在共其時命 字小在恤其所無," 『春秋左傳』昭公 三十年.

3) "以大事小者 樂天者也 以小事大者 畏天者也, 樂天者保天者 畏天者保其國," 『孟子』梁惠王章句下.

4) 中華文史網(http://www.qinghistory.cn).

다 주력했다고 평가한 페어뱅크(John K. Fairbank)를 비판하면서, 청국도 유럽의 다른 제국과 마찬가지로 주변 사방의 국가들을 잘 달래고 꾀어서 따르게 하려는 회유원인(懷柔遠人) 정책을 사용해왔다고 주장한다(Hevia 1995). 그러나 청조의 천하질서는 페어뱅크와 헤비아의 이분법적 시각만으로는 충분히 설명되지 않는다. 보다 구체적으로 18세기 청조의 건륭제는 정벌, 회유원인, 사대자소의 3중적 노력으로 천하질서를 구축했다.

이탈리아 예수교 선교사로서 청조의 궁정화가로 활약했던 쥬세페 카스틸리오네(Giuseppe Castiglione, 郎世寧)의 「만수원사연도(萬樹園賜宴圖)」(1755)는 건륭제가 1754년 청에 귀순한 아무르사나를 비롯한 토르구트(Torgut) 서몽고족 수령(首領)들을 위해 열하〔熱河(청더, 承德)〕 피서산장의 만수원에서 베푼 대규모 연회장면을 그리고 있다. 이 귀순에 힘입어 건륭제는 대대적으로 준가르족을 정복하고 방대한 규모의 대청제국을 건설한다.

또한 박지원이 『열하일기(熱河日記)』에서 상세하게 묘사하고 있는 것처럼, 건륭제는 1780년 열하에서 베푼 자신의 칠순잔치에 참석한 티베트의 2인자 판첸 라마를 회유원인의 빈례(賓禮)에 따라서 평소 공부했던 티베트어까지 사용하는 친밀감을 과시하며 대단히 정중하게 맞이한다.[5] 난처했던 것은 소중화를 자처하는 유교국가 조선의 연행사였다. 판첸 라마에게 정중한 예를 갖추라는 청조의 요구에 대해 귀국 후의 후환까지 고려하여 절 아닌 절을 해야 했으며 판첸 라마가 선물한 불상의 처리에 고심해야 했다.

다른 한편 청제국은 초기에 숭명멸청(崇明滅淸)의 명분을 고수하려는 조선에 대해 군사적 수단까지 동원하여 병자호란을 일으킨다. 그리고 조선이 현실적으로 청을 과거의 명처럼 상국으로 섬기지는 않았지만 일단 대국으로 받아들인 후에는, 19세기 말 청일전쟁에서 청국이 패배해 중국

---

5) 朴趾源 1780〔1966〕; 하영선 2011, 제1강; Elliott, Milward, Dunnel, and Forêt 2004.

중심의 천하질서 관념이 공식적으로 막을 내릴 때까지 가장 전형적인 조공제도의 틀 속에서 사대자소의 예에 따라 조중관계가 유지되었다.

II. 국제질서

동아시아 천하질서는 19세기 중반 유럽의 근대 국제질서와 본격적으로 만나게 된다. 중국은 1840년에 아편전쟁을 치르며, 일본은 1854년 미국의 흑선을 맞이한다. 한국은 상대적으로 조금 늦게 프랑스, 미국 등과 군사적 충돌을 겪는다. 그러나 오랫동안 익숙해 있던 천하개념 대신 국제개념으로 새롭게 동아시아질서를 관념하는 것은 결코 쉬운 일이 아니었다. 동아시아는 우여곡절을 거치면서 새로운 국제질서 개념을 받아들이고 한걸음 더 나아가서 치열한 제국주의적 각축에 뛰어들게 된다.

1. 금수문명의 전파와 변용[6]
동아시아는 근대유럽의 국제질서를 쉽사리 새로운 문명표준으로 받아들이지 않았다. 예를 기반으로 하는 사대자소를 강조하는 동아시아의 전통세력은, 부국강병으로 자강균세(自强均勢)를 추진하는 유럽세력들을 동아시아 문명표준의 잣대를 들어 야만에도 미치지 못하는 금수(禽獸)로 낮게 평가했다. 그러나 두 세력의 본격적 만남의 결과는 유럽의 일방적 승리였다. 천하예의지방을 오랫동안 문명의 표준으로 삼고 살아왔던 동아시아에 19세기 중반 뒤늦게 역사의 태풍이 불어닥친 것이다. 중국 중심의 전통 천하질서가 구미 중심의 근대 국제질서로 탈바꿈하는 문명사적 대변환을 맞이했다. 주인공은 천하국가에서 국민국가로, 중심 무대는 예(禮)에서 부

---

6) 이 부분의 내용은 하영선의 『한국 근대 국제정치론 연구』(근간)에서 자세히 논의된다

국강병으로, 연기원칙은 자소사대에서 자강균세로 바뀌게 된다.

　1840년대의 아편전쟁 이후 구미의 국민국가들은 부국강병과 자강균세를 넘어서서, 아시아를 포함하는 전세계에서 다른 국가들에 압도적 영향력을 행사하려는 제국적 경쟁을 벌였다. 새로운 근대 국제질서와의 본격적 첫 만남에서 한국은 중국이나 일본과 마찬가지로, 전통적인 척사론의 시각을 넘어서서 새로운 외적에 대한 정보 수집과 방어책을 고민하는 해방론(海防論)과, 서양 근대 국제질서의 작동원리인 만국공법과 균세지법을 활용하여 서양세력을 다루되 이러한 서양 국제사회의 작동원리를 새로운 문명표준으로 받아들이지 않고 춘추전국시대에 이미 서양의 국제법이나 균세지법과 유사한 작동원리가 있었으므로 이를 원용해 가져다 쓰면 된다는 원용부회론(援用附會論)을 추진한다.

　한국은 임오군란(1882)과 갑신정변(1884)을 거치면서, 천하국가에서 근대국가로 변모하고 있는 중국의 감국(監國)정치를 감내하면서 다른 한편으로는 일본을 포함한 구미열강들과의 근대적 국제관계를 추진해보려는 양절체제론(兩截體制論)을 시도한다. 청일전쟁(1894~95)에서 패배한 중국은 천하질서 대신 근대 국제질서를 새로운 문명표준으로서 받아들여야 했다. 한국도 갑신정변 이후 잃어버린 10년을 넘어서서 본격적으로 새로운 문명무대에서 활약하기 위하여 자강균세론을 뒤늦게 모색해야 했다.

　한국이나 중국에 비해서 근대 국민부강국가라는 새로운 문명표준을 과감하고 재빠르게 받아들인 일본은 전통적인 천하공간을 새롭게 국제공간으로 인식하고 메이지(明治) 유신 이래 짧은 기간 동안 근대적 국력을 신장하여, 새로운 문명표준을 쉽사리 받아들이지 못하던 청국이 청일전쟁에서 엄청난 수모를 맛보도록 만들었다. 청일전쟁에서 승리했음에도 불구하고 유럽 3국의 전후간섭을 대부분 받아들여야 했던 일본은 그러한 현실적 한계를 다시 한번 와신상담 외교로 극복하고 결국 러일전쟁(1904~1905)에서 승리하여 본격적으로 구미 중심의 국제질서 무대에 서게 된다.

일본의 승리는 한국이 희망하는 자강균세의 좌절을 의미하는 것이었으며 동시에 일본 주도의 지역 제국질서를 예고하는 것이었다. 일본은 새로운 지역질서 개편을 위한 명분으로 일본 주도의 아시아연대에 기반을 둔 동양평화론을 본격적으로 주장했다. 한국은 국권 회복을 위한 투쟁론과 준비론의 갈등 속에서, 일본형 동양평화론의 허구성을 드러내고 동양과 한국이 동시에 평화로운 한국형 동양평화론을 펼치고자 했으나, 본격적으로 실천에 옮기지 못하고 1910년 국망의 비극을 맞이한다. 식민지기간 동안 한국의 준비론, 외교론, 무장투쟁론은 힘겨운 노력에도 불구하고 칠흑같은 어두움 속에서 광복의 불빛을 쉽사리 찾아내지 못했다.

2. 일본 '대아시아주의'의 좌절

한국과 중국에 비해 빠르게 근대 국제질서의 길을 선택한 일본은 1880년대에 흥아론(興亞論)과 탈아론(脫亞論)의 논의를 시작한다. 흥아론은 피상적으로 봤을 때 아시아 지역론의 첫출발로 착각할 수 있으나, 그 밑바닥을 내려가보면 일본 아시아 맹주론의 다른 표현이라는 것을 알 수 있다. 청일전쟁과 러일전쟁을 거치면서 일본이 제기한 3국동맹론과 동양평화론 같은 아시아 연대론도 일본의 일국 중심주의를 벗어나지 못함으로써 명실상부한 아시아 지역주의로 성장할 수 없었다.

19세기 말 이래 가열된 구미열강의 제국주의적 각축은 결국 제1차 세계대전을 일으켰고, 전쟁의 참화는 전후 국제협조주의의 가능성에 대한 기대를 키웠다. 1921년 11월에 열린 워싱턴회의는 해군군비 제한에 관한 5개국(영국, 미국, 일본, 프랑스, 이탈리아) 조약과 중국에 관한 9개국 조약을 체결함으로써 동아시아의 국제협조를 시도했다. 이러한 분위기 속에서 1920년대의 일본은 국내적으로 세계질서의 대세는 세력균형주의인가 아니면 국제협조주의인가에 대한 논의를 진행하였다. 그러나 한국의 김양수는 워싱턴회의 이후의 동아시아질서가 표면적으로는 국제협조주의의 가능성을 보여주고 있지만 잠재적으로는 일본과 미국의 치열한 세력각축이 진행되고 있다는 것을 예리하게 지적하였다(하영선 2011, 제5강). 중국의 리다자오(李大釗)는 일본의 '대아시아주의'가 중국병탄주의의 은어이며 대일본주의의 다른 이름이라고 강하게 비판하면서 "남에게 병탄된 아시아의 민족은 모두 해방하고 민족자결주의를 실행해야 하며, 그런 후에 하나의 대결합을 결성하여 구미의 연합과 함께 세 세력이 정립함으로써 공동으로 세계연방을 완성하고 인류의 행복을 더욱 증진하는" 신아시아주의를 주장했다(李大釗 1919; 리 다자오 2010). 쑨 원(孫文)은 1924년 11월 일본 고베에서 열린 대규모 강연에서, 먼저 일본의 불평등조약 폐기와 러일전쟁 승리를 평가한 다음, 아시아가 종전에 유럽에 대해 가지고 있던 지위를 다시 회복하려면 중국과 일본을 비롯한 아시아의 각 민족들이 크게 연대해야 하는데 이러한 대아시아주의는 무력의 서방패도가 아니라 인의·도덕의 동방왕도의 길을 걸어야만 비로소 가능하다고 역설했다.[7]

　일본은 1929년부터 본격화된 세계대공황의 어려움 속에서 1931년 만주사변을 일으키고 1937년에는 본격적인 중일전쟁을 시작했다. 코노에 후미마로(近衛文麿) 수상은 1938년 11월 3일 중일전쟁의 목적이 "동아의 안정을 확보하기 위한 신질서 건설"이라고 주장하고 이를 위해 일본, 중국, 만주국이 제휴하여 정치·경제·문화 분야에서 상호협조함으로써 '동아신질서'를 건설해야 하며, 중국 국민당정부도 항일용공정책을 포기하고 새로운 인적 구성을 갖춘다면 함께 신질서를 건설할 수 있다는 성명을 발표했다.[8] 이와 함께 고노에 수상의 두뇌집단인 소화연구회는 '동아협동체론'을 활발하게 펼쳤으나 국내외적 호응을 얻지 못했으며, 태평양전쟁과 함께 등장

---

7) 孫文 「"大亞洲主義"演說辭」(1924.11.28), 『民國日報』(上海) 1924.12.8; 鎭陳德仁 · 安井三吉 1989.

8) 近衛文麿 「帝國政策聲明」(1938.11.3), 『支那事變ニ於ケル政策關係重要決定事項』(其二) 3, 外務省外交史料館(B-A-1-1-351).

한 '대동아공영권' 논의가 반아시아적 아시아주의의 대미를 장식했다.

'동아신질서'론은 당시 식민지 조선의 지식인들에게 큰 영향을 미친다. 특히 암울한 국내외 상황 속에서도 어렵게 비타협적 자세를 유지했던 사회주의 세력들까지 대규모로 전향한다. 잡지 『삼천리』는 1939년 1월호에서 「동아협동체와 조선」이라는 소특집으로 전향한 사회주의자 3인의 글을 싣고 있다(김명식·인정식·차재정 1939). 식민지시기 국내 사회주의 세력의 대표적 논객이었던 김명식은 옥고를 치루면서 불구된 몸으로 일본 오사카의 빈민굴에서 생활고와 병고로 8년이나 비참한 삶을 살면서도 온갖 회유와 압력을 뿌리쳤던 인물이었으나, "이제 우리는 신동아협동체의 건설에 대하여 특별한 관심과 열의를 가지고 그에 적극적으로 참가하여 신운명의 일보를 개척치 않으면 아니 될 것이다"라고 주장했다. 신동아 건설 문제는 이미 이론의 시기를 지나서 실현의 제1단계에 들어섰고 신중국 건설은 연방형태의 가능성이 높으며, 장기적으로 만약 신동아연방이 이루어진다면 인류사의 신기원이 될 것이므로 적극적으로 참여해야 한다는 것이었다. 중국과 일본 사이에 놓여 있는 식민지 조선은 아직 제대로 확립되지 못한 신동아 건설의식을 제대로 마련하는 데 우선적으로 기여해야 하는데, 그것은 기존의 민족주의나 파시즘으로는 불가능하며 그 대안으로서 정치적으로 '데모크라시', 경제적으로 '콜렉티브', 사회적으로 '휴매니즘'을 동아협력의식으로 삼게 하면 한국의 진로가 열리고 신동아와 신세계 건설에 공헌할 수 있다고 설명하고 있다(박종린 1999; 洪宗郁 2004, 159~86면).

III. 냉전질서

제2차 세계대전 이후의 동아시아질서는, 미국과 소련을 양극으로 지구적 차원에서 형성되는 냉전질서의 동아시아적 전개라는 틀 속에서 새롭게 자리 잡기 시작했다. 1947년 미국은 소련의 영향력이 유럽에서 확장되는 것을 막기 위해 서유럽에 대규모의 경제 지원을 시작하면서 소련에 대한 비군사적 봉쇄정책을 추진하기 시작한다. 그리고 1950년 6월 소련과 중국의 지원 속에 북한이 일으킨 한국전쟁에 미군이 즉각적으로 참전함에 따라 유럽 중심의 비군사적 봉쇄정책은 아시아를 포함한 전지구에서 군사적 수단까지를 포함한 전면적 봉쇄정책으로 확대된다. 한국전쟁은 미국과 소련이 각축하는 냉전질서를 전지구적 차원에서 완성시켰다. 1970년대에 들어서면서 적대국이었던 미국과 중국은 긴장 완화를 거쳐 국교 정상화의 길을 걷게 되지만 한반도의 남북한은 긴장 완화를 위한 7·4남북공동성명에도 불구하고 냉전관계를 벗어나지 못했다.

1. 한국전쟁의 비극[9]

한국은 일본이 제2차 세계대전에서 패망함에 따라 식민지의 질곡에서 해방되어 다시 전후 국제정치무대에 서게 되었다. 그러나 불행히도 한반도는 전후 세계냉전질서의 주전장이 되었고, 세계대전을 방불케 하는 한국전쟁을 겪으며 남북으로 분단된다. 동아시아질서의 냉전화에 결정적 역할을 한 한국전쟁의 원인에 대해서는 관련 당사국들의 이해가 첨예하게 엇갈려왔다.

동아시아 냉전질서의 기본 성격에 관한 논의는 냉전의 전개와 함께 다양하게 진행되었다. 제2차 세계대전 이후 1960년대까지 진행된 냉전과 한국전쟁 연구 1기는 냉전의 책임을 소련에서 찾고 한국전쟁의 기원을 소련과 북한의 협력에서 접근했다. 1970년대 브루스 커밍스(Bruce Comings)를 비롯한 베트남전 세대들의 본격적인 한국 현대사 연구 2기는 1기의 정통주의를 비판하고 한국전쟁의 기원을 오히려 미국의 한반도 정책과 한국

---

9) 이 부분의 내용은 하영선(1984; 1993)의 내용을 수정 보완한 것이다.

의 국내차원에서 재검토하는 수정주의를 제시했다. 탈냉전을 전후해서 주목을 받기 시작한 존 루이스 개디스(John Louis Gaddis) 등의 탈수정주의 냉전 3기 연구는 분단을 지구적인 차원에서 미소 간의 갈등과 경쟁이라는 요소와 해당 지역의 국내차원 갈등요소들의 결합으로 보았다. 이러한 논의는 탈냉전 이후 수정론 주장보다 설득력을 가지고 국제 냉전 연구를 주도하기 시작했다.

소련의 해체에 따라 주요 외교문서들이 공개되고 경직화된 이념분쟁이 완화되면서 한국전쟁을 포함한 동아시아 냉전 연구는 보다 활발해졌다. 대표적 사례로, 그동안 논란의 대상이 되어왔던 1950년 4월 김일성-스탈린 모스크바 비밀회담에 관한 소련문서의 공개는 김일성의 치밀하고 구체적인 전쟁 준비과정과 스탈린(Iosif Stalin)의 핵심적이고 적극적인 역할을 새롭게 보여주었다(Weathersby 1993; 1995; 1996, 30~125면). 한걸음 더 나아가서 국제적으로 냉전 연구세대 4기는 냉전 이후 공간된 다국적 문서들을 가지고 세부 지역에 대한 구체적 냉전 연구를 본격화하고 있다.

한편 냉전과 한국전쟁에 대한 국내연구는 우리가 겪어온 현대사의 비극 때문에 제1기의 연구가 상대적으로 굉장히 오래갔고, 제2기의 수정론 연구는 1980년대부터 본격적으로 소개되기 시작해서 구미에서는 이미 주도권을 상실한 1990년대에도 지속됐기 때문에, 냉전 연구의 수준이 쉽사리 2.5기를 못 벗어나고 있다. 따라서 1990년대 이후 한국전쟁의 원인을 밝혀보려는 박명림, 김영호, 정병훈 등의 노력이 있었지만, 한반도 분단의 국제체제, 남북한 분단체제, 남북한 국내체제의 3중적 결합요인을 입체적으로 조명하지 못하고 있다(하영선 2010).

2. 미중 데탕트와 7·4남북공동성명의 명암

한국전쟁 이후 미소를 양극으로 형성된 국제 냉전질서는 1970년대를 맞이하면서 긴장을 완화하려는 시도를 하게 된다. 미국과 소련은 1960년대 말에 상대방의 핵 선제공격을 받더라도 여전히 치명적 피해를 줄 수 있는 2차 공격력을 상호 확보하게 됨에 따라 공포의 균형을 유지하면서 1971년에 전략핵무기 감축협정을 체결한다. 동시에 1964년부터 본격화된 베트남전의 늪에 빠져서 커다란 어려움을 겪던 미국은 1970년대 초 당면한 전후 최대의 경제와 정치위기를 해결하기 위해 냉전의 긴장 완화를 적극적으로 추진한다. 닉슨(Richard Nixon) 대통령은 1969년에 아시아 문제는 아시아인들이 해결할 수밖에 없다는 '괌독트린'을 발표한다. 키신저(Henry A. Kissinger)는 1971년 7월 비밀리에 중국을 방문하여 저우 언라이(周恩來) 수상과 17시간의 치열한 회담을 진행했다.[10] 미국과 중국은 정상회담, 타이완, 인도차이나 문제를 비롯해서 일본, 한국, 동남아 같은 지역문제, 커뮤니케이션, 군비 통제, 소련을 포함한 대국관계 등의 7대 문제에 대해 포괄적이고 심도 있는 논의를 전개하였고, 구체적 성과로 1972년 2월 닉슨 대통령의 역사적 중국방문을 성사시켰으며, 최종적으로 1978년 공식적인 외교관계를 시작한다.

키신저는 1971년 7월의 비밀회담에서 한국문제를 논의하면서 주한미군의 장래에 대한 저우 언라이의 질문에 대해 "주한미군 문제는 이 지역의 일반적 관계와 한 국면의 국제관계에서 다음 국면의 국제관계로 넘어가는 과도기를 다루는 우리의 지혜에 크게 달려 있다. 때로는 옳은 일도 전진적으로 행해져야 한다. 왜냐하면 너무 성급하게 할 경우 충격적인 영향을 미쳐서 우리가 의도하는 것과 반대의 결과가 생길 수 있기 때문이다. 예를 들어 미중관계가 바람직하게 발전하고 베트남전이 끝나서 베트남 주둔 한국군이 한국으로 돌아간다면, 닉슨 대통령의 다음 임기가 끝나기 전에 다는 아니지만 대부분의 주한미군이 한국에서 철수할 수 있으리라고 생각한

---

10) The National Security Archive, The Beijing-Washington Back-Channel and Henry Kissinger's Secret Trip to China September 1970~July 1971(http://www.gwu.edu/~narchiv/NSAEBB/NSAEBB66/press.html) (2002.2.27).

다"라고 답변했다.[11]

키신저는 대국들인 미국과 중국이 냉전에서 데탕트로의 과정을 겪으면 남북한에도 데탕트로의 길이 있으리라 예상했다. 그러나 한반도는 1972년 남북한의 7·4남북공동성명과 함께 데탕트의 기대와 좌절의 역사를 겪는다.[12] 당시 남북의 적대 분위기를 고려하면 한국 중앙정보부장 이후락이 직접 평양을 방문해서 김일성 수상과 두 차례의 면담을 한 것은 2000년대 정상회담의 충격보다 훨씬 컸다. 면담에서 김일성 수상은 조국통일 3대 원칙인 자주, 평화, 민족대단결을 특별히 강조했고 이후락 부장은 박 대통령도 같은 생각이라고 답변했다. 북한이 오랫동안 강조해왔던 조국통일 3대 원칙을 핵심으로 하는 7·4남북공동성명을 제대로 이해하려면 한반도의 안과 밖에서 벌어졌던 변화를 동시에 읽어야 한다.

1969년 미국의 닉슨 대통령은 괌독트린을 선언하는 과정에서 박정희 대통령을 만난다. 당시 박 대통령은 참전국 중에 가장 많은 병력을 베트남전에 파병한 한국에 대해서는 괌독트린이 적용되지 않을 것으로 기대했고, 닉슨 대통령은 주한미군 철수에 대해 직접적인 언급을 하지는 않았다. 그러나 1970년 초 미국은 주한미군 철수를 공식적으로 통보한다. 한반도에 배치되어 있던 2개 사단 중 1/2에 해당하는 7사단의 철수는 당시 남북한의 대결구도에서 엄청난 충격으로 받아들여졌다.

박 대통령은 1970년 7월 한반도와 동아시아 상황을 대단히 심각하게 판단하고 주한미군 철수와 군사 원조 문제로 내한한 미국 애그뉴(Spiro T.

---

11) The National Security Archive, The Beijing-Washington Back-Channel and Henry Kissenger's Secret Trip to China September 1970~July 1971, Memorandum of Conversation(July 10, 1970, Afternoon)(http://www.gwu.edu/~narchiv/NSAEBB/NSAEBB66/press.html) (2002.2.27).

12) North Korea International Document Project, Woodrow Wilson Center, The Rise and Fall of Detente on the Korean Peninsula, 1970-1974: A Critical Oral History (http://www.wilsoncenter.org).

Agnew) 부통령과 식사로 샌드위치를 먹으면서 열네시간의 마라톤 담판을 강행한다. 박 대통령은 애그뉴 부통령에게 당신이 미국의 부통령이지만 나도 작은 나라이긴 하여도 일국의 대통령이라고 강하게 밀어붙이면서, 주한미군 감축 이전에 우선적으로 한국군 근대화 계획을 우선적으로 지원하겠다는 약속을 받아내기 위해 전력투구한다.

박 대통령은 주한미군 감축에 따른 안보의 위협을 극복하기 위해 새롭게 3중 생존전략을 추진하였다. 첫째로, 미국만 믿고 있을 수는 없다는 판단하에 북방정책을 시도했다. 미국이 중국과의 관계 개선에 성공하였던 것처럼 한국도 소련이나 중국과 관계 개선의 길이 없는가를 검토하기 시작했다. 둘째, 남북관계도 시간을 벌어야 하기 때문에 어떻게든 평화공존이나 데탕트를 위한 접촉을 시도했다. 그에 따라, 북한이 특별히 강조하는 조국통일 3대 원칙을 핵심으로 하는 7·4남북공동성명에 합의한 것이다. 셋째, 국내적으로는 북한의 수령체제와 대결하기 위해 권위주의 체제로서 본격적인 유신체제를 마련하고, 군사적으로는 자주국방을 위해 핵무기를 개발하고 방위산업을 육성하기로 했다. 당시 중공업 육성은 경제적 필요성과 함께, 방위산업 육성과 연관된 가운데 투자가 이뤄졌다. 이러한 시도 중에 핵능력 개발은 1970년대 박정희 정부의 대미관계가 어려워지는 가장 중요한 원인으로 작동하게 된다.

한편 북한이 7·4남북공동성명을 적극적으로 추진한 첫번째 이유는 남북한 관계가 개선된다면 당시 진행되던 주한미군의 부분감축을 완전 철수까지 이르게 할 수 있다고 판단했기 때문이다. 실제로 당시 미중관계 개선의 데탕트 속에서 남북한의 데탕트 가능성을 모색하고 있던 미국무부는 당시 주한미군 7사단만 철수시키려고 했던 것이 아니라 추가로 2사단 철수도 동시에 검토하고 있었다. 다음으로 두번째 이유는 7·4남북공동성명이 한국의 사회주의 혁명역량 강화에 긍정적 영향을 미칠 것으로 기대했기 때문이다.

그러나 미중 데탕트는 성공했으나 남북의 데탕트는 결국 실패했다. 남북한은 7·4남북공동성명으로 일시적으로 데탕트의 꿈을 키웠으나 그 꿈은 오래가지 못했다. 남북 데탕트의 꿈이 그렇게 빨리 깨진 이유를 북한의 시각에서 보면, 모두 철수할 것으로 기대했던 주한미군이 더이상 감축되지 않는 방향으로 최종 결정된 것과, 한국의 국내상황 또한 예상과는 달리 1972년 10월 유신체제의 등장 이후 악화되어 결국 1973년 8월 김대중 납치사건 후 남북조절위원회를 더이상 열지 못하게 된 것의 영향이 컸다.

박정희 대통령은 1974년 연두 기자회견에서, 비교적 솔직하게 데탕트의 단명이유를 자세히 밝히고 있다(박정희 2007, 168~71면). 우선 첫번째로 강조한 것은 신뢰의 문제다. "북한 측에서 주장하는 이 '평화협정'이라는 것이 그 어휘를 보면 '평화'란 말이 붙어 있어서 대단히 듣기 좋은데 과연 그것이 진심이냐 하는 것이 문제다 (…) 이 내용을 보면 결국 남한에 있는 미군은 전부 다 나가고 군대는 10만 이하로 줄이고 앞으로 외부에서부터 무기는 절대 들여오지 않고, 그래가지고 휴전협정을 없애버리자, 이런 뜻인데 이것은 한마디로 얘기한다면 우리 국방력을 완전히 무력화시켜놓고, 앞으로 적당한 기회가 오면 무력으로 남침을 해서 적화통일을 하자, 하는 것은 삼척동자라도 다 아는 사실입니다."

둘째로 평화개념의 차이를 지적하였다. "우리들이 말하는 평화는 그야말로 전쟁을 완전히 포기하고 다시는 서로 침략을 하지 않는다, 무력을 가지고 대결을 하지 않는다 하는 것을 우리는 평화라고 하는데, 공산주의 평화는 자기들이 어떠한 목적 달성을 위해서, 일시적으로 필요할 때 시간을 얻기 위해서 상대방을 안심시키기 위해서 '평화' 운운하는 얘기를 들고 나옵니다."

셋째로 평화의 의지 또는 의사를 강조하였다. "평화라는 것은 무슨 협정이다, 조약이다 하여 종이 한장에 서명을 했다고 해서 보장이 되는 것은 결코 아닙니다. 문제는 평화를 지키겠다고 하는 의지, 서로 전쟁을 하지 않겠다는 의사가 명백히 있느냐 없느냐 하는 것이 중요한 것입니다. 그런 의사만 분명히 있다면 협정이 없더라도 전쟁은 일어나지 않습니다. 따라서 우리는 과거에 북한 공산주의자들이 휴전협정을 얼마나 충실히 이행을 했느냐 하는 것을 반문하고 싶습니다. 휴전 후 지난 20여년 동안 우리가 알기에는 북한 공산주의자들은 1만 3천여번이나 휴전협정을 위반했습니다."

마지막으로 남북한 간의 상호불가침협정을 제안하였다. "내가 말하는 이 '불가침협정'은 그 골자를 서너가지로 들 수 있습니다. 하나는 남북이 서로 절대로 무력 침범을 하지 않겠다는 것을 만천하에 약속을 하자는 것입니다. 다음에 또 한가지는 상호 내정간섭을 하지 말자는 것입니다. 또 한가지는 여하한 경우에도 현행 휴전협정은 그 효력이 존속되어야 한다는 이 세가지 골자만 포함된 불가침협정이 체결된다면, 그리고 이것을 서로 성실히 준수만 한다면 나는 한반도에 있어서의 전쟁은 예방이 된다고 봅니다. 평화는 유지되리라고 나는 믿습니다. 그러나 만약에 이것을 지키겠다는 성의와 의사가 없다면 이러한 협정을 열번 스무번 맺어보았자 아무 소용도 없다고 나는 생각합니다."

북한의 김영남 외교부장은 1990년 9월 한소수교를 평양에 통보하러 온 셰바르드나제(Eduard A. Shevardnadze) 외상에게 1970년 박 대통령이 미국 애그뉴 부통령에게 했던 것처럼 동맹국으로서 소련을 더이상 신뢰할 수 없으므로 북한은 핵무기 개발을 비롯한 모든 자구책을 추진하겠다고 통보한다. 한국은 1970년대 초 미중의 데탕트가 시작되는 과정에서 핵무기를 포함한 3중 생존전략을 세우고 7·4남북공동성명을 이뤄냈으나 한반도 데탕트의 꿈을 현실화하지는 못했다. 한편 북한은 1990년대 초 지구적 탈냉전의 시작과 함께 핵무기를 포함한 3중 생존전략을 마련하고 남북고위급회담을 진행했으나 김일성 사후 김정일의 선군정치는 핵무기를 기반으로 한 과잉안보체제를 최우선으로 구축하는 고난의 행군을 선택했다(하영선·조동호 2010).

IV. 복합질서[13]

동아시아 역사의 주인공은 오랫동안 중국 중심의 천하예의국가였다. 그러나 19세기 서세동점 이후 한국, 중국, 일본의 동아시아 국가들은 뒤늦게 서양의 국민부강국가를 새로운 모델로 삼고서 명실상부하게 국민국가들의 치열한 각축장이었던 세계무대에 뛰어들어야 했다. 20세기 동아시아는 상대적으로 국민부강국가 건설에 한발 앞섰던 일본의 지역제국주의 시기를 거친 후 미국과 소련이라는 양대 제국이 주도하는 냉전시기를 겪는다. 1991년 말 소련의 해체는 단순히 지구적 냉전질서의 종말이 아니라 새로운 복합질서의 시작을 알리는 신호탄이었다. 21세기 세계질서의 주인공, 무대, 연기의 변화는 19세기 한국이 겪은 문명사적 변환을 방불케 한다. 국민부강국가들의 생존번영 경쟁은 여전히 치열하지만 동시에 그물망 복합국가라는 새로운 문명표준이 화려하게 등장했다. 동아시아질서도 예외일 수 없다. 미소 중심의 냉전질서하에 있었던 동아시아는 소련의 해체, 미국의 변환, 중국의 부상에 따라 미중시대의 개막을 본격적으로 논의하고 있다. 한걸음 더 나아가 복합의 세기를 맞이하여 동아시아 신질서 건축 논의가 활발하게 진행되고 있다.

1. 미중시대의 개막

탈냉전과 함께 우리를 찾아온 21세기 변환시대의 주연급 주인공들은 여전히 국민국가 또는 국민제국의 모습을 하고 있다. 국내정치와 달리 중앙정부가 없기 때문에 생존과 번영을 스스로 일차적으로 책임져야 하는 세

---

13) 이 절은 다음 글들의 내용을 수정 보완한 것이다. 하영선(2011; 2012); 하영선·김상배 엮음(2012); 하영선 엮음(2008).

계질서의 구조 속에서, 국민국가들은 21세기에도 치열한 국가 간 생존경쟁 또는 우위경쟁을 계속 진행 중이다. 21세기 동아시아의 새로운 주연급 주인공으로서 중국의 부상은 기정사실로 받아들여지고 있으며, 관심의 초점은 미중시대의 동아시아로 이동하고 있다. 먼저 동아시아질서의 군사력 분포를 보면 세계군사비 1조 6,300억 달러(2010년) 중에 7천억 달러를 차지하는 미국이 압도적인 우위를 유지하고 있다. 미국의 군사비는 엄청난 재정적자를 해소하기 위해 향후 상당히 줄어들 예정이나 여전히 미국을 제외한 상위 10개국의 총군사비를 훨씬 상회하고 있으며, 핵력, 재래식 군사력, 첨단 군사력의 모든 영역에서 압도적 우세를 보인다. 다음으로 중국의 군사비가 처음으로 천억 달러를 넘어섰으며, 그 다음으로 러시아, 일본이 500~600억 달러 규모를 지출하고 있다. 이어서 한국이 300억 달러를 지출했다. 동아시아질서의 경제력 분포를 국내총생산(GDP) 기준으로 보면 2010년 전세계 GDP 61.8조 달러 중에 14.8조 달러(23.9%)를 차지하는 미국이 경제적 어려움을 겪으면서도 가장 규모가 크며, 다음으로 중국이 2010년대에 들어서서 5조 달러 규모의 일본을 넘어서서 명실상부하게 세계 2위의 자리를 굳혔다. 그리고 러시아가 1.5조 달러 그리고 한국, 아세안, 오스트레일리아가 각각 1조 달러의 규모에 이르고 있다. 한편 2015년 세계 GDP 추정치를 보면, 2008년 세계경제위기의 발원지로서 어려움을 겪고 있는 미국은 전세계 81.8조 달러 중에 18.3조 달러(22.2%)를 차지할 것으로 예상되며, 세계 2위의 경제대국인 중국은 3위의 일본과 격차를 크게 벌리면서 미국의 1/2 수준인 9.4조 달러에 도달할 것으로 전망되고 있다.

안보와 번영 무대를 함께 보면 21세기 '팍스 아메리카'의 미래는 경제위기에도 불구하고 상대적으로 완만한 하향추세를 보인다. 더구나 21세기의 새로운 힘으로 부상하고 있는 지식력의 간편한 지표인 '세계 최우수 싱크탱크 25'를 찾아보면, 미국이 전체의 반을 차지하여 압도적인 우위를 보이며, 나머지는 유럽국가들과 캐나다가 차지하고 있고, 아시아 국가들 중에는 중국의 사회과학원이 유일하게 포함되어 있다. 따라서 21세기 세계질서의 미국 주도론 논쟁은 대단히 신중하게 진행 중이다. 탈냉전 이후 단극질서의 장기화를 예상했던 분석들은 새로운 변화에 직면하여, 여전히 미국주도론을 포기하지는 않고 있지만 유럽의 유럽연합과 아시아의 중국을 보조세력으로 인정하고 보완된 미국주도론인 1+X 세계질서를 대안으로 제시하고 있다. 한편 중국이나 인도와 같은 미국 이외 세력들이 눈에 띄게 부상하고 미국의 상대적 쇠퇴가 진행되면서 다극주도론이 본격적으로 논의되었다. 그러나 21세기에 들어서서 9·11테러나 세계경제위기를 겪으면서 미국주도론이나 다극주도론을 넘어서서 새롭게 복합주도론이 자리를 잡기 시작하였다. 단극이나 다극의 주도론은 국가들 간에 벌어지는 힘의 배분에 따른 논의인데 반해 복합주도론은 국가뿐만 아니라 초국가기구와 하위국가들이 복합무대에서 복잡하게 얽힌 모습에 주목한다.

21세기 역사의 주인공으로 미국에 이어 주목받고 있는 나라는 중국이다. 그러나 21세기 중국을 전망하기는 생각보다 쉽지 않다. 우선 낙관론의 시각에서 보자면, 중국의 21세기 주인공으로의 부상은 확실하다. 1960년대와 1970년대를 거치며 문화대혁명이라는 장기간의 고난의 행군을 겪은 중국은 1978년부터 개혁개방정책을 추진하여 지난 30년 동안 지속적으로 연 10% 가까운 고도성장을 이뤄왔다. 중국경제는 21세기 들어 드디어 1인당 국민소득 천 달러, 전체 국민소득 1조 3천억 달러를 넘어서서 중국공산당 제16차 전국대표회의(2002)의 '초보적 소강사회(小康社會) 건설'이라는 경제발전 목표를 달성했으며, 세계 6위의 경제대국으로 부상했다. 2009년에는 1인당 국민소득 4천 달러, 전체 국민소득 5조 3천억 달러를 달성함으로써 일본을 넘어서서 세계 2위의 GDP대국이 됐다. 후진타오(胡錦濤) 주석은 2008년 12월의 개혁개방 30주년 기념강연에서 개혁개방(1978)을 신해혁명(1911)과 사회주의 혁명(1949)에 이은 제3의 혁명으로 규정하고 중국공산당 성립 100년째인 2021년까지는 '고수평적 소강사회'를 건설하고 신중국 성립 100년째인 2049년까지는 '부강민주문명화해적 사회주의현대화국가'를 건설하겠다고 밝혔다. 국내총생산액을 2010년의 배로 늘려 소강사회의 중등 사회생활을 전면적으로 실현하게 되면, 중국은 명실상부한 세계 경제대국으로 자리잡게 될 것이다. 중국은 2020년대의 경제 발전목표를 달성할 때까지는 '화평발전의 조화사회 건설'이라는 현재 목표의 틀 속에서 동아시아질서를 추진할 것으로 예상된다. 따라서 중미관계는 2010년의 환율 조정, 티베트, 타이완 무기 수출, 구글 검열 등의 4대 갈등 속에서도 일단 2011년 초의 정상회담이 성사된 것처럼 협력과 갈등의 길을 함께 걷게 될 것이다. 동시에 중북관계도 중국의 경제 발전을 위한 화평의 차원에서 불안정을 최소화하는 방향으로 조정되고 있다.

중요한 것은 중국이 일차적 경제목표를 달성한 후 그리게 될 동아시아질서의 새로운 모습이다. 부강의 일차적 목표를 달성한 중국이 정치적 민주화와 지구적 문명화를 성공적으로 실현한다면 21세기 동아시아 신질서의 건축에 중요한 영향을 미치게 될 것이다. 그러므로 중국의 민주화와 문명화가 21세기 문명표준의 방향으로 성공적으로 진행될 것인가를 주목해야 한다. 그러나 '문명중국 2049'로 가는 길에는 3대 난제가 가로놓여 있다. 우선 지난 30여년 동안 중국경제가 성공적으로 고도성장을 지속해온 결과, 중국은 성장과 복지의 갈등이라는 새로운 문제에 직면했다. 동시에 중국경제가 장기적으로 고도성장을 하기 위해서는 현재의 공산당 일당독재를 넘어선 21세기형 정치체제를 마련하는 것이 중요하다. 그리고 중국이 21세기 선진국이 되기 위해서는 좁은 의미의 민족주의적 사고를 넘어서서 보다 복합적 사고를 할 수 있어야 한다. 따라서 현재의 경제지표에만 의존한 21세기 중국의 미래 전망은 보다 신중해야 하며, 21세기 중국이 당면한 3대 난제를 얼마나 성공적으로 빨리 푸느냐에 따라 중국의 미래가 결정될 것이다.

21세기 미중관계를 전망하는 경우에 특히 조심해야 할 것은, 경제의 비약적 성장에도 불구하고 주인공의 필수조건인 군사력과 경제력에서 중국이 미국에 비해 아직 눈에 띄는 열세라는 점이다. 미국 국방부의 계산방식에 따르면 중국의 군사비는 미국의 1/4 수준이며 GDP는 미국의 1/3 정도다. 21세기 주인공의 새로운 조건인 정보/지식력, 문화력, 환경력의 경우도 미국과 비교하면 경제력이나 군사력의 경우보다 더 뒤떨어진다. 따라서 중국은 미국과 대등한 주연이 아닌 주연급 신인으로서 21세기 무대에 등장했다. 중국은 1인당 국민소득이 만 달러를 넘어설 때까지, 즉 전면적 소강사회에 접어드는 2020년대까지는 빛을 감추고 그믐이 지나가기를 기다리는 도광양회(韜光養晦)의 노력을 계속할 것이다. 그와 동시에 국내경제 성장을 최우선의 역사적 선택으로 삼지만 국력의 증강과 비례해서 대외적으로 핵심 이익을 위해 반드시 해야 할 바는 하겠다는 유소작위(有所作爲)를 보다 강조하게 될 것이다. 2012년의 『화평발전백서』에서 언급하고 있는 6대 핵심 이익은 국내안보, 국제안보, 경제안보로 요약된다. 중국은 21세기 외교의 단·중기 목표를 평화, 발전, 협력으로 내세우고, 국내적으로는 화해(和諧)발전, 국제적으로는 화평발전을 추구해서 평화번영의 화해세계를 건설하겠다는 계획을 세웠다. 그러나 중국이 소강사회를 넘어서 대동사회(大同社會) 건설이라는 장기목표를 성공적으로 추진하게 된다면 핵심 이익을 보다 폭넓게 설정하고 적극적으로 현실화하려는 노력을 하게 될 것이다.

따라서 21세기 동아시아질서의 기본 구도를 결정하게 될 미중관계에서는 소박한 차원의 현실주의적 비관론, 자유주의적 낙관론, 구성주의적 신중론을 넘어선 새로운 복합적 접근이 필요하다. 중국이 화평발전을 우선으로 하고 핵심 이익을 다음으로 추진하는 동안은 미중관계가 갈등 속에서도 협력관계를 유지할 것이며, 중국의 부상과 함께 핵심 이익의 비중이 점차 커져가는 가운데 3대 난제를 어떻게 풀어나가느냐에 따라 갈등과 협력관계의 비중이 결정될 것이다. 따라서 미중관계의 긍정적 미래는 미국과 중국의 공진적 노력이 얼마나 성공적으로 추진될 수 있느냐에 달려 있다.

2. 21세기 동아시아 신질서 건축의 미학

동아시아질서 논의는 미중시대론을 넘어서서 신질서 건축론으로 확대되고 있다. 21세기 동아시아 무대의 주인공들은 여전히 19세기적 1국 중심의 부국강병 경쟁을 치열하게 계속하면서도, 다른 한편 현안에 따라서는 20세기적 양자 또는 다자 협력을 추진 중이다. 이들은 장기적으로 동아시아 지역화의 꿈을 가지고 있다. 이러한 동아시아 현실을 제대로 읽어내고 동시에 미래의 바람직한 동아시아질서를 모두가 부러워할 만큼 아름답게 건축하려면 현재와 같은 19세기형 자주균형론, 20세기형 국제사회론, 그리고 21세기형 공동체론으로는 불가능하다. 자주균형론은 동아시아의 오늘과 내일의 현실을 과거의 눈으로 바라보는 한계를 벗어나지 못한다. 국제사회론은 국가들의 이익 계산에 따른 모임에 초점을 맞추고 있어 동아시아에 내재해 있는 어제와 내일을 제대로 읽기 어렵다. 한편 최근 유행하고 있는 공동체론은 주인공들의 마음들이 하나가 되는 만남을 희망하고 있으나 동아시아의 어제와 오늘의 현실을 제대로 읽지 못하고 미래를 꿈꾸기 때문에 실현 불가능한 신화에 머무를 수밖에 없다.

동아시아의 어제와 오늘을 제대로 읽고 그 기반 위에 보다 바람직한 내일을 준비하기 위해서는 주인공과 무대의 복합적인 변환을 제대로 담아낼 수 있는 복합네트워크의 새로운 발상이 필요하다. 주인공의 복합화를 위해서는 우선 주연급 주인공들의 패권국가화를 막을 수 있어야 한다. 최근 아시아 회귀를 강조하고 있는 미국은 21세기의 복합화에 맞는 동아시아 신질서 건축을 위해서 기존의 동맹국들과의 관계를 강화하고, 중국과 같은 신흥대국과 동반관계를 키워나가며, 동아시아 지역기구들에서도 과거에 비해 적극적으로 참여하려고 노력하고 있다. 그러나 동시에 아시아 회귀전략이 단순히 제2의 봉쇄정책으로 오해받지 않고 21세기 동아시아 평화정책으로 이해되도록 최대한의 노력을 기울여야 하며, 동아시아 복합네트워크를 다른 주인공들과 함께 설계하고 건축하려는 노력을 보다 본격화해야 한다. 한편 지속적인 고도 경제성장에 힘입어 빠른 속도로 주연급 주인공으로 등장한 중국이 일국 중심의 대국의 길을 걷지 않도록 여러 나라가 관심을 기울여야 한다. 중국은 전면적 소강사회 건설을 목표로 하는 향후 10년 동안에 중국이 당면한 3대 과제를 풀기 위한 노력을 본격화하고 동시에 핵심 이익을 국가, 동아시아 및 지구 이익과 조화되게 추구해야 한다. 보다 장기적으로 중국이 동아시아 신질서 건축의 중심적 역할을 하기 위해서는 민주화, 성장과 복지의 조화, 세계화의 3대 과제를 성공적으로 완수하여 21세기 동아시아 문명표준을 새롭게 제시할 수 있어야 한다. 이러한 중국의 노력이 성공하려면 동아시아의 관련 당사국이나 네트워크들의 공진(共進) 노력이 동시에 필요하다. 일본도 중국문제를 미일 대 중국의 대결구조에서 소극적으로만 해결하려 하지 말고 보다 적극적으로 동아시아 복합그물망으로 품어서 풀어보려는 노력을 해야 한다.

한국은 협력적 자주의 단순사고를 넘어서서 하루 빨리 5중 그물망 짜기의 복합사고를 개발하고 실천에 옮겨야 한다. 한미일 관계와 한중관계는 이중택일의 문제가 아니라 동시 그물망 짜기의 문제다. 한국은 21세기 한미일 그물망을 보다 심화해나가면서 다른 한편으로는 21세기 한중 그물망을 확대해나가야 하며, 동시에 지역 및 지구 그리고 사이버 그물망을 21세기의 새로운 삶터로 품어나가야 한다. 북한은 하루 빨리 반외세 자주와 같은 19세기적 사고를 졸업해야 한다. 21세기형 위정척사에 가까운 선군주의 주도의 부강국가라는 시대착오적 발상에서 벗어나서 북한형 민주수령제와 개혁개방을 발판으로 하여 21세기 무대에 새롭게 서려는 노력이 시급하다.

아직 '근대의 청춘기'를 겪고 있는 동아시아 국제관계는 이해의 협력보다는 갈등의 첨예화 가능성을 내재하고 있으므로 국가적 노력만으로는 부족하다. 이를 해결하기 위해서는 국가들 안과 밖의 다양한 주인공들을 촘촘하게 그물로 엮어서 국가들 간의 갈등 가능성을 줄이고 협력 가능성을 최대한 늘려야 하며, 최종적으로는 동아시아 정체성 형성에 기여할 수 있어야 한다. 따라서 아세안+3, 동아시아 정상회의나 APEC 같은 지역주인공, 지역 시민사회연대, 동아시아 싱크탱크네트(NEAT) 같은 지역관산학(官産學) 네트워크 들의 역할을 극대화해야 한다.

동시에 21세기 동아시아 무대가 다

보탑처럼 아름답게 3층 복합화되어야 한다. 냉전기 동안의 동아시아 무대는 주로 일국 중심의 군사와 경제 무대를 중심으로 공연이 이루어졌다. 21세기에는 군사와 경제 무대를 국가이익뿐만 아니라 동아시아 및 지구 이익, 그리고 국내의 시민사회 이익을 동시에 고려하는 안보와 번영의 무대로 변환시켜야 하며, 동시에 동아시아 정체성을 키울 수 있는 문화무대와 새롭게 중요성이 증가하는 에너지/환경 무대를 대폭 강화해야 한다. 다음으로 21세기 동아시아의 안보, 번영, 문화, 에너지/생태균형 무대는 혁명적 변화를 불러일으키고 있는 정보기술에 크게 힘을 입은 지식무대 위에 마련돼야 한다. 3층 복합무대의 맨 위에는 지역무대 전체를 성공적으로 조종할 수 있는 통치무대가 자리 잡아야 한다.

무대의 연기내용도 주인공들의 개별적 삶과 함께 동아시아 및 지구의 공생에 기여하는 방향으로 복합화되어야 한다. 냉전기간 동안에 주연을 맡았던 미국과 소련의 연기내용은 보다 자기중심의 늑대 연기였다. 그러나 정보기술의 혁명적 변화와 함께 지구가 빠른 속도로 그물망으로 뒤덮

여감에 따라 무대 주인공들의 연기내용도 점차 쉴 새 없이 그물망을 짜서 먹이를 얻는 거미의 연기를 닮아가고 있다. 결국 복합의 21세기에 성공적으로 살아남기 위해서는 늑대와 거미의 복합연기를 터득하고, 더 나가서는 보다 세련되고 매력 있는 주인공들 나름의 유비퀴터스 네트워크를 지식기반 3층탑에서 짤 수 있어야 한다.

21세기 동아시아의 주인공, 무대, 연기가 복합변환에 성공해서 아름다운 복합네트워크를 구축할 수 있다면, 주인공들은 지나치게 좁은 민족주의와 지나치게 넓은 지구주의의 한계를 개선해줄 수 있는 동아시아라는 새로운 지역삶터를 향유하게 될 것이다. 동시에 다른 지역주인공들도 동아시아 복합네트워크를 매력적인 문명표준으로 받아들일 것이다.

제2장

'사대'의 개념사적 연구

•

전재성

I. 서론

19세기 중반 유럽에서 시작된 주권국가체제가 전파되기 이전, 동아시아는 전혀 다른 지역질서를 가지고 있었다. 소위 천하질서라는 지역질서가 존재했고, 각 부분들 간의 관계를 나타내는 조직원리 용어는 '사대자소(事大字小)'였다. "큰 것을 섬기고 작은 것을 어여삐 여긴다"는 이 말은 단일한 문명권으로서 동아시아 천하 속의 대국과 소국의 관계를 규율하는 핵심 원리였다.

사대질서의 작동방식을 현대의 관점에서 파악하기는 쉽지 않다. 흔히 사대주의에 물든 한반도 왕조들은 자주적이지 못했다거나, 따라서 이들 왕조들이 종속적인 위치만 점하고 있을 수밖에 없었다고 비판하지만, 당시의 질서를 있는 그대로 이해하지 않고서는 쉽게 결론내릴 수 있는 문제가 아니다. 따라서 당시의 사회·경제·지역 질서의 조건 속에서 사대질서의 본모습을 파악해야 하며, 그 하나의 방법이 개념사적 접근이다. 당시의 행위자들이 어떠한 실제 맥락에서 사대의 개념을 사용했는지, 개념의 변천을 연구하면 전통질서의 조직원리가 더 명확히 파악될 것이다.

사대질서는 과거의 조직원리로만 그치는 것이 아니다. 21세기 미국이 주도하는 세계질서가 약화되는 한편, 세계화와 민주화 등 새로운 거대조류가 등장하면서 근대 주권국가체제 자체가 변화되고 있다는 소위 탈근대 이행에 관한 논의가 이뤄져왔다. 이 과정에서 각 지역의 행위자들은 근대의 무정부 상태 조직원리를 대체할 수 있는 새로운 원리를 찾기 위해 근대 이전의 전통질서에 대한 관심을 강화하고 있다. 동아시아의 경우에도 중국은 미국의 세계질서를 대체할 중국 중심의 전통 동아시아질서와 사상을 새로운 관점에서 조명하고 이를 적용하려는 노력을 기울이고 있다. 따라서 사대질서에 대한 개념사 연구는 현재와 미래에도 관계되는 중요한 문제라 할 수 있다.

본고는 사대개념이 중국 내에서, 그리고 역사적으로 변천해온 다양한 한반도 왕조들 속에서 어떻게 변화되어왔는지를 살피고 비교하고자 한다. 사대개념이 동아시아 지역질서에서 강대국과 약소국의 관계를 정의하는 조직원리의 개념이었던 만큼 실제 국제정치의 권력관계 및 이를 합리화하는 담론체계로서 어떻게 기능했는가를 연구하는 것이다. 이를 위해 시간의 흐름에 따라 지역질서가 변화되면서 근저의 정치사회질서의 변화를 사대개념이 어떻게 담아내게 되었는가의 시계열적 연구를 시도한다. 기타 인접 개념들, 중화주의, 사대주의, 사대자소, 화이질서 등과의 어의적 차이 및 정치사회적 배경을 염두에 둔 개념사적 차이를 밝히는 작업도 필요하다. 따라서 근대 이전 동아시아 지역질서에 대한 사회과학적, 혹은 국제정치학적 이론 분석과 개념사 분석을 병행할 필요가 있다.

본고는 우선 사대질서에 대한 이론적 시각을 개괄한다. 전통적으로 페어뱅크(John K. Fairbank)의 조공체제론이 정론으로 자리잡아왔으나 최근 신청사(新淸史)의 새로운 시각이 이에 대해 비판을 가하고 있다. 페어뱅크의 이론이 정치, 경제, 군사, 이념의 잘 짜인 제도적 체계로서 사대질서를 개념화했다면 신청사론의 저자들은 보다 역동적이고 다변한 힘의 논리가 작동하는 세계로서 천하질서의 아시아를 개념화한다. 반면 이용희의 사대체제론은 명분으로서의 사대질서 속에서 각 행위자가 가지는 인식과 세계관을 강조함으로써 보다 내재적인 접근법을 강조한다.

다음으로 중국과 한반도 왕조에서 사대의 개념이 어떻게 변화해왔는지를 문서를 통해 살펴본다. 역사상의 주요 저술과 실록 등에서 사대의 용례를 살펴보면서 이를 당시 현실의 맥락과 비교해본다. 한가지 어려움은, 실제로 '사대'라는 용어를 사용하지 않으면서 내용상으로는 사대와 관련된 용례가 많다는 점이다. 연구의 주요 대상이 되는 시기인 고려와 조선의 경우, 고려사는 86건, 실록은 1,608건(한문원문 검색)의 사대 용례가 발견되고 있다.

II. 전통 사대질서에 대한 이론적 견해들

1. 페어뱅크의 전통적 중화질서론

페어뱅크의 중화질서론은 동아시아 정치단위들이 조공, 책봉, 일종의 집단안보 등 정치·경제·군사적 체제를 기반으로 정교하게 상호관계를 정비해왔다고 본다. 이러한 질서는 주나라에서 시작되어 이후 청나라에 이르기까지 지속적으로 발전되어왔다. 중국, 즉 천자의 국가는 주변 국가들로부터 조공을 받고 정치적 책봉을 하는 한편, 조공사절과의 교류를 외교적 형식으로 삼아 주변 국가들을 다스렸다는 주장이다. 이 과정에서 중원 왕조가 경제적 이득을 얻기보다는 주변 국가들에 물질적 이익을 나누어주어 이들을 다스렸으며, 문화적 우월성을 가지고 주변에 대한 영향력을 확보했다고 본다. 또한 책봉 등의 의례에 의한 정치질서를 유지하면서 주변국에 대한 정당성 확보를 추구해왔다는 것이다.

페어뱅크의 이론은 중화질서가 오랜 역사를 통해 잘 정비되어 진화했고 이 과정에서 주변의 경제적 공헌이 사실상 필요하지 않은 자족적 질서가 유지되어왔다고 주장한다(Fairbank 1970 참조). 이러한 견해는 신청사론자들에 의하면 18, 19세기의 로마제국론을 염두에 둔 입론이라고 지적된다.

2. 신청사론

동아시아 전통 지역질서에 대한 이론적 시각은 근래 신청사론이 발전하여 활발한 논쟁이 일어나면서 새롭게 조명되고 있다. 신청사론자들은 페어뱅크의 중화질서론을 다각적으로 비판하며 청조와 주변국 관계를 새롭게 설정한다. 신청사론자들은 페어뱅크의 중화질서론이 역사 속의 역동성과 다변성을 파악하지 못하고 정체된 중국 중심주의에 빠져있다고 비판한다. 첫째, 조공질서의 시원을 주나라로 잡을 수 없고, 한나라 혹은 당나라로 잡아야 하며, 논자에 따라서는 명나라, 혹은 15세기까지 늦추어 잡아야 한다고 주장한다. 중화질서가 애초부터 완결된 형태로 존재한 것이 아니라 시간이 지나면서 천천히 자리 잡았다는 것이다.

둘째, 중원왕조가 주변 국가들의 경제적 공헌을 필요로 하지 않을 만큼 자족적이라고 했지만, 사실은 주변 왕조와의 조공·회사(回賜) 형식을 통한 무역이 중원왕조에도 반드시 필요했다. 흔히 기존 중화질서론에서는 주변 국가들이 필요한 물자를 조공무역을 통해 일방적으로 획득했다는 일방향적 견해를 주장하는데, 사실 주변국이 손해를 보고 중심이 이익을 더 많이 얻는 경우도 있었다는 것이다.

셋째, 중화질서는 고대 로마제국처럼 잘 정비된 것이 아니었으며, 따라서 주변 국가들이 중원왕조에 세금을 바쳤다는 비유는 전혀 성립되지 않는다. 그러한 규칙적·제도적 납세는 존재하지 않았으며 오히려 이러한 관계는 대부분 문화적인 관계였다고 비판한다. 조공질서를 잘 갖추어진 로

마제국 등의 질서에 비유하는 것은 잘못되었다는 것이다.

넷째, 중원왕조가 주변 왕조에 대해 시혜를 베푸는 관계였다는 것은 옳지 않으며, 오히려 주변 왕조로부터 중원을 지키기 위한 방어적 측면이 매우 강했다. 중원왕조는 자신을 보호하기 위해 군사적 수단을 사용하기도 하고 외교적 방어책을 사용하기도 하였다. 특히 주변국과 조공을 통한 안정된 관계를 유지하면서 현상을 보호하기를 바랬다는 견해다.

다섯째, 특히 청조에서의 중원왕조는 전통적인 중원왕조의 특징을 가지기보다는 만주왕조의 중원, 내륙아시아에 대한 제국주의로 특징지을 수 있다. 따라서 이민족 왕조로서 청조는 기존의 조공체제와는 매우 다른 모습을 띠었고 이를 확대해석하면 중원왕조의 조공체제는 시간과 역사에 따라 모습을 매우 달리한다는 것이다. 이는 조공체제가 상당기간 안정되고 고정된 체제였다는 페어뱅크의 공시적 해석과 차이가 나는 것으로 조공체제의 역동적 변화를 보게 하는 비판이다.

여섯째, 청조의 조공체제는 전통 중원왕조의 특징이라 할 수 없으며 오히려 근대 식민주의 · 제국주의의 모습을 보인다. 이미 청조 때부터 서구의 영향을 많이 받은 만큼, 이를 전통과 무조건 연결시키는 것을 비판하고 있다(Serruys 1960, 1~66면; Rossabi 1983; Hunt 1984; Wills 1984; Hevia 1995; Millward 1998; Womack 2006 등 참조).

결국 신청사론자들은 조공체제가 이중성을 띤다고 본다. 조공과 무역, 의식과 외교, 이데올로기와 실용주의, 문화와 실천이성 간의 긴장관계이다. 중원왕조는 조공, 의식, 이데올로기, 문화 등을 앞세워 주변 왕조에 대한 강력한 지배를 추구했지만, 사실상 그 과정은 무역과 외교, 실용주의와 실천이성이 작동하는 매우 실질적이고 정치적 관계였다는 것이다. 중원의 관료들 역시 이러한 한계를 알고 있었고 주변국 외교에서 무역과 정치를 최대한 운용하기 위한 실질적 이성을 가지고 행동했다. 그러나 이러한 실용주의는 명백한 한계를 가지고 있어서 이데올로기와 문화, 의식을 넘어서지 못했고 이러한 문화화된 조공질서의 한계가 결국 청조의 근대적 변신을 가로막았다고 주장한다.

3. 동주 이용희의 동아시아 지역질서론

페어뱅크의 견해와 신청사론의 견해에 대한 제3의 견해로 동주 이용희의 내재적 접근법을 들 수 있다. 이용희는 전통시대 각 행위자들의 인식을 내재적으로 파악하는 한편, 그러한 세계관이 존재할 수밖에 없었던 정치·경제·이념적 조건, 즉 농업에 기반한 국내적·지역적 왕조이자 계급사회라는 조건을 동시에 강조한다.

이용희는 우선 명분으로서의 사대와, 힘의 관계로서의 사대를 구분한다. 전자는 유교적 관념의 토대 위에서 동아시아질서를 관할하는 제도·규범·국제법의 역할을 하였다. 사대의 예는 우선 중국 내부 행위자들의 관계로 시작된 것이다. 오랑캐와의 관계에서는 최대한 예로 대할지언정 사대자소의 관계가 성립되지는 않는다고 보았다. 마치 서구의 경우 만국공법의 적용범위가 정해져 있었던 것처럼, 예의 질서는 지리적·문명적 경계를 가지고 있었던 것이다. 만약 오랑캐가 사대의 예를 행하게 되면 중국 국제법 사회의 일원으로 인정될 가능성이 증가하여, 오랑캐는 문명의 일원으로 자부심을 가지게 된다고 보았다. 한반도 왕조의 경우 중국 중심의 문명권 진입이 중요한 목표였으나, 완전한 회원국이 되지 못하고 준회원국이 되어 번국의 지위를 유지하는 데 그쳤다고 본다.

힘의 관계로서 사대는 유가 이외의 묵가와 법가, 즉 묵자와 한비자 등에서 보이는 사상으로 주로 실력관계 중심의 사대로 인식하는 경우를 말한다. "명분으로서의 사대의 예는 어디까지 가치관이며 국제질서 유지의 법개념인 데 대해서, 실력관계로서의 사대는 어디까지나 강약관계며 현실의 힘의 문제지 명분은 아니라는" 것이다(이용희·신일철 1972, 151면 참조). 특히 이러한 힘의 관계는 중원의 힘이 약화되고 이민족의 지배가 이뤄지는 변혁의 시기에 등장한 것으로 전국시대나, 요·금·원·청 왕조 때에 더욱 강조된다.

결국 사대자소의 예에 기반한 지역질서는 유교적 전통에서 강조된 것임을 알 수 있다. 물론 이는 현실을 부분적으로 반영하는 데 그치며, 한족 중심의 세계관을 정당화하는 논리의 측면도 있다. 이미 주나라 때부터 『주례(周禮)』 등에 나타난 사대자소의 질서는 유교적 이념에 깊이 뿌리박고 있었다. 특히 유교적 이념이 전국시대에 예의 몰락에 대비하는 이념이었고, 예는 인간 간의 관계 이전에 신과의 관계를 관할하는 제도였기 때문에, 유교적 예는 천하질서의 포괄적 이념과 제도로서 작동했을 것이라는 추론이다. 사대자소질서는 중국 내부의 질서를 관할하는 역할을 했고, 오랑캐와의 관계는 내부질서의 투사, 이념적 외피의 모습을 보이지만, 사실상 이념과 제도가 모두 적용되기는 어려웠다고 본다. 이러한 관계는 송나라 말까지 특징적이었다. 그러나 명에 이르러, 중국과 오랑캐의 관계도 사대자소의 질서에 의해 제도화하려는 움직임이 본격화되어 이전과는 다른 모습을 보이게 된다.

주변 왕조들의 경우 중원과 명분으로서 사대에 집착하는 것은 힘의 관계로서의 사대를 외면하기보다는 문명권에 남아 있고자 하는 정신적 자존심의 발로로 보아야 한다고 이용희는 말한다. 당시의 상황에서 실력으로서 사대를 행하는 것은 오히려 비문명적 태도라는 것이다. 그렇게 보면 명분으로서의 사대는 중국 중심주의, 혹은 모화사상이라기보다는 문명에 대한 자존심의 측면이 더 강했다고 볼 수 있다. 일례로 명청교체기 주전파를 자주적 입장이라고 인식하는 경우가 있으나, 오히려 주전파는 사대체제가 중요함을 더욱 강조했고 다만 중원의 주인이 여진족이 된다는 사실에 반대했다는 점에 유념해야 한다. 주전파들이 사대체제를 온전히 비판하는 현대적 개념의 자주파가 아니라 오히려 근본적 관점에서 사대론자였다는 것이다.

이러한 상황에서 사대와 자주는 공존이 가능한 부분이다. 역사 속에서 명분으로서의 사대가 단군조선 기원설, 혹은 민족의식과 별 갈등 없이 공존한다는 점에서, 문명권 내 중앙-주변의 제도로서 사대자소를 볼 수 있다. 뒤에서 보겠지만, 이용희는 양성지가 태조에게 올린 건의문에서 사대의 명분과 조선의 고속(古俗), 양자를 모두 지켜야 한다는 주장을 별 모순 없이 전개하고 있다는 점을 강조한다. 사대의 명분은 문명권 내 정치집단 간 관계를 규정하고, 각 집단은 자주적인 민족의식을 지켜나갈 수 있다. 결국 자신의 의사와 관계없이 힘으로 강요된 사대는 문제이지만, 스스로 문명적 교섭원리로 사대를 인정하고 이를 지키는 의식상태 속에서, 사대의 명분은 별 문제없이 존재할 수 있다는 것이다.

이용희는 사대의 예가 통용되던 동북아의 권역질서가 특수한 것은 아니라는 점을 강조한다. 근대유럽의 국민국가체제는 주권국가 위의 상위체를 인정하지 않는다. 그러나 상위체를 인정하는 국제체제가 사실상 더 많았다고 본다. 한 국가를 상위체로 보는 경우와, 국가 이외의 기구를 상위체로 보는 경우로 나눌 수 있는데, 전자는 동북아의 사례이고 후자는 로마교황청에 의해 주도되던 중세유럽, 동로마 제왕에 의해 통치되던 동로마교 사회, 그리고 칼리프에 의해 통치되던 이슬람 사회 등을 예로 들 수 있다.

이용희는 사대의 예가 통용되는 공간 개념이 주나라로부터 시작되었다고 본다. 주는 은나라를 이긴 후에 희(姬)씨 성을 가진 친족제후, 아니면 주나라 종묘에 참배해야 하는 공신제후들로 이루어진 영역의 나라였다. 천명에 의한 천자의 통치로서의 정치는 사대의 예를 매개로 한 것이었다. 전국시대에 이러한 예가 몰락하자, 유가들이 상하의 서계(序階)를 다시 부활하고자 한 것이라고 본다.

이러한 질서는 어떻게 유지될 수 있었을까? 중원의 주인이 무수히 바뀌었음에도 불구하고 사대자소질서가 송두리째 바뀌지 못하고 다시 그 조직원리가 복구되고 유지된 것은 어떤 연유인가? 이용희는 사대의 예가 중국과 주변 왕조들 간의 정치적 유대로서, 중앙과 주변의 정치적 정당성을 서로 공고히해주는 역할을 했다는 점을 지적한다. 즉 정치적 층위의 기제가 사대자소질서에 중요한 부분이었다는 것이다. 중국의 정권은 주변의 많은 왕조로부터 사대의 예를 받아 정권 정당성을 공고히 하고, 반면 주변의 소국은 중국의 책봉을 받아 정권의 정당성뿐 아니라, 신분사회의 왕조라는 유형으로 정권형태를 유지할 수 있었다는 것이다. 현실적으로 "사대로 인한 문화라고 해도 상층인 지배층에 집중하지 일반대중은 대체로 소외"될 수밖에 없으며, 이 점이 "왕조사의 한계점이며, 또 사대명분의 한계"라고 볼 수 있다(이용희·신일철 1972, 161~63, 186면 참조).

그렇다면 중국왕조가 하늘의 법도를 어기고 자소의 예를 다하지 않았을 때 주변국들이 공분하여 중국을 거부한 적이 있었는가? 한반도 왕조들이 대국은 곧 중국이라는 등식에 집착하지 않은 것이라면, 하늘에 제사를 지내고 하늘의 뜻에 따르면서도 중국에 반대한 적은 없었는가? 정당하지 않은 중국의 천자에 대해 한국은 명분과 법도로 반대를 표명한 적이 있었는가? 이러한 문제는 결국 중국왕조의 정당성에 관한 의문과도 연결된다. 역사적 실체로서의 사대자소의 동아시아 전통질서가 과연, 중국이라는 강대국을 넘는 권역공동의 문명의식, 천하의 공의(公義)에 따른 운영이라는 의식에 기반한 것인지는 살펴보아야 할 일이다. 만약 이러한 공의의식이 있었지만 중국이라는 현실적 힘 때문에 이를 중국에 요구하거나 건의하지 못했다면, 역시 힘으로서의 사대관계가 작용하고 있었던 것이기 때문이다. 소국으로서 보편규범에 힘입어, 또한 생존과 문명적 자존심을 지키기 위해 사대명분을 행사한 것인지를 살펴보아야 할 것이다.

반대의 예로는 이민족이 중국을 통치하였을 경우, 만약 이민족이 민족적 관점에서는 오랑캐지만 문명적 관점에서는 천자일 수 있는가 하는 문제가 제기된다. 한반도의 왕조가 이민족이 다스리는 중국을 문명적 관점에서 인정하고 진정한 명분으로서의 사대의 예를 행했다면, 이는 사대자소 명분의 진의를 확인하는 것이 될 것이다. 과연 고려가 요·금·원을, 조선이 청을 문명적 관점에서 평가하고 명분으로서의 사대 여부를 결정하였는지 경험적 연구를 통하여 살펴볼 일이다.

III. 중국 '사대' 개념의 시원

중국사에서 사대의 기원은 주나라이며 중국 내 왕조들 간의 관계를 설정하는 과정에서 창출되었다. 천하질서는 서주시대에 제후 간의 친목을 도모하고 상호불가침을 약속한 사대·자소·교린의 예에서 시작되었다. 주왕조는 천-천명-천자-천하로 구성된 통치사상을 성립했다. 『예기(禮記)』에서 공자는 하늘에는 두 태양이 없고 지상에는 두 왕이 없다고 언급한다. 맹자 역시 『시경(詩經)』을 인용하여 "넓고 넓은 하늘 아래에 왕의 땅이 아님이 없고 온 땅 끝까지 왕의 신하 아님이 없다"고 언급하고 있다.[1]

주왕조는 주왕을 정점으로 9주, 9복, 9기, 5복 등의 질서정연한 행정구역을 편성하였다. 『상서(尙書)』요전(堯典) 우공(禹貢) 편을 보면 순임금으로부터 황하 치수를 명령받은 우(禹)가 13년 만에 치수를 성공적으로 끝내고 땅을 9주로 나누었는데 기주, 연주, 청주, 서주, 양주(楊朱), 형주, 예주, 양주(梁洲), 옹주 등이다. 『주례』하관(夏官) 직방씨(職方氏)에는 "9복의 방복을 나누어 사방 천리 지역을 왕기라 하고 그 외 사방 오백리 지역을 후보, 그 외 사방 오백리 지역을 전복 또 그 외 사방 오백리 지역을 남복, 또 그 외 사방 오백리 지역을 채복, 또 그 외 사방 오백리 지역을 위복, 또 그 외 사방 오백리 지역을 만복, 또 그 외 사방 오백리 지역을 이복, 또 그 외 사방 오백리 지역을 진복, 또 그 외 사방 오백리 지역을 번복"이라 하였다.

---

1) 『孟子』萬章 上.

결국 천하는 9복으로 조직되었는데 중앙의 후복, 전복, 남복, 채복, 위복, 요복의 8복을 9주로 간주하고 6복 이외의 지역을 번국으로 취급하고 있다.

이후 『상서』 우서(虞書) 익직(益稷)에 "5복을 이루어 오천리에 이르렀고 12주에 주장인 사(師) 12명을 두었습니다"라고 적었다. 이 5복은 전복, 후복, 수복, 요복, 황복으로 구성, 조직되었다.

결국 천하는 순임금과 우임금, 또는 주나라 천자에 의해 천하의 직할지인 왕기 또는 국기를 중심으로 9주 9복 9기 또는 5복으로 구성, 조직되었는데 9주를 제외하고는 모두 작위의 고하, 거리의 원근에 따라 천자에게 조공을 행하는 것을 원칙으로 하고 있다. 그리고 중앙의 후복, 전복, 남복, 채복, 위복은 제하 제후국이고 변두리의 만복, 이복, 번복은 이적만이(夷狄蠻夷)의 제후국이었다. 이러한 구분은 천하일국의 봉건적 세계국가상을 반영하고 있는 것으로, 봉건제도를 통치의 근간으로 하여 화이를 망라한 사상이 성립된 것은 대체로 전국시대부터였으리라 본다(이춘식 2003).

『맹자』에 사대자소에 대한 본격적인 논의가 등장한다. 살펴보면,

제 선왕이 물어 말하였다. "이웃 나라와 사귀는 데 방법이 있습니까?" 맹자께서 대답하여 말씀하셨다. "있습니다. 오직 인자(仁者)라야, 큰 나라로서 작은 나라를 섬겨낼 수 있습니다. 그렇기 때문에 탕 임금이 갈 나라를 섬겼고, 문왕이 곤이를 섬긴 것입니다. 오직 지자(智者)라야, 작은 나라로서 큰 나라를 섬겨낼 수 있습니다. 그렇기 때문에 태왕이 훈육을 섬겼고, 구천이 오나라를 섬긴 것입니다. 생각하건대 큰 나라로서 작은 나라를 섬기는 사람은 하늘의 도리를 즐기는 사람이고, 작은 나라로서 큰 나라를 섬기는 사람은 하늘의 도리를 두려워하는 사람입니다. 하늘의 도리를 즐기는 사람은 자기 나라를 보존할 것입니다. 하늘의 도리를 두려워하는 사람은 자기 나라를 보존할 것입니다. 『시경』에 이르기를 '하늘의 무서움을 두려워하여, 이에 자기 나라를 보존하도다'라고 하였습니다."[2]

이에 대한 주자의 견해를 살펴보자.

　　인인(仁人)은 관대하고 측은히 여기는 마음이 있고, 대소(大小)와 강약(强弱)을 따지는 사심(私心)이 없어서, 소국(小國)이 비록 간혹 공손하지 않아도 그를 사랑하는 마음을 그칠 수 없는 것이다. 지자(智者)는 '의리(義理)'에 밝고 '시세(時勢)'를 알기 때문에, 대국(大國)이 비록 침략하고 능멸해도 그를 섬기는 예(禮)를 더욱 폐지하지 못하는 것이다. (…) 대국이 소국을 사랑하고 소국이 대국을 섬기는 것은 모두 '이(理)의 당연(當然)'이다. 저절로 이(理)에 부합하므로 '낙천(樂天)'이라 하여, 감히 이(理)를 어기지 못하므로 '외천(畏天)'이라 한다. 모든 나라를 널리 감싸주는 것은 천하(天下)를 보존하는 기상(氣象)이며, 절도(節度)를 삼가 감히 종일(縱逸)하지 않는 것은 한 나라를 보전하는 규모(規模)이다.[3]

　　주자는 사대란 본래 형세를 따르는 것으로 이것이 의리라고 하였다. 즉 소국이 대국을 섬기는 것은 의리라는 것이다.
　　중원의 영향력이 확장되면서 동아시아 국제관계 일반에서 사대의 개념이 정립된다. 중국을 중심으로 한 계서관계에서 중국인의 화이관념에 의하여 비롯되었다. 주변 스스로가 원한 것은 아니었다. 결국 중국에 대해 사대의 예를 행함으로써 군사적 위협을 완화하고 자율성을 확보하고자 하는 목적이었던 것이다. 이후에는 중국의 역사 전개에 따라 중국과 이적(夷狄)은 지리적 의미, 종족적 의미, 문화적 의미가 상호 충돌하며 복잡하게 얽히게 된다(이성규 2005).

---

2)『孟子』제1편 제2장 梁惠王章句 下.
3)『孟子集注』제1편 제2장 梁惠王章句 下.

56

한편 춘추전국시대로 들어오면서 군웅할거, 패권을 잡으려는 약육강식의 시대가 지속되었고 국가들은 연형·합종의 외교책략을 추구하였다. 이 경우 소국·약국은 존립을 위해 대국 간의 힘의 관계를 이용하였으며, 서주시대 사대자소의 외교관례를 이용하고자 하였다. '대국은 작은 것과 약한 것을 보호하고 육성해야 한다'는 외교관례가 지켜질 것을 전제로 하여 사대를 추구한 것이다. 이는 예적인 행위를 중시하나 저변에는 늘 힘의 강약에 따른 긴장의식이 존재하였음을 보여준다.

IV. 조선 이전 한반도 왕조의 '사대' 개념

사대개념을 이론적으로 한반도에 적용해볼 경우 우선 생각할 점은 페어뱅크류의 전통시각을 무조건 적용할 수는 없다는 것이다. 한반도 왕조의 대(對)중국 사대의 경우, 중국인의 화이사상에 대한 무조건적 심복에서 비롯되었다거나 중국 측 힘에 굴복하여 강화조약을 맺었다거나 한 것은 아니기 때문이다. 중국이 그들의 화이의식에 의거해, 한국에 대해 의례적인 예의를 중시하고 예를 다하여 공순할 것을 기대한 것은 사실이다. 그러나 한국 측이 스스로의 판단에 따라 사대의 예를 외교수단으로 활용한 측면 또한 강조되어야 한다. 이러한 점에서, 사대관계를 대중국 예속관계로 생각하여 한국사에서 자율성을 인정하지 않는 타율사관을 극복할 필요가 있다.

우선 사대의 내용을 보면, 수공국과 조공국 사이에 군신관계가 성립되어 조공국의 왕이 수공국 황제로부터 관작을 받음으로써 번신으로서 번속국의 국왕으로 봉해지는 것이 원칙이었다. 그러나 실제로는 왕위에 오르기 전 중국 측 의향을 타진하는 과정이 있었던 것이고, 형식적 수속으로 보아야 할 것이다. 조공국은 수공국의 연호를 사용하였으나 정치외교의 자율성과는 무관했다. 조공국은 수공국의 사정에 따라 정기·부정기 사절을 보냈는데 이는 일방적 진상이 아니라 반례품을 받는 것이어서 상호적이었다. 조공국·수공국 간 직접지배는 없었으며 조공국의 대외·대내적 자율성은 수공국에 제약되지 않았다. 조공국은 자율성을 위해 스스로 군사력을 추구하기도 하였다.

한반도 왕조의 사대를 역사적으로 보자면 최초의 사대는 삼국시대에 이뤄졌다. 고구려는 355년 인질로 잡혀갔던 고국원왕의 모후를 반환받기 위해 전연(前燕)과 책봉관계를 수립한다. 그러나 이후 15년간 1회의 조공도 없었다. 한편 백제와 고구려 간 전쟁이 가열되면서 두 나라가 각각 서기 372년에 동진에 사신을 보내 조공하고 책봉을 받은 사실이 있다. 이 경우 그 시기의 정세에 영향을 받은 것으로, 중국의 압박에 의해 책봉이 성립된 것이 아니라 355년 고구려의 경우를 제외하고는 고구려, 백제가 서로를 견제하기 위해 자발적으로 중국과 신속(臣屬)관계를 맺은 것이다. 양국의 중국세력 이용태도는 적대국에 대한 외교적 억지력으로 해석할 수 있다. 조병(助兵)을 요청하지는 않았다는 사실도 주목할 필요가 있다. 이렇게 볼 때 삼국시대에 사대는 힘의 관계에서 자국의 입장을 유리하게 하기 위한 외교수단이었고, 생존권의 유지와 확장을 위해 자율성을 보존하는 수단이었음을 알 수 있다. 또한 조공·책봉 관계를 활용하면서 유동적이고 상황주의적 대응을 주되게 하였음을 알 수 있다.

이후 10세기 후반부터 14세기 후반, 요, 금, 원 등 북방민족이 중국을 지배하게 되면서 중화의 의미는 지리적·종족적 의미에서 문화적 의미로 확대된다. 이 시기 중원은 한족시대에 비해 직접지배와 군국주의 지배를 강화하였다. 조공국에 대해 가혹한 요구를 하고, 세자 책봉에 구체적으로 간섭하는 등 내정과 외교 면에서 조공국의 자율성을 훼손하였다. 이 시기 한반도 왕조는 대국의 위협을 완화하는 수단으로 사대관계를 이용하였다. 결국 힘의 관계에 따라 사대관계의 내용도 수시로 변화하였으며, 고려의 대외관계에서도 이전의 사대관념이 가지는 자율적·상황주의적 성격이 지속되었다고 볼 수 있다.

원명교체기에 들어서자 고려에서는 원의 내정간섭을 이유로 원과의 사대관계를 끊고 신흥국인 명과 사대관계를 맺어 친명으로 전환하자는 주장이 터져나왔다. 친원 집권층의 리얼리즘 결여를 비판하면서, 맹목적 친원 추종정책 탈피를 주장한 것이다. 한편 유학 신흥운동 속에서 모화사상이 문화적으로 자리잡았지만 외교정책 결정과는 거리가 있었다. 뒤에서 살펴보겠지만, 친명파의 대명사대 역시 상황주의적·국제정치적 성격이 강하여, 조선 상류층을 배경으로 두었던 훈구파는 상대적으로 자율적 사대개념을 가지고 있었다고 볼 수 있다. 예를 들어 "명을 버리고 원과 친교하는 것은 즉 강을 버리고 약을 향하는 것이며, 순을 거역하고 역에 따르는 것으로 국가를 불측(不測)의 화로 빠트리는 비계(非計)이기 때문"이라고 설명하고 있는데 이는 사대를 정치적·외교적 측면에서 개념화하고 있는 것이다.[4]

또한 우왕 4년에 시작된 명 태조와의 갈등이 지속되다가 우왕 10년 철령 반환 요구가 강화되자 집권층의 입장이 반명으로 급변, 요동정벌을 논의하게 된다. 이때 이성계의 위화도 회군 역시, 소로서 대를 거스르는 이유로 여름철이고 왜의 위협이 있으며 군사가 역질에 걸릴 수 있다는 실질적 이유를 대고 있다. 결국 조선 초 명과 사대관계가 안정되어가면서 새로운 외교관계가 이루어진 것을 알 수 있다. 다음의 기사들과 일맥상통한다.

중국의 제도는 따르지 않아서는 안 되지만, 사방의 습속은 각기 그 토질을 따르니 다 고치기는 어려울 것 같습니다. 그 예악·시서의 가르침과 군신·부자의 도리는 마땅히 중국을 본받아 비루한 풍속을 고쳐야 되겠지마

---

4) 『高麗史』 112권 참조.

는, 그 밖의 거마·의복의 제도는 지방의 풍속대로 하여 사치와 검소를 알맞게 할 것이며, 구태여 중국과 같이 할 필요는 없습니다.[5]

우리 동방은 옛날부터 당나라의 풍속을 본받아 문물과 예악이 모두 그 제도를 준수하여왔으나, 나라가 다르면 사람의 성품도 다르니 반드시 구차히 같게 하려 하지 말라.[6]

생각건대 왕〔성종〕은 오래도록 중화의 문화를 사모하고 평소 밝은 책략을 마음속에 가져 충순의 절의를 바치고 예의의 나라를 다스렸다.[7]

결국 조선 이전의 사대개념은 타력의존적이라기보다는 상황주의적 성격이 강하며, 현실주의적 대외정책의 대안과 상통하는 것으로 볼 수 있다.

V. 조선시대 '사대' 개념

1. 조명관계와 '사대'

조선조 조명관계를 보면 사대정책이 본격적인 중화주의적 세계관과 결합된 것이 여기에서 비롯된 것임을 알 수 있다. 조선 상류층으로 대표되던 훈구파의 세가 약화되고, 사대부 계급이 성장하고 주자학이 발전함에 따라 조·명 간의 문화적 사대관계가 성립되었다. 그러나 이와 관련하여 다음의 점들에 주목하여 보면 성리학자들 사이에서도 모화와 실질적 사대의 두 흐름이 공존하였음을 알 수 있다. 이론적으로는 페어뱅크류의 전통

---

5) 『高麗史節要』 제2권, 성종 문의대왕/임오 원년(982) 참조.
6) 『高麗史節要』 제1권, 태조 신성대왕/계묘 26년(943) 참조.
7) 『高麗史節要』 제2권, 성종 문의대왕/을유 4년(985) 참조.

적 시각과 신청사의 시각 어느 하나에 치우치기 어려운 것이다. 첫째, 전형적인 성리학 질서로서 동아시아의 조명관계는 정치와 문화적 요소가 가장 중요한 논리로 작용하고 있었다. 조선의 성리학을 대표하는 허봉의 경우에서 보이듯이 조선이 명을 강대국으로 숭상하는 것은 명이 성리학이라는 시대의 대표이념을 온전히 담지하고 있어야 한다는 조건하에서 가능했다는 것을 알 수 있다. 이는 이용희의 견해에서 보이듯이 문명으로서 사대가 중요한 기반이었던 점을 보여준다.

둘째, 문화적 사대관계를 기반으로 조선은 국내정치를 이끌어가기 위해 명의 정치적 승인을 중요한 요소로 고려하고 있었다. 당시의 사회경제적 조건하에서 왕조적 계급사회는 불가피한 역사적 흐름이었고 그 조건하에서 왕조 간 정치관계로서 사대제도는 필연성이 있었다.

셋째, 명이 성리학 이념을 온전히 실현하지 못할 경우 조선의 성리학자들은 명의 지역질서의 정당성을 비판하였다. 이는 중화와 이적의 구분이 인종적이거나 지역질서의 권력정치, 혹은 현대의 용어로 하드파워에 의한 것이 아니라 사실 예의 실현여부에 달려 있었다는 점을 보여준다. 따라서 본성상으로는 명과 조선이 동일하다는 인성동일론에 기초하고 있었으며, 실용적 관점에서 중국의 문명을 취사선택하고 있었다는 점 등을 강조할 필요가 있다.

용례를 통해 보면 당시 명은 조선에 사대와 모화를 요구하였다. 태종 1년에 명에서 보내온 내용을 보면,

중국의 바깥 육합(六合) 안에 무릇 땅덩이를 가진 나라는 반드시 인민(人民)이 있고, 인민이 있으면 반드시 임금이 있어 통치하는 것이다. 땅이 있는 나라는 대개 수로 헤아릴 수 없으나, 오직 시서(詩書)를 익히고 예의(禮義)를 알아서, 능히 중국의 교화(敎化)를 사모한 연후에야 중국을 조공(朝貢)하고, 후세에 칭송되는 것이다.[8]

이에 대해 조선은 사대와 독자성을 함께 강조하는 태도를 보인다. 정도전의 경우 조선의 독자성을 지켜내면서도 중화와는 문명의 이상을 같이한다는, 두개의 차원을 균형 있게 조화시켰다. 즉 조선은 별방이라는 의식을 강조하여 명과의 대일통을 거부했지만 문명의 차원에서는 이일(理一)을 존중한 것이다.

이제 조선이라는 아름다운 국호를 그대로 사용하게 되었으니, 기자(箕子)의 선정(善政) 또한 당연히 강구해야 할 것이다. 아! 명(明) 천자(天子)의 덕(德)도 주(周) 무왕(武王)에게 부끄러울 것이 없거니와, 전하(殿下)의 덕 또한 어찌 기자에게 부끄러울 것이 있겠는가? 장차 홍범(洪範)의 8조(條)의 교(敎)가 금일에 다시 시행되는 것을 보게 되리라. 공자가 "나는 동주(東周)를 만들겠다"고 하였으나, 공자가 어찌 나를 속이겠는가.[9]

서거정의 『경국대전(經國大典)』 서(序)도 정도전의 언명과 상통하는 용례이다.

누가 우리 『경국대전』의 제작이 주관(周官), 주례(周禮)와 함께 표리(表裏)가 되지 않는다고 말하겠는가? 천지(天地), 사시(四時)와 맞추어도 어긋나지 않고, 전성(前聖)에 고증하여도 틀리지 않으며, 백세 이후에 성인(聖人)이 다시 나온다 하여도 자신이 있음을 알 수 있다. 지금으로부터 성자신손(聖子神孫)이 모두 이룩된 헌장(憲章)을 따라, 그르치지 않고 잊지 않는다면, 곧 우리 국가의 문명(文明)한 다스림이 어찌 한갓 주(周)의 융성함에 비할 뿐이겠

---

8) 『태종실록』 태종1년(1401) 2월 6일.
9) 『三峰集』 권7, 朝鮮徑國典.

는가.

「민심 수습, 제도 정비, 강명, 예법 등에 관한 집현전 직제학 양성지의 상소문」은 이러한 시각을 가장 종합적으로 보여주고 있다.

예법(禮法)은 본국의 풍속을 따라야 한다는 것입니다. 대개 신은 듣건대 서하(西夏)는 그 나라의 예속(禮俗)을 변하지 않았기 때문에 수백년을 유지할 수 있었으며, 원호(元昊)는 본시 영웅이었습니다. 그는 말하기를, '금의(錦衣)와 옥식(玉食)은 번국 사람 체질에 편리한 것이 아니다' 하였고, 금나라의 세종(世宗)도 또한 매양 상경(上京)의 풍속을 생각하며 종신토록 잊지 않았습니다. 요나라에서는 남부(南府)·북부(北府)가 있었고, 원나라에서는 몽관(蒙官)·한관(漢官)이 있었는데, 원나라 사람은 그 근본을 중히 여겼기 때문에, 비록 중원(中原)을 잃었어도 사막 이북의 본토는 옛과 같았습니다.

우리 동방 사람들은 대대로 요수(遼水) 동쪽에 살았으며, 만리지국(萬里之國)이라 불렀습니다. 삼면이 바다로 막혀 있고, 일면은 산을 등지고 있어 그 구역이 자연적으로 나뉘어져 있고, 풍토와 기후도 역시 달라서 단군 이래 관아(官衙)와 주군(州郡)을 설치하고 독자적인 성위(聲威)와 교화(敎化)를 펴왔으며, 전조(前朝)의 태조(太祖)는 신서(信書)를 지어 국민을 가르쳤는데, 의관과 언어는 모두 본국의 풍속을 준수하도록 하였습니다. 만일 의관과 언어가 중국과 더불어 다르지 않다면 민심이 정착되지 않아서 마치 제나라 사람이 노나라에 간 것과 같게 될 것입니다. 전조 때 불만을 품은 무리들이 서로 잇달아서 몽고로 투화(投化)한 것은 한 국가로서는 매우 온당치 않은 일입니다. 바라건대 의관은 조복(朝服) 이외에 반드시 다 중국제도를 따를 필요는 없고, 언어는 통사(通事) 이외에 반드시 옛 습속을 변경하려 할 것이 아니며, 비록 연등(燃燈)·척석(擲石)이라 할지라도 역시 옛 습속을 좇아도 불가할 것은 없습니다.

사대하기를 예로써 하여야 한다는 것입니다. 대개 작은 나라가 큰 나라를 섬기는 것은 예법의 상도(常道)로서, 예로부터 다 그러했습니다. 우리 국가는 실로 동방에 위치한 황복(荒服)의 땅입니다. 멀리 해 뜨는 해변에 위치해 있고 또 산과 계곡의 천험(天險)의 지리를 가지고 있어서 수·당의 창성(昌盛)함으로도 오히려 신하로 삼지 못하였으며, 요나라는 인국(隣國)의 예로 대하였고, 금나라는 부모의 나라로 일컬었으며, 송나라는 빈례(賓禮)로 대하였고, 원나라는 혼인을 서로 통하였습니다. 그러나 원나라는 전쟁을 일으킨 지 수십년에 마침내 신하로 복속케 하였고 비록 생구(甥舅)로 일컬었으나, 동국(東國)의 모든 일은 옛날과 아주 달라졌던 것입니다.

우리 고황제(高皇帝)께서 즉위하시고 군병을 일으키려 하자 천하가 비로소 평정하여졌으니, 이 군병을 일으키지 않으면 위엄을 보일 것이 없어 행인(行人)을 구속하여 욕을 보이기도 하고, 세폐(歲幣)를 늘려 곤란을 주기도 하다가 그 뒤 무진년에 이르러 황제의 위엄과 노여움이 비로소 그쳤고, 번국으로 봉(封)하는 일도 정하여졌던 것인데, 번국의 사세는 기내(畿內)의 사세와 다르니, 큰 나라를 섬기는 예법을 다하지 않을 수도 없고, 또한 자주 할 수도 없는 것입니다. 전조에서는 종(宗)이라 일컫고 개원(改元)하였는데, 오늘에 있어서 소소한 절차를 반드시 전례에 구애받을 것은 없고 다만 그 성의를 다할 따름입니다. 이제부터는 상례의 은공(恩貢)에 표문(表文)을 붙여 치사하고 사명(使命)을 번거롭게 하지 말며, 평안한 백성을 좀 휴식케 하시면서 사대의 체통을 유지하게 하시면 다행하겠습니다.[10]

그러나 16세기에 접어들면서 성리학 중심의 학풍이 형성되고 한반도와 중원의 관계는 일통의식에 기반한 중화사상 및 모화의 성향이 강해진다. 선조대에 이르면 사대의 기반으로서 문명적 일체감을 강조하게 되는데 다

<hr>

10) 『세조실록』 1권, 세조1년(1455) 7월 5일 세번째 기사.

음의 기사를 보면 그 일단이 보인다.

　　승문원이 아뢰기를, "경영관(經筵官) 유희춘이 아뢴 것을 대신들과 의논
하니, 영상(領相)의 의논은 '질정관(質正官)은 문자만을 질정하여 규명하는
것이 아니다. 우리나라가 멀리 변방에 있으니 중국의 예악과 문물에 대해서
반드시 자주 중국 조정에 가보아야만 보고 익히기도 하고 느끼기도 하여 뒷
날 사대하는 데 쓸 수 있다. 때문에 문관(文官)으로 하여금 질정관을 삼아 왕
래하게 하였던 것이니, 이는 뜻이 진실로 범연한 것이 아니다. 근래 폐단을
염려하여 사행(使行)에서 제하였는데 이로 인하여 견문이 날로 고루해졌다.
때문에 예전대로 전규(前規)를 찾아서 차송(差送)하였다. 그러나 금년은 흉
년이 너무 심하니 우선 하나의 폐단을 제거하는 것도 무방할 듯하다' 하였
는데, 좌상과 우상의 의논도 그러하기에 감히 아룁니다" 하니, 아뢴 대로 하
라고 전교하였다.[11]

　이러한 인식이 강해지는 대표적인 예로 퇴계와 율곡을 들 수 있다. 우선
퇴계의 언명을 보면,

　　하늘에는 해가 둘이 없고, 백성에게는 임금이 둘이 없다. 『춘추』에 일통
(一統)을 중하게 여기는 것은 곧 천지의 떳떳한 도리이고 고금에 통용되는
의리이다. 대명(大明)은 천하의 종주국이니, 바다 모퉁이까지 해가 뜨는 곳
이라면 어디를 막론하고 신복(臣服)하지 않는 나라가 없으므로 귀국도 대대
로 조공을 바친 것이다.[12]

---

11) 『선조실록』 4권, 선조3년(1570) 4월 25일 네번째 기사, 「승문원에서 문신 질정관의 중
　　국 사신 동행을 청하다」.
12) 『退溪先生文集』 제8권 '서계수답' 중 「예조가 일본국(日本國) 좌무위장군(左武衛將軍)
　　원의청(源義淸)에게 답하다」.

율곡의 인식도 이와 일관성을 보인다.

우리 동방은 멀리 해외(海外)에 있어 비록 별도로 한 구역이 된 것 같으나, 구주(九疇)의 가르침과 예악의 풍속은 중화(中華)에 뒤지지 않으니, 끝내 한 줄기 강물이 갈라놓았다고 하여 따로 다른 이역(異域)이 될 수는 없습니다. (…)

이로부터 내려오면서 외처럼 나뉘고 솥발처럼 버틴 삼국과 닭을 가지고 오리를 친 고려에 이르는 동안 예교(禮敎)가 점차 갖추어지고 천자(天子)에 배알함이 점차 공경스러워져 삼국은 이당(李唐)에 대해서, 고려는 삼조(三朝, 송나라·요나라·원나라)에 대해서, 크고 작은 빙문(聘問)을 반드시 제때에 해서 곤경에 처했을 때에도 그 직분을 잃지 않았으니, 명목상으로는 비록 외국이지만 실은 동방의 한 제로(齊魯)일 따름입니다. (…)

그렇지만 예라고 하는 것은 비단이나 옥 등의 예물만을 지칭하는 것이 아닙니다. 모르겠습니다만, 삼국과 고려가 대국을 섬기는 데 게으르지 않았던 것이 과연 의리가 있어서 능히 그 정성을 다했던 것이겠습니까? 혹시 대국의 도움을 빌려 적대국을 제압하려고 했던 것이나 아닌지요? 아니면 위세에 눌려서일 뿐, 진심으로 복종한 것이 아니었던 것은 아닌지요? 그 예의는 비록 부지런했으나 반드시 의리에 맞지는 않았고, 그 의례는 비록 성대했으나 반드시 그 정성이 담겨 있었던 것은 아니었으니, 어찌 우리 왕조에서 의리로써 섬기고 정성으로써 섬기는 것과 동일하게 논할 수 있겠습니까? 이것이 신이 감히 욕되이 진실하지 않은 까닭입니다. (…)

무엇을 일러 의리라 합니까. 이제 작은 것으로써 큰 것을 섬겨 군신의 분수가 이미 정해져 있으니, 때의 어려움과 쉬움을 헤아리지 않고, 형세의 이로움과 해로움을 헤아리지 않으며 그 정성을 다하기만 힘쓸 따름입니다. 달적(㺚賊)이 북쪽에서 가로막아 우리의 길을 막을 수는 있겠으나 대국을 섬기는 우리의 정성은 막을 수 없을 것이요, 황제를 높이는 일념이 끝내 변하지 않는다면 거센 파도는 걱정할 겨를이 없을 것이며, 가는 길을 가로막아 국서를 드리지 못하게 하는 것도 헤아릴 겨를이 없을 것이며, 표독하고 사나운 해적의 노략질도 우려할 겨를이 없을 것입니다. 사신을 보내는 일을 어찌 이런 일로 인해서 잠시라도 폐지할 수 있겠습니까. 이렇게 일의 옳음과 그름을 분명히 알 수 있는 것입니다. (…)

신은 듣자오니, 하늘에는 두 해가 없고, 백성에게는 두 임금이 없습니다. 오직 우리 동방은 멀리 바닷가에 떨어져 있어서, 비록 '별도의 한 구역'이 되는 것 같지만, 〔기자의〕 홍범구주(洪範九疇)의 가르침이나 예악의 풍속은 화하(華夏)에 뒤지지 않습니다. 따라서 끝내 한 줄기의 강물로 경계선을 그어, 스스로 이역이라고 여길 수 없는 것입니다.[13]

율곡은 삼국이나 고려가 중국을 섬겼던 것은 형세나 이해에 따른 것이고 사대의 예는 겉치장에 불과했다고 설명하면서, 조선은 이와 달리 심복하여 정성을 다해야 한다고 주장한다. 이러한 인식의 변화는 성리학이 조선에 본격적으로 수입되고 사대부 계급이 정치권력을 장악하면서 일어났다. 중국과의 문명적 일체화를 본격적으로 추진하고 조선의 문명적 지위에 대한 자신감과 염원이 강화되면서 사대에 대한 인식이 변화한 것으로 볼 수 있다.

2. 조청관계와 '사대'

이러한 상황은 명의 멸망 이후 청이 집권하면서 매우 복잡해진다. 청에 대한 인식은 우선 대청복수론, 대명의리론 등으로 나타난다. 전자는 북벌론, 후자는 존주론으로 이어지는데 사라진 명에 대한 자세에서 문화적·

---

13) 「貢路策」, 『栗谷全書』 拾遺 券4, 頁10.

명분적 의미의 사대가 강하게 대두하지만 동시에 청과의 관계에서는 새로운 힘의 중심과도 명분과 실리가 교차하는 모습을 보인다. 이러한 갈등은 실학에서 하나의 뚜렷한 흐름으로 정리되는데 우선 청의 대조선 인식을 살펴보자.

대금국(大金國) 이왕자(二王子)는 조선국왕에게 답서를 보냅니다. 두 나라가 화친하고 좋게 지내자는 것은 다 함께 아름다운 일입니다. 귀국이 참으로 화친을 바란다면, 꼭 종전대로 명나라를 섬기지 말고 그들과 왕래를 끊고서 우리가 형이 되고 귀국이 아우가 됩시다. 명나라가 노여워하더라도 우리 이웃 나라가 가까운데 무슨 두려워할 것이 있겠습니까. 과연 이 의논과 같이 한다면, 우리 두 나라가 하늘에 고하고 맹세하여 영원히 형제의 나라가 되어 함께 태평을 누릴 것입니다. 일이 완결된 뒤에 상(賞)을 내리는 격식은 귀국의 조처에 달려 있으니, 국사를 담당할 만한 대신을 차출하여 속히 결정하여 일을 완결하십시오. 그렇지 않으면 오가는 길에 시간만 지연되어 불편할 터이니, 우리를 신의가 없다고 여기지 마십시오.[14]

여기서 청은 사대질서의 조직원리가 지속됨을 주장하면서 중원의 주인이 바뀜에 따라 조·청 간의 새로운 사대관계를 주장하고 있다. 반면 조선은 사대질서의 정당성을 주장하지만 새로운 청 세력에 대한 불인정의 모습을 보인다.

상(인조)이 대신 및 비국 당상을 인견하였다. 윤방이 아뢰기를, "지금 적이 또 명나라를 영영 끊어버리라고 청하니, 마땅히 의리에 있어 할 수 없다는 말로 답해야 합니다" 하니, 상이 이르기를, "대의에 관계된 것이니 단연

---

14)『인조실록』15권, 인조5년(1627) 2월 2일 다섯번째 기사.

코 허락할 수 없다"고 하였다.[15]

그러나 결국 조청관계는 사대질서의 틀 안에서 수립되고 관계는 정상화된다.

금나라의 차인 중남이 서울에 들어왔다. 비국이 아뢰기를 "(…) 우리가 이미 너희와 형제가 되었으니 성심으로 고하지 않을 수 없다. 형편상 부득이한 것은 너희도 양해하여야 한다. 우리가 중국에 대하여 부자(父子)의 나라인데 너희에게 배를 빌려주어 중국사람들을 죽이게 한다면, 이것은 우리가 스스로 하늘을 저버리는 것이다. 그리고 부자간에 차마하지 못할 짓을 하는 자라면 형제간이라고 하여 차마하지 못할 짓을 않는다고 보장할 수 있겠는가. 만약 우리가 잔인하게 중국을 저버리고 너희 나라의 말을 따른다면 후일에 반드시 너희 나라에게 의심을 받을 것이다" (…) 하니, 상〔인조〕이 허락하였다.[16]

사대질서가 외면적으로 성립되는 것과는 별개로 조선왕조는 청의 문명적 자격을 지속적으로 문제시했다. 이러한 과정에서 조선의 대청인식은 율곡의 대명인식과는 근본적으로 다를 수밖에 없었다. 따라서 조청관계는 전형적 사대관계와는 다른 모습을 보인다. 일례로 송시열의 경우를 보면, 일통의식에 기반한 중화사상의 전통을 강조하며 효종에게 올리는 「북벌에 임하는 자세」에서 다음과 같이 말하고 있다.

바라옵건대 원하(願下)께서는 "이 호광(胡廣)은 군부(君父)의 큰 원수로

---

15) 『인조실록』 15권, 인조5년(1627) 2월 2일 일곱번째 기사, 명과의 단절·형제의 명칭·증급하는 목면의 양 등에 관한 논의 참조.
16) 『인조실록』 24권, 인조9년(1631) 6월 12일 첫번째 기사.

서, 결코 같은 하늘 아래 살 수 없다"는 마음을 굳게 정하십시오. 그리하여 원한을 간직하고 고통을 참으며 원통함을 머금어 [호려(胡虜)에 대해] 겸손한 말 가운데 더욱 분노를 온축(蘊蓄)하고 혈물(頁物)을 바치는 가운데 더욱 간절하게 와신상담하십시오. 추기(樞機)의 비밀은 귀신도 엿보지 못하고 지기(志氣)의 견고함은 맹분(猛賁), 하육(夏育)처럼 용감한 사람도 빼앗을 수 없게 하십시오. 5년이나 7년 또는 10년이나 20년을 기약하여 이러한 마음을 풀지 않고, 우리 힘의 강약을 보고 저들 형세의 성쇠를 살피십시오. 이렇게 하면 비록 무기를 들고 가 죄를 묻고 중원을 청소하여 우리 신종황제(神宗皇帝)의 망극한 은혜를 갚지 못한다 하더라도 오히려 혹시 관문(關門)을 닫고 화약(和約)을 파기하여 명분을 바로잡고 이치를 밝힘으로써 우리 의리(義理)의 편안함을 지킬 수 있게 될 것입니다. 설령 성패(成敗)와 이순(利純)을 미리 알 수는 없다 하더라도 그러나 우리가 군신(君臣) 부자(父子) 사이에 이미 유감이 없게 된다면, 굴욕스럽게 구차히 생존하는 것보다 훨씬 낫지 않겠습니까?[17]

이러한 논의는 이미 최박의 언설에서 나타난 바 있다. 최박은 사림파의 영수였던 김종직의 문인이었다.

동해(東海)는 매우 광활하여 강한(江漢)의 으뜸이 되고 북극성이 제자리에 있으면 뭇별들이 조회(朝會)하니, 당당한 천조(天朝)는 예악문물(禮樂文物)이 모인 곳이요 전장법도(典章法度)가 나온 곳입니다. (…) 하물며 우리나라는 이륜(彛倫)이 질서 있고 예교(禮敎)가 빛나서, 중화의 사람들 또한 우리를 '소중화(小中華)'라 일컫습니다. 그렇다면 소중화가 대중화를 흠모하는 것은 마땅하며, 이 관(館)을 '모화관(慕華館)'이라 일컫는 것 또한 마땅합

---

17) 『宋子大全』 券5, 夏8, 己丑封事.

니다. 신이 듣자오니 윗사람이 좋아하는 바를 아랫사람은 더욱 심하게 좋아한다고 합니다. 나라에서 중화를 흠모하는 제도가 이와 같고, 주상께서 중화를 흠모하는 마음이 이와 같으니, 신하된 자들은 윗사람을 본받아 충(忠)에 힘쓸 것이요, 자식된 자들은 윗사람을 본받아 효(孝)에 힘쓸 것입니다 그렇다면 이 관은 어찌 다만 '모화'를 위해서만 지은 것이겠습니까? 또한 충효를 권면하여 국가의 아름다움이 될 것입니다.[18]

그러나 송시열 역시 문화적 차원의 사대를 강조한 점을 전제할 필요가 있다. 중화의 핵심을 예악문물 혹은 예의로 규정하고, 화이는 지역으로 구분되는 것이 아니라 예악의리로 구분된다는 것이다.

중국사람들은 우리 동방을 '동이(東夷)'라 일컫는바, 이름이 비록 아름답지 못하나, 또한 어떻게 진흥하느냐에 달린 것이다. 맹자는 "순(舜)은 동이의 사람, 문왕은 서이(西夷)의 사람"이라 하였다. 그런데 이들은 모두 진실로 성현이 되었으니 (…) 옛날에 칠민(七閩)은 실로 남이(南夷)의 구역이었지만, 그 땅에서 주자가 나온 뒤로는 중화의 예악문물이 나온 지역들이 오히려 그만 못하게 되었다. 지역이 옛날에는 이(夷)였다가 지금은 화하(華夏)로 되는 것은 오직 변화(變化)에 달려 있다. (…) 『주자어류(朱子語類)』에서는 "고려는 풍속이 좋다"고 하였다. 고려 때에 이속(夷俗)이 아직 변하지 않았는데도, 남만(南蠻), 북적(北狄), 서융(西戎)과 비교해보면 오히려 점점 변화된 점이 있었던 것이다. 고려 말에 포은(圃隱) 정 선생께서 나와 당로(當路)하면서, 용하(用夏) 변이(變夷)에 힘써 한결같이 예의(禮義)로 구속(舊俗)을 변화시켰다.[19]

---

18) 『鎬南先生集』 卷1, 頁14~15, 慕華館記.
19) 『宋子大全』 卷131, 頁24~25, 雜錄.

이 시기에 조선 중화주의가 본격적으로 성립되고 명나라의 태조, 신종, 의종에 제사지내는 사당인 대보단(大報壇) 설치와 같은 구체적 정책이 실행되었다. 병자호란 시 척화론자와 주화론자가 대립하였는데 전자는 노론, 후자는 소론으로 분파하여 이어진다. 전자가 이상론자·원칙주의자였다면 후자는 현실론자·실리주의자였다고 할 수 있으며, 후자는 양명학을 자신들의 학파로 발전시키는 사상적 변화양상을 보인다. 따라서 대외인식의 긴장관계가 저변에 존재한 것이다. 그러나 임진왜란과 병자호란 이후 국내정치적 필요, 즉 습속, 의리, 강상의 쇠퇴를 극복하기 위해 소중화주의의 필요성이 대두하였다.『존주휘편(尊周彙編)』의 언명을 살펴보면,

> 오직 효와 충은 바퀴나 날개와 같아서 편폐할 수 없는 것이다. 습속이 날로 변하고 의리가 날로 어두워지며 윤강이 날로 무너지니 오늘의 교는 이 세가지 폐단에 대해서이다.[20]

결국 명에 대한 의리론에는 조선의 도덕적 입지를 강화하고 관념적 의리를 내세움으로써 국내정치적 안정을 회복하려는 현실적 필요가 있었던 것이다. 멸망한 명에 대한 충성은 실제 외교현실에서 청과의 관계가 존속함으로써 문화적 동질성에 근거한 종속적 사대의식의 위험이 사라졌다는 사실에 근거하기도 하였다.

3. 실학기의 자주적 천하관과 '사대'

청이 명을 대체한 이후, 조선이 청에 심복하지 않은 이유는 청이 문명의 중심 자격이 있는지에 대한 설득이 완전하지 않아서였다. 위계의 정점에

---

20)『尊周彙編』정조19년(1795) 3월.

위치하는 천자와 천자가 대변하는 정치질서는 힘의 질서이기도 하지만 무엇보다 문명의 질서이기 때문이다. 힘으로만 지역을 다스리는 천자는 장기간 통치할 수 없을 뿐 아니라, 통치의 정당성을 확보할 수 없었다. 중원을 차지한 한족 이외의 민족이 천자의 지위를 유지하면서 동아시아의 지도자로 군림할 수 있는가 하는 점은, 문명의 중심을 창조하고 유지할 수 있는 힘을 가지고 있는가 하는 점에 의해 결정되었다. 따라서 북학(北學)의 현실적 필요에도 불구하고 북벌담론이 지속된 것은 바로 이러한 동아시아 위계질서의 특수성 때문이다. 조선은 문명으로서의 중원의 가치를 중시했고, 문명의 중심 자격이 없음에도 불구하고 힘에 의해 중원을 차지한 왕조에는 심복하지 않고, 기회가 있을 때마다 정치적 반대의 의사를 명확히 하였다.

그러나 시간이 흐르면서 사대질서 자체에 대한 비판이 등장하기 시작했다. 이는 이전의 사대질서관과 구별되는 특수한 경우로, 예를 들어 홍대용은 특이한 지위를 차지한다. 홍대용은 청의 문명성을 비판하는 데에서 더 나아가, 중원문명의 상대성을 강조한다. 『의산문답(醫山問答)』에서 나오는 다음의 구절을 살펴보자.

은나라의 머리에 쓰는 과인 장보나, 주나라의 갓인 위모나, 오랑캐가 몸에 그리는 문신이나, 남만에서 이마에 그림을 그리는 조제는 모두 다 같은 자기들의 풍속인 것이다. 하늘에서 본다면 어찌 안과 밖의 구별이 있겠는가? (…) 그러므로 각각 자기 나라 사람끼리 서로 사랑하고, 자기 임금을 높이며, 자기 나라를 지키고, 자기 풍속을 좋게 여기는 것은 중국이나 오랑캐나 마찬가지이다. (…) 대저 하늘과 땅이 변함에 따라 사람과 만물이 많아지고, 사람과 만물이 많아짐에 따라 주체와 객체가 나타나고, 주체와 객체가 나타남에 따라 안과 밖이 구분된다. (…) 공자가 바다에 떠다니다가 오랑캐족이 사는 곳에 들어와 살았다면, 중국의 법을 써서 오랑캐의 풍속을 변화시키고, 주나라 도를 국외에 일으켰을 것이다. 따라서 안과 밖이라는 구분과, 높이고 물리치는 의리에 있어서도 자연히 중국이 아니라 마땅히 국외에 춘추(域外春秋)가 있었을 것이다. 이것이 공자가 성인이 된 까닭이다. (홍대용 2006, 164~65면)

홍대용은 중국의 법과 바깥 지역의 법이 본래적인 우열관계를 가진 것은 아니라고 본다. 안과 밖, 주체와 객체, 중심과 주변의 구별은 상대적이며, 보는 관점에 따라 달라진다는 것이다. 또한 다수의 문화가 자체적으로는 소중한 것이며, 문명적 발전정도에 따라 무시할 수 없는 것이라고 본다. 심지어 중국 지역 밖에도 문명의 표준이 될 수 있는 역외춘추와 같은 기준이 생겨날 수 있으며, 이는 춘추와 같은 문명표준을 창조할 수 있는 문화적 힘이 있는가의 문제일 뿐, 사전에 정해진 중심이 있을 수 없다는 생각이다.

홍대용의 이러한 생각은 명청교체기를 겪으면서 조선에 이미 자리잡은 청문명의 상대화 과정, 그리고 연행 이후에 알게 된 서양문명의 영향에서 비롯된 것이라고 추측된다. 세계 속의 동아시아와, 세계문명 속의 동아시아 문명은 결코 절대적 우월성을 무조건 확보할 수 없는 것이기 때문이다.

그렇다면 홍대용은 어느 정도까지 동아시아질서를 비판적으로 본 것일까? 홍대용이 주변 민족들의 잠재적 힘을 인정하고 중원의 상대성을 논함으로써 근대적 민족주의의 맹아를 주장한 것으로까지 보아야 할 것인가?

홍대용이 동아시아 속에서 중원의 지리적·종족적·문명적 중심성을 상대화하고, 더 나아가 세계 속에서 동아시아를 상대화한 것은 사실로 보인다. 그러나 이상의 중심성에도 불구하고, 다양한 단위들의 주권적 평등이나 문명적 평등을 전제하는 동아시아 질서, 혹은 동아시아 질서의 조직원리를 상상했다고 보기는 어렵다. 본래적인 위계질서의 지역 조직원리 속에서의 상대성을 논의했을 뿐이다. 설사 중국 한족이 아닌 다른 종족과 문화가, 베이징이 아닌 다른 지역에 자리를 잡고 동아시아를 다스리는 상황

을 상정했다 하더라도, 위계질서라는 동아시아 조직원리를 부정한 것은
아닌 것이다.

VI. 결론

　근대 편입 이전 동아시아의 지역질서를 현재의 관점에서 온전히 파악
하기란 쉬운 일이 아니다. 그러나 시대별로 상이한 지역질서의 조직원리
를 파악하는 것은 학문적으로 매우 중요한 일이며, 더욱이 21세기 탈근대
이행의 국제질서가 논의되는 과정에서 미래질서의 대안적 자원을 연구한
다는 점에서도 중요한 일이다. 전통시대 동아시아 지역질서의 조직원리를
이끈 개념은 사대자소이다. 이는 단일한 문명권하의 강국과 소국 간 상호
적 질서를 구성하는 개념으로 시대와 공간에 따라 다양한 차이를 보이며
변화해왔다. 현실과 개념 간의 긴장관계를 탐구함으로써 현실의 변화를
보는 개념사의 방법론은 이러한 점에서 동아시아 전통 지역질서를 연구하
는 데 도움이 되는 방법론이다.
　사대개념은 중국 주나라시대에 자리잡기 시작하여 중국 내 단위들 간의
관계를 통솔한 개념으로 시작했으나 점차 중국 밖의 이민족과의 관계를
규정하는 개념으로 발전했다. 한반도 왕조와 같은 중국 밖의 왕조들은 다
양한 층위에서 중국과 조공·책봉 관계를 유지하며 사대개념을 나름대로
규정해왔다. 한반도 왕조들은 한편으로는 힘의 관계에 기반하여 중원과의
관계를 이루기도 하고, 명분으로서의 관계를 유지하며 중국문명권의 정당
한 일원으로 존재하고자 했다. 이러한 노력은 시대에 따라 많은 편차를 보
이지만 결국 단일한 천하관 아래에서 사대체제를 유지할 수밖에 없었다.
　가장 전형적인 사대관계는 조명관계에서 보이는데, 조선은 명과의 문명
적 일체감 속에서 독자성을 유지하는 양면의 노력을 기울였다. 사대관계

속에서 대명사대와 독자성 유지 혹은 자주의 전략은 상반되는 것이 아니었으며, 이는 각 행위자들의 언명과 당시의 주요 개념틀에서 다양하게 드러난다. 더불어 사대관계가 장기간 지속될 수 있었던 전통시대 동아시아의 왕조적·계급적·정치사회적 조건이 지역질서를 규정하는 중요한 요인이 되었으며, 이는 사대체제가 변화되기 어렵게 만든 한계로서 작용했다는 사실도 유념할 필요가 있다.

제3장

한국의 근대국가 개념 형성사 연구

·

김성배

I. 한국의 정치공동체 개념: '나라'와 '국가'

오늘날 한국에서는 영토, 인구, 주권(정부)을 구성요소로 하는 정치공동체를 지칭하는 개념으로 '나라'와 '국가'라는 말이 혼용되고 있다. 이는 마치 오늘날 영미권에서 country, nation, state 등의 말이 함께 쓰이는 것과 유사하다. '나라'라는 말은 고대국가 시대에 일본으로 전파되어 나라(奈良) 지역의 호칭으로 사용되었을 정도로 오래된 전통적 개념이다. 반면 '국가'라는 말은 기껏해야 19세기 말에서 20세기 초에 비로소 널리 사용되기 시작했다. 보통 한국인들은 나라라고 할 때는 영토나 역사의 이미지를 떠올리는 반면에 국가라고 할 때는 정부나 주권의 이미지를 떠올리는 경향이 있다. 이는 국가라는 말이 다분히 구미에서 유래된 근대국가의 의미를 함축하는 개념이라는 것을 시사한다.

결론부터 말하면, 한국에는 삶의 공간으로서 정치공동체를 의미하는 전통적 국가개념이 있었으나 19세기 중후반 서세동점의 정세하에 서양으로부터 근대가 전파되는 과정에서 침투해 들어온 근대국가 개념이 후일 국가라는 용어로 정착되었다. 일반적으로 서양의 근대국가 개념은 중세유럽과 비교할 때 영토, 주권, 국민을 3대 요소로 포함하며 각 요소가 순차적으로 발달해온 것으로 설명된다(이용희 1962, 101면). 한국의 전통적 나라개념도 영토, 인구, 정부(또는 조정)라는 요소를 포괄하고 있으나 근대국가 개념과의 결정적 차이는 주권사상과 국민관념이 부재하다는 점이다. 오늘날에는 나라라고 할 때도 이러한 속성이 내포되어 있는 것으로 간주되나, 이는 어디까지나 근대국가 개념이 수용되면서부터이다.

근대국가로서의 '국가'라는 용어에 한정하여 논하자면 이는 메이지(明治) 유신기 일본에서 먼저 사용되기 시작하였으며 이것이 점차 청과 조선에 전파되어 정착되었다. 청과 조선에서 본격적으로 국가라는 용어가 사용되기 이전에도 서양의 근대국가 개념이 침투하지 않은 것은 아니다. 그러나 일본으로부터 국가라는 용어가 수입되면서 근대국가 개념이 보다 확고히 뿌리를 내리고 그 과정에서 일본식 근대국가 개념의 형성에서 나타난 특징이 불가피하게 청과 조선에도 반영되었다. 조선의 근대국가 개념 형성과정을 정밀하게 검토하기에 앞서, 우선 근대국가로서의 국가라는 용어가 전파된 경로부터 살펴보도록 하겠다.

II. 근대국가로서 '국가'개념의 전파경로

1. 동아시아의 전통적 국가관념: 천하, 국, 방

전통적으로 한중일 삼국 어디에서도, 자국이나 타국을 지칭하는 개념으로 '국가'라는 말이 적극적으로 사용되지 않았다. 먼저 중국의 경우를 보면 철저하게 중화문명 중심의 동심원적 세계관에 입각해 있어서 '안'과 '밖'을 엄밀히 구분하는 사고가 발달하지 않았다. 단순화해 말하자면 국제정치는 존재하지 않았으며, 모든 정치공동체 간의 관계는 예(禮)의 규범에 입각한 국내정치 질서의 연장이었다. 천자의 덕이 미치는 지역을 의미하는 천하(天下)와 그 외의 지역만이 상정되었고, 오늘날의 국가를 연상시키는 '국(國)'이나 '방(邦)'이라고 할 때도 제후의 나라나 번방(藩邦)을 지칭할 뿐 원리상으로는 천하의 범주 내에 속했다. 현실적으로는 천자의 영향력이 미치지 않는 지역이 있었지만 이는 야만의 땅으로서 논외의 대상에 불과했으며 의미 있는 국가적 실체가 아니었다. '안'과 구분되는 '밖'에 존재하는 정치적 실체에 대한 불인정이야말로 중국적 세계관의 핵심이었다.

이러한 중국인들의 독특한 세계관을 페어뱅크(John K. Fairbank)는 '중국적 세계질서'(Chinese world order)라고 명명했다. 이 세계는 중국과 문화를 공유하는 중화문명권(Sinic Zone), 몽골·만주·티벳 등을 아우르는 내아시아권(Inner Asian Zone), 이른바 외부 오랑캐(外夷)에 해당하는 외부권(Outer Zone)으로 구분되지만, 원리상 고대 봉건질서의 확장으로서 예(禮)라는 규범에 의해 규율되고 조공제도로 관리된다는 점에서 어디까지나 천자가 다스리는 천하에 귀속된다고 하였다(Fairbank 1968, 2~10면).

한편 신청사(新淸史)학파는 이러한 페어뱅크의 문화주의적 모델이 과도한 중국화(sinicization)·중화주의(sino-centic)·조공체제(tribute system) 가정에 의존하고 있어 청제국의 대외관계를 설명하는 데 한계가 있다고 비판한다. 특히 청제국이 많은 국력을 투입한 내아시아 국가들과의 관계를 보면 정략결혼, 종교적 후원, 상업적 거래, 정벌 등의 방법을 사용했으며 이것들은 많은 경우 조공체제나 중화주의와는 아무 관계가 없었다는 것이다(Millward, Dunnell, Elliott, and Forêt 2004, 3~4면).[1] 헤비아(J. L. Hevia)는 페어뱅크 모델이 조공체제에 지나치게 과도한 비중을 부여했을 뿐만 아니라 그것을 너무 상징적으로만 해석하여, 제국의 방어를 위한 국가경략

---

[1] 미국 신청사 연구그룹의 작업으로는 Perdue(2005); Elliot(2009) 등 참조.

(statecraft) 사고가 작동했다는 점을 놓치고 있다고 본다. 헤비아는 청제국이 영국이라는 세계제국에 대한 대응에서 실패한 것은 조공체제 자체 때문이라기보다는 그것을 창의적으로 적용하지 못하고 경직되게 운영하였기 때문이라고 해석한다(Hevia 1995, 13~20면). 청이 중국적 전통의 천하질서관을 계승했을 뿐만 아니라 유목민적 기원에서 유래한 전략적·실용주의적 전통, 그리고 제국적 사고를 지니고 있었음을 부인하기는 어려울 것이다. 그러나 개념사적 견지에서 보았을 때 전통적 천하질서관의 책봉조공, 회유(懷柔), 기미(羈縻) 등 말고는 '밖'의 실체를 다루기 위한 개념이 부재했던 것도 사실이다. 적어도 해방론에 의해 천하질서 '밖'의 실체가 인정되고 만국공법에 의해 주권적 외교를 수용하기 전까지는 조공질서가 중심일 수밖에 없었다.

중국에서의 국가개념 미발달과 관련한 중국인들의 자기진단으로는 량치차오(梁啓超)의 지적을 참고할 만하다. 그는 중국인들이 천하만 알고 국가가 있음을 모르며 자기 일신만 알지 국가가 있음을 모른다며 국가사상이 부재함을 한탄하였다. 또한 중국인들이 국가를 천하로 오인한 이유 두 가지를 들었다. 하나는 각국이 할거하기에 적합한 유럽의 지리와 달리 중국의 지형이 통일에 용이하고 주변에 자주 접촉하는 대국이나 대적할 만한 국가가 부재하다는 것이다. 다른 하나는 전국시대 이전에는 국가주의가 번성하였으나 공자와 맹자 이후로는 어떤 학설을 막론하고 통일을 제1의 요체로 삼았다는 것이다(梁啓超 1977, 86~87면). 천하사상이 국가사상의 발달을 억누른 것은 매우 분명해 보인다. 중국의 고전에서도 '국가'라는 말의 용례를 발견할 수는 있으나 근대국가를 지칭하는 오늘날의 국가개념과는 매우 상이한 뜻으로 쓰였다. 정치기구나 영역을 의미하는 용어로는 국(國), 방(邦), 방가(邦家), 방국(邦國), 사직(社稷) 등이 있었으며 국가(國家)는 주로 봉건적인 읍제(邑制)질서에 직접적으로 관련된 용어였다. 국가라는 용어는 춘추전국시대에 들어 본격적으로 등장하는데 단일한 개념이 아니라 '국(國)+가(家)', 즉『맹자』에서 말하는 제후의 국과 경대부의 가를 통괄하는 개념이었다. 이러한 의미에서의 국가라는 단어는『춘추좌씨전(春秋左氏傳)』에서 무수히 발견되며 제자백가의 책들에서 두루 나타난다. 진한시대 이후에는 중국이 통일되어 천하국가(天下國家)가 천하일가(天下一家)가 되면서 국가는 '국+가'라는 의미를 상실하고 제실(帝室)을 한정적으로 가리키는 것으로 황가(皇家), 공가(公家) 등의 용어와 병렬적으로 사용되었다. 말하자면 황제의 존칭이나 조정과 정부의 별칭이었다. 진한 이후의 시기에 국가라는 말은 통일천하의 상징으로서 존재하는 천자를 정점으로 하는 관료기구를 지칭하는 것이 보통이었다(小倉芳彦 1978). 이렇듯 진한시대에 성립한 국가의 용례는 청제국 말기까지 답습되는데 크게 보아 자신들의 조정이 통치하는 공간 전체를 가리키는 경우도 있고 백성에 대비되어 군주를 중심으로 하는 통치조직으로서 조정 전체를 의미하는 경우도 있다.[2] 일본에서 19세기 후반에 근대국가를 표상하는 말로 '국가'를 선택한 것은 아마도 통치영역이나 통치조직을 지칭하는 중국의 전통적 용례에 착안한 것이 아닐까 한다. 말하자면 근대국가가 영토국가이자 군사국가, 경제국가로서 중앙집권적 관료기구를 갖추고 있다는 측면에 주목했다는 의미이다.

중국이 1842년 아편전쟁의 패배로 근대 국제법 체제에 편입되면서 서양제국에 대한 관심이 증대되었고, 1861년 베이징사변 이후로는 동치중흥과 양무운동이 전개되면서 서양제국의 부국강병을 이해하고 모방하려는 움직임이 본격화되었다. 그러나『해국도지(海國圖志)』(1843)는 물론 서양의 국제법 서적을 번역한『만국공법(萬國公法)』(1864),『공법편람(公法便覽)』(1877), 그리고『공법회통(公法會通)』(1880)에서도 '국'이나 '방국'이 state,

---

2) 이상 중국 고전에서의 국가의 용례에 대해서는 溝口雄三(2011, 289~300면);『大漢和辭典』卷三(1989) 참조.

staat의 번역어로서 사용되고 있을 뿐 '국가'라는 용례는 발견할 수 없다. 특히『공법회통』은 후일 일본의 국가개념 형성에 지대한 영향을 미친 블룬칠리(J. K. Bluntschli)의 국제법 저서를 번역한 것임에도 불구하고 중국어 번역에서는 여전히 '국가' 대신 '방국'이나 '국'이라는 번역어를 사용하고 있어 흥미롭다. 중국이 '국'이나 '방국'이라는 용어를 고집한 것은 단순히 용어상의 문제만이 아니며 중화문명의 수호자이자 천자의 나라로서 가지는 자존감과 관련이 있는 것으로 보인다. '국'이나 '방국'은 원래 중국의 제후국이나 번방을 지칭할 때 사용했던 말로서 중화문명의 차별적 인식을 내포한다. 중국에서 근대국가 개념의 온전한 수용은 중국과 서양제국을 질적으로 동일시하고 심지어 중국이 서양의 문명표준을 따라야 한다는 것을 의미했으며, 이는 근대국가를 표상하는 새로운 개념을 필요로 하였다.

한국의 경우에는 전통적으로 '나라'관념이 존재했는데 이에 조응하는 한자어가 '국' 또는 '방'이었다. 한국의 역대 왕조사는 모두 '우리나라'〔我國〕의 역사로 기술된다. '방'이라는 말은 다분히 중국의 번방으로서 자신의 위치를 의식한 개념으로 보인다. 조선시대의 필담 기록을 보면 조선의 사신들은 자국을 폐방(弊邦), 소방(小邦), 또는 아국(我國) 등으로 부르고 중국 관리들은 조선을 귀국(貴國)으로 호칭하고 있다. 중국에 대해서는 양자 공히 중국(中國)이라는 말을 쓰는 것이 보통이었다.

한국의 전통적 국가개념인 '나라'관념은 영토, 인구(백성), 정부(조정)을 포괄하는 것이었다. 한반도를 중심으로 하는 일정한 지역에서 왕조의 교체와 상관없이 지속되어온 역사공동체이자 정치공동체가 상정되었던 것이다. 그런데 근대국가가 주권국가이자 국민국가라면 한국의 전통적 국가개념은 '천하질서' 속의 '왕조국가'라는 차별적 속성을 가진다. 유교적 왕도정치사상의 영향하에 조정의 정당성은 백성들의 평안에 있었지만 어떤 경우에도 그들은 국민이 아니라 피치자로서 백성일 뿐이었다. 종묘사

82

직(宗廟社稷)의 보전이라는 말이 한국의 전통적 왕조국가관을 대변한다. 이와 동시에 왕조의 정당성의 원천이 백성들과의 관계에서뿐만 아니라 천자국인 중국 황제와의 관계에서도 유래된다는 것이 한국의 전통적 국가개념의 또다른 특징이다. 한국의 역대 군주는 천자와의 책봉조공(冊封朝貢)이라는 제도를 통해서 한국의 영토와 인구를 통치하는 왕으로서 최종적으로 승인되었던 것이다.

중국의 경우와 마찬가지로 조선에서도 19세기 후반까지는 근대국가를 지칭하는 용어로서 '국가'라는 말이 본격적으로 등장하지 않는다. 조선에서는 국가라는 말의 용례 자체가 드물었으며 사용되는 경우에도 오늘날의 국가개념이 아니라 중국의 경우처럼 통치조직으로서의 조정이나 조정의 일이라는 뜻으로 쓰인 것이 대부분이다.[3] 정부문서나 김윤식, 어윤중, 김홍집 등 친청파 관료들은 물론 김옥균, 박영효 등 문명개화파, 그리고 근대국가 사상의 수용에 가장 적극적이었던 유길준의 저술에서도 국가라는 용어는 자주 등장하지 않는다. 그러나 이것이 19세기 후반까지도 조선에서 근대국가 개념이 부재했다는 것을 의미하지는 않는다. 중국의 경우 청일전쟁(1894)의 패배로 천하질서가 완전히 해체되기 전까지는 중국 중심의 문명표준을 포기하기 어려웠던 것에 비해, 조선에서는 1880년대 문명개화파의 주도로 비교적 일찍 근대국가 개념을 수용하였다. 다만 갑신정변과 갑오개혁의 실패로 인해 근대국가로의 변환이 지체되면서 근대국가 개념이 확고하게 정착되지 못했던 것이다.

일본에서도 전통적으로 정치공동체로서의 나라 일반이나 자국을 지칭하는 개념은 '국가'가 아니라 '천하' '국' '방' 등의 용어였다. 7세기 초 쇼오또꾸 태자(聖德太子)가 제정했다고 하는 최초의 성문법 〈헌법십칠조(憲

---

3) 『환재집(瓛齋集)』의 경우 10회 정도 용례가 발견된다. 김윤식의 리 홍장(李鴻章)과의 필담에서도 리 홍장이 '국가대사(國家大事)'라는 표현을 사용하고 있는데 이는 대략 조정의 일이라는 의미이다.

法十七條)〉에 국가(國家)라는 표현이 나오지만 오늘날 국가의 의미는 아니다. 8세기 초『고사기(古事記)』에서 볼 수 있듯이 방, 국, 방국 등이 나라를 지칭하는 용어로 쓰인 것이 보통이다. 막부시대 말에는 일본 전체를 나타내는 용어로 '천하'를 사용하고 있는데, 이 경우 '국'은 말할 것도 없이 '번'을 지칭하는 것으로 해석된다(石田雄 1984, 16면).

2. 서양 근대국가 개념의 전통

앞에서 밝힌 것처럼 한국의 근대국가 개념은 서양의 근대국가 개념이 전파된 것이며 근대국가를 지칭하는 '국가'라는 용어는 서양의 state, staat, stato에 대한 일본식 번역어가 수입된 것이다. 따라서 한국의 근대국가 개념 형성과정을 따져보기 위한 전제로 서양의 근대국가 개념 전반에 대한 검토가 필요하다. 그러나 서양의 근대국가 개념사는 그 자체로 엄청난 작업이어서 본고에서 이를 본격적으로 다루기는 어려우며 '국가'라는 번역어의 대상이 되었던 state 개념에 한정하여 서양의 개념사적 전통을 간략히 검토하기로 한다.

근대국가를 지칭하는 용어로 정착된 state는 원래 위치나 자세, 나아가 상태를 의미하는 라틴어 status에서 기원하였으며 중세까지는 상태라는 의미를 넘어서 사용되지는 않았다. status 또는 stato라는 어휘는 14세기 이후 이탈리아 도시국가들에서 정치적 배경을 설명할 때 자주 등장하였는데 주로 군주나 지배자의 지위를 지칭하는 말이었다. 그러나 심지어 마키아 벨리(Niccoló Machiavelli)조차도 stato를 정치공동체로서의 국가를 지칭하는 용어로 사용하지는 않았으며 16세기 전반까지는 통치자 개인의 지위와 명확히 구분된 state 개념은 출현하지 않았다. state가 정치공동체로서의 국가를 의미하는 commonwealth와 사실상 동일한 지위를 가지게 된 데에는 17세기 유럽의 국가이성담론의 영향이 컸던 것으로 보인다.[4] 또한 군주나 통치자와는 구분되는 주권자 개념을 제시한 주권사상의 영향도 무시할 수 없을 것이다.

그런데 주권사상의 확산과 공유에도 불구하고 유럽 어디서나 근대국가를 지칭하는 개념으로 state라는 말이 선호되었던 것은 아니다. 다이슨(K. Dyson)은 서양의 국가개념 전통을 크게 영미적 전통과 대륙적 전통으로 양분하여 고찰한다. 그는 'state society'와 'stateless society'라는 개념을 제시하는데 'stateless'란 국가의 정치적 장치나 행정적 기구들이 부재한 사회가 아니라, 공적 권위의 이름으로 활동하는 제도로서의 국가에 대한 역사적·법적 전통과 이에 대한 지적인 탐구가 부재한 사회를 의미하는 것이다. 영미적 전통이 이러한 'stateless society'에 해당되는 반면 독일과 프랑스를 중심으로 한 대륙적 전통에서는 state를 중심으로 정치적 사고가 전개되었다고 주장한다(Dyson 1980, preface 참조).

영국에서는 16세기 이래로 state라는 말이 정치적·공식적 의미에서 사용되기 시작하였으나 이보다는 body politic이나 commonwealth라는 용어가 선호되었다. 17세기 이후로도 state의 정치적·법적 개념은 발달하지 않고 kingdom, country, people, nation, government 등의 용어를 주로 사용한다. 영국에서 정치적 개념으로 state가 발달하지 않은 것은 중세의 정치적 유산 때문이었다. 대의체제를 중시하는 'Crown-in-Parliament'라는 관념은 중세적 제도와의 연속성을 보여준다. 대륙에서 state가 살아있는 실체를 언급했던 반면에 영국에서 Crown은 이론적으로 생동적인 것으로 발달하지 못하였던 것이다(Dyson 1980, 36~43면). 심지어 사회계약의 소산으로서 괴물(leviathan), 즉 통치자나 공동체 구성원들과 명확히 구분

---

4) 이상 유럽적 전통에서 state라는 용어의 정착과정에 대해서는 Skinner(1989); 박상섭(2008, 27~53면) 참조.

되는 주권체로서 국가개념을 제시한 홉스(T. Hobbes)조차도 state보다는 commonwealth라는 말을 주로 사용하였다(Hobbes 1996; 박상섭 2008, 63면). 영국에서는 19세기 말이나 20세기 초에 들어서도 이상주의·다원주의가 지배적인 가운데 state라는 말보다는 elite라는 말이 빈번히 등장한다. 이러한 영미적 전통은 영미철학의 특징인 논리적 분석, 자연과학, 언어 등에 대한 관심과 결부되어 있는 것으로 보인다.

유럽대륙에서는 독일과 프랑스를 중심으로 추상적 국가개념이 확산되었다. 영국에서는 성문헌법의 부재로 국가의 특성과 기능에 관련된 공법 텍스트가 필요치 않았던 것에 반해, 독일과 프랑스에서는 로마법 사상의 영향이 강력했다. 보댕(Jean Bodin)의 주권사상은 통치자와 구분되는 주권체로서의 국가개념을, 루소(Jean Jacques Rousseau)는 조국애(patriotisme)에 의해 지탱되는 정서적 공동체로서의 국가개념을 제시했다. 이후 프랑스혁명을 거치며 근대국가는 국민국가의 성격을 지니게 되었다. 그러나 state, staat가 근대국가를 지칭하는 용어로 확립된 것은 주로 독일에서였다. 프랑스의 국가이론에서는 개인주의가 지배적이며 특히 19세기에는 자유주의적 국가론이 우세하여 자율적인 개인에 절대적 가치를 부여하였다. 반면 독일에서는 국가의 유기체적 관념이 작용하여 개인은 국가를 통해서 실현되어야 한다는 관념이 형성되었다. 또한, 프랑스가 파스칼(Blaise Pascal)과 데카르트(René Descartes)의 기하학적 정신에 크게 영향을 받은 반면 독일은 독일계몽주의와 헤겔(Georg W. F. Hegel)의 영향하에 낭만주의와 역사주의로 기울어 국가를 내재적으로 정의내릴 수 없는 신비한 것으로 이상화했다(Dyson 1980, 163~73면). 이러한 독일의 전통은 국가의 기원과 목적을 법학적으로 탐구하는 국법학(staatsrechtslehre)의 탄생, 나아가 옐리네크(G. Jellinek)에 의한 국가학(staatslehre)의 탄생으로 이어진다.

영미적 전통과 대륙적 전통을 막론하고 서양의 근대국가 개념은 전통적 사대질서와 왕조국가관을 가지고 있던 동아시아 국가들에는 상당히 이질적인 것이었다. 특히 주권사상과 국민이라는 관념은 대단히 낯선 것으로 이를 수용하는 과정에서 적지 않은 어려움을 겪었다. 19세기 후반은 서양도 정치적 격변을 겪던 시기였으며 정치사상도 다기한 양상으로 전개되었기에, 동아시아에서 국가개념이 개념어로 정착되는 과정에서 서양의 다양한 정치사상이 영향을 미치게 된다.

3. 일본의 '국가' 개념 형성과 청과 조선으로의 전파

일본에서 '국가'라는 용어가 근대국가를 표현하는 개념으로 쓰이기 시작한 것은 메이지 계몽기에 서양의 정치사상이 활발하게 수입되면서부터였다. 메이지기 지식인들은 'state'의 번역어로 '국가'를 선택했는데 이는 중국의 전통적 용례에서 보이듯 '국가'가 전통적으로 통치영역이나 통치조직의 의미를 함축하고 있다는 점을 의식한 것이었다. 그런데 여기에서 '국가'는 중국 고전에서처럼 단순히 통치기구만을 의미한 것이 아니라 '만세일계(万世一系)'의 천황지배와 연관되어 있었다(石田雄 1984, 20~25면).

일본에서의 '국가' 개념은 서양 정치사상 수용과정에서 독일적 전통이 지배적인 경향으로 된 사정과 밀접한 관련이 있다. 메이지 계몽기에 서양 정치사상의 수용을 주도한 인물로 후꾸자와 유끼찌(福沢諭吉)와 카또오 히로유끼(加藤弘之)를 들 수 있는데, 전자가 영미적 전통을 대표한다면 후자는 독일적 전통을 대표하는 인물이었다. 후꾸자와가 영어를 배우기로 결심한 이후 세번의 해외여행(1860년 미국, 1861~62년 유럽, 1867년 미국)은 그의 사상에 결정적 영향을 미쳤다. 반면 가또는 일본천왕이 1860년 프로이센 황제로부터 증정받은 전신기계의 사용법을 배우도록 명령한 것을 계기로 독일이 유럽에서 학문이 가장 번성한 나라라고 생각하고 독일어를 배우기 시작했다. 그런데 영서(英書)를 통해 서양의 정치사상을 수용하느냐 독서(獨書)를 통해 하느냐, 영국학이냐 독일학이냐 하는 문제는 두 사람의 정치사상에 깊은 영향을 미치게 된다.

후꾸자와는 『서양사정(西洋事情)』(1866~1870)을 출간하여 계몽사상가로서 부동의 위치를 확보하였는데 그의 정치사상은 영미적 전통의 영향을 받아 자유주의적 색채가 강하였으며 법적 실체로서의 국가에 대해서는 별다른 관심을 보이지 않았다. 그는 '국가'라는 말에 대해 다음과 같이 거부감을 표현한 바 있다. "과거부터 국가(國家)라는 문자가 있다. 필경 이 가(家)라는 글자는 인민의 집을 가리키는 것이 아니라 집권자의 가족이나 그 가명(家名)을 가리키는 것이리라. 따라서 나라는 곧 나의 집이며 집은 곧 나라이다. 심지어는 정부를 부자로 만드는 것이 국익이라고 주장하기도 했다. 이런 것은 집안을 위해서 나라를 망치게 하는 꼴이다"(福澤諭吉 1987, 198면). 후꾸자와는 '국가'라는 말이 전근대적인 인격적 지배를 함축하고 있다고 보아 비판적으로 인식한 것이다.

가또 역시 메이지 계몽기 초기에는 천부인권론과 입헌주의를 신봉했다. 그가 『국체신론(國體新論)』(1875)을 집필한 것 자체가 국학파의 국체론(國體論)에 맞서 입헌군주제를 옹호하기 위한 것이었다. 그런데 그는 천황의 시강(侍講)을 맡은 가정교사로서, 메이지(明治) 천황을 가르치기 위해 블룬칠리의 *Allegemeines Staatsrecht*(일반국법, 1851~52)를 번역하여 『국법범론(國法凡論)』(1872)으로 출간하면서 Staat를 '국가'로 번역한다(Bluntschli 1872). 블룬칠리는 스위스 출신으로 독일에서 공법학 교수로 활동했으며 국가유기체설을 주장한 인물이다. 따라서 가또가 그의 책을 번역하고 '국가'라는 번역어를 채택하였다는 것은 그의 국가개념에 국가유기체 사상이 녹아 있다는 증거라 할 것이다. 그런데 블룬칠리의 국가유기체설은 19세기 중후반 독일의 정치적 맥락에서 볼 때 국민국가를 강조하는 자유주의적 측면이 있으며 최소한 입헌군주제를 옹호하는 입장이었다. 카또오 히로유끼가 블룬칠리의 국가유기체설을 소개하고 '국가'라는 개념어를 채택한 것도 일본의 정치체제를 입헌군주제로 유도하기 위한 동기에서였다. 따라서 일본에서 '국가'라는 개념이 처음부터 반자유주의나 보수주의적 색채를 가졌다고 해석하는 것은 곤란하다. 사실 일본에서 활발히 소개된 블룬칠리의 국가유기체설, 울시(T. D. Woolsey)의 국가인성설, 그리고 옐리네크의 실증주의국가론 등은 개인에 대한 국가의 우위를 인정하면서도 법의 구속력을 강조하기 때문에 정치적으로는 온건한 보수주의 입장으로 볼 수 있다. 가또가 완고한 보수주의로 전향하게 된 것은 1880년대 이후 독일계 사회진화론을 수용하면서부터였다. 그는 1882년 『인권신설(人權新說)』을 발표하여 종래의 천부인권론과 결별하였으며 기존의 국가유기체설에 사회진화론을 결합하여 개인의 자유가 제약되어야 한다는 보수적 국가주의에 귀의한다.

비단 카또오 히로유끼의 활동뿐만 아니라, 1882년을 경계로 일본에서 프로이센의 정치, 법률, 제도, 사상에 관한 번역물이 급속히 늘어났던 상황도 국가주의의 보강에 지대한 영향을 미쳤다. 1881년 일본정부는 즉각적인 헌법 제정과 의회 개설을 주창한 자유민권운동의 격화에 대응하여 어전회의를 열어 10년 뒤 국회 개설을 약속하는 조칙을 내리는 한편, 자유민권운동의 배후조종 인물이었던 오꾸마 시게노부(大隈重臣) 참의를 면직시켰다. 이는 오꾸마가 추구했던 영국식 입헌군주제 모델이 배척되고 이와꾸라 토모미(岩倉具視)와 이노우에 고와시(井上毅) 등의 독일식 입헌군주제 모델이 채택되었다는 것을 의미했다.

이러한 사정을 배경으로 1882년 3월 이또오 히로부미(伊藤博文)가 헌법 조사의 임무를 띠고 유럽 시찰에 나서게 된다. 정부에서 독일식 입헌군주제 모델의 채택이 결정된 만큼 이또오는 일차적으로 독일제국의 수도인 베를린을 방문하여 베를린대학의 공법학 교수인 그나이스트(Rudolf von Gneist)에게 가르침을 받고자 했으나 그나이스트 등은 역사와 문화가 다른 일본에 독일식 헌법을 이식하는 데 소극적 입장을 보였다. 이에 따라 이또오는 동년 8월 빈대학의 로렌츠 폰 슈타인(Lorenz von Stein)을 방문하였고, 국가의 행동원리로서 행정의 의의를 역설했던 슈타인의 국가학(Staatswissenschaft)으로부터 큰 영향을 받는다(瀧井一博 2010, 205~6면).

이또오가 영국과 러시아를 경유해 이듬해 6월 일본에 귀국한 후에는 일본의 정치가, 관료, 학자, 유학생 등이 슈타인에게 가르침을 청하는 일이 끊이지 않았다. 이또오는 후지나미 고또따(藤波言忠) 등에게 천황 시강을 목적으로 슈타인의 국가학을 배워 올 것을 지시하기도 했으며 슈타인과 관련된 서적들이 여러권 출판되기도 했다(上野隆生 1998, 153면). 특히 1886년에는 국가의 행정을 담당할 엘리트 관료의 충원을 목적으로 제국대학을 설립했는데 1887년 제국대학 법과대학 내에 '국가학회(國家學會)'가 창립되면서 일본의 정치학은 독일계 학문으로 급속한 경사를 겪는다(田中浩 1978).[5] 후일 유길준이 그의 강의록을 『정치학』으로 번역하게 되는 라트겐(K. Rathgen)도 제국대학의 초빙교수로 재직하였다.[6] 이렇듯 일본에서 독일의 국법학과 국가학의 영향이 지대했던 만큼 일본의 근대국가 개념에는 독일적 전통이 강하게 투영되었다. 정리하자면 일본에서는 유교와 신도(神道)의 전통을 배경으로 state, staat의 번역어로 '국가'를 선택했으며 이후 독일계 정치사상의 지배적 영향하에 국가주의적 국가개념이 정착한 것으로 해석할 수 있다. 또한, 이러한 국가주의에 '만세일계(万世一系)'의 천황 지배가 결합되어 일본 특유의 가족국가관이 형성되게 된다.

전술했듯이 일본에서 먼저 근대국가의 번역어로 채택된 '국가'개념은 중국과 한국에도 전파된다. 중국에서 '국가'라는 개념이 적극적으로 사용되기 시작한 것은 20세기 들어 량 치차오에 의해 국가유기체설이 수용되고 전파되면서부터인 것으로 추정된다. 전술했듯이 불룬칠리의 주저인 *Allegemeines Staatsrecht*(일반국법, 1951~52)에 이어 *Deutsche Staatslehre für*

---

5) 일본에서 독일 국가학의 수용과 그것이 미친 영향에 관해서는 Grimmer-Solem(2005) 참조.
6) 라트겐의 일본 내 활동에 관한 연구로는 野崎敏郎(2000); 瀧井一博(2001) 참조.

Gebildete(교양인을 위한 독일 국가학, 1974)이 『국가론(國家論)』(1889)으로 일역되었으며 이것이 다시 『국가학(國家學)』(1899)으로 한역되었다. 량 치차오는 무술정변(1898)으로 일본으로 망명한 이후 이러한 책들을 통해서 국가 유기체설을 받아들이고 근대적 국가개념을 형성한 것으로 보인다. 그는 「정치학 대가 블룬칠리의 학설(政治學大家伯倫知理之學說)」(1903)이라는 논설로 블룬칠리의 국가유기체설을 소개하면서, 유럽의 국가사상이 18세기 이전 제국주의에서 18세기 후반과 19세기의 민족주의를 거쳐 19세기 후반의 민족제국주의로 변천하였다고 설명하였다. 그러나 19세기 후반의 민족제국주의가 18세기 이전의 제국주의와 절대 같지 않은 것은, 18세기 이전처럼 군주가 주체가 되는 일인제국이 아니라 정부와 국민이 주체가 되는 민족제국이었기 때문이라고 강조하였다. 그는 다분히 국가가 국민을 세운 것이라고 보는 국가주의(國家主義)를 의식하고 있다. 19세기 후반의 새로운 조류는 국가를 가장 중요시(社稷爲貴)하고 그 다음이 국민(民次之)이며 군주를 가장 나중(君爲輕)으로 보는 것이라고 소개하면서, 사회계약론이 대표하는 평등파와 진화론이 대표하는 강권파가 각기 장단점이 있으나 19세기 후반의 대세는 후자에 있다는 것을 은연중에 암시한다. 그러나 량 치차오가 극단적인 국가주의나 정부만능주의에 굴복했던 것은 아니다. 그는 중국의 상황에서는 우선 민족주의가 확립되는 것이 중요하다고 지적하였다.

무릇 국가가 민족주의 단계를 경과하지 않으면 이를 국가라고 이를 수 없다. 사람에 비유하면 민족주의는 태어나서 청소년이 되기 위해 불가결한 재료이다. 민족주의가 변하여 민족제국주의로 되는 것은 성인 이후 살아가기 위해 건업(建業)하는 것과 같이 당연한 일이다. 지금 구미열강들은 그 강고한 힘을 가지고 우리와 경쟁하고 있다. 그러나 우리나라는 민족주의가 아직 태어나지도 않았다. 완고한 사람들은 18세기 이전 사상을 고수하면서 세상의 공리와 대결하려 한다. 누란지세이며 길이라고 할 수 없다. 나는 다른 날

소위 정치학자들이라고 하는 사람들이 신학설에 눈이 멀어 처지를 살피지 않고 19세기 말의 사상을 끌어다가 유럽각국이 시행하여 이미 효과를 보고 있다면서 끝내는 정부만능주의를 중국에 이식하여 우리나라가 영원히 국가를 이루지 못할까 두렵다. 다른 나라들이 제국주의로써 내침할 것을 아니 가히 두려울 뿐이다. 속히 우리 고유의 민족주의를 양성하여 이를 저지해야 할 것이다. 이것이야말로 오늘날 우리 국민이 서둘러야 할 일이다. (梁啓超 1977, 336면)

량 치차오는 이처럼 국가유기체설을 통해 근대국가 개념을 수용하고 이를 중국에 확산시켰다. 이 과정에서 그의 국가개념이 다분히 국가주의적 색채를 띠게 된 것은 사실이다. 그러나 이것이 그의 국가개념이 정치적으로 보수적이라는 것을 의미하는 것은 아니다. 블룬칠리와 가또가 그러했던 것처럼 량 치차오의 국가유기체설 수용도 청의 구식 제국주의를 비판하기 위한 자유주의적 동기가 작용했던 것이다.

량 치차오가 중국의 근대적 국가개념 확산에 주도적 역할을 담당했다면 한국에서 근대국가 개념 정립에 가장 크게 기여한 인물은 유길준이다. 유길준은 한국에서 '국가'라는 개념을 의식적으로 사용한 최초의 인물로서 그 시기는 대략 갑오개혁이 실패하고 아관파천이 발생하여 일본으로 망명한 이후의 시절로 추정된다. 대개 량 치차오와 유사한 경로를 통해 국가유기체설을 접하고 '국가'라는 개념을 수용한 것으로 보인다. 유길준은 미발간 원고『정치학』에서 일본의 용례를 따라 국가의 요소와 생리를 다루는 등 근대국가를 지칭하는 용어로 국가라는 개념을 사용하였다. 사실 유길준은 이미『서유견문(西遊見聞)』저술단계에서 서양의 근대국가 개념을 수용한 바 있는데 독일계 국가사상의 세례를 받으면서 법인격적 국가관념이 강화된 것으로 보인다. 유길준에 대해서는 다음 절에서 자세히 다룰 것이기 때문에 여기에서는 일차적으로 '국가'개념의 전파경로만 확인해두는 것으로 하겠다.

III. 한국의 근대국가 개념 형성과정

앞에서는 동아시아의 전통적 국가개념과 서양에서의 국가개념의 전통에 대한 논의를 전제로 '국가'라는 말이 한중일 삼국에서 근대국가를 지칭하는 용어로 정착되는 경로와 과정을 살펴보았다. 그것은 대개 일본에서 독일계 국법학에 등장하는 국가를 '국가'로 번역하는 과정에서 시작되어 국가유기체설의 확산과 함께 일본에 먼저 정착되었으며, 이것이 량 치차오와 유길준을 통해 청과 한국에 전파되는 방식으로 진행되었다. 그런데 좁은 의미의 용어사가 아니라 근대국가의 속성에 대한 이해라는 넓은 의미의 개념사 차원에서 보면 한국의 근대국가 개념의 형성은 서양제국과 조우하는 순간부터 이미 시작되었다.

서양에서 시작되어 전세계로 전파된 근대국가의 핵심적 속성으로 일반적으로 일컬어지는 것은 영토, 주권, 국민이라는 세가지 요소이다. 이 중에서 영토성(territoriality)은 비록 서양에서는 중세국가와 비교할 때 근대국가의 차별적 특징이기는 하지만 동아시아에서는 그다지 낯선 개념이 아니었다. 나라를 의미하는 한자어 '국(國)' 자체가 나라의 사방 경계를 뜻하는 '口(구)'와 창을 들고 나라의 경계를 지키는 것을 표현하는 '或(역)'이 합쳐 뜻을 이룬 것이다. 중국과 주변의 번국들은 비록 책봉·조공 관계에 있었지만 유럽의 봉건질서와는 전혀 다르게 영토적 통일성을 확보하고 있었다. 반면, 주권사상과 국민관념은 천하질서하에서 전통적 왕조국가를 이루고 있던 동아시아 국가들에 있어 대단히 생소한 개념이었다. 따라서 한국에서 근대국가 개념의 형성과정은 다름 아닌 서양의 주권사상과 국민국가 개념을 수용하여 전통적 국가개념과 접목하는 과정이었다. 19세기 중

후반 이후 한국이 서양제국과 조우하는 과정에서 크게 보아 순차적으로 세번의 계기가 있었던 것으로 보인다. 첫째, 전통적 국가개념과 서양의 주권국가 개념이 혼재하던 단계, 둘째, 서양의 주권국가·국민국가 개념을 수용하는 단계, 셋째, 국가유기체설의 영향을 받아 실체적 국가개념이 추가되고 근대국가 개념이 정착되는 단계이다. 여기에서는 각 단계를 대표하는 인물로 박규수·김윤식, 김옥균·박영효 등 문명개화파, 그리고 유길준의 국가개념을 살펴보도록 하겠다.

1. 만국공법과 주권사상의 도전과 대응: 박규수와 김윤식

조선에서 누구보다 먼저 서양제국에 대해 관심을 가지고 연구했으며 서양제국이 수교통상을 요구하면서 다가왔을 때 이에 적극적으로 대응한 인물을 꼽자면 단연 환재 박규수일 것이다. 환재는 아편전쟁(1842)에서 청국이 패하는 충격적 사건 이후 경학에서 경세로 눈을 돌려 서양제국에 관심을 갖기 시작했다. 그는 위원(魏源)의 『해국도지(海國圖志)』(1843)를 통해 서양제국과 세계정세에 대한 지식을 얻었으며 이 책이 제시한 해방론(海防策)을 적극적으로 받아들였다. 1861년 베이징이 함락되어 함풍제가 열하(熱河(청더, 承德))로 몽진하는 사태가 발생하자 직접 서세동점의 정세를 파악할 목적으로 열하문안사행을 자원하였고, 연행에서 돌아온 이후 조선의 핵심 외교현안에서 중심적 역할을 수행하게 된다. 1866년 7월 평안감사로서 제너럴셔먼호 사건 처리를 진두진휘하였으며 제너럴셔먼호 사건 진상조사와 생존자 확인을 위해 1867년 파견된 와츄셋호와 1868년 내항한 셰넌도어호에 대한 조선조정의 외교적 대응에서 주도적 역할을 수행하였다. 또한 1871년 신미양요를 전후해서도 조선정부의 외교문서 작성을 도맡아 하다시피 했다. 그리고 1872년 2차 연행을 다녀온 이후에는 당시 최대 외교현안이었던 일본의 서계(書契) 접수문제에서 이를 거부할 것을 요구하는 대원군과 대립하였다. 1874년 이후에는 우의정을 사임하고 후진

양성에 전념했으나 서계문제와 조일 수교문제에 대해 적극적 입장을 개진하였다.

환재의 국제정치관은 보통 해방론에서 시작하여 수교론으로 나아간 것으로 평가된다. 그런데 해방론과 수교론의 수용은 단지 대외정책상의 문제로 끝나는 것이 아니라 국가개념의 변화와도 직접적으로 연관되는 문제였다. 우선 해방론은 전형적 천하관으로부터의 이탈을 의미한다. 중화문명권 외부에 존재하는, 내아시아의 경우처럼 당장의 위협도 되지 않는 먼 오랑캐〔원이(遠夷)〕에 대해서는 관심도 갖지 않고 접촉을 회피하거나, 기껏해야 회유의 방법을 사용하거나 제한된 무역을 허용하는 것이 전통적 대응방식이었다. 그러나 수차례의 전쟁을 통해 서양제국의 힘을 경험한 이후로는 그들의 존재를 인정할 뿐만 아니라 이기기 위해서 알아야겠다는 발상으로 전환한다. 오랑캐를 알아야 오랑캐를 이길 수 있다는 것이 해방론의 기본 논리인 것이다. 이러한 점이 해방론과 단순한 척사론의 차이점이기도 하다. 척사론이 기본적으로 서양제국을 금수(禽獸)로 보는 극단적인 이적관인데 비해 해방론은 서양제국을 정치적 실체로서 인정하기 때문이다. 천하의 외부에 존재하지만 중국에 필적할 만한 강력한 힘을 가진 국가의 존재는 전통적 국가개념에는 부재한 것이었다. 해방론의 단계에서 서양제국은 많은 경우 화이관에 따라 양이(洋夷)로 표현되었지만 '방' 또는 '국'으로 불리기도 했다. 그런데 여기서의 방국은 천자의 제후국, 번방이 아니라 중화질서 내에 포함되지 않는 방국이다. 환재의 합성명방론(合省名邦論)과 예의지방론(禮義之邦論)은 이러한 국가개념을 보여주는 분명한 사례다.

귀국의 풍속이 예양(禮讓)을 숭상하는 합성명방임은 중국이 아는 바이다. 귀국의 조회 안에 '종전의 화호(和好)에 비추어 상호 상해하는 일이 없도록 하자'는 말에 대해서는 추호의 의심과 우려가 없다. (朴珪壽 1996d, 433면)

소위 예의지방이 먼 지역의 한 오랑캐에게 수모를 당하는 것이 이 지경에 이르니 이 무슨 일인가! 걸핏하면 예의지방이라고 하는데 나는 이런 주장을 본래 고루하다고 생각한다. 천하 만고에 어찌 나라를 다스리면서 예의가 없는 경우가 있으랴! 이는 중국인들이 오랑캐 중에도 이것이 있음을 가상히 여기고 예의지방이라 칭찬한 것에 불과하다. 이는 부끄럽게 여길 말이요, 천하에 대해 으스댈 것이 못된다.(朴珪壽 1996c, 556~57면)

양이, 또는 원이에 해당하는 미국을 합성명방으로 표현하고 있다. 미국에 대해 우호적 태도를 표현하였다고 해서 바로 대미수교론으로 연결시키는 것은 무리일지 모르나 중화문명권 밖에 존재하는 나라에 대한 분명한 인정이다. 동아시아의 책봉·조공 질서 내의 국가는 오로지 예에 따른 위계질서 내에서만 존재할 수 있다고 할 때 예양을 숭상하는 독립된 국가에 대한 승인은 주권사상을 인정할 수 있는 근거가 된다. 위에서 인용한 두번째 문단은 미국이 중국을 상대로 조선과의 수교를 두고 상판을 벌이는 상황에서 조정이 한가롭게 예의지방 타령이나 하고 있는 상황을 한탄한 내용이다. 예라는 중화주의적 명분이 아니라 힘에 의한 강대국 정치가 벌어지고 있는 상황을 직시하자는 주문인 것이다. 한편 『환재집』의 외교문서에는 근대 국제법 체제를 소개한 『만국공법』을 참고하였을 만한 대목이 많이 나온다.

〔미국사신 편지에〕 상인과 선원을 보살펴주며 다른 나라가 임의로 모멸하거나 학대하지 못하게 하려고 한다고 말하는데, 이는 실로 사해 만국이 똑같은 것이다.[7]

---

7) "甚不欲別國任意欺侮陵虐云者, 此實四海萬國之小同然也"(朴珪壽 1996b, 453~54면).

저들이 호의로 오면 우리도 호의로 응대하고 저들이 예의로 오면 우리도 예의로 접대하는 것이 당연한 인정이며 국가의 통례이다.[8]

이 문장들은 그가 적어도 『만국공법』을 참고했거나, 『만국공법』을 직접 보지 않았더라도 다양한 경로를 통해 『만국공법』의 논리를 이해하고 있었다는 것을 보여준다. 만약 환재가 『만국공법』을 읽었다면 주권사상을 접했을 것이며 서양제국이 중국과 동등한 지위로 조약을 맺은 것도 그들이 주장하는 주권의 원리에 입각한 것임을 몰랐을 리 없다. 서양이 조선에 수교통상을 요구한 근거도 마찬가지로 이해했을 것이다. 그러나 시세가 어쩔 수 없어 서양제국과의 수교를 염두에 두고 있었다고 하더라도, 환재가 주권사상을 온전히 수용했다고 보기는 어렵다. 미국과의 수교를 거부하는 논리로 다음과 같이 중국과의 속방관계를 내세운 것만 봐도 그렇다. "무릇 인신은 의리상 외교를 해서는 안 되는 법이다. (…) 그 나라 사람 중에 혹시 호의를 품지 않고 와서 능멸하려고 한다면 이를 막아 제거하는 것도 역시 천조(天朝)를 지키는 번방(藩邦)의 직분이다"(朴珪壽 1996b, 454면). 물론 이는 단순한 명분론이 아니라 중국을 활용하여 서양세력의 침투를 막아보려는 전략적 고려의 소산이다. 그러나 주권사상을 만국이 따라야 하는 문명의 표준으로 받아들였다면 굳이 대미수교를 거절하는 논리로 중국과의 속방관계를 강조하지는 않았을 것이다. 따라서 환재는 주권사상을 이해는 했지만 스스로 채택해야 할 원리로는 보지 않았다고 추론할 수 있다.

환재의 제자였던 운양 김윤식의 경우도 환재와 상당히 유사한 발상을 보여준다. 운양은 1881년 영선사로 파견되어 중국의 중재를 통한 대미수

---

8) "彼以好來 我以好應, 彼以禮來我以禮接, 卽人情之固然而有國之通禮也"(朴珪壽 1996a, 458면).

교 교섭을 담당했던 인물이다. 당시는 이미 중국의 적극적인 대미수교 권유가 있었고 황 쭌셴(黃遵憲)의 『조선책략(朝鮮策略)』(1880)이 국내에 유포되어 조야에서 극심한 논란을 겪은 상황이었다. 당시 조선에 광범위하게 확산된 자강(自强)과 균세(均勢)라는 담론은 주권의 원리에 입각한 근대국제정치 질서를 전제로 하는 것이었다. 또한 적어도 강화도 사건 이후에는 『만국공법』이 조선에 전래된 것이 확실하므로 대미수교 교섭을 담당했던 김윤식은 이를 숙지하고 있었을 것이다. 실제로 그는 리 훙장, 황 쭌셴, 이동인이 작성한 대미조약 초안을 검토하면서 『만국공법』에 입각한 논리를 전개하고 있다.

리 훙장은 제1조는 미국공사가 허락하지 않을 것 같다고 말하였습니다. 제1조란 황 쭌셴의 초안에 있는 "조선은 중국정부의 명령을 받는다"라는 것을 지칭하는 것입니다. 신은 이 조항에 대하여 "비단 미국공사만이 윤허하기 어려울 뿐만 아니라, 우리나라도 기왕의 자주권을 이어서 사용하기 어렵다"고 지적하였습니다.

중국과 일본은 전쟁 후에 조약한 것이라서 미흡하지만, 이번의 조약은 호의로서 수약하는 것이니 어찌 만국통례(萬國通例)에 준할 수 없는가. 다만 조선은 약소한 관계로 우위를 점할 수 없을 뿐이니, 사사건건 만족할 수는 없겠으나 전쟁 후에 의약한 것과 같을 수는 없다.[9]

김윤식은 대미수교를 추진하면서 자칫 조선의 자주권의 침해가 있지 않을까 민감하게 반응했으며 중국이나 일본이 맺은 불평등조약이 아니라 만국통례에 따른 조약이 될 수 있도록 노력했다. 그러나 그는 리 훙장이 제시

---

9) 「保省問答中議約諸條」 고종18년 12월 27일(金允植 1958).

한 속방조항에는 찬성했다. "〔조선이 중국의 속방이라는 것을〕 각국에 성명하고 조약에 명기해〔大書〕놓으면, 후일 우리나라 유사시 도와주지 않으면 천하의 웃음거리가 될 것이며, 각국은 중국이 우리나라를 담임(擔任)하는 것을 보고 가볍게 보지 못할 것입니다. 또한 그 밑에 자주권의 보유를 기재하여두면 각국과 외교(外交)하는 데 무해하여 평등권을 사용할 수 있을 것입니다. 자주권 상실의 걱정도 없고 사대의 의에도 배반되지 않으니 가히 양득(兩得)이라고 하겠습니다."[10] 주권이라는 원리를 분명히 이해하고 있던 그가 중국과의 속방관계를 인정하고 이를 활용하여 조선의 안보를 추구하려 한 것은 그것이 조선의 주권을 침해하지 않는다고 보았기 때문이다. 사실 그도 눈여겨보았을 것으로 짐작되는 『만국공법』의 번속(藩屬) 란에서는 "공법은 조공국과 속방의 주권에 대해 그 자주권을 정한 것이 분명하다"고 하여 조공국(tributary states)과 번방(vassal states)의 주권을 인정하고 있다(丁偉良 1980, 114면). 따라서 김윤식이 속방조항에 찬성했다고 해서 그가 주권사상에 대한 이해가 결여되어 있다고 간주할 수는 없을 것이다. 그러나 그는 후일 청과의 특수한 속방관계가 서양제국과의 자주적 외교에 장애가 되고 청의 부당한 내정간섭을 초래할 것이라는 점을 간과했으며 그 점에서 주권사상에 대한 이해가 불철저했다고 지적할 수는 있다.

최소한 주권사상에 대한 기초적 이해가 있었던 만큼 전통적 국가개념으로부터 근대국가 개념으로의 전환의 단초는 마련되었다고 할 수 있다. 그러나 운양의 국가개념에는 국민에 대한 관념이 부재했다. 이와 관련하여 『만국공법』에서 내린 국가에 대한 정의는 많은 시사점을 제공한다. 『만국공법』은 국가에 대하여 "대개 국가의 정의는 다름 아니다. 서인(庶人)들이 일을 도모하고 항상 군주〔君上〕에게 복종하고 반드시 정해진 장소, 땅, 경

---

10) 「保省問答中議約諸條」 고종18년 12월 27일(金允植 1958).

계(疆界)에 거주하고 자주에 귀의해야 하니 이 세가지 중에서 하나라도 결여하면 국가가 아니다"라고 정의하고 있다(丁偉良 1980, 90면). 이는 근대국가의 세가지 요소인 영토, 주권, 국민을 지칭하는 것인데 이 책의 원서인 휘튼(Henry Wheaton)의 저서 *Elements of International Law*(국제법의 요소들, 1836)을 번역하면서 교묘하게 왕조국가의 개념으로 덧칠한 것을 알 수 있다. 영토와 주권의 개념은 상대적으로 선명한 것에 비해 국민은 없고 서인과 군주만이 상정되고 있다. 휘튼의 원저에는 군주라는 말은 없고 국가의 구성원(members)들이 최고 통치권자들(persons in whom the superiority is vested)에게 복종해야 한다고 되어 있을 뿐이다(Wheaton 1836, 25~26면). 문명의 표준으로서 만국공법에 대한 초보적 이해는 있었으나 또다른 문명의 표준이었던 국민국가에 대한 관념이 결여되어 있다는 것이 환재와 운양의 한계였다고 할 것이다. 이는 『만국공법』만 읽어서는 해결될 수 없는 것이고 기조(F. Guizot)의 *Histoire générale de la civilisation en Europe*(유럽문명사, 1828)이나 블룬칠리의 *Allegemeines Staatsrecht*(일반국법, 1851~52)에 대한 이해가 필요했던 것인지 모른다.

2. 주권과 국민국가 개념의 수용: 문명개화파의 국가개념

한국의 국가개념은 1870년대까지만 해도 전통과 근대 사이의 지점에 머물러 있었으나 1880년대 들어 개화당(문명개화파) 인사들에 의해 돌연 근대국가 개념이 전면에 등장하게 된다. 문명개화파는 반드시 주권사상과 국민관념을 토대로 근대국가를 건설해야 한다고 생각했다. 우선 주권사상에 대한 피상적 이해에 머무르지 않고 조선을 주권국가로 탈바꿈시키려 했으며 이를 위해서는 청과의 전통적 사대관계를 청산하는 것이 불가피하다고 보았다.

부국강병이라는 목표에 있어서는 개화당과 민씨정권 둘 다 본질적인 차이가 없었다. 그럼에도 불구하고 개화당이 갑신정변을 일으킨 가장 큰 명분은 청으로부터의 '독립'이었다. 김옥균은 세번째 방일기간(1883. 6~1884.5) 중에 작성한 「조선개혁의견서」에서 대경장을 통해 정부를 개혁한 연후에나 군권이 존중받고 민생이 보전될 것이라면서 정변을 추진할 뜻을 밝히고 있다. 특히 그는 조선이 자강하지 못하는 근본적 원인이 청으로부터 독립하여 명실상부한 주권국가가 되지 못한 것이라고 보았다.

스스로 청국의 속국이 되고자 하여 진실로 수치심이 없고 이로 인해 나라가 진작할 가망이 없다. 이것에 제일 먼저 철퇴를 내려 완전한 자주국으로 독립하면 정치외교가 개혁되고 자강할 수 있다. (金玉均 1979b, 117면)

『만국공법』에서 제시하는 주권의 원리에 대해서는 비단 개화당뿐만 아니라 당시 조정의 많은 인사들이 인지하고 있었으나 청으로부터 '독립'해야 진정한 주권국가가 될 수 있다는 것은 개화당 고유의 주장이었다.『갑신일록(甲申日錄)』에도 곳곳에 조선의 '독립'에 대한 김옥균의 의지가 묻어 있는 것을 확인할 수 있다. 무엇보다 갑신정변 기간에 반포한 14개조 정강 중에서 제일 첫번째가 대원군의 환국과 조공허례(朝貢虛禮)의 폐지였다(金玉均 1979a, 95면). 주권과 독립이 불가분의 관계에 있을 뿐만 아니라 주권과 자강도 불가분의 관계에 있다는 것이 개화당의 인식이었다. 박영효는 「건백서: 내정개혁에 대한 상소문」에서 다음과 같이 지적한다. "비록 만국공법과 세력균형 원칙(均勢公義)이 있지만 나라에 자립·자존의 힘이 없으면 반드시 영토의 삭탈과 분할을 초래하게 되어 나라를 유지할 수 없게 됩니다"(朴泳孝 1990, 254면). 국가를 유지하기 위해서는 독립주권국가가 되고 균세정책과 국제여론을 활용하는 것도 중요하지만 부국강병이 뒷받침되지 않으면 안 된다는 지적이다. 국가로서 존립하기 위해서는 독립주권국가라는 지위만으로는 부족하고 부강국이 되어야 한다는 것이다. 이는 주권사상이 내포한 허실을 간파하고 있다는 점에서 근대국가의 본질에 더욱 다가간 인식이라고 할 수 있다.

문명개화파의 국가개념이 근대국가 개념에 도달해 있다고 할 수 있는 것은 주권국가를 지향했을 뿐만 아니라 국민관념을 도입하여 국민국가를 건설하려고 했기 때문이다. 갑신정변 정강 14조 두번째는 "문벌을 폐지하여 인민이 평등한 권리(人民平等之權)를 갖는 제도를 마련하고 사람으로서 벼슬을 택하되 벼슬로써 사람을 택하지 말 것"을 내세우고 있다(金玉均 1979a, 12월 5일 일기). 김옥균은 일본 망명시절에 작성한 「지운영규탄상소문」(1886)에서 청과 일본에 의존하지 말고 구미각국과 신의로써 친교할 것을 주장한 다음 광범위한 내정개혁을 주문하였다. "우매한 인민을 교육하되 문명의 도로써 하고, 상업을 부흥하여 재정을 정리하고, 군대를 양성하는 것도 어려운 일이 아니오니 (…) 문벌을 폐지하고 인재를 선발하여 중앙집권의 기초를 확립하며 인민의 신용을 얻고 널리 학교를 세워 인재를 개발하고 외국의 종교를 유입하여 교화를 돕도록 하는 것도 한 방편입니다"(金玉均 1979c, 146~47면). 근대적 국민을 형성해야만 진정한 근대국가가 될 수 있다는 인식인 것이다. 박영효가 1888년에 작성한 「건백서」는 한층 포괄적으로 국민국가 건설을 제시한다. 박영효는 법률, 경제, 보건·복지, 군사, 교육, 정치, 사회 등의 분야를 망라하는 112가지 정책을 추진할 것을 국왕에게 건의하였는데 문자 그대로 근대국가 건설을 위한 설계도라고 할 수 있다. 이 중에서 국민국가에 대한 지향을 보여주는 인상적인 대목을 몇가지 소개하면 다음과 같다.

진실로 한 나라의 부강을 기약하고 만국과 대치하려 한다면 군권을 축소하여 인민으로 하여금 정당한 만큼의 자유를 갖게 하고 각자 나라에 보답하는 책무를 지게 한 연후에 점차 개명한 상태로 나아가게 하는 것이 최상책일 것입니다. 대저 이와 같이 한다면 백성이 편안하고 나라가 태평하게 될 것이며 종사(宗社)와 군위(君位)가 모두 함께 오래갈 수 있을 것입니다.

먼저 인민에게 국사(國史), 국어(國語), 국문(國文)을 가르치는 일입니다. 본국의 역사, 문장을 가르치지 않고 단지 청나라의 역사와 문장을 가르치는 까닭으로 인민이 청을 근본으로 삼아 중시하면서도 자기 나라의 서적은 알지 못하는 데 이르고 있으니 이것을 가르쳐 근본은 버리고 말단을 취한다고 말할 수 있을 것입니다.

현회(縣會)라는 제도를 만들어 백성들로 하여금 백성들의 일을 의논하게 하여 공사 양쪽이 편하게 하는 일입니다. (…) 본조(本朝) 역시 군주와 인민이 함께 통치하는 풍속이 있습니다. (…) 모든 인민에게 자유의 권리가 있고 군주에게 권위의 한계가 있으면 인민과 나라가 영원히 평화로울 것입니다. 그러나 인민에게 자유의 권리가 없고 군주의 권한이 무한하다면 비록 잠시 강성한 시기가 있더라도 오래가지 못하고 쇠망할 것입니다.

인민으로 하여금 그 통의(通義)를 얻게 할 수 있는 몇가지 일이 있습니다. 하나는 남자와 여자, 남편과 아내는 그 권리에 있어 균등하다는 것입니다. (…) 또다른 하나는 반(班), 상(常), 중(中), 서(庶)의 등급을 폐지하는 것입니다. 대체로 한 나라는 같은 종류의 사람들과 같은 조상의 자손들로 이루어져 있습니다. (朴泳孝 1990, 245~91면 참조)

민권을 신장하고 인민에게 자유와 평등을 부여하여 국민으로 개조하며 민족주의를 고취하여 민족국가, 국민국가를 건설하려는 의도가 분명히 드러나고 있다. 따라서 이 단계에 이르러서는 '국가'라는 말의 사용과는 상관없이 한국에서 근대국가 개념이 사실상 확립되었다고 보아도 무방할 것이다. 한가지 흥미로운 것은 문명개화파의 경우 독일적 전통의 국가관념보다는 영미적 전통의 국가관념이 우세한 것으로 보이며 이러한 추세가

19세기 말까지 이어졌다는 것이다. 서양의 정치사상 중에서도 주로 천부인권론이나 사회계약론이 소개되었으며 독일 전통의 국법학이나 국가학에 대한 소개는 거의 이루어지지 않았다. 조선의 수교 이후 일반 식자층에게 서양의 문물제도와 국제정세를 소개하는 기능을 수행했던 『한성순보』와 『한성주보』도 주로 인민주권론을 소개하고 있는데 하나의 사례를 보면 다음과 같다.

〔구주에서〕 스위스와 프랑스만이 공화정치(共和政治)를 하고 러시아와 터키는 군주전치(君主專治)를 하며 기타 각국은 모두 군민공치(君民共治)를 한다. 그렇기 때문에 각국 정부는 인민으로 하여금 의원을 선거하게 하여 모두 정부에 모이게 해서 법률을 의정하게 하는데 이를 민회라고 한다.[11]

상고하건대 서양각국에서 행한 여러가지 제도의 가장 중요한 요점으로 움직일 수 없는 기초는 나라를 다스리는 주권이 인민에게 있고 모든 권력이 인민에게서 나와 시행되는 것이다. 그 근본 원인은 모든 사람은 평등하기 때문이다.[12]

이 기사들은 중국 공보에 소개된 내용을 박문국이 『한성순보』에 게재한 것이다. 『한성순보』는 서양의 정치를 소개하는 것이 그 장단점을 다투려는 뜻이 아니라 보는 사람들로 하여금 판단하게 하기 위해서라고 단서를 달고 있지만, 단순한 사실의 전달이라도 발행인의 선호를 일정하게 반영하는 것으로 보아야 할 것이다. 『한성순보』와 『한성주보』는 서양각국의 정치제도를 소개하면서 군주전치(君主專治), 공화정치(共和政治), 군민공치

---

11) 『한성순보』 제2호, 1883.11.10(『한성순보·한성주보』, 1983).
12) 『한성순보』 제11호, 1884.2.7(『한성순보·한성주보』, 1983).

(君民共治) 등 다양한 유형이 있으나 인민주권론이 대세라고 인식하고 있었다. 『한성순보』에서 다룬 외국 관련 기사 건수는 중국 435건, 베트남 165건, 프랑스 71건, 영국 56건, 일본 53건, 미국 47건, 러시아 42건, 독일 26건 등이다. 『한성주보』의 경우에는 일본 97건, 중국 95건, 미국 45건, 러시아 37건, 영국 36건, 프랑스 29건, 독일 27건 등이다.[13] 중국과 일본을 제외하면 주로 서유럽과 미국에 관한 기사가 독일 등 중부유럽에 대한 기사보다 많다는 것은 영미적 전통의 국가개념이 우세했을 것이라는 점을 시사한다.

실제 용어상으로도 '국가'라는 말은 거의 사용되지 않았다. 드물게 "국가를 부강시키는 방법은 재지(才智)를 일진시키는 데 있고 인민에게 재지를 가르치는 방법은 한두가지가 아닌데 그 대략은 학교를 일으키는 것, 견문을 넓히는 것, 선발을 정밀하게 하는 것이다. 여기에 10년 이상 전념하면 국가를 부강시킬 수 있다"라고 하여 '국가'라는 말이 사용된 경우도 있으나 일본 신문을 직접 인용하는 형식이었다.[14] 따라서 일본에서 '국가'라는 용어가 확산되는 상황에서도 아직 한국에까지 전파되지는 않은 것으로 보인다.

이렇듯 문명개화파의 활동으로 한국에서도 1880년대 이후로는 서양의 근대국가 개념이 확산되었는데 주로 영미적 전통의 영향을 많이 받은 것으로 보인다. 이러한 영미적 전통의 영향은 『독립신문』에 이르러 최고조에 달했을 것으로 짐작된다. 『독립신문』에서 '국가'라는 단어가 사용된 횟수는 4년간 총 210회라는 연구결과가 있다(김동택 2004 참조). 무시할 수 없는 수치이기는 하지만 이것을 의미 있는 변화로 보기는 어렵다. 정치공동체로서 국가를 지칭하는 용어로는 '나라'라는 말이 압도적으로 많이 사용되었기 때문이다. 국가라는 용어를 사용하는 경우에도 "만일 잘못 알아스

---

13) 「解題」(『한성순보·한성주보』, 1983, vi~vii).
14) 『한성순보』 제14호, 1884.3.8(『한성순보·한성주보』, 1983).

면 국가에 큰 랑픽요 천쥬의게 불힝흔 일이니"[15]에서처럼 국가의 대사나 조정의 일을 의미하는 전통적 용례를 따랐다. 영문판의 경우에도 정치공동체로서 국가를 지칭할 경우 state보다는 country나 nation이라는 용어를 주로 선택하였다. state는 주로 sovereign state와 같이 주권을 논하는 맥락에서 제한적으로 사용되고 있다. 이는 서재필 등 『독립신문』의 발간주체가 미국 망명시절에 경험한 영미적 전통의 영향이라고 추정할 수 있을 것이다. 아무튼 문명개화파의 활약에 힘입어 1880년대 이후로는 한국에서도 서양의 근대국가 개념이 확산되었지만 '국가'라는 용어는 19세기 말까지도 정착되지 않은 것으로 보인다.

3. 근대국가로서의 '국가' 개념 정착: 유길준의 사례

앞에서 살펴보았듯이 영토국가, 주권국가, 국민국가로서의 서양 근대국가 개념은 이미 1880년대에 문명개화파 인사들에 의해 한국에 수용된 상태였다. 이 점에 있어서는 유길준도 마찬가지이다. 그는 개화당의 일원으로 활동하지는 않았지만 일본 유학과 미국 유학을 거치면서 서양의 정치사상을 심도 깊게 받아들였기 때문이다. 그런데 한국의 근대국가 개념 형성사에서 유길준을 주목하는 이유는, 사실상 그가 근대국가를 의미하는 용어로서 '국가'라는 말을 적극적으로 사용한 한국 최초의 인물이었기 때문이다. 그러나 이는 그가 갑오개혁의 실패와 아관파천으로 인해 일본으로 망명한 이후의 일이며 그 이전에는 그도 국가를 지칭하는 개념으로 '국가'가 아니라 '방국'이라는 용어를 사용했다.

유길준이 갑오개혁에 참여하기 이전의 시기는 일본 유학(1881~82, 경응의숙)과 미국 유학(1883~85, 담마 아카데미), 그리고 유배로 이어진 기간이었으며 이 시기의 주요 저서는 『서유견문』이다. 경응의숙(慶應義塾)에서 후꾸

---

15) 『독립신문』 제1권·제4호, 1896.4.14(『독립신문(영인본)』, 1987).

자와 유끼찌의 지도 아래 수학했던 경험이 유길준에게 미친 영향은 경웅의숙이나 후꾸자와의 사상적 경향으로 미루어 쉽게 짐작할 수 있다. 그러나 미국 유학의 경우는 영미적 전통의 정치사상과 함께 모스(E. S. Morse) 박사의 영향이 동시에 작용했을 것이기 때문에 다소 복잡한 양상이다. 모스 박사는 유길준의 일본 유학시절 토오쿄오대학의 초빙교수로 있으면서 다윈의 진화론을 일본에 최초로 소개한 학자였다. 따라서 그의 지도를 받은 유길준이 뒷날 쉽게 사회진화론을 흡수하게 되었다고 추정해볼 수 있다. 그러나 1880년대 유길준에게서 국가주의적 성향을 찾아보기는 어렵다.『서유견문』이 발간된 것은 1895년이다. 그러나 유길준이『서유견문』집필을 구상한 것은 미국 유학 중이었으며 실제 집필은 그의 유배기간이 었던 1887년에 시작되어서 1889년에 완성되었다. 따라서『서유견문』은 1880년대의 작업으로 보아도 무방할 것이다.『서유견문』에서 국가의 개념과 직접 관련되는 부분은 제3편 방국의 권리, 제4편 인민의 권리, 제5편 정부의 시초, 종류, 치제(治制), 제6편 정부의 직분 등이다. 먼저 그는 국가와 주권을 불가분의 관계로 간주한다.

> 무릇 나라(邦國)는 한 민족(一族의 人民)이 하나의 산천을 할거하여 정부(政府)를 건설하고 다른 국가의 관할을 받지 않는 것이니 (…) 이 권리는 두 종류로 나누어지는데 하나는 내용(內用)하는 주권으로 나라의 일체 정치와 법령이 그 정부가 세운 헌법을 지키는 것이고 다른 하나는 외행(外行)하는 주권으로 독립과 평등의 원리로 외국과의 교섭을 보수(保守)하는 것이다. 이를 통하여 볼 때 한 나라의 주권은 그 나라가 가진 형세의 강약이나, 기원의 좋고 좋지 못함이나 영토의 대소, 인구의 다과를 막론하고 단지 국내외 관계의 진정한 형상을 따라 정해지는 것이다. (兪吉濬 1971a, 105면)

유길준은 국가라면 당연히 갖추어야 하는 권리로 주권을 이해하고 있는 것이다. 그는 주권의 사례로 현상보존〔現存〕과 자보(自保)하는 권리, 독립하는 권리(평등하여 존중받는 권리), 산업(産業)하는 권리, 입법하는 권리, 교섭·사절 파견·통상의 권리, 강화와 조약 체결의 권리, 중립하는 권리 등을 제시한다. 그런데 전술했듯이 박규수와 김윤식은 어느정도 주권의 원리를 인지하고 있었음에도 불구하고 중국과의 속방관계를 유지하려 했다. 특히 김윤식은 자주에 대해서는 철저한 태도를 보이면서도 독립은 불필요한 것으로 보았다. 반면 문명개화파는 주권을 제대로 행사하자면 독립이 필수적이라고 생각했다. 유길준도 주권과 독립을 불가분의 관계로 보았다. 그러나 동시에 청과의 조공관계를 일거에 청산하기 어려운 현실도 인정했다. 그는 이러한 딜레마를 속국(屬國)과 증공국(贈貢國)을 구분하는 방식으로 해결했다. 속국은 주권과 독립권이 없지만 증공국은 주권과 독립권을 침해당하지 않는다는 것이다. 그 논리는 양절체제(兩截體制)였다.

수공국(受貢國)이 다른 국가들을 향하여 동등의 예도를 행하고 증공국(贈貢國)에 대해서는 독존(獨尊)하는 태도를 취할 것이다. 이렇게 되면 증공국의 체제가 수공국 및 다른 국가들을 향하여 앞뒤로 양절(兩截)이요 수공국의 체제도 증공국 및 다른 국가들을 대하여 역시 앞뒤의 양절이 된다. 다른 국가들이 수공국과 증공국의 양절체제를 하나로 보는 것은 형세의 강약은 따지지 않고 권리의 유무만을 보는 까닭이다. (兪吉濬 1971a, 117면)

유길준은 근대국가의 주권의 원리를 충분히 이해하였을 뿐만 아니라 당시 조선이 처한 국제정세를 고려하여 속국과 증공국을 구분해 중국과의 조공관계에도 불구하고 조선이 주권국가임을 논리적으로 입증하고자 했다. 한편 그는 근대국가는 국민국가일 수밖에 없다는 것을 인지하고 있었다. "국가가 정부를 설립하는 본의는 인민을 위한 것이고 군주가 정부를 명령하는 취지도 인민을 위한 것이다. 인민이 정부를 공경하고 받드는 것은 그 덕화와 혜택을 한결같이 공평하게 받기를 바라기 때문이다"(兪吉濬 1971a, 161면). 여기서 유길준이 말하는 인민이란 국민에 다름 아니다. 주지하듯이 국민사상의 모태는 천부인권론이었는바, 유길준도 이를 적극 옹호한다.

> 자유와 통의(通義)의 권리는 온 천하의 모든 인민이 공유하고 같이 누리는 것이니 각인이 권리는 출생과 더불어 갖추어지게 되는 것으로서 얽매이지 않는 독립하는 정신이며 무리한 속박을 받지 않고 불공평한 눌림을 당하지 않는 것을 의미한다. (…) 무계한 통의는 천부(天賦)에 속하니. (兪吉濬 1971a, 129~30면)

그런데 1880년대 당시 유길준의 국가개념은 다분히 영미 전통의 자유주의적 성향을 가지고 있었던 것으로 보인다. 그는 정부의 직분을 논하면서 "정부가 인민들의 동정을 일일이 살펴서 천만가지 일에 모두 간섭하는 법을 시행한다면 인민들에게 번뇌를 줄 뿐만 아니라 정부도 합당한 직분에 어긋나는 일이라고 할 것이다. 정부의 큰 직분은 인민들을 위해 그 직업을 구해주는 데 있는 것이 아니고 그 생업을 보호해주는 데 있는 것이다"(兪吉濬 1971a, 176면)라고 하여 자유방임주의를 선호하는 인상을 준다. 유길준의 자유주의적 성향은 정부의 종류를 논하며 군민공치를 선호하는 것에서도 확인할 수 있다. 그는 정부의 종류를 군주가 천단(擅斷)하는 정체, 군주가 명령하는 정체(압제정체), 귀족이 주장하는 정체, 군민이 공치(共治)하는 정체(입헌정체), 공화하는 정체 등 다섯가지로 나누고 "각국의 정체를 비교하자면 군민이 공치하는 정체가 가장 훌륭한 것이라고 할 수 있다"고 하여 입헌정체를 옹호하였다(兪吉濬 1971a, 171면). 물론 입헌주의 자체가 국가주의를 배제하는 것은 아니지만 적어도 당시의 맥락에서 자유주의적 측면이 강했던 것은 분명하다.

1896년 아관파천 이후 유길준의 일본에서의 망명생활은 자세히 알려지지 않고 있다. 그는 1907년 귀국한 뒤 애국계몽운동에 전념하였다. 『서유견문』으로 대표되는 유길준의 전기 사상은 다분히 영미적 전통에 가까운 것으로 보이지만 후기 사상은 다소 모호한 편이다. 유길준은 일본 망명시절에 주로 번역작업에 주력하였으며 귀국 후에 크림전쟁을 다룬 『영법노토제국가리미아전사(英法露土諸國哥利米亞戰史)』(1908)와 프러시아의 7년 전쟁을 다룬 『보로사국후례두익대왕칠년전사(普魯士國厚禮斗益大王七年戰史)』(1908) 등을 출판하기도 하였다. 그 밖에도 출판은 하지 않았지만 폴란드 쇠망과 이탈리아 독립을 다룬 서적을 번역하기도 하였다. 그의 번역작업 중에서도 우리의 주목을 끄는 것은 제국대학 초빙교수였던 라트겐의 강의록을 리노이에 류스께(李家隆介)와 야마자끼 테쯔조오(山崎哲藏)가 일역한 『정치학(政治學)』(ラートゲン 1892 참조)을 유길준이 다시 국한문 혼용체로 번역한 『정치학』이다.

유길준의 『정치학』은 미발표 원고로 저술 시기도 분명하지 않으며 어디까지나 번역서라는 점에서 유길준의 사상을 액면 그대로 보여준다고 보기는 어렵다. 그러나 그가 굳이 라트겐의 저서를 번역한 것은 독일의 국가학에 대한 관심을 반영한 선택이었다. 더욱이 그는 state에 대한 일역을 따라서 '국가'라는 번역어를 채택했는데 이는 일본의 경우와 마찬가지로 '국가'라는 번역어와 함께 유기체적 국가관념을 받아들였다는 의미로 해석할 여지가 있다. 유길준이 『서유견문』에서 썼던 '방국'이 아니라 '국가'라는 말을 사용한 것은 단지 번역의 편의상 문제로 치부할 수는 없을 것이다. 방국이라는 말로는 충분히 담아낼 수 없는 무엇이 있다고 보았기 때문에 국가라는 용어를 수용한 것으로 보아야 할 것이다. 전술했듯이 서양의 근대국가 개념의 요체는 주권국가이자 국민국가라는 점이었으며 이는 이미 1880년대 『서유견문』 집필단계에서도 도달한 인식이었다. 그렇다면 유길준은 어떤 이유에서 독일의 국가학에 관심을 가지고 방국이 아니라 국가

110

라는 용어를 선호하게 된 것일까?

『정치학』제2편 국가의 생리, 제1장에서 라트겐은 국체와 정체를 구분하여 설명하고 있다. 국체는 국가의 형식으로, 주권의 주체가 누구냐에 따라 군주국체와 민주국체로 나누어진다. 정체는 주권을 집행하는 방식으로, 국가가 자기의 의지에 의거하여 주권을 행사하는 것을 독재 또는 전제라고 하고 헌법에 의거하는 것을 입헌정체라고 설명한다(兪吉濬 1971b, 485~87면). 이는 유길준이『서유견문』에서 소개한 다섯가지 정체 분류법과 미묘한 차이가 있다. 우선 국가와 정부를 구분하는 사고의 차이다.『서유견문』에서는 국가의 속성으로서의 주권을 설명하는 데 치중하고 국가 자체에 대해서는 심도 깊은 논의가 없다. 또한, 정부의 기원, 정부의 종류, 정부의 제도 등 주로 정부를 설명하는 방식을 취하고 있다. 이와 달리『정치학』에서는 국가의 요소, 국가의 생리 등 국가를 독립적 대상으로 다룬다. 독일은 법실체적·유기체적 국가개념을 지니고 있기 때문에 독일 국가학에서는 국가와 정부를 분리한다. 또한 국체와 정체를 구분함으로써 주권의 소재를 따지는 정치적 부담을 덜 수 있다. 그렇게 하여 주권의 행사방식에만 초점을 맞추는 것이 입헌정체를 도입하는 데 전략적으로 유리했다. 군주주권에는 하등 침해가 없을 터이니 입헌정체를 도입하자는 메시지인 것이다.

『정치학』에서는 국가의 주권에 대해서도 보다 엄격하고 법률적인 정의를 제시한다. "대개 완전한 국가는 안으로 인민에 대하여 최고무한한 자주권을 가지며 밖으로 다른 나라들에 대하여 독립한 평등권을 가지지 않는 것이 불가하다. 국가의 주권은 내외의 두가지 종류로 구분된다. 하나는 국내 인민의 법률상 복종을 받는 권력으로 이를 국내주권이라 하며 그 필요한 작용은 입법권과 행정권이다. 다른 하나는 다른 나라의 여하한 권력이든지 받아들이지 않는 권력으로 이를 국외주권이라고 하며 그 필요한 작용은 선전포고권, 강화권, 조약체결권, 사절파견권, 통상권 등이다"(兪吉濬

1971b, 756~57면). 1880년대 유길준의 주권개념이 주로 대외적 측면에 초점을 맞추었다면 『정치학』에서는 국내외를 막론하고 최고의 권력이라는 법적 성격을 강조하고 있다. 또한 주권의 의미가 한층 명료해지고 법률적 성격이 강조되었는데 이는 법실체적 국가관념을 수용했기 때문일 것이다. 무엇보다 주권이 군주나 인민의 주권이 아니라 그것을 넘어서는 국가의 주권이라는 점을 명확히 하고 있다. 이는 주권을 국가의 통치권으로 이해하고 법적 실체로서의 국가가 갖는 속성으로 파악하였다는 것을 의미한다.

『정치학』제2편 국가의 생리, 제2장 국권의 범위, 제4절 국가의 연원에서는 국가의 기원에 관한 고찰방법으로 역사적 방법과 철학적 방법을 제시한다. 그리고 철학적 방법에 입각하여 국가의 기원에 관한 학설로 국가필요설, 국가신조설, 국가실력설, 국가계약설, 국가인성설의 다섯가지를 들고 있다. 라트겐은 앞의 네가지 학설을 비판하면서 블룬칠리와 울시가 주창하고 다수의 독일 국법학자들이 채택하고 있는 국가인성설을 수용하였다. 인간의 공동적 성질에서, 사회를 성립하고 사회생활을 영위해가면서 국가적·통일적 감정이 생겨 자치기관을 조직함에 따라 국가가 성립된다는 것이다(兪吉濬 1971b, 709~48면). 또한 국가의 목적과 관련하여 도덕설, 신교설, 최대행복설, 권리보장설, 근세의 학설 등을 분류하고 각각을 비판하는데 근세의 학설로 분류한 옐리네크의 상대적 국가목적설을 선호하는 인상을 준다(兪吉濬 1971b, 673~80면).

이렇듯 라트겐의 국가론은 독일 역사법학의 전통을 이어받아 목적론적 국가관념을 계승하고 있으며 블룬칠리의 국가유기체설을 수용하고 있다. 유길준이 영미식 헌정주의에 만족하지 못하고 다소 국가주의적 색채마저 띠는 독일의 국가학에 관심을 가지게 된 이유는 무엇일까? 추정컨대 군주 또는 민과는 구분되는 독립적 실체로서의 국가라는 개념에 매력을 느꼈기 때문이 아닐까 한다. 유길준이 라트겐의 국가학을 접한 시기는 갑오개혁이 실패하고 아관파천으로 일본에 망명한 시기였다. 그런데 유길준이 보

112

기에 군권의 제약에 불만을 품은 고종이 끊임없이 내각을 교란시키고 공격한 것이 갑오개혁 실패의 하나의 원인이라면, 정부의 개혁조치를 이해하지 못하고 저항하였던 민의 무지함이 또다른 원인이었다. 따라서 유길준은 군주와 민을 넘어서는 최고의 실체로서 국가를 부각시키고 싶었을 것이다. 군과 민에 대한 회의가 유길준으로 하여금 독일의 국가학에 관심을 가지게 한 국내정치적 배경이라면, 청일전쟁 이후 열강의 제국주의 침탈에 의한 조선의 국망 위기는 국제정치적 배경이라고 할 수 있다. 라트겐은 독일식 국가주의와 영국식 개인주의를 논하면서 국제정치 형세가 헌정질서를 규정한다고 설명한다.

> 蓋 英吉利갓치 其地形이 四面을 海로 環호야 天塹의 劍山이 有호고 且其文化가 高明흔 域에 到達호야 外에 敵國强隣의 瀆가 無호며 內에 分離割據호는 患이 無흔則 個人主義가 其國內에 行홈은 自然한 理라 是其政府되는 者도 亦 此主義를 執홈이 可하고 日耳萬갓치 耽虎猛獅의 隣邦이 其四面을 窺窬호는 勢가 잇시며 內로 各州가 動輒 四分五裂호는 憂가 有흔則 其國內에 國家主義가 自然流行호며 且 其政府도 此主義를 執홈이 可홈은 勢의 不期호고 然홈이라. (兪吉濬 1971b, 687면)

조선의 당면한 역사적 현실과 입헌정치를 통한 근대국가의 형성이라는 목적 사이에서 고뇌했던 유길준의 발상은 개념사 연구의 개척자 코젤렉(Reinhart Koselleck)도 주목하는 19세기 중반 로렌츠 폰 슈타인의 역사예측법과 매우 유사하다. 슈타인은 경험공간과 기대지평이 분리되는 근대의 시간관에 굴복하지 않고 프로이센의 역사현실에 대한 진단을 통해 예측으로 나아갔다. 그는 1952년에 작성한 소논문에서 낡은 신분제 전통을 지닌 프로이센의 사회구조와 다양성은 의회주의 정체를 설립하고 유지할 만한 충분한 동질성을 갖지 못한다는 결론을 내렸으며 독일제국의 성립이 우선시될 것이라는 결론을 내렸다(Koselleck 1985, 62~69면). 훗날 1882년 슈타인을 방문한 이또오 히로부미가 그의 국가학으로부터 큰 영감을 받은 것도 우연은 아닌 셈이다. 유길준도 입헌주의를 통한 근대국가의 형성이라는 기대지평을 포기하지 않으면서도 영국식 입헌군주제와 헌정주의를 조선에 당장 도입하는 것은 무리라고 진단한 것으로 보인다. 그래서 대안으로 독일식 입헌군주제를 상정하고 독일의 국가학에 관심을 가지게 되었으며, 근대국가를 지칭하는 용어로 '국가'라는 번역어를 채택했던 것은 자연스러운 귀결이었다.

그러나 유길준이 국가유기체설을 위시하여 독일의 국가학을 적극 수용하려 했다고 해서 그가 국가주의에 투항했다고 보는 것은, 그가 후기에도 영국식 입헌군주제와 헌정주의를 일관되게 추구했다고 보는 것만큼이나 단순한 해석일 것이다. 슈타인이 1950년대 프로이센에는 의회정체가 무리라고 판단하면서도 입헌주의라는 기대지평을 포기하지 않은 것처럼, 블룬칠리의 국가유기체설이 입헌주의를 옹호하려는 동기에서 나온 것처럼, 가또가 블룬칠리의 국가유기체설을 소개하고 량 치차오가 그것을 다시 중국에 수입한 것이 입헌군주제를 확립하려는 목적에서 비롯된 것처럼, 유길준의 독일 국가학 수용도 입헌주의를 통한 근대국가 형성에 일차적 목적이 있던 것으로 보아야 할 것이다. 그것은 다소 국가주의적 성향을 띠더라도 우선 국민들의 애국심이 충만한 국민국가가 되어야 조선의 생존과 경쟁이 가능하다고 보았기 때문이다.

유길준을 필두로 애국계몽운동기 이후로는 주권국가이자 국민국가 그리고 법인격적 국가라는 의미를 내포하는 '국가'라는 개념이 자연스럽게 확산되었다. 1906년에는 일본유학생 출신의 나진과 김상연에 의해『국가학(國家學)』이 발간되었는데 원저자를 알 수는 없으나 기본적으로 국가유기체에 입각하고 있으며 독일어본의 일역을 다시 중역한 것으로 보인다. 블룬칠리의 *Allegemeines Staatsrecht*(일반국법, 1851~52)의 일부가 1907년 안종화에 의해 『국가학강령(國家學綱領)』으로 번역되었으며 1908년에도 정인호에 의해 『국가사상학(國家思想學)』으로 번역되었다. 1907년에는 안국선에 의해 우리나라 최초의 체계적 정치학 교과서라고 할 수 있는 『정치원론(政治原論)』이 발간되었다. 안국선의 『정치원론』은 이찌지마 켕끼찌(市島謙吉)가 저술한 동명의 책을 편역한 것인데 이찌지마는 서문에서 울시, 밀(J. S. Mill), 블룬칠리, 토크빌(A. Tocqueville), 스펜서(H. Spencer), 글래드스톤(W. E. Gladstone) 등을 참고문헌으로 제시하고 있다. 이로부터 알 수 있듯이 20세기 초 한국에서는 유럽의 다양한 전통과는 상관없이 '국가'라는 개념어가 정착되었다는 것을 알 수 있다.[16]

IV. 결론을 대신하여

한국에는 전통적으로 특정한 영토와 인구 그리고 통치권을 기반으로 하는 정치공동체를 지칭하는 말로서 '나라'라고 하는 개념이 존재했으며 이에 해당하는 한자어가 '국' 또는 '방'이었다. 그러나 한국의 전통적 국가관념은 중국 중심의 '천하'개념과 유리될 수 없었으며 근대국가에서처럼 '안'과 '밖'의 엄격한 구분을 전제하는 것이 아니었다. 정치공동체로서의 나라관념과 함께 천하질서 속의 왕조국가라는 관념이 지배했던 것이다. 따라서 한국의 전통적 국가개념은 비록 영토국가적 속성은 어느정도 내포하고 있었으나 주권국가이자 국민국가라는 속성을 지니는 근대국가 개념과는 매우 이질적인 것이었다. 이러한 한국의 전통적 국가개념은 19세기 중후반 이후 서양제국과 조우하는 과정에서 서양의 근대국가 개념으로 전환된다. 대체로 1870년대까지는 전통적 국가개념과 서양의 주권국가 개

---

16) 이상 20세기 초 한국에서의 국가이론 수용에 관해서는 김효전(2000)을 참조.

넘이 혼재하였으며 1880년대 이후로는 문명개화파에 의해 서양의 주권국가·국민국가 개념이 수용되었다. 그리고 20세기 이후로는 국가유기체설 등 독일 국가학의 영향을 받아 실체적 국가개념이 추가되었으며 근대국가를 지칭하는 말로서 '국가'라는 용어가 정착하게 된다.

'국가'라는 개념어의 정착과 함께 '국가'를 정의하려는 다양한 시도가 있었는데 대개 영토, 인구, 통치권이라는 3대 요소를 강조하였다. "토지는 국(國)이고 인민은 가(家)이니 이를 합쳐 국가(國家)라고 한다(土地曰國, 人民曰家, 合而是之謂國家)"[17]라고 하여, 영토와 인구를 국가의 요소로 거론한 뒤에 다만 정치라고 하는 요소가 필수적으로 추가되어야 비로소 온전한 국가라고 할 수 있다고 하는 방식이었다. 이는 한문 고전에서 나타나는 국가의 용례와는 다른 정의로, 도리어 전통적인 '나라'관념과 유사하다. 이로부터 알 수 있듯이 '국가'라는 개념어가 정착되면서 전통적 '나라'관념을 대체하거나 그것과 병존하게 되었다. 다만 국가개념의 형성에도 불구하고 살아남은 '나라'개념이 흔히 정치공동체 전체를 의미하는 경우가 많았다면 '국가'개념은 주로 정부나 공적 영역과 관련된 의미로 사용되었다. '국가'는 '개인'과 대립되는 말로 이해되는 경우가 많았으며 개인보다 국가가 우선이라는 국가주의적 의미를 함축하게 되었는데 이는 국망의 위기와 무관하지 않았던 것으로 보인다.

---

17) 「國家學」, 『萬歲報』 1906.9.19(김효전 1988, 232면).

제4장

지역공간의 개념사: 한국과 '동북아시아'

•

손열

I. 서론

　근대한국이 조우한 동양, 아시아–태평양, 동북아시아, 동아시아 등은 지역공간을 지칭하는 언어들이다. 복수의 언어를 사용하였다는 것은 지역공간을 서로 다르게, 다양하게 인식해왔다는 뜻이다. 또한 이들은 예외 없이 구미가 지어준 이름들이다. 동북아시아(이하 동북아)라는 국제공간을 예로 들면, '아시아'란 이탈리아 선교사 마테오 리치(Matteo Ricci)가 만든 『곤여만국전도(坤輿萬國全圖)』에 의해 전해진 언어로, 앗시리아어로 '해가 나옴'을 뜻하는, 따라서 '해가 들어감'을 뜻하는 유럽과 대립되는 개념이었다. 그런 아시아의 동북쪽이라는 동북아 역시 유럽의 시각에서 나온 언어로서, 본디 역사적·문화적·정치경제적으로 특정한 성격을 갖는 세계라기보다는 유럽이 아니라는 것만을 공유한 공간의 동북쪽을 지칭하는 것이다. 이렇듯 지역의 인간들이 처음부터 동북아인임을 자각하고 이 언어를 주체적으로 사용한 것은 아니었다. 그렇지만 아시아라는 언어가 유럽세력의 진출, 식민지화의 위기 속에서 유럽화되지 않으려는 노력의 결과 역설적으로 그 의미구조가 갖추어진 것처럼, 동북아라는 언어 역시 비록 외생적이지만 자기로 자각화·주체화해가면서 의미를 구축해왔다.[1]

한국은 동북아라는 언어에 친숙하다. 제정러시아에 기원을 두고 20세기 초 미국이 본격적으로 사용하기 시작한 이 지역어는 해방공간에서 한국에 도입되었고, 냉전기 동안 잠복해 있다가 탈냉전기에 들면서 전면적으로 사용되었다. 1988년 노태우 정부는 북방정책을 통해서 대륙으로 전략공간을 확대하고자 했고, 그 일환으로 동북아평화협의회의를 제안하였다. 공식수준에서 동북아가 지역협력의 단위로 본격적으로 등장한 시기였다. 이어서 김영삼 정부는 동북아 안보대화기구, 김대중 정부는 동북아 다자협의체를 주창하였고 노무현 정부 때 전성기를 맞았다. 국정의 3대 목표로 '평화와 번영의 동북아시대 추진'이 설정되었고, 그 추진주체로 동북아중심추진위원회가 출범하였다. 이렇게 동북아는 탈냉전기 한국에 친숙한 지역이 되었다.

문제는 이웃인 일본과 중국의 경우 그렇지 못하다는 데 있다. 양국은 지역어로서 동아시아를 사용해왔다. 중국은 한중일 삼국에 아세안 10개국을 포함하는 지역을 설정해 지역전략을 펴왔고, 일본 역시 이 지역적 범위를 선호해왔다. 경우에 따라서는 오스트레일리아, 뉴질랜드, 인도를 추가로 포함시키고 있다. 동북아와 동남아를 하나의 단위로 설정하고 있는 것이다. 중국은 동북아를 동북 3성과 그 주변으로, 일본은 동북아를 환동해권으로 인식하는 경향이 있다. 한편, 한국에 사활적인 존재인 미국은 보다 광역의 아시아-태평양을 선호해왔다. 아시아태평양경제협력체(APEC) 회원국들이 대체로 이 지역을 구성하고 있다.[2] 그렇다면 왜 한국은 주변국들

---

1) '아시아'의 자기 자각화, 주체화 시도에 관해서는 竹內好(1993) 참조.
2) 지역의 범위를 놓고 주변 강국의 서로 다른 인식과 구상에 대해서는 손열(2007) 참조.

과 달리 유독 동북아를 선호해왔는가. 한국은 지역이라는 공간을 어떻게 인식하고 구상해왔는가.

지역은 일상적으로 사용하는 언어지만 사회과학적으로 잘 정의된 개념어는 아니다. 국제정치학에서 지역이란 국민국가의 영역을 넘어서서 타 영역과 구별되는 물리적·문화적 속성을 갖는 지리적 공간을 의미한다. 여기서 지역의 경계는 결코 물리적 특징, 예컨대 지리적 인접성에 의해 결정되지만은 않는다. 지역은 구성원 간에 정치적·경제적·문화적 이해가 수렴되는 공간이다. 단순한 기하학적 절대공간이 아니라 생활하는 의미공간, 즉 구성원 간에 의미와 가치가 공유되어 장소성(sense of place)을 갖는 공간인 것이다(Lefebvre 1991). 따라서 지역을 모색한다는 것은 특정 공간에 정체성을 부여하여 장소로 만들어가는 개념화의 인지적 과정이다.

그렇다면 한국이 지역공간을 어떻게 개념화하였는지 살펴보아야 한다. 장소성이 지리적 인접성과 같이 자연지리적으로 결정되는 것이 아니라면, 동북아는 어떤 장소적 성격을 갖기에 한국이 그에 대해 친숙한 것인가. 장소성은 어떤 개념, 어떤 언어로 표상되며 어떠한 역사적 조건하에서 받아들여졌고, 또 이후 전개되는 역사는 어떻게 이 언어에 의해 조건 지워졌는가. 본고에서는 한국이 근대세계에 진입하면서 조우한 새로운 국제공간(지역)을 개념화하는 과정을 분석하고자 한다. 이는 크게 세 이야기로 구성될 것이다. 첫째는 19세기 말 중국 중심의 천하질서가 구미 중심의 근대국제질서에 의해 깨져가면서 지리적 축소인 동시에 문명적 변환으로서 지역공간(=동양)을 경험하고 궁극적으로는 좌절하는 과정이고, 둘째는 해방공간에서 미국이 지배적 세력으로 등장한 후 곧이어 찾아온 냉전에 의해 한반도와 그 주위가 동과 서, 공산진영과 자유진영, 북방삼각과 남방삼각 등의 이름으로 날카롭게 분단되면서 또다른 외생적 지역공간과 조우, 수용하는 과정이며, 끝으로 탈냉전과 함께 복수의 지역어가 함께 활용되는 과정이다.

이러한 역사과정의 3단계를 보면 지역공간의 개념은 결코 고정적이지 않으며 전환되거나 혁신되어왔다. 개념과 언어와의 관계 역시 간단하거나 투명하거나 고정적이지 않다. 세 시기는 위기 혹은 혁명적 변화의 무대로서 정치·경제·사회적 언어에 대한 의미의 혼란과 변환이 일어났고, 그 무대에서 주인공의 정치적 판단과 행동에 의해 개념이 변화되었다(Richter 1995, 10면). 천하질서가 붕괴하면서 한국의 지도자들은 서양의 침략에 대한 연대(문명적 연대)의 공간인 동시에 일-중 사이에서 독립의 공간으로서 동양이라는 지역을 받아들였지만 결국 일본에 의한 지배의 공간으로 전화되는 것을 막지 못하였다. 이후 속국으로서 본국이 추구하는 지역(=동아, 대동아)을 자기의 것으로 수용하는 비극을 맛본 후, 해방과 냉전공간하에서 한국은 태평양이라는 친숙하지 못한 미국의 공간, 즉 장소성이 희박한 공간을 수용해야 했다. 탈냉전기에 들어서면서 한국은 주체적이고 본격적으로 동북아라는 지역을 상상하게 된다. 20세기 초반 소련의 동진으로 초래되는 미중일의 전략적 삼각관계를 담는 공간으로서 관념화된 동북아는, 공간의 중심에 한반도가 위치한, 지정학적 개념을 담는 공간으로서 한국의 이익과 습관에 잘 부합되었다. 한국에 있어 동북아는 역사적으로 친숙한 지리적 공간, 그리고 한국의 지정학적·국제경제적 지위와 열망을 표상하는 지역어였지만, 한국의 자기중심적 열망을 담는 지역공간이었기에 주변 대국과 의미의 공유가 어려웠고 따라서 개념의 전파에 한계를 가질 수밖에 없었다.

II. 근대한국의 공간개념

19세기 한국은 천하라는 세계공간이 동양이라는 지역공간으로 축소되는 문명사적 전환의 과정을 겪었다. 전통세계에서 한국은 중국 중심의 자기완결적 질서 속에 놓여 있었다. 중화질서는 천자(天子)의 덕치(德治)가 미치는 범위에 따라 중원을 중심으로 해서 동심원적으로, 그리고 위계적으로 구성된 공간이었기 때문에 특정한 지리적 영역은 이 구조에 구속되었다. 예컨대 동이(東夷)라는 경역은 천하의 동심원 속에 존재하는 위계적 관계의 한 부분이었고, 따라서 역내 수평적 네트워크가 제한적으로 이루어진 공간이었다(Fairbank 1973, 1~19면). 하마시따(Takeshi Hamashita)는 해양을 매개로 일본과 류우큐우, 시암(베트남), 남중국 지역을 엮는 상업적 네트워크가 존재하였음을 밝히고 있으나, 그렇다고 이것이 조공체계를 넘는 지배적 관계인 것은 결코 아니었다(Hamashita 1997). 동이를 구속하는 조공체계는 19세기 중반 서양 제국주의 세력이 압박해오면서 붕괴하였고 천하는 동양이라는 언어로 바뀌게 되었다.

'동양'은 14세기 원명교체기에 탄생한 단어로 알려져 있는데, 배로 중국의 남쪽바다로부터 동으로 향할 때 그 항로에 해당하는 해양을 지칭한 것으로, 이후 그 해양의 위쪽에 위치하는 지역을 동양이라 불렀다고 한다(松本三之介 2011, 8면). 중국인은 19세기 유럽이 동진해오면서 등장한 'orient'의 번역어로 동양이란 언어를 조응시켰다. 여기서 동양은 특정한 지리적 경역을 지칭하는 동시에 서양과의 대항관계 속에서 의미를 가졌다. '동양도덕, 서양예술(東洋道德, 西洋藝術)' '동도서기(東道西器)'처럼 유럽의 문명체계에 대해 중국, 일본, 한국, 인도의 문화적 독자성을 강조하는 언어였던 것이다.[3] '물질로서의 서양'에 대한 '정신으로서의 동양'이라는 대립

---

3) 동양과 함께 쓰였던 아시아 역시 앗시리아어로 '해가 나옴'을 뜻하는 말로 '해가 들어감'을 뜻하는 유럽과 대칭되는 대립 개념이었다. 유럽을 자기와 대별되는 타자로 구성하여 자신의 상대적 진보를 확인해주는 대상이었다(Said 1979). 따라서 오래전부터 아시아와 동양은 유럽과 대비되는 개념으로 사용되어왔으며 그 주 대상은 원래 근동(혹은 중동)에서, 대항해시대를 맞으면서는 인도로, 산업혁명과 프랑스혁명을 거치고 근대를 맞으면서 중국과 일본으로 전이, 확장되어갔다(카와카츠 헤이타 1998, 65~68면).

적 관계는 정신 혹은 문명의 차원에서 이루어지는 것으로, 공간의 장소성은 문명(서양에 대한 동양문명)에서 찾아진다. 동양은 곧 한자 사용을 함께 하는 동문(同文), 유교를 함께 하는 동교(同敎)·동도(同道)로서, 주로 일본에서 주창된 동양연대론 혹은 동양연맹론—예컨대 카쯔 카이슈우(勝海舟)의 공수동맹(共守同盟), 이와꾸라 토모미(岩倉具視)의 일청(日淸)동맹론 등—은 문명을 공유하고 있는 조선, 청, 일본이 동맹하여 서양열강의 제국주의적 침략에 대항해야 한다는 논리에 근거한 전략이었다.

서양이 무력·금력과 함께 새로운 문명으로 다가오면서 위와 같은 문명 개념으로서의 동양은 조정압력에 처하지 않을 수 없었다.[4] 동도서기의 시각으로 구미국가들을 다루기 힘겨웠던 일본은 문명개화를 새로운 문명표준으로 받아들인다. 서양화를 하지 않으면 서양의 지배를 받을 수밖에 없다는 절박한 상황인식, 즉 동양의 구체제로는 더이상 독립을 지킬 수 없다는 위기감이 무혈의 메이지 유신을 가능케 했고, 서양문물을 적극 도입할 수 있는 문화적 공간을 열었다. 후꾸자와 유끼찌(福沢諭吉) 등 개명지식인과 권력층은 서양의 길을 새로운 문명의 표준으로 설정했다.

일단 서양을 금수(禽獸)에서 문명으로 바꾸어놓는 순간, 동양은 더이상 고유문명의 담지공간이 아니라 문명개화의 길을 함께 걸어야 하는 순치보차(脣齒輔車, 입술과 이, 수레바퀴와 덧방나무처럼 밀접한 사이)의 관계로 전환된다. 후꾸자와의 탈아론이 보여주듯이 일본은 중국문명의 변경에서 동양의 새로운 문명의 별로서 중국, 조선을 문명화하는 국민적 사명을 지게 된다. 따라서 후꾸자와의 동양은 국익(즉, 문명화와 관련된 이익)에 따라 탈아와 입아(入亞)를 선택적으로 할 수 있는 느슨한 전략적 공간이 되었다. 중국과 조선이 개명하면 연대하여 "아세아를 흥"하게 할 수 있는 것이었다(山室信一 2001, 45면).

---

4) 이에 대해서는 하영선(2009) 참조.

탈아론이 나온 지 10년 후 일본은 청일전쟁을 서양 신문명과 동양 구문명 간의 충돌로 규정하여 승리를 거두었고, 스스로를 신문명의 상징으로 자리매김하고자 하였다. 그러나 청국으로 대표되는 동아시아 전통문명과 문명 간의 전쟁을 치렀기 때문에, 전쟁에서 비록 승리하였지만 지역연대를 이끌어낼 새로운 원리가 필요했다. 특히 일본이 한반도와 만주를 둘러싸고 러시아와 본격적인 대립에 돌입하면서 연대의 이데올로기가 절실해졌고 이런 맥락에서 인종주의, 황인종 연대론이 부상하게 된다. 전쟁 중 프러시아의 빌헬름 2세로부터 제창된 황화론(黃禍論)의 등장은 동양의 인종적 연대론을 확산시키는 또다른 계기가 되었다.

타루이 토오끼찌(樽井藤吉) 등의 '동양연대론'은 인종상의 동종(同種)으로 구성하는 지역을 상상하는 것이었다(장인성 2003). 타루이는 동종인의 일치단결로 서양의 위협에서 벗어나자는 '대동합방론'을 주장한다. 당시 타루이의 눈에 비친 국제세계는 구미가 동양에 개국(開國)과 문명개화를 강요하는 한편 아시아계 이민에 대해서 구미가 문호를 폐쇄하는, 즉 양이(攘夷)라는 이중적인 모습을 보이고 있었다. 따라서 약육강식의 국제세계는 본질적으로 인종과 인종의 교섭충돌, 특히 백인종과 황인종의 각축으로 전개되는 세상이었다. 여기서 싸움은 상호 간 판도를 확대하는 경쟁이 될 것인데, 백인종인 구미제국은 본토의 수십 배에 달하는 속국을 보유하고 있는 반면 일본은 구미와 평형을 이룰 만한 판도를 확보할 수 없으므로 일본이 취할 수 있는 길은 지리상의 순치(脣齒), 인종상의 동종인 동양삼국 간의 연대/합방이라는 것이다.

일본의 인종연대론은 황인종 내부의 서열화와 일본의 맹주적 지위가 전제되어 있다. "일본은 동양의 선각자이며 연형(連衡)의 주동자이며 이는 일본의 천직(天職)"이라는 것인데, 물론 그 논거는 인종적 우열이 될 수 없다(장인성 2003, 211면). 일본에 있어 인종 내 서열은 문명화의 서열로 가려진다. 타루이 등은 황인종 내 민족/종족집단에 대한 차이의 근거로 문명화의 정도를 말한다. 문명의 제도나 교육에 있어서 일본이 중국보다 선진적이므로 일본이 중국을 계도해야 한다는 것이다. 동양연대론에는 인종론과 문명론이 결합되어 있으며 이것이 일본의 지도적 지위를 확인해준다.

일본은 인종주의로서 동양연대론을 활용하여 청일전쟁 이후 발생한 동아시아 내부의 균열과 상처를 봉합하고자 하는 한편, 러시아와의 전쟁을 합리화하였다. 이 논리는 조선의 개화파나 위정척사파 모두에게 큰 영향을 미쳤다. 『독립신문』은 동양삼국이 아시아라는 같은 지역에 속해 있을 뿐만 아니라 인종이 같고 문자가 상통하며 풍속도 유사하기 때문에 유럽의 침범을 '동심(同心)'으로 막아야 유럽에 의한 속국화를 방지할 수 있다고 주장하였다(정용화 2006, 64면). 나아가 "일본사람들은 황인종 형제의 모든 나라들을 권고하고 인도하여 종자를 서로 보호할 큰 계책을 세워 동양 큰 판에 평화함을 유지케 하는 것이 하나님께서 정해주신 직분의 당연한 의무"라고 하였다(정용화 2006, 64면). 일본의 침략성에 강하게 저항해왔던 위정척사론자들도 문명개화론자들과는 다른 차원에서 동양삼국의 인종적 연대를 주장하였다. 최익현은 러일전쟁에서 패배한 러시아가 일본에 복수하기 위해 동양에 재진출할 가능성이 있다고 보고 동양삼국이 '정립(鼎立)'하여 전력을 다해 이에 대비할 것을 주장하였다(정용화 2006, 49면).

1904년 2월 러일전쟁이 발발하자 당시 한국인들은 이 전쟁의 승패에 황색인종의 운명이 달려있다고 파악하고 황색인종인 동양삼국이 단결해야 한다고 생각했다. 『황성신문』은 러일전쟁이 러시아로부터 '동양평화와 안전'을 지키려는 노력이라는 일본의 주장에 동조하여, 러시아를 동양삼국 공동의 적국으로 간주하였다(정용화 2006, 65면). 안중근의 동양평화론은 이러한 시대적 추세를 담은 구상이었다. 안중근의 구상이 처참하게 실패한 후 한국에서는 동양연대론의 허구를 비판하는 민족론이 등장하는 한편, 연대적 가치와 자주독립의 가치, 즉 외부(서양)으로부터 균형을 성취하려는 의도와 내부(동양)에서의 균형, 즉 한중일 삼국의 자주독립과 균형을 성취하려는 의도가 결합된 정립(鼎立)론 혹은 정족(鼎足)론이 등장하게 된다. 외부로부터의 위협에 대응해 삼국의 연대를 주창하면서도 이를 실천할 내부의 존재방식으로서 독립과 균형을 동시에 추구하는, 이러한 국제정치적 발상은 3·1독립선언서로 연결된다(정용화 2006, 70면).

지역으로서의 동양 인식이 일본에 의해 외재적으로 주어졌던 만큼 이를 내면화하려는 시도가 이어졌지만 식민지화는 이런 노력에 종지부를 찍었다. 황국신민이 되었기 때문에 일본이 가진 지역 인식을 그대로 받을 수밖에 없었던 것이다. 당시 일본의 지역어로서 '동아'와 '대동아'가 수용되었다. 동아(東亞)는 제1차 세계대전을 전후로 등장하여 1930년대 만개하는데, 문명개화를 충실히 추구하는 속에서 상실의 위기에 처한 일본의 문화에 주목하여 일본적 정체성을 확보하려는 지적 노력으로 부상하게 된다. 문명이라는 언어는 부정적·조소적인 의미를 띠게 되어 단지 물질적 진보와 인간적 저급화를 의미하게 된 반면, 문화는 창조적 자기실현의 의미로 등장한다(Najita and Harootunian 1988, 735면). 이 변화는 일본이 이민문제를 통해 인종주의적 차별을 겪고, 청일전쟁의 승리에 따라 청으로부터 획득한 이권을 서양삼국(러시아, 독일, 프랑스)의 간섭으로 상실하는 이른바 '삼국간섭'을 겪으면서 역내 패권적 지위의 확보 요구가 높아진 정치경제적 조건과 함께, 급속한 문명화·산업화 과정에서 이른바 '일본적 정신'의 소멸에 대한 위기감이 고조되고 있었던 문화적 조건을 반영하는 것이었다.

이 시기의 대표적 이론체계는 동아협동체(東亞協同體)론이다. 극우민족주의자 혹은 초국가주의자에 의한 전쟁의 정당화를 넘는 문화적 반발, 즉 일본은 서양을 초극해야 하며 그 방법은 동아라는 새로운 지역공동체를 건설하는 것이라는 논리가 담겨 있다. 이런 점에서 전쟁은 중국을 동아에 포섭하는 수단이 되는 것이었다. 동아협동체는 연대의 원리로서 동아시아 국가와 민족 들에 공통되는 지연(地緣), 황색인종, 농업(특히 벼농사) 위주의 생활, 그리고 이를 바탕으로 형성된 동양적 휴머니즘을 꼽는다. 대표적 사상가로서 미끼 키요시(三木清)는 동양적 휴머니즘에 기반한 협동주의(cooperativism)와 전문지식(expert knowledge)의 결합에 의한 문화가 성립될 때 비로소 동아협동체의 기초가 만들어지는 것이라 믿었다(Najita and Harootunian 1988, 738~39면).

한편, 중국의 완강한 저항으로 말미암아 일본은 일-만-화(중) 삼국 간의 동아신질서/동아협동체 구상을 넘어 남진(南進)을 추진하게 되었다. 제2차 세계대전의 발발과 함께 교착상태에 빠진 중일전쟁의 해결방안으로 동남아시아로 전선을 확대한 것이다. 여기서 나온 것이 대동아공영권 구상이었다. 이 공간은 '대동아'라 불리는 홋카이도, 일본, 만주, 중국, 인도차이나반도, 남양제도라는 광대한 영역을 포괄하는 것이었다. 구체적으로 「대동아정략지도대강(大東亞政略指導大綱)」은 대동아공영권을 '제국(일본)을 중심으로 한 일-만-화의 동아신질서'와 이를 지탱하기 위한 '자원국'으로서 동남아시아 여러 지역, 그리고 그 외연에 '보급국'으로서 오스트레일리아 등으로 구성하였다. 이 새로운 지역은 일본을 중심으로 한 동심원의 위계적 확장형태였다.

이 지역 구상에는 공간적 통일성을 줄 이론적 근거가 필요했다. 왜냐하면 경제적 주종관계, 기왕의 문화·문명·인종의 차원에서 이들을 하나의 지역으로 엮기는 사실상 불가능했기 때문이다. 먼저 일본은 이 가상공간을 관통하는 '공통의 역사경험'을 강조했다. 공간의 구성원들이 서양제국주의의 침략이라고 하는 '구질서'의 피해자임을 공통분모로 부각시키려 했던 것이다. 1930년대부터 이른바 'ABCD 포위망'과 이에 대응한 아시아의 '자존자위(自存自衛)'라는 수사가 동원되기 시작했으나 공간의 구성원들이 공통의 안보위협 인식을 갖는 것이 아니었으므로 보다 정교한 지역성의 논리가 되어야 했다.

그 논리를 제공한 것이 지정학이었다. 지정학은 국가가 그 생명력을 유지하기 위해 생활공간/생존권(lebensraum)을 확보하는 것이 필연적이라

126

는, 이른바 국가와 지리적 공간 간의 상호관계를 규명하는 지식체계이다. 이런 점에서 지정학은 지리적 공간의 확대(제국주의적 확장)를 생활공간/ 생존권의 확보로 정당화하는 논리를 제공할 수 있는 도구였다. 에자와(江 澤讓爾) 등 당시 일본의 지정학자들은 대동아공영권 건설의 과학적 근거를 제시하면서 대동아가 갖는 생활공간, 혹은 대동아라는 공간이 결합되는 유대는 태평양을 끼고 있는 지형의 유사성, 기후의 통일성, 미작(米作), 공 생관계 등과 같은 공통의 특질이라고 주장했다(손열 2006, 139면). 지형과 기 후로부터 나오는 공통의 특질에 의해서 공통의 민족감정, 공통 유형의 문 화가 나오는 것이다. 이런 점에서 이들 지역의 민족들이 대동아라는 생활 공간을 공유하는 것은 필연적 운명이다.

　요약하자면, 근대한국은 천하질서의 붕괴로 말미암아 지역을 인식하는 기회를 맞는다. 이는 근대세계로의 진입을 뜻하는 것이기도 했다. 그러나 근대화의 실패는 곧 근대적 의미의 지역공간을 설정해 이를 단위로 하였 던 국가 간 연대가 실패했음을 의미한다. 그 결과, 식민지인으로서 본국의 지역을 자기 것으로 받는 수난을 겪어야 했다. 이 과정에서 형성된 근대한 국의 지역관념에는 몇가지 특징이 있다. 첫째, 본래 외생적인 지역관념을 내면화하지 못한 채 식민지로 전락함으로써 주체적이고 본격적인 지역 인 식을 가질 수 없었다. 둘째, 한국이 관념한 지역은 문명적·문화적·지정학 적 개념을 번갈아가며 담았지만 지리적으로는 한중일을 중심으로 한 경역 이었다. 셋째, 한중일을 단위로 한 연대에는 서양에 대항하는 관념을 담고 있었다. 유럽문명에 대한 동양문명적 연대, 러시아를 견제하기 위한 삼국 협력 등, 지역은 서양과 동양, 백인종과 황인종 등 이항대립 속에서 관념되 었다. 그럼에도 불구하고 연대론은 그 이면에 제국주의 시대를 사는 약소 국의 생존전략을 담고 있었다. 약소국의 관점에서 진정한 동양의 평화와 세계평화를 추구하는 의미를 가졌던 것이다. 1919년 독립선언문에 드러나 듯 조선의 독립은 조선의 정당한 생존과 번영을 위한 조건일 뿐만 아니라 동양평화와 세계평화에 필요한 계단이기도 했다.

III. 냉전기 공간개념

일본의 대동아공영권에 반격을 가하기 위해 미국과 유럽세력이 군사작전을 전개하는 과정에서 '동남아시아'(Southeast Asia)라는 지리적 공간이 획정되었고, 이와 짝을 맞추어 '동북아시아'(Northeast Asia)라는 이름이 등장하게 된다. 이 언어 역시 서양세력에 의해 주어진 것이었다.[5] 동북아라는 이름이 등장하게 된 것은 대동아공영권의 붕괴와 관련하여 동남아와는 다른 새로운 지리적 영역이 형성되었기 때문이다. 미국과 소련, 중국이 일본제국을 압박하면서 서로 만나게 되는 전략적 영역이 그것이다. 미국은 특히 소련의 동/남진에 의해 형성되는 최전선, 즉 중국과 일본, 한반도를 중심으로 한 지리적 경역을 동북아로 불렀다.

동북아라는 명칭의 기원은 「북동 타르타리(Tartary)」라는 지도에서 유추된 것으로 알려져 있다. 17세기 말 네덜란드의 외교관 니콜라스 빗센(Nicolas Witsen)의 저작에 나타나는데, 그가 러시아의 짜르에게 러시아가 영토적으로 확장하는 방향으로 시베리아를 거쳐 중국으로 가는 길과 카스피해를 거쳐 페르시아로 가는 길 두가지를 설명하면서 그 두 광활한 공간을 타르타리로 불렀다. 현재의 볼가, 크리미아, 코카서스, 중앙아시아, 중국(특히 동북 지역), 몽골, 연해주, 사할린을 포괄하는 유목·수렵 지역이다. 여기서 북동 타르타리는 우랄 이동에서 캄챠카에 이르는 지역을 가리

---

5) 이를 '북동아시아'로 번역하지 않는 이유는 서양의 방위(方位)관념이 북→남→동→서 순인 반면, 동양은 동→서→남→북 순인 까닭이다. 그래서 'North-South Problem'은 '남북문제'로, 'Southeast Asia'는 '동남아시아'로 번역한다(中見立夫 2004, 44면).

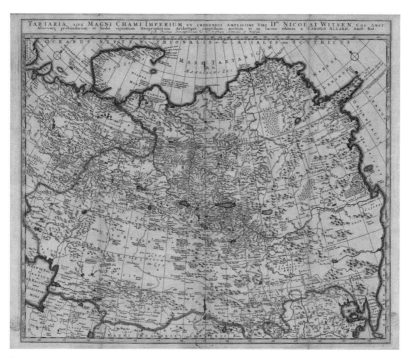

「북동 타르타리」(Tartaria, sive magni Chami Imperium ex credendis amplissimi viri), Nicolaas Witsen, 1705.

킨다. 타르타리라는 언어는 19세기 러시아가 동진하여 중국과 국경을 마주하게 되면서 이 지역이 국민국가에 편입되자 사라지고, 아시아로 대체되어 동북아시아로 변화하게 된다(中見立夫 2004, 46~47면). 그러나 당시 가장 빈번하게 쓰인 언어는 영국이 사용한 극동(Far East)이었다.

구미에서도 지극히 낯선 언어였던 동북아는 20세기 초반 미국에서 재발견된다. 러시아사 전문가인 콧킨(Stephen Kotkin)은 버클리대학(UC Berkeley)의 커너(Robert Kerner) 교수가 1931년 러시아/소련의 대외관계 연구차원에서 '동북아시아 세미나'(Northeast Asia Seminar)를 설치한 배경을 추적한 바 있다(Kotkin 1997). 그에 따르면 커너는 스탈린(Iosif Stalin)의 소련이 내전과 기근을 극복하고 사회주의 계획경제체제를 통해 다시 강대국으로 등장, 동진하면서 일본제국에 압박을 가하고 태평양으로 진출하는 전략상황을 체계적으로 이해하기 위해서는 소련-중국-일본의 동북아 삼각(Northeast Asian triangle)관계를 주의 깊게 연구해야 한다고 주장하였다. 커너에게 동북아라는 지역은 소련의 동진에 의해 미국과 만나는 최전선(frontier)으로서의 지정학적 공간이었다.

커너의 지정학적 문제의식은 일본의 진주만 침공, 전쟁 말기 소련의 개입으로 확인되었고, 전쟁이 끝난 후 미국 국무성 편제에서 중국과, 일본과와는 별도로 동북아과(Office of Northeast Asian Affairs)가 설치되는 것으로 이어졌다. 미군정 치하에 있던 일본 역시 한반도를 담당하는 부서로 '북동아시아과'를 설치하였다. 한반도를 둘러싼 소-중-일 삼각관계의 지정학적 공간을 담당하는 부서였다. 한국정부 역시 1948년 단독정부를 수립, 외무부 산하에 동북아 1과, 2과를 설치하여 각각 일본과 중국을 담당하게 하였다.

냉전이 본격화되면서 동북아라는 전략공간은 미소의 영향권 경쟁으로 날카롭게 양분되었다. 이제 동북아는 미국의 이해관계를 담는 개념어가 될 수 없었다. 냉전의 세계지도에서 단층선에 위치한 한반도의 남쪽은 미국의 이념공간을 국제정치적 삶의 근간으로 삼아 활로를 모색해야 했다. 북대서양조약기구(NATO)가 결성되면서 미국과 서유럽은 이른바 '서방'으로 묶였지만 한국은 일본처럼 구미(歐美)의 동쪽에 위치하면서도 '서방' 진영이 되어 서방의 정체성을 추구해야 하는 기묘한 입장에 처했다.[6] 동/서로 날카롭게 구획된 냉전공간에서 '서방'이라는 어색한 언어 대신 주어

---

6) 이런 속에서 냉전 말기부터 한국은 북방 대 남방이라는 변형된 공간개념을 사용하였다. 북한-중국-소련의 북방삼각 대 남한-일본-미국의 남방삼각이 그것이다. 이 역시 방위 개념으로 보면 중국이 왜 북방인지, 미국이 왜 남방인지 설명이 어려운 공간명이다.

진 것은 태평양, 그리고 아시아-태평양이었다.

사실 태평양은 지구 최대의 바다로, 이를 면한 국가들이 공통의 생활공간(즉, 장소)을 구성해야 할 이유는 별로 없다. 하나의 지역으로 존재하기 어려운 것이다. 그럼에도 불구하고 태평양과 아시아-태평양은 당시 주어진 현실을 재현하는 지역언어가 되었다. 아시아에서 대륙이 공산화되면서 미국의 냉전공간은 해양의 속성을 가질 수밖에 없었다. 일본, 필리핀, 타이완 등 도서국가처럼 한국 역시 봉쇄된 대륙 앞에서 사실상 도서국가였다. 이들과 미국을 엮는 공간개념으로서, 서방진영의 하위 개념으로서 태평양이 등장하였다. 아시아나 동양과 마찬가지로 태평양도 제임스 쿡(James Cook)의 발견 이래 구미가 만든 언어이다. 이 '태평양 공동체'라는 장소적 의미를 부여받은 새로운 공간은 공산주의가 아닌, 수출 주도의 자본주의적 근대화를 추구하는 국가라면 누구나 들어올 수 있는, 따라서 공산 대륙을 압박하는, 자본주의 열도(capitalist archipelago)였다(아리프 딜릭 1995).

사실 미국은 전후 초기 동아시아에 대해 유럽과 유사한 형태의 동아시아 다자안보질서를 모색했다. NATO가 결성되는 시점에서 필리핀의 카를로스 로물로(Carlos P. Romulo) 외교장관은 태평양조약(Pacific Pact)을 주창하였고, 곧이어 1949년 4월 이승만 정부는 이를 적극적으로 받았다. 타이완도 동참한 아시아판 집단안보체제로서, 사실상 미국을 끌어들여 공산화한 중국을 견제하려는 일부 아시아 반공국가 모임이었다. 주한미군의 철수를 앞두고 있던 이승만 정부는, NATO와 같이 하나의 회원국이 무력공격을 받을 경우 다른 회원국들이 침략국을 격퇴하기 위해 자동적으로 개입한다는 집단방어 조항을 둘 경우 미국의 자동적 군사 개입을 보장받기 때문에 특별히 적극적이었다.

미국은 이러한 움직임에 긍정적으로 반응했다. 특히 한국전쟁이 발발하면서 미국은 태평양동맹에 적극적인 관심을 보였고 미온적이던 일본을 설득하고자 했다. 그러나 아시아전략의 핵심인 일본의 반대, 역내 국가 간

불신과 반목, 전쟁의 격화에 따른 급박한 상황이 미국으로 하여금 포괄적이고 복합적인 다자제도 구축에 힘을 쏟지 못하도록 만들었다(Calder and Ye 2010, 68면). 그 결과, 양자제도와 다자제도를 조합하려는 기도는 무산되었고, 미국과 양자안보동맹, 미군기지 제공, 미국과의 경제적 연계 강화를 골간으로 하는 샌프란시스코 체제를 통해서 동아시아의 자유진영이 조직되었다.

1953년 한미동맹이 맺어진 이후에도 반공동맹을 형성하려는 이승만의 노력은 계속되었다. 아시아 반공국가로서의 한국의 중요성과 가치를 높이려는 의도 속에서 이승만은 기존 국가들뿐만 아니라 다수 동남아 국가를 반공통일전선에 가입시키려 설득하였고 1959년까지 다섯 차례의 반공연맹 회의 개최를 주도했다. 그러나 미국뿐 아니라 동남아 국가들의 외면을 극복하지 못했으며, 결국 민간기구인 민족반공연맹은 정부 간 기구로 발전하지 못했다. 가장 큰 이유는 이승만이 반공동맹의 중심에 반공국가로서의 신뢰성이 약한 일본 대신 한국을 위치시키려 했기 때문이었다. 일본을 중심으로 지역을 관리하는 미국의 전략과는 거리가 멀었고, 또한 그 자신이 미국으로부터 정치적으로 불신을 받는 처지였다(신욱희 2005, 45~46면).

이후 박정희 정부가 들어서면서 또다시 다자협력기구로 아시아태평양 각료협의회(ASPAC)를 추진하였다. 1965년 3월 11일 한국, 태국, 타이완, 필리핀, 일본, 말레이시아, 오스트레일리아, 뉴질랜드의 8개국 대표들이 참석한 가운데 첫 예비회담이 개최되었다. 이어 1966년 6월 14일 서울에서 제1차 회의를 열고 ASPAC이 정식 출범한다. 이후 1972년에 이르기까지 매년 1회씩 각료회의를 개최한다. 박정희는 1966년 제1차 회의 치사를 통해 "평화, 자유, 균형된 번영의 위대한 아시아태평양 공동사회를 건설" 해나가자고 주창하고, 같은 해 9월 열린 아시아국회의원연맹(APU) 제2차 총회 치사에서 "자유의 아시아, 공영의 아시아"를 건설하자고 강조했다. 자유와 공영은 곧 반공과 자본주의적 경제발전을 의미했다(박태균 2006).

박정희의 구상이 실천으로 이어진 핵심적인 이유는 미국의 지원이었다. 베트남전의 늪에 빠져 있던 미국은 한국의 베트남 파병을 계기로 박정희의 구상을 승인해주었다. 베트남전 수행에 도움이 된다고 보았기 때문이다(박태균 2011, 19면). 그리고 한국은 다자협의체에서 선도적 역할을 수행함으로써 미국의 동맹국으로서의 지위를 공고히 하고자 했다. 미국의 지역 내에서 일본이 경제적 공헌을 한다면 한국은 군사적 공헌을 적극적으로 수행하겠다는 구상이었다. 그 배경에는 이승만 정부와 마찬가지로 미국과의 결속(binding)을 강화하려는 목적이 숨어 있었다. 한국은 ASPAC을 통해 집합적 이익을 정의하고 이를 실천하려는 지역주의 의식을 갖지 않았으며, ASPAC을 미국의 방기(abandonment) 가능성에 대한 위험분산(hedging), 즉 외교다변화 수단으로도 고려하지 않았다(박태균 2006, 144~45면). 당시 한국의 전략적 지평은 미국과의 동맹만이 지배적이었다. 아시아-태평양은 한미동맹을 강화·보완해주는 정도의 의미를 가진 공간인식에 불과했던 것이다. 냉전의 국제정치가 갖는 한계였다.

그러므로 미국의 베트남 철군과 함께 ASPAC이 곧바로 기능부전에 빠진 것은 당연한 일이었다. 미국이 생각하는 ASPAC의 존재근거가 사라졌기 때문이다(박태균 2011, 26면). 또한 미중관계 정상화, 중일관계 정상화가 이뤄지고 중국이 유엔에 가입하면서 반공이라는 ASPAC의 또다른 존재근거가 해체되었다. 데탕트의 물결 속에서 ASPAC은 막을 내린다(마상윤 2007). 미국이 지지해야만 존재할 수 있는 운명이었다.

1989년부터 시작된 냉전의 붕괴는 한국의 국제정치 인식에 적지 않은 변화를 주기 시작한다. 동방 혹은 공산진영이 붕괴함으로써 자유진영은 정체성의 위기를 겪게 되었다. 객체화·타자화한 대상이 소멸함에 따라 이제 국제정치는 선과 악, 정상과 비정상이라는 공간 구획하에서 전개되는 장이 아니라 정상에 대한 새로운 기준, 세상의 새로운 조직원리가 모색되는 시간과 마주하였다. 이제 탈냉전의 공간을 이념적 갈등이 해소되는 자

유의 공간, 문명 간 충돌의 공간 등으로 개념화하려는 시도들이 등장하게
된다(Fukuyama 1989; Huntington 1993).

IV. 탈냉전과 동북아

1980년대 후반 냉전의 장벽이 서서히 무너지면서 동·서 진영을 넘는
새로운 공간적 열망이 싹을 틔웠다. 계기는 소련의 미하일 고르바초프
(Mikhail S. Gorbachev)의 결단이었다. 그는 1986년 7월 블라디보스토크
연설과 이를 진전시킨 1988년 9월 크라스노야르스크 연설에서 아시아-태
평양에 평화적으로 관여하고자 하는 매력적인 메시지를 대내외에 천명한
다. 고르바초프는 (1) 극동 지역을 양극적 투쟁에서 해방시키고, (2) 지역
의 정상적 관계를 위해 핵을 포함한 모든 군사적 장애물을 소련 주도하에
제거하며, (3) 극동러시아를 개방하여 지역경제의 한 부분으로 개발하고,
(4) 이런 정책을 돕기 위해 분권화를 추진하며, (5) 영토분쟁과 관련된 협
상을 추진하고, (6) 다자간 안보협의기구를 제안하기로 하였다.

고르바초프는 분명 새로운 지역공간을 모색하는 계기를 부여했다. 그리
하여 그 지역을 단위로 하여 집합적 결정과 행동을 추구하는 지역주의에
대한 기대감이 분출되었다. 한국에서는 냉전의 벽을 뚫고 새로운 지역공
간을 마련하여 북한으로 가는 길을 열 수 있으리라는 기대가 싹트기 시작
했다. 1988년 서울올림픽을 성공적으로 개최하고 그 속에서 공산권 국가에
대해 친숙감이 증대되면서 공산권과의 본격적인 수교협상이 시작되었다.
전략의 밑그림은 올림픽 개최 바로 전에 발표된 1988년 7·7선언이었다. 남
북한 간 경쟁 및 대결외교의 종식과 상호협력, 그리고 남북한 쌍방의 우방
국들과 관계 개선을 위한 협력 등을 제시한 것으로, 노태우 정부의 이른바
'북방정책'이었다. '북방'이란 언어는 한국-미국-일본의 남방삼각에 대

한 북한-중국-소련의 북방삼각에서 나온 것으로, 북방정책이란 대륙의 공산권에 대한 관여정책을 의미했다(신범식 2003). 기존의 남방정책(한미일) 일변도를 탈피하여 외교적 지평을 북중러(소)로 넓히는 수단으로 인식되었던 것이다. 결과적으로 한국의 전략공간은 한미일과 북중러의 합인 6개국의 지리적 영역이 되었으며 한국은 이를 '동북아'라 불렀다. 이 지역개념은 7·7선언이 발표되고 약 3개월 후인 1988년 10월 노태우 대통령이 유엔총회 연설에서 제안한 6개국 '동북아평화협의회의'로 재현된다.[7] 그리고 정부는 이를 구체화하기 위해 11월 '동북아평화협의회의 추진위원회'를 발족한다.

북방정책 추진의 장본인인 박철언 장관은 북방정책의 목표를 (1) 반쪽 외교로부터 세계를 상대로 하는 전방위 외교로의 전환, (2) 공산권과 북방으로 경제활동의 무대를 확장하여 경제 발전을 도모, (3) 북한의 우방과 외교관계를 수립하여 북한에 대한 맹목적 지원을 끊어 평화적 통일을 위한 환경을 조성한다는 세가지를 들고 있다. 그러나 이 셋은 병렬적으로 추진되는 것이 아니라 순차적으로, 즉 외교지평의 확대와 그에 따른 경제적 이익 확대, 이를 바탕으로 한반도문제를 푸는 수순으로 엮여 있다. 그가 소개한 북방정책 5대 기본 원칙—(1) 북한의 고립화를 추구하지 않으며, (2) 통일정책과 연계하고, (3) 정치와 경제를 연계하며, (4) 미국 등 우방과의 기존 유대관계를 바탕으로, (5) 국민적 합의하에 추진—에서 잘 드러나듯이 동북아로의 공간 확장은 결국 북한문제 풀기에 초점을 맞춘 결과

---

7) 이를 배경으로 8월 소련 영사단 사무소 설치, 1989년 2월 헝가리와 대사급 외교관계 성립, 1989년 11월과 12월 각각 폴란드, 유고 수교, 1990년 3월 체코, 불가리아, 몽골, 루마니아와 각각 대사급 외교관계를 이루고, 9월 30일 한소 국교 정상화, 1992년 8월 중국과 국교 정상화를 이루는 일련의 성과를 가져오게 된다. 이어서 남북한 유엔 동시가입, 남북고위급회담 추진, 남북기본합의서 및 비핵화 공동선언 등의 결과를 낳았다(전재성 2002, 28~30면).

이다. 이런 점에서 북방정책은 "남북한 통일의 실현을 위한 정책과 이러한 정책 실현을 위한 방법"으로 정의되곤 한다(김달중 1989, 43면).

실제로 한국은 지정학적 이익을 추구하기 위해 경제적 지원을 주요 정책수단으로 활용하였다. 소련에 대해서 30억 달러 상당의 경협차관 공여를 약속하였고, 헝가리 등 동구권과의 수교 역시 차관 공여가 제공되었다. 물론 극동러시아가 열림으로써 한국에 커다란 상업적 기회의 창이 열린 것은 사실이나, 이 지역에 대한 한국기업의 관심은 상대적으로 왜소하였고 이것이 수교의 동력이 될 수는 없었다. 고르바초프의 신사고가 거시적으로는 세계정치에서 아태 지역의 경제적 중요성이 상승하고 있으며 소련이 여기에 필수적인 구성국이 되어야 한다는 인식에 기초하고 있는 동시에, 미시적으로는 경제적 곤란을 겪고 있는 극동러시아를 열어 한국과 일본의 자본을 끌어오려는 관심에서 추동되었던 사실과는 대조적이다.

앞서 보았듯이 한국의 지역 인식은 지정학적 관심이 주도해왔다. 19세기에서 20세기 초 다양한 지역 인식은 조선의 자주독립을 위한 균형과 연대, 정립(鼎立)의 시도였다. 냉전기 태평양조약 및 ASPAC 역시 국가 생존에 사활적인 존재인 미국을 끌어안기 위한 것이었다. 마찬가지로 냉전의 해체와 더불어 시작된 새로운 지역 인식은 북한문제, 통일문제의 해결이라는 관심에서 비롯되었다. 공산권과의 경제 및 외교 관계 강화라는 측면도 있었지만, "궁극적으로는 모스크바와 베이징을 거쳐 평양에 이르는, 그리하여 한국 주도의 남북통일의 근간을 마련하려는" 지정학적 목적을 근저에 두고 있었던 것이다(전재성 2008).

한국이 지정학적 공간으로서 6개국 협조의 동북아를 추진하고자 했던 반면 주변국들은 다른 상상을 하고 있었다. 대표적으로 일본이다. 일본은 1980년대 후반 고르바초프의 신호를 가장 먼저 적극적으로 받아 대응한 국가였다. 세계 제2의 경제대국으로서 미국을 넘보는 위치까지 올라선 일본은 우월한 기술력을 바탕으로 막대한 경상수지 흑자를 축적하였으며,

1985년 플라자협정 이후 엔화가치가 상승하면서 국내적으로는 버블경제가 형성되었지만 대외적으로는 엄청난 해외투자를 수행할 능력을 갖추게 되었다. 지역협력과 경제적 통합을 주도할 수 있는 객관적 조건이 마련되었던 것이다.

새로운 지역협력의 시대를 열자는 고르바초프의 제안과 마주하면서 일본은 미국의존적 외교를 탈피하려는 전략을 모색할 수 있는 계기를 마련하였다. 미국의 걸프전 참전에 대한 압력과 무역보복 등에 대한 국민적 반발감이 증대되고 미국과 동맹을 지속할 수 있을 것인가에 대한 문제의식이 본격적으로 제기되는 가운데, 일본은 자신의 경제적 능력에 대한 믿음을 바탕으로 보다 확대된 외교적 자율성을 추구하고자 하였다. 러시아, 중국, 북한 등 구 공산진영과의 관계를 정상화 혹은 심화함으로써 미국에 대한 의존도를 낮추려는 전략을 세우게 된 것이다. 냉전의 궁극적인 승리자는 미국이 아니라 일본과 독일이라는 세평(世評)도 일본에게 자신감을 불러일으켰다.

일본정부는 비원이었던 북방 4개 도서의 반환문제에 대한 전향적인 해법이 제시되지 않는 한, 환동해 혹은 태평양 지역에 대한 거대 프로젝트 지원에는 부정적인 입장이었다. 반면 환동해권의 지방정부들은 그간 태평양 해안을 따라 성취된 경제적 역동성과 번영을 반대편 동해안을 접하고 있는 자신들에게로 확산하고자 지역협력에 적극적으로 움직였다. 이른바 '환일본해 구상'이 그것이다. 극동러시아와 중국의 동북 3성, 한반도 동해안, 일본의 동해안을 엮는 경제벨트를 구축하겠다는 것이다. 동해 연안의 지방정부들은 이 지역 구상으로 21세기 번영의 미래를 개척하겠다며 중앙정부의 지원을 요구하였고, 중앙정부는 '환일본해경제권'이란 이름을 붙인 데에서 잘 드러나듯이 강력한 경제력을 바탕으로 이 지역의 경제협력을 주도할 수 있으리라 믿었다. 이에 따라 극동러시아의 천연자원을 개발하고, 중국의 동북 3성에서 생산된 곡물과 기타 농업제품을 블라디보스토크를 통하여 수입하며 두만강 프로젝트를 추진하는 등 다양한 개발계획을 모색하게 된다. 일본이 가진 '동북아' 관념은 이렇게 지방정부 간 경제적 협력의 공간이었다. 즉 지리적으로 일본의 동해안, 한반도, 극동러시아, 몽골, 중국의 동북 3성이라는 초국적 경제지역을 의미하는 것이었다 (Rozman 2002).

그러나 일본경제를 주도하는 대기업의 입장은 달랐다. 중국 동북부에서의 교류, 두만강 프로젝트, 그리고 시베리아 개발에 투자하는 것에 큰 관심을 보이지 않았다. 경제적 세계화의 추세를 따라 태평양 연안에 위치한 이들의 생산기지는 상하이를 중심으로 한 중국 동남부 연안, 베이징-텐진 지역과의 연계에 주력하고 있었다. 1980년대 엔고현상에 대응하여 수출품(전기전자 및 자동차) 생산단가를 낮추기 위해 동남아로 생산기지를 이전한 일본의 다국적기업들은 냉전이 종식되면서 서서히 중국으로 관심을 돌리기 시작하였으나 여전히 리스크가 높아 대규모 투자는 이루어지지 않았다. 그나마 개혁개방의 역사가 일천한 동북부 지방으로의 투자는 미미할 수밖에 없었다. 유사하게, 러시아 지역의 개방, 법치의 정도, 시장의 능력 역시 기대보다 훨씬 못 미치자 동북아 협력에 대한 일본의 기대는 빠른 속도로 약화되어갔다.[8]

한편, 역내 또다른 주요 행위자인 중국은 1989년 텐안먼 사태 이래 국제적 고립에 처해 있었다. 따라서 소련의 제안에 따른 새로운 지역주의의 가능성에 기대를 표하였다. 중국은 새로운 질서를 구축하는 데 있어서 일본

---

8) 러시아 블라디보스토크는 사회주의 중앙통제경제의 희생을 넘어 아시아-태평양의 관문으로서 번영하는 촉매제 역할을 할 것으로 기대되었으나, 분권화한 이 도시의 엘리트들은 새로운 경제를 육성하는 것보다 해양수출을 통해 경제적 이익을 확보하고 기존 독점경제의 고삐를 계속 쥐는 데 더 관심을 갖고 있었다. 따라서 극동러시아에 진출한 기업은 제도 개혁의 지지부진으로 재산을 빼앗기거나 철수하여야 했고, 초기의 낙관주의는 사라졌다. 법치와 시장의 힘을 확립할 수 있는 의지와 능력이 부재하였다.

과의 관계 심화가 중요한 요소임을 인식하고 있었다(Rozman 2002). 특히 동북 3성은 일본의 자본 유입을 통한 동북아 단위의 경제협력에 커다란 기대를 걸고 있었다. 그러나 두만강 지역 개발계획을 통해 동해와 태평양으로 진출, 거대한 상업적 기회를 꿈꾸던 동북지방의 기대와는 달리, 베이징 정부는 일본이 주도권을 갖는 지방수준의 초국적 연계에 경계심을 품었다. 자국의 포괄적 이익을 추구하는 중앙정부는 동북아 경제협력이 일본 주도의 이른바 기러기 모델(flying geese model)을 재생산하는 형태가 아니어야 한다고 믿고 있었다. 즉 탈냉전의 새로운 경제질서는 수평적 질서이면서 중국의 부상을 조건으로 성립되어야 했다. 이런 점 때문에 이들은 지역협력이 수도인 베이징을 품을 정도로 확대되어야 하며, 동남부 지역의 개발과 균형을 이루어야 한다고 주장하였다(Rozman 2002, chapter 3). 지방수준의 초국적 연계를 추구할 만큼 분권화되지 못한 중국이 일본과 한국의 자본을 적극적으로 유치해 협력의 장을 제공하기에는 한계가 분명했다.

동북아를 단위로 한 협력 노력에 있어서 더 큰 장애물은 미국이었다. 냉전의 장벽이 아시아에서도 허물어지기 시작하면서 미국은 지역질서를 새롭게 짜야 하는 과제를 안았다. 압도적인 군사력에도 불구하고 경제적 경쟁력에 대한 확신이 흔들리는 속에서, 미국은 자국이 배제된 아시아 국가만의 지역제도 혹은 아시아의 먼로 독트린(Monroe Doctrine)이 등장하는 사태를 우려했다. 바로 이런 점에서 1992년 마하티르(Mahathir Mohamad)가 주창한 동아시아경제협의체(EAEC)에 민감한 반응을 보인다. 한편으로는 지역기구가 미국이 주도하는 세계화에 대한 방어기제로 작용할 것이라는 의구심, 다른 한편으로는 경쟁국인 일본, 떠오르는 한국, 풍부한 노동력의 중국, 천연자원의 러시아가 결합되어 집합적으로 미국의 경제적 패권을 위협하지 않을지 우려하였다. 마하티르의 제안에 대해 미국의 베이커(James Baker) 국무장관이 공공연히 이를 거부하며 일본에게도 반대해줄 것을 요청한 것은 이런 이유에서였다. 결국 EAEC 구상은 미국과 일본의 반대로 무산되었다.

대안으로 미국은 아시아-태평양을 강력하게 지지한다. 미국은 지정학적으로는 양자동맹에 기초한 부챗살 구조를 유지하면서, 경제적으로는 냉전의 공간이었던 아시아-태평양을 열린 경제공간으로 전환하여 APEC을 적극적으로 활용하면서 지역질서를 주도할 수 있도록 외교적 노력을 기울였다. 전략적으로 APEC은 냉전이 종식됨에 따라 미국이 아시아에 대한 전략적 가치를 축소시켜 떠날지도 모른다는 아시아 국가들의 우려를 불식시키는 동시에, 날로 커져가는 일본을 다자제도에 묶어 통제하는 데 활용할 수 있는 유용한 기제였다(Krauss 2004). 1993년 APEC이 정상급 회의로 격상된 이후 미국은 자국의 핵심 전략목표인 무역자유화를 실천하는 주요 제도로 APEC을 활용하고자 하였다.

지역주의를 경제적 차원에서 접근해온 일본 역시 아시아-태평양이라는 광역의 지역을 선택한 것은 당연한 결과였다. 이는 또한 기본적으로 일본이 가진 해양국가적 속성 때문이기도 했다(大庭三枝 2003). 대륙진출이 참담한 실패로 돌아간 제국주의적 기억과 함께, 냉전기 형성된 아시아-태평양의 공간이 지정학적 성격으로부터 지경학적인 것으로 선회하면서 일본은 이를 본격적으로 받기 시작하였다. 1967년 미끼 타께오(三木 武夫) 외무대신이 아시아-태평양 외교비전을 내놓은 이래 일본은 미국과 일본의 다국적기업이 활동하는 경제공간이라는 성격을 띠는 이 지역을 제도화하기 위한 노력을 본격화한다. 특히 일본은 오스트레일리아와 함께 APEC를 결성하는 데 중추적 역할을 담당하였다.

반면 안보적 측면에서 일본은 소련 붕괴 직후 일시적으로 미일동맹의 효용을 놓고 동맹 표류의 시간을 갖기도 하였지만 결국 나이 이니셔티브(Nye Initiative)통해 동맹의 재정의에 나서게 된다. 중국 역시 미일동맹에 기초한 미국 중심 부챗살 구조의 대안비전을 갖고 있지 못했다. 오히려 미일동맹이 일본의 팽창주의에 대한 병마개 기능을 해주는 것으로 인식하였

140

다(Christiansen 2004). 따라서 중일 양국은 한국이 동북아 6자 협의체를 제안하였을 때 이를 기존 안보구조의 대안으로 받지 않고 한반도문제 해결을 위한 기제로 간주하였다.

요컨대, 일본과 중국은 동북아를 6개국의 국제공간으로 보기보다는 환동해권 혹은 동북 3성과 그 주변이라는 경제적 공간으로 인식하였다. 두 국가는 미국이 정력적으로 추진하는 아시아–태평양 경제협력에 협조하면서 이것이 자국의 경제적 이해관계와 어떻게 부합되는지를 조심스럽게 계산하며 움직였다. 여기서 동북아는 이차적 관심의 대상이었다. 이런 속에서 한국은 분단문제 해결이라는 한국의 이익을 지역적 이익으로 전환, 승화시키는 소프트파워를 발휘하지 못하였기 때문에 지정학적 공간으로서 동북아의 의미를 주변국들과 공유하는 데 실패했다. 동북아 경제협력에 대해서도 역시 지정학적 관심으로 임하였기 때문에 공통의 지정학적 관심을 갖지 못한 주변국의 추동력을 받기 어려웠다. 러시아, 중국과의 수교 초기 한국은 급속도로 늘어나는 무역량과 함께, 시베리아에서 한반도까지의 천연가스 파이프라인 계획, 1991년 북한 나진·선봉 지구의 자유무역지대 지정에 이어 이듬해 유엔개발계획(UNDP)의 두만강 지역 개발계획까지 발표되자 낙관론에 사로잡혔다. 그러나 지방을 단위로 한 초국경적 협력 프로젝트의 전제조건인 지방분권화의 여건이 관련 당사국 모두 미숙한 가운데 동북아 프로젝트는 순항하기 어려웠다. 동북아의 모든 국가들은 중앙정부 중심적이었으며, 또한 자국 중심적 사고에서 탈피하지 못하고 있었다. 북한과 더불어 가는 공생적 사고가 상대적으로 결여된 정책이라는 문제점도 있었다. 실제로 북방정책은 1, 2단계의 대공산권 수교를 넘어 남북한 긴장 완화로 이어지지 못하였다. 한국은 북한을 압박하려 하였고, 이어진 핵위기 협상에서 북한은 한국을 배제하려 했다(신욱희 2006). 결국 핵위기는 동북아 경제 프로젝트를 종결시킨다.

V. 동아시아와의 경쟁

동북아를 공간단위로 한 다자안보협력 노력은 세계화를 정력적으로 추진해온 김영삼 정부에서도 이어졌다. 북한의 핵 개발에 따른 핵 확산의 위험이 점증하는 가운데 지역적 협력 확대가 필요하다는 인식에 따른 것이었다. 김영삼 정부는 1994년 5월 방콕에서 개최된 아세안지역포럼(ASEAN Regional Forum) 고위실무회담에서, 동북아 지역에서 발생할 수 있는 역내분쟁의 사전 예방을 위해 정부 간 안보대화체로서의 '동북아안보대화기구'를 창설할 것을 제안하였다. 이 기구의 참가대상국으로는 기존 5개국과, 핵문제의 완전해결을 전제로 북한을 포함시켰다. 이러한 참가대상국 범위 설정은 아세안지역포럼이 한반도문제를 포함한 동북아 안보문제를 지속적으로 다루고는 있지만, 동북아문제를 보다 심층적으로 다루기 위해서는 동북아 지역 별도의 다자안보대화가 필요하다는 인식을 반영한 것이었다. 그러나 이 기구의 추진은 북한의 참여 거부로 답보상태를 면치 못하였다.

이어서 김대중 정부도 동북아시아의 다자안보대화협의체의 구성을 추진한다. 김대중 대통령은 한-일 정상회담(1998년 10월), 한-중 정상회담(1998년 11월), 한-러 정상회담(1999년 5월) 등을 통해서 동북아 다자안보대화의 필요성을 제기하였다. 김대중 정부의 기본적인 목표는 한반도 평화체제 구축을 위한 주변여건 조성의 일환으로 동북아 다자협의체 구성을 적극 추진한다는 것으로, 한반도 주변정세의 안정과 평화기반 조성을 위해서 동북아에도 유럽이나 동남아시아 지역과 같은 다자협의체를 적극 추진해나가겠다는 것이었다. 사실상 정책의 최우선 순위에 남북정상회담 실현을 놓은 입장에서 동북아 다자협의체는 남북정상회담을 보조하는 역할을 부여받았다.

한편, 김대중 정부는 아세안+3(APT) 정상회의에 적극적으로 참석하였고, 동아시아비전그룹을 결성하고 보고서를 내는 데에도 중요한 역할을 담당했다. 김대중 대통령은 APT를 격상시켜 동아시아정상회의(EAS) 출범을 제안하였다. 동북아에서 동아시아로 지평을 확대하려는 시도였다.

곧이어 등장한 노무현 정부는 동북아를 국정 전면에 부각시킨다. 노무현은 "평화와 번영의 동북아시대" 실현을 3대 국정목표 중의 하나로 설정할 만큼 동북아 지역주의를 강조하였다. 그는 대통령 취임사에서 "근대 이후 세계의 변방에 머물던 동북아가 세계경제의 새로운 활력으로 떠오르고" 있으며 "중국과 일본, 대륙과 해양을 연결하는 다리"로서 한국의 지정학적 위치로 말미암아 "21세기 동북아시대의 중심적 역할을 우리에게 요구"하고 있다고 주장하면서 동북아 중심국가론을 펼쳤다. 노무현 정부는 동북아를 단위로 한 경제협력 강화와 시장 개척 등을 통해 성장잠재력을 확충하는 "번영의 공동체"를 실현하는 동시에 "평화의 공동체"로 발전해 나가며, 그 핵심 과제로 "진정한 동북아시대를 열자면 먼저 한반도에 평화를 제도적으로 정착"시키는 일을 설정하였다(마상윤 2007 재인용).

정권 출범 초기 동북아 중심국가라는 개념에 대해 주변국, 특히 중국이 민감한 반응을 보이자 노무현 정부는 '동북아 경제중심국가'라는 이름으로 바꾸고 '동북아경제중심추진위원회'를 출범시켜 경제지향성을 강조하였으나, 본래의 지정학적 관심을 숨길 수는 없었다. 2003년 8월 15일 광복절 경축사를 통해 노무현 대통령은 "동북아에도 협력과 통합의 새로운 질서를 만들어나가야 합니다. 그래서 다시는 강대국의 틈바구니에서 어느 쪽에 기댈 것인가를 놓고 편을 갈라서 싸우다가 치욕을 당하는 그런 역사를 다시는 반복하지 말아야 합니다. 이것이 나의 동북아시대 구상의 핵심입니다"라고 밝혔다(노무현 2003). 북핵문제라는 중차대하고 시급한 과제에 당면하여 경제적 협력을 심화하여 안보협력으로 전이효과(spillover effect)를 기대하는 유럽식 기능주의적 접근에 의존할 수는 없는 상황이었던 것이다. 이런 점에서 노무현 정부는 "평화와 번영을 분리하여 순차적으로 연계시키기보다 이를 동시에 추구하는 것이 '평화와 번영의 동북아시대'를 구현하는 데 보다 현실적 대안이 될 수 있다는 결론에 도달하였다"(동북아시대위원회 2005, 6면). 2004년 6월 '동북아경제중심추진위원회'가 '동북아시대위원회'로 명칭을 변경하고 외교안보 측면을 강조하는 동북아 지역주의를 추진하게 된다.

노무현 정부의 동북아시대론은 냉전기 형성된 동맹구조와 아시아-태평양 경제협력의 틀, 또한 1990년대 탈냉전 초기 한국이 시도한 안보차원에서의 동북아 협력, 경제차원에서의 아시아-태평양 협력으로 이원화하여 추구해온 지역전략을 완전히 바꾸려는 시도였다. 동맹에 대한 의존을 낮추는 동시에 동북아 이웃과의 공동체를 강화하면서 보다 자주적인 국가를 만들려는 야심찬 계획이었다. 지역의 범위를 동북아로 일원화하고, 그 속에서 기왕의 다자안보 협력과 함께, FTA 네트워크, 금융허브, 물류허브, 에너지 협력, 환경협력, 사회문화 협력 등 전방위 협력을 추구하고자 했다.

그러나 동북아시대 구상은 출범하자마자 무수한 비판에 직면하게 된다. 이들은 대체로 두가지 문제로 수렴된다. 첫째는 과거와 변함없이 한국의 이익을 추구하는 성격을 감출 수 없었다는 것. 동북아 협력을 통해 한반도 문제를 풀고, 동북아 지역에서 중심적 역할을 하겠다는 자기중심성이 강한 구상이라는 비판이다. 주변국으로부터 비판의 소지가 되었던 '중심국가' 담론이 비근한 예이다. 그럼에도 불구하고 탈근대적 지향의 유럽에 비해 여전히 근대 민족주의적 성향이 강한 동북아지역에서 구성원들이 자기중심적 지역전략을 펴는 것은 결코 비판받을 일은 아니었다. 둘째로, 보다 중대한 문제는 동북아라는 지역개념이 21세기 들면서 전개되어온 시대적 추세와 엇박자를 낸 데 있다. 김대중 정부 시절부터 활발하게 전개된 동아시아 협력이 그것이다.

동남아가 주축이 된 동아시아 협력이 힘을 얻기 시작한 계기는 1997~98

144

년 동아시아를 휩쓸고 간 금융위기였다. 금융위기 때 미국이 주도해온 APEC이 아무런 역할을 하지 못했고, 오히려 IMF와 그 뒤에 있는 미국이 위기국가에 오히려 고통을 배가시켰다는 인식이 확산되면서 APEC 무용론이 힘을 얻었다. 이런 분위기 속에서 등장한 것이 APT다. 이는 곧 지역무대가 아시아-태평양에서 동아시아라는 지역적 공간으로 전환되는 것을 의미한다. 동아시아가 전면에 부상하게 된 것이다. 결국 1997년 12월 아세안 10개국과 한중일 정상들이 최초로 말레이시아에 모여, 마하티르를 의장으로 하여 APT 정상회의를 개최하기에 이른다.[9]

APT는 금융세계화의 거센 파도 속에서 지역수준의 안전망(safetynet)을 구축하는 데 역점을 두었고 그 결과 2000년 치앙마이 이니셔티브가 이루어졌으며 동아시아 채권시장이 모색되었다. 금융분야에서 협력이 가시화되는 한편, 무역부문에서도 APT 국가 간 양자 자유무역협정(FTA)이 추진되었다. 일-싱가포르 FTA, 중-아세안 FTA, 일-아세안 FTA, 한-아세안 FTA 등이 그것이다.

APT는 새로운 지역질서의 그림을 '동아시아 공동체'로 명명하고 그 실천전략의 일환으로 EAS 출범에 나선다. 앞서 언급하였듯이 김대중 대통령이 초기 주도권을 행사하는 듯하였으나 곧 역내 두 강국인 중국과 일본이 치열한 외교경쟁을 기울였다. 중국이 APT에서의 우위를 배경으로 EAS 설립을 주도하려는 시도에 대해 일본은 오스트레일리아, 뉴질랜드, 인도를 구성원으로 가입시켜 중국의 우위를 견제하였다. 미국 역시 EAS에 참여를 천명하면서 동아시아 공동체 구상에 적극적으로 개입했다.[10]

요컨대, 2000년대 들어 중국과 일본, 미국이 동아시아라는 새로운 공간에서 공동체를 자기중심적으로 구축하고자 하는 경쟁을 치열하게 전개하

---

9) APT의 성립에 관해서는 Terada(2003, 2면) 참조.

10) EAS를 둘러싼 중국과 일본의 각축에 관해서는 Terada(2006); Sohn(2010) 참조.

는 가운데 한국은 동북아시대론을 들고 나왔다. 결과적으로 한국은 중국의 APT 중심론과 일본의 EAS 중심론, 미국의 APEC과 EAS 양바퀴론 속에서 방향을 잃었다.[11] 대국들에게 한국의 동북아론을 설득시킬 능력도 부재했다. 결국 북핵문제 처리라는 안보이슈에서 동북아 다자협의제도를 모색해보자는 정도의 불씨만 살렸을 뿐이다. 한국은 주변대국과 동상이몽이었다.

VI. 결론

동북아라는 언어는 러시아/소련의 세력 확장, 미국의 개입과 관련된 지정학적 공간개념을 품고 있다. 이 지역은 러시아가 진출하면서 미, 중, 일과 부딪치는 일들을 설명하는 상황을 담는 공간이며 그런 점에서 한반도는 그 공간의 중심에 위치하게 된다. 『조선책략』에서 드러났듯이 19세기 말 러시아의 동진으로 인한 한반도 상황의 변화, 1930년대 소련의 재진입과 미국의 전략적 우려, 해방 후 미소의 경합공간, 그리고 1980년대 말 고르바초프의 관여가 초래한 현상 변화, 미국의 상대적 쇠퇴와 중국의 상대적 부상에 따른 한반도 주변환경의 변화 등은 동북아라는 지역을 설정함으로써 설명할 수 있게 되었다. 이런 점에서 한국의 북방정책은 동북아와 잘 어울렸다. 러시아를 통해 남방삼각의 경계를 넘어 새로운 전략공간을 마련하려는 정책이었기 때문이다. 또 한중일의 연대, 극동러시아와의 경제적 연계를 모색했던 동북아시대 전략과도 잘 어울렸다. 반면 아시아-태평양이라는 광활한 공간이나 동남아가 주요세력으로 자리하는 동아시아는 한국에 익숙한 공간은 아니었다.

---

11) 미국의 경우는 Clinton(2010) 참조.

더 긴 역사적 견지에서 동북아라는 지리적 경역은 19세기 천하질서가 붕괴하고 등장한 동양이란 지역과 합치한다. 근대적 국제관계질서와 마주치는 과정에서 한국이 모색한 지역공간은 한중일 삼국을 단위로 한 동양이었다. 삼국 간 연대와 협력을 통해 서양(특히 러시아)의 위협에 대응하겠다는 인식은 한편으로는 문명연대로서의 동양, 다른 한편으로는 인종연대로서의 동양이라는 개념에 근거한 것이었으며, 이와 함께 조선의 자주독립을 보장해주는 방책으로 인식되었다(정용화 2006). 다시 말해서 한중일의 근대공간에는 지정학적 개념이 강하게 담겨 있었으며, 그런 만큼 쉽게 동북아라는 탈냉전의 공간과 연결될 수 있었다. 동아시아라는 보다 확장된 공간이 역내 주류로 떠올랐음에도 불구하고 동북아에 경도되었던 이유는 여기에 있다. 동아시아 협력은 기본적으로 아세안을 중심으로 한 경제적 개념공간이기 때문이었다.

　문제는 한국에게 익숙한 동북아 공간이 주변 파트너들에게는 그렇지 않았다는 점이다. 동북아는 한국의 지정학적 관심을 잘 담는 언어였지만 대국인 중국과 일본, 그리고 미국의 그것을 담지는 못하였다. 지역을 추구하는 역사적 조건이 서로 달랐던 만큼 장소성의 내용 역시 상이하였던 것이다. 지정학적 이익과 함께 문화적·경제적 이익을 함께 담는 복합적 구상으로 발전하지 못하는 한계를 갖고 있었다. 사실, 공간 획정을 둘러싼 국제정치는 지역공간에 정체감을 부여하여 장소감을 획득하는 경쟁적 과정으로서 기본적으로 소프트파워적 경쟁의 성격을 갖고 있다. 지역에 대한 서로의 집합적 이익을 규정하고 행동 프로그램을 제시하며 모범을 보이거나 중개자로서의 역할을 적절히 해내는 소프트파워를 보유할 때 자기의 구상이 실현되는 것이다. 동북아에 느끼는 장소감을 주변국들과 공유하기 위해서는 현실 국제정치공간의 다양한 장소성을 인식하면서 공간 구성에 대한 복합적 시각을 구상으로 담을 수 있어야 했다.

제5장

19세기 조선의 외교개념

·

김수암

I. 서론

근대 국제관계의 맥락에서 우리의 삶을 규정하고 우리의 사고를 지배하고 있는 외교는, 서구에서 새로운 정치단위체로서의 근대국가가 국제관계의 단위체로 부각되는 과정에서 이들 간의 관계를 규율할 필요에 의해 형성, 발전되어왔다. 이와 같이 근대적 의미의 외교는 서구에서 태동하고 정립되어왔다는 점에서 근대와 유럽이라는 독특한 시간과 공간에서 통용되던 특수한 형태의 개념이었다. 이러한 특수한 외교개념이 서구의 지리적 팽창과 함께 지구적으로 전파되는데, 19세기 한국의 경우도 예외는 아니었다.

본고에서는 개념사적 접근법을 원용하여 19세기 조선에서의 외교개념 수용문제를 다루고자 한다. 개념은 단순한 언어가 아니며 경험과 기대, 즉 과거와 미래의 긴장이라는 역사적 맥락에서 형성되는 것이다. 따라서 개념사는 단순한 언어사가 아니라 정치·사회적 맥락에 관심을 가지는 역사학적 접근방법이다. 이는 조선에서의 외교개념 수용에도 적용될 수 있다. 조선의 경우 이러한 긴장관계는 질적으로 전혀 다른 개념과 부딪치면서 더욱 치열한 양상으로 전개되었다. 19세기 조선은 근대적인 의미의 외교와는 다른 형태의 국제관계 속에서 국제적인 삶을 살고 있었다. 따라서 서구의 외교개념과 국제관계의 작동방식이 전파되면서 전통과의 대립 속에서 상당한 저항을 겪게 된다. 즉 유럽이라는 독특한 장소에서 형성, 발전된 외교개념과, 문명의 표준으로서 전통적으로 갖고 있던 개념 간에 긴장과 갈등이 형성되었다. 경험의 지평에서 문명의 표준으로 완전히 수용하기 이전에는, 현실 국제관계에서 외교개념은 전통적 개념과 복합적·중층적으로 나타날 수밖에 없었다. 또한 외교는 단순히 개념을 수용하는 것에 그치는 것이 아니라, 정치·사회적 맥락에서 이를 뒷받침할 외교제도와 관행까지 함께 수용해야 했기에 더 복잡한 양상을 보였다.

본고에서는 이러한 긴장과 복합적인 갈등관계를 드러내기 위해 전통적인 외교개념을 살펴보고자 한다. 그리고 서구의 국제관계가 전파되는 과정에서 전통과의 갈등 속에 근대적인 외교를 표상하는 용례가 어떻게 수용, 변용되었는지 검토하고자 한다. 이를 위해 조선의 외교개념 수용을 개념사적 측면과 제도사적 측면으로 나누어 인식의 변화과정을 살펴볼 것이다. 이 경우 제도는 외교업무를 수행하는 데 따른 구체적인 제도뿐만 아니라 관행과 규칙까지 포괄하는 개념으로 사용한다. 특히 조선은 직접적으로 개념을 수용하기보다 청과 일본의 영향을 강하게 받았다는 점에서 청일의 영향도 함께 고찰할 것이다.

II. '차용' 용어로서의 외교의 전통적 관념

외교라는 말은 유럽에서 태동한 평등주권국가 간의 관계에서 정립된 개념이다. 그리고 이들 국가 간의 관계를 유지하기 위해 16세기 이후 유럽에서는 상주사절제도가 발달하고 독립적인 외교관서가 태동하였다. 서구제국이 동양으로 진출해오면서 국제법과 외교제도가 전파되었고 동양 각국은 'diplomacy'를 번역하는 문제에 직면한다. 현재 우리에게 보편적으로 받아들여지는, 'diplomacy'의 번역어로서의 '외교(外交)'라는 용어는 'diplomacy'라는 용어를 번역하기 위해 조어(造語)된 것이 아니라 차용(借用)된 용어이다. 전통질서하에서 외교는 현재 우리가 사용하고 있는 'diplomacy'의 번역어로서의 외교와는 전혀 다른 의미를 지니고 있었다.

'외교'라는 용어는 『예기(禮記)』교특성(郊特性) 편의 "위인신자무외교 부감이군야(爲人臣者無外交 不敢貳君也)"에서 유래한다. 여기서 외교는 '신하가 군주 몰래 남의 나라와 통한다'는 식의 나쁜 의미를 가진다. 이와 같이 전통 국제질서하에서 외교라는 용어는 유력한 신하가 자국의 군주에 대하여 반의를 가지고 외국의 제후와 몰래 통교하는 사도(邪道)나 권도(權道)의 색채를 띤 행위를 지칭하는 것이었다. 『한비자(韓非子)』에서는 신하가 외부의 권위와 통하는 것을 사통(私通)으로 규정하고, 신하에 대한 군주의 권력 저하를 가져와 일국의 통치를 혼란스럽게 할 우려가 있는 것으로 설명한다. 안으로는 신하에 대한 군주의 지배력이 확립되지 않을 뿐만 아니라 밖으로는 복수의 군주가 패권을 경합하여 허점을 엿볼 수 있는 상황에서, 외교는 일국의 통치를 불안정하게 만드는 위험한 행위로 인식되었다. 군주에게 외교책〔합종연형(合從連衡)〕을 설명하는 소위 종횡가(從橫家) 등도 일반적으로 현자라기보다는 궤변가의 이미지를 갖고 있었다(노재봉 1977, 147면; 김용구 1984, 97면; 동덕모 1984).

이와 같이 우리가 사용하고 있는 외교는 '인신무외교(人臣無外交)'라는 전통적인 관념을 사상한 채 차용된 용어이다. 인신무외교는 중국 상대(上代)로부터 내려온 이념적 규범의 하나였는데, 청대로 오면서 인적 왕래와 문화적 교류를 억제하는 현실적 규제로 작동하게 되었다. 범금(犯禁), 범월(犯越)이 중국과 조공국 간의 중요한 안건이 된 것도 이 때문이다. 특히 명청시대에 이르러서는 사대사절 이외의 내왕을 금지하고 중국문물의 유출을 억제하는 문화적 폐쇄주의로 전화(轉化)되었다. 조청관계에서는 교역과 그 밖의 특수한 경우를 제외한 대부분의 사안이 사행(使行)의 왕래에 의하여 제기되고 처리되었다. 여기에서 인신무외교 관념이 사행의 역할을 규정하는 요소로 작용하였다. 중국의 황제나 조선국왕의 의사는 문서를 통해 구체화되며, 인신무외교 관념에 따라 사신은 중국황제와 조선국왕의 의사가 표현되어 있는 문서를 단순히 전달하는 임무만을 수행하였다(전해종 1977, 28, 62, 109면).

이러한 인신무외교 관념은 조선이 서구제국과 접촉하는 과정에서 대외행위를 수행하는 데 중요한 요소로 작용하였다. 여기에는 먼저 '안'과 '밖'이 어떻게 구분되는지가 중요할 것이다. 중국을 중심으로 하는 천하질서 속에서, 관념적으로 천하는 천자의 통치가 미치는 영역이다. 천자-제후국이라는 전형적인 천하질서가 중국과 조선에 준용되는 것으로 인식될 때 '안'과 '밖'은 현재와는 다른 의미를 지니게 된다. 1차적으로 천하질서 속에서 천자와 조공국의 관계는 엄격한 의미의 밖의 관계를 상정하지는 않는다. 즉 청과 조선의 관계는 근대적인 의미의 '바깥'이라기보다는 천하질서라는 '안'의 개념이 중첩적으로 내재되어 있는 '밖'의 개념의 성격이 보다 강하게 투영되어 있다.

이러한 밖에 대한 중첩적 인식은 조선이 서양과 조우할 때 현실행위에서 보다 명료하게 드러난다. 사대의 예를 명분으로 하는 천하질서라는 문명의 표준에서 볼 때 서양은 천하질서의 밖에 있는 오랑캐로 설정된다. 천하질서 밖에 있는 서양의 관계 수립 요구에 대해 조선은 인신무외교 관념에 입각하여 대응하였다. 즉 천하질서 아래 속방인 조선이 인신무외교 관념에 따라 바깥인 서양세력에 대하여 독자적인 외교권을 행사하지 못한다는 것이다. 여기에서 알 수 있는 것은 두가지이다. 첫째, 조선은 천하질서 속에서 국제관계를 인식하였으며 근대적인 의미의 개별 국가 사이의 '외교'가 지칭하는 밖의 개념이 아직 정립되어 있지 않았다. 둘째, 인신무외교 관념은 1860, 70년대 문명표준의 관점에서 오랑캐인 서양과의 접촉을 거부하는 명분으로 작용하였다. 조선은 중국의 속방으로, 인신무외교라는 원칙에 따르면 명분상으로는 모든 외교안건을 일일이 청의 예부(禮部)에 자회(咨會)하여 황제의 재가를 얻은 뒤에 시행해야 한다. 그러나 현실적으로 조선 국왕은 교린(交隣)을 비롯한 일체의 외교를 일단 실시한 후에 청국 예부에 자문(咨文)으로 보고하는 형식을 취하는 것이 관례였다. 그런데 서구가 진출하는 과정에서 조선은 인신무외교라는 전통적인 관념을 활용하여 조선은 중국의 신하의 나라이기 때문에 서양과 직접적으로 외교할수 없다는 인신무외교의 명분으로 서양의 통상 요구를 거부하였다.

1832년 로드암허스트호를 타고 온 동인도회사의 중국무역 관장인(管掌人) 린제이(H. H. Lindsay)가 교역을 요청하였다. 이에 대해 조선조정에서는 황제의 신하인 조선국왕은 독자적으로 외교할 수 없다는 번속질서론(藩屬秩序論)을 들어 요청을 거절한다.[1] 이후 제너럴셔먼호 사건과 병인양요 후 1866년 8월에 예부에 보내는 자문, 프랑스 선교사 살해문제와 관련한 청의 자문에 대한 회자(回咨) 등에서 '번신무외교의(藩臣無外交義)'가 거론되었다.[2] 또한 오페르트(Ernst Jacob Oppert) 일행이 통상을 요구해왔을 때에도 조선정부에서는 조선의 외교는 청국의 지시에 따라 실시하기로 되어 있으므로 조선과 통상하기를 희망한다면 청국정부와 직접 교섭하여 지령서(指令書)를 받아오라고 하여, 인신무외교의 명분에 입각하여 거절하는 태도를 보인다.[3] 인신무외교 관념으로 청 인사와 교류를 회피하는 사

---

1) 『備邊司謄錄』 제22권, 순조32년 7월 8일, 11일, 18일조, 289, 291, 293면.

2) 『同文彙考』 제3권, 정조12년, 2468~70, 2486면.

3) 『備邊司謄錄』 제26권, 고종3년 7월 12일, 13일, 19일조, 201~2면;『通文館志』 권11, 고종3년, 234면.

대사행의 행태를 비판하였던 박규수도 미국의 통상 요구와 관련하여 청에 보내는 자문에서 인신무외교의 관념에 입각하여 통상 요구를 거절한다.

> 그들이 말하는 상판교섭(商辦交涉)은 상판하고자 하는 바가 무슨 일이며 교섭하려는 바가 무슨 건인지 알지 못하겠다. 인신무외교이다.[4]

이상에서 살펴보았듯이 조선정부에서는 1830년대부터 1870년대에 이르기까지 서구의 통상 요구를 거절하기 위해 인신무외교라는 명분을 활용하였다. 즉 서양의 진출에 대응하기 위해 소극적인 보호우산으로 천하질서 아래 밖의 개념과 인신무외교 개념을 이용하고 있다(민두기 1986, 271, 278~79면).

III. 1870, 80년대 전통과 근대의 복합적 용례

1. 청의 번역서와 일본의 영향

조선에서 근대적 의미의 외교라는 용어는 우선적으로 청에서 번역한 서양서적을 통해 수용되었다. 당시 조선에서 서구의 개념을 수용하는 데 지대한 영향을 미친 대표적 번역서 및 저작으로는 『만국공법(萬國公法)』 『성초지장(星軺指掌)』 『이언(易言)』을 들 수 있다. 먼저 『만국공법』에는 근대적인 의미의 외교라는 용어가 등장하지 않는다. 『만국공법』 제3권의 "논제국평시왕래지권(論諸國平時往來之權)"이 외교관행과 관련된 부분인데, 제1장 "통사(通使)"와 제2장 "논상의입약지권(論商議立約之權)"으로 구성되어 있

---

4) "其云商辦交涉 未知所欲商辦者何事 所欲交涉者何件乎 凡在人臣義無外交"(朴珪壽 1978, 456면).

다. 그런데 원서인 휘튼(Henry Wheaton)의 *The Elements of International Law*(국제법의 요소들, 1836)에는 'diplomatic history'라는 소절이 있으나 『만국공법』에는 외교사로 번역되지 않고 '주지공론지학(主持公論之學)'으로 번역되어 있다.

『이언』 하권 논교섭(論交涉) 편에는 외교개념의 수용과 관련된 내용이 나타난다. 이 부분에서는 서양과의 불평등조약 체결의 결과 나타나는 폐해를 영사재판권의 측면에서 인식하면서 이를 시정하기 위한 서양인과의 문제를 '교섭'이라는 항목으로 취급하고 있다. 이에 따르면 교섭이라는 개념이 내포하고 있는 내용이 국가 간의 전반적인 문제를 해결하는 과정으로서의 포괄적 개념과는 다소 거리가 있으며 영사재판권의 해결에 국한되어 인식되었음을 알 수 있다.

외교관행의 수행이라는 측면에서 우리에게 많은 영향을 미쳤던 번역서로는 마르탱(K. von Martens)의 *Guide Diplomatique*를 원본으로 하는 『성초지장』을 들 수 있다. 이 당시 diplomacy는 외교라는 용어로 번역되지 않았음에도, "각국에 전담관서가 있어 외교의 일을 관리(辦理)한다(論各國應有專署以理外事)"는 내용의 『성초지장』 제1권 제1장에서 제1절의 제목을 "외교(外交)의 연유(緣由)"라고 번역하고 있다. 이와 같이 일부 외교라는 번역용어가 사용되고 있지만, 조선의 외교개념 수용에 큰 영향을 미친 청의 번역서 및 저작에는 아직 정착되지 않았다. 조선의 외교개념의 수용에는 일본의 영향도 크게 작용하였다. 1860, 70년대 일본에서는 외교라는 용어보다 외국교제라는 용어가 보다 빈번하게 사용되었지만 그 이후 1880년대에 들어서면서 외교라는 용어가 정착되어갔다(渡邊昭夫 1993).

2. 조일수호조규와 교빙-교제사무의 갈등

청의 번역서와 저작이 간접적으로 조선의 외교개념의 수용에 영향을 미치는 가운데, 일본과의 조약 체결에 따른 새로운 관계 설정은 전통적인 개념과의 갈등 속에서 외교개념을 수용하는 데 중요한 요소로 작용하였다. 전통적 종속관계는 조공과 책봉 등 의례(儀禮)에 기반한 덕치였기 때문에 상호승인이나 비준서의 교환과 같은 쌍방향성이 아닌 중국에 의한 일방적 승인의 구조였다(茂木敏夫 1992, 61~62면). 이러한 일방적 승인이라는 전통적인 구조에 기반하고 있었기에, 쌍방향성을 요하는 조약체제를 수용하는 데 갈등을 겪을 수밖에 없었다. 조선의 집권층도 근대적 경제행위인 통상(通商)을 규율하는 근대 외교제도의 하나인 조약(條約)의 의미에 대해 의문을 제기하였다. 수호조규 체결을 위한 교섭 시 일본 전권대신은 "신의와 친목을 강구하는 데 특별히 결정해야 할 문제가 있으니 초록한 13개 조목의 조약을 자세히 본 다음 귀 대신이 조정에 올라가서 직접 보고하고 처리해줄 것을 간절히 바란다"고 하면서 조약문을 접견대관 신헌에게 제시하였다. 조약이 무엇인지 신헌이 질문하자 일본 전권은 "귀국 지방에 개관(開館)하고 함께 통상하자는 것"이며 조약이 설관통상(設館通商)을 규율하는 것이라고 답변하였다. 신헌은 "300년 동안 어느때 통상하지 않은 일이 없는데, 오늘 갑자기 이런 것을 가지고 따로 요청하는지 참으로 이해되지 않는다"라고 재차 의문을 제기하였다. 조선의 집권층은 설관호시(設館互市)라는 전통적인 관념의 연장선상에서 일본과 수호조규를 체결하였지만 근대적인 통상에서 필연적으로 수반되는 관세의 문제에 부딪치면서 근대적인 경제행위로서의 통상이 전통적인 호시(互市)와는 질적으로 다르다는 점을 점차 깨닫게 된다.

일본과의 조약 체결 이후 양자관계를 규율하는 방식과 성격을 둘러싸고 양국 사이에 치열한 논쟁이 벌어진다. 일본 측이 제시한 초안을 토대로 체결된 조규의 제2조에는 "일본에서 15개월 후 수시로 사신을 파견하여 예조판서와 교제사무(交際事務)를 상의한다"고 규정하고 있다. 그런데 조일수호조규의 후속조치를 위해 파견된 미야모또 코이찌(宮本小一) 이사관과 공사의 서울 주재〔공사주경(公使駐京)〕문제를 논의하는 과정에서 서구국가 간 관계의 속성인 교제사무의 의미를 두고 논란을 벌이게 된다. 조선에서는 양국 사신이 처리할 사안을 교빙사무(交聘事務)로 한정하고 통상에 대해서는 각 항구의 관리관이 처리하자는 견해를 제시하였다.[5] 대외관계의 영역을 교빙에 국한하려는 조선의 주장에 대하여 일본에서는 근대적인 대외관계영역인 교제사무에 대해 자세하게 설명하여 설득하려 한다. 미야모또는 조선이 말하는 대외관계영역인 교빙은 길흉(吉凶)과 경조(慶弔)를 지칭하는데 국제관계 성격의 변화로 나라 간에 교통(交通)을 하여 대외관계 영역이 교빙에 국한되지 않고 질적으로 성격이 다른 통신(通信)과 통상(通商)의 문제가 발생하게 되었다고 교제사무에 대해 설명하고 있다.[6]

나아가 일본에서는 서양 국제법 번역서를 인용하여 보다 체계적으로 근대적인 대외관계영역의 속성들을 설명하기 시작하였다. 1877년 일본 대리공사인 하나부사 요시모또(花房義質)는 『성초지장』을 인용하여 교제사무에는 경조 등의 사무 외에도 화약(和約), 연맹(聯盟), 통상(通商), 교전(交戰) 등이 포함된다고 구체적으로 열거하고 있다.[7] 그리고 1878년 4월 26일 테라시마 무네노리(寺島宗則) 외무경은 조선에 보내는 서계(書契)를 통하여 교빙이란 옛날 경조 시에 서로 통문(通問)하는 예를 말하는데, 이 예는 당시로는 나라 간의 우의를 닦기에 충분하였으나 국제관계가 질적으로 변한 오늘날에는 교제사무가 경조에 국한되지 않는다고 재차 대외관계영역의 질적 변화에 대해 설명하고 있다.[8] 이와 같이 교빙과 교제사무가 갈등을 유발하는 모습은 신사유람단의 조사(朝士)로 일본에 다녀온 박정양의 태도에서도 나타난다. 박정양은 국가 간에 처리해야 할 사무의 요체가 통

5) 『구한국외교문서: 日案 I』, 문서번호10, 8면.
6) 『구한국외교문서: 日案 I』, 문서번호15, 12~15면; 『日本外交文書』 제9권, 사항5, 문서번호111, 318~21면.
7) 『日使文字』 권2; 『善隣始末』 권4.
8) 『구한국외교문서: 日案 I』, 문서번호25, 25~28면.

상(通商)이라는 질적으로 다른 영역이라는 점을 인지하면서도 경조와 수례(修禮)가 요체라는 전통적인 관념의 연장선상에서 대응하고 있다.[9] 이와 같이 사대의 예에 기반하여 나라 간의 질서를 규율하던 규범인 조근(朝覲)과 빙문(聘問)은 통상을 전면에 내세운 교제사무와 긴장관계를 형성하게 되었다. 이 과정에서 점차 초기 개화론자들을 중심으로 교빙 등 예라는 전통적인 관념에 입각하여 서구 국제규범에 관심을 갖기 시작하였다.

3. 인신무외교와 전권제도에 대한 인식

인신무외교의 개념에서 보이듯이 조공질서에서의 사절은 교섭의 역할이 주어지는 것이 아니라 예를 행하고 문서를 전달하는 역할을 수행할 뿐이었다. 이러한 전통적인 사신의 역할은 근대적인 교섭과정을 이해하는 데 갈등요인으로 작용한다. 전통적 사신의 역할과 근대적 사신의 역할 사이에 갈등을 불러온 것이 전권(全權)제도이다.

1876년 일본이 근대적인 외교제도에 입각하여 조약 체결을 요구하면서 전권문제가 처음으로 대두된다. 당시 조선 측 대표로 임했던 신헌이 갖고 있던 접견대관(接見大官)이라는 직함이 어떠한 성격을 갖고 있었는지는 전권이라는 근대적인 외교용어에 대한 양국사신의 대화에서 잘 나타난다. 일본 전권대신은 "이번에 우리들의 사명에 대하여 두 나라의 대신들이 직접 만나서 토의하여 결정하려고 하는데, 일의 가부에 대하여 귀 대신이 마음대로 처리할 수 있는지"를 질문하였다. 이에 대해 접견대관 신헌은 "귀 대신은 명령을 받고 먼 지역에서 왔으므로 보고하고 집행할 수 없기 때문에 전권이라는 직책을 가진 것이지만 우리나라로 말하면 국내에서 전권이란 칭호를 쓰지 않는데, 더구나 수도 부근의 연해인데야 말할 것이 있겠는가. 나는 접견하러 왔으니 제기되는 일을 보고하여 지시를 기다려야 한다"

---

9) 「東萊暗行御史入侍筵說」(박정양 1984b, 333면).

고 답변하였다. 그러자 이노우에는 "지난번 히로쯔 히로노부가 우리나라의 전권대신으로 파견되어 와서 전달한 말이 있으며 귀 대신이 이제 접견하러 왔으니 어찌하여 마음대로 처리할 수 없는지" 반문하였다. 이에 신헌은 "우리나라에는 본래 전권이라는 직책이 없고 또 무슨 문제가 있을지 모르면서 어떻게 미리 보고하여 지시를 받아가지고 올 수 있느냐"고 전권에 대해 부인하였다.[10] 신헌은 일국을 대표하는 권리를 일임받아 외국과 교섭을 하는 전권이라는 근대적인 외교관행을 이해하지 못하였다. 다만 거리상으로 볼 때 일본 측은 보고하여 지시를 받을 수 없는 상황이므로 전권이 필요하다는 것을 인정하는 정도였다.

전권의 문제는 조일수호조규 체결 이후 일본과 사실상 근대적인 관계가 수립되면서 각종 사안을 교섭하는 과정에서 현실문제로 대두되었는데, 대표적으로 세칙협상에서 문제가 되었다. 일본에서는 조선이 전권개념에 무지하다는 점을 악용하여 세칙협상을 회피하는 명분으로 전권제도를 활용하였다. 2차 수신사로 파견되어 세칙문제를 협상하던 김홍집은 9월 6일(음력 8월 2일) 황 쭌센(黃遵憲)과의 필담에서 전권문제로 인해 세칙협상이 결렬되었다는 사실을 밝히고 있다. 그러면서 미곡수출 방지와 세법 제정은 자신이 위임받은 일이 아니었으므로 임의로 단행하기가 어려워 귀국한 뒤에 다시 타협하기로 했다고 설명한다(국사편찬위원회 1958, 182면).

이러한 전권문제로 세칙협상이 결렬되자 조선정부에서는 전권자거(全權字據)는 아니지만 3차 수신사 조병호가 휴대하는 국서에 "특선신사조병호 위이상판교섭사의(特選信使趙秉鎬 委以商辦交涉事宜)"라는, 교섭을 상판(商辦)하는 권한을 위임한다는 문구를 넣었다.[11] 동시에 예조판서의 공한

---

10) 『고종실록』 고종13년 1월 19일조; 「啓下接見官狀啓後錄」, 『倭使問答』 권1, 1월 19일; 『日本外交文書』 제9권, 사항1, 문서번호16·17, 83~84, 87~92면.

11) 『日本外交文書』 제14권, 문서번호133, 310면; 『淸季中日韓關係史料』 제2권, 문서번호 374.

(公翰)에도 수신사가 세칙조관에 대해 '자필강정(自必講定)'할 수 있다는 문구를 넣었다.[12] 그러나 1881년 12월 16일(음력 10월 25일) 이노우에 외무경은 통리아문 당상 이재면에게 보낸 문건에서 전권자거가 없어 해관세칙에 대한 협상이 불가능하다고 통보하였다. 이노우에는 양국이 조관(條款)을 교섭할 때는 해당 정부가 파견하는 위원이 협상과 조인의 권한을 명시하는 빙문(憑文)을 휴대하는 것이 통례인데, 수신사는 공문 외에는 별도의 신빙(信憑)이 없어 수신사가 조선정부의 전권을 받들었다고 인정할 수 없다고 주장하고 있다.

바야흐로 양쪽이 조규를 정하는 데는 강정하는 위원이 먼저 편의행사(便宜行事)하는 전권을 휴대해야 한다. 타협관리하는 데 지장이 없도록 하는 것이 만국동준(萬國同遵)의 공법(公法)〔일본문은 만국보통(萬國普通)의 공리(公理)〕이다. 해사(該使)가 이미 칭하기를 본국 정부가 지정한 조관(條款)을 고집하므로 권한이 없어 다시 짐작 상량(商量)할 수 있겠는가?[13]

텐진에서 리 훙장과 조미조약 체결을 논의하는 과정에서는 김윤식, 어윤중이 전권을 휴대하지 않았으나 조선에서 미국 전권공사 슈펠트(Robert W. Shufeldt)와 조약을 체결하는 자리에는 신헌을 전권대관(全權大官)으로, 김홍집을 전권부관(全權副官)으로 임명한다. 그리고 조미조약의 전문에는 "각각 받들고 온 '전권자거'를 서로 교열(較閱)하여 본 결과 모두 타당하므로 조관(條款)을 정립한다"고 규정하고 있어 비로소 대외관계에서 전권자거의 문제가 공식적으로 수용되고 있다.[14] 이와 같이 조미조약 체결

---

12) 『同文彙考』 제4권, 정조12년, 4137면; 『日本外交文書』 제14권, 사항7, 문서번호138, 316면.
13) 『구한국외교문서: 日案 I』, 문서번호76, 58~60면.
14) "朝鮮國全權字據: 總(統의 誤字)理機務衙門奉諭 著申櫶爲全權大官金宏集爲全權副官 前

을 계기로 조선이 전권자거를 수용하였다는 것은 전통적인 인신무외교의 인식에서 벗어나기 시작했음을 의미한다.

4. 외교부서의 창설과 외교개념

앞에서 살펴보았듯이 조선의 경우 국제관계의 성격에 대한 인식을 둘러싸고 전통과 근대가 긴장관계를 형성하면서 외교개념을 수용하였다. 그런데 일본, 서양과 새로운 관계를 수립하게 되면서, 천하질서와 다른 성격의 관계를 갖는 이들과의 관계를 처리할 조직을 새롭게 설립할 필요성이 제기되었다. 이와 같이 새로운 국제관계를 처리할 대외조직을 설치하여 개편해가는 과정을 살펴보면 조선에서의 외교개념 수용의 특징을 알 수 있다.

1877년 일본 대리공사인 하나부사 요시모또는 공사의 서울 주재와 개항 등의 현안을 전담하는 기구를 만들도록 조선에 권유하는 문서를 예조판서에게 전달한다.

> 방국은 응당 외국교제를 전담할 대신이 있어야 하는데, 『성초지장』에 이르기를 각국 사신과 회오(會晤)하여 상의하는 것은 총리대신의 분내지사(分內之事)에 속한다.[15]

하나부사는 『성초지장』을 인용하여 각국에는 외국교제를 전담하는 대신이 있어야 하며 새로운 대외관계기구가 필요하다는 점을 피력하고 있

往仁川 與美國全權大臣妥議和好通商條約 欽哉," 『淸光緒朝中日交涉史料』 권3, 문서번호 101의 附件3.

15) "邦國當有專管外國交際大臣 日與各國使臣 會晤詳議 本係總理大臣分內之事", 『同文彙考』 제4권, 정조12년, 4144~45면; 『日使文字』 권2, 禮曹判書趙寧夏 閣下; 『善隣始末』 권4; 『日本外交文書』 제10권, 사항8, 문서번호132, 302~4면.

다. 이것은 현재 각국에서 행하고 있는 예규(例規)이며 청에서도 취하고 있다는 점을 강조하면서 청을 모델로 제시하였다. 『성초지장』의 범례에서도 청의 총리아문(總理衙門)을 인용하여 외교전담대신을 설명하고 있다.

책 속에 중국이 총서(總署)와 총리대신(總理大臣)이라는 명목(名目)을 사용하고 있는데, 각국이 교섭사무를 관리하기 위해 설치한 부원대신(部院大臣)을 지칭한다.[16]

실제로 조선은 외교관서를 창설하는 과정에서 청을 모델로 삼았다. 청이 천하질서를 관장하는 예부, 이번원(理藩院), 총리아문 등 대외관계를 복합적으로 설정하였듯이 조선도 천하질서와 근대질서라는 이원적 대외관계 인식을 반영하여 예조, 통리기무아문이라는 이원적 대외관계조직을 운영하게 된다.

고종은 1881년 1월 4일(음력 12월 5일) 연교(筵敎)를 통하여 아문의 설치를 지시하면서,[17] 신설되는 아문은 사대교린(事大交隣)과 군무변정(軍務邊情) 등의 문제를 전관(專管)하도록 아문이 관장할 업무를 제시하고 있다. 통리기무아문은 출범 시 12사로 편제되었는데, 구체적으로 사대사와 교린사라는 지역국, 통상사·군무사·변정사·기연사 등의 기능국이 있었다. 이러한 편제에서 보듯이 바깥에 대해서는 여전히 천하질서의 공간을 벗어나지 못하고 있지만 통상사 등 대외관계의 성격 측면에서는 근대국제관계의 성격을 일정부분 수용하는 모습을 보인다. 중국과 인국(隣國)과의 통상사무라는 통상사의 직무규정에 따라 아문에서는 청과 일본, 서구제국과의 통상 및 세칙협상 등의 일을 주관하였다. 그런데 여기서 주목할 부분은, 예조

---

16) "書內 假中國向用總署及總理大臣名目 以指各國所設辦理交涉事務部院大臣."

17) "傳曰 衙門設置事 已有筵敎矣 磨鍊節目 令廟堂從速以入", 『備邊司謄錄』 제27책, 고종17년 12월 17일, 459면.

라는 전통적인 대외관계조직이 있는데도 사대사와 교린사라는 새로운 부서를 편제하고 있다는 점이다. 청에서 대조선관계를 공무(貢務)와 양무(洋務)로 분리하여 공무는 예부(禮部)가, 양무는 총리아문, 즉 북양대신이 관장하도록 하였듯이, 사대사도 대청관계에서 대두될 근대적인 사안의 업무를 처리하기 위해 사전에 대비하는 측면이 강한 부서였다고 할 수 있다. 이와 같이 단위 자체에 대해서는 인식의 변화가 없지만 청에 대해서 새로운 성격의 대외관계영역이 생겨나고 있다고 인식하였다. 예조가 국내외 구별 없이 '예'라는 관점에서 직무가 편제되었던 것과는 달리, 통리기무아문은 근대적인 교제사무라는 대외관계를 독립적으로 관장하는 부서를 아문 내에 두고 있을 뿐만 아니라 근대적인 경제행위인 통상을 별도의 부서에서 관장하도록 편제하였다. 따라서 초보적이나마 대외관계를 독립된 영역으로 취급하는 인식이 반영되고 있다.

청과 일본과의 대외관계를 처리하는 지역별 부서 편제로 출범하였던 통리기무아문은 사대사와 교린사가 동문사(同文司)로 통합되면서 서양제국과의 조약 체결을 주도하게 된다. 근대적인 성격의 대외관계를 총괄하는 체제로 발전한 것이다. 이로써 청과 일본에 국한되었던 대외관계가 서구로 확대되었을 뿐만 아니라(양적 측면) 관장하는 업무도 근대적인 교제사무로 변화를 겪게 된다(질적 측면). 동문사로의 통합은 제도적인 차원에서의 의미뿐만 아니라 국제정치의 단위에 대한 인식의 차원에서도 중요한 의미를 갖는다. 대외관계를 예에서 분리하여 별도로 관장하는 부서를 두고 있음에도 통리기무아문을 교제사무만을 전담하는 전문외교관서가 아닌 자강뿐만 아니라 국방까지 포괄하는 조직으로 편제한 것은 이 무렵 유입되던 서구문물을 통해, 무비자강책을 추진하기 위해서는 서구와의 교섭이 수반될 수밖에 없다는 상황을 인식했기 때문이었다. 대외관계에는 외교와 통상뿐만 아니라 문물 수용을 위한 서구와의 접촉까지 포함될 수밖에 없었다. 따라서 서양과의 접촉을 수반하는 모든 현상을 포괄하는 대외관계를 설정하고 이러한 인식을 조직의 편제에 반영하였던 것이다.

이후 근대 국제관계에 대한 인식이 점차 진전되면서 통리기무아문은 통리교섭군국사무아문과 통리교섭통상사무아문으로 분화되었다. 통리아문은 1883년 1월 12일(음력 12월 4일) 고종의 명에 의하여 통리교섭통상사무아문으로 개칭되어 갑오개혁 때까지 조선정부의 외교사무를 전담하여 처리하는 기능을 수행한다.[18] 통리교섭통상사무아문은 4사 1학 편제로 출발하여 뒤에 6사 편제로 개편되었다. 조직의 명칭에서 보이듯이 교섭과 통상이 대외관계의 주된 성격이었다. 6사의 각 부서가 담당하는 직무의 규정에서는 외교를 통해 처리해야 할 대외관계영역에 대한 인식이 보다 진전된 모습을 보이고 있다.

총무사는 조약의 개정과 담판, 각종 훈령서와 외교문서의 작성, 외국에 파견되는 사신 등 근대 외교제도상의 핵심적인 역할을 수행하는 부서라고 할 수 있다. 이는 4사 1학 편제의 장교사(掌交司)의 업무를 승계하고 있지만 훈령서와 외교문서의 작성, 사절 파견과 관련하여 전권자거와 위임장 등 근대 외교관례에 입각하여 구체적으로 업무를 규정하였다. 근대 관료제라는 측면에서 볼 때 직무가 더욱 세분화되고 전문화되었다. 총무사가 조선의 본국과 관련된 대외업무를 수행하는 부서라고 한다면 교섭사는 조선에 주재하는 각국 사신과 관련된 업무를 처리하는 부서였다. 4사 1학 편제에서는 단지 응접외교라고 막연하게 규정되어 있었는데, 교섭사에서는 공사관과 영사관의 관지(館地), 각국 공사와 영사의 이력 관리, 호조 발급 등 전문관서에 걸맞게 직무를 보다 구체적이고 세부적으로 규정하고 있다. 그리고 통상사는 4사 1학 편제의 정각사(征榷司)가 단지 해관과 변관의 업무를 규정했던 것과는 달리 통상과 항해조약, 외국인의 내지채판(內地採辦), 나아가 조선상인의 외양무역(外洋貿易)까지 규정하여 보다 구체화되

---

18) 『承政院日記』 고종19년 12월 4일조.

고 있다. 이에 따라 관장하는 직무도 교빙에서 완전히 탈피하여 근대적인 교제사무를 세분화하고 전문화하는 형태로 규정되었다. 다만 통리기무아문과 달리 통리교섭통상사무아문은 지역국의 조직이 없으며 주로 서구와의 관계에서 근대적인 업무를 처리하는 부서로 전환되었다.

IV. '내치외교' 자주 관행과 '밖'에 대한 인식

이상에서 살펴보았듯이 조선이 일본, 서양과의 조약 체결을 통해 근대적인 관계를 수립하면서 크게 두가지 차원에서 변화가 나타났다. 첫째, 바깥(外)에 대한 인식의 변화이다. 둘째, 바깥과의 관계의 성격, 즉 대외관계영역에 대한 인식의 변화이다. 조선에서 외교개념의 수용과 관련하여 주목해야 할 부분은 바깥에 대한 인식의 영역이다. 이는 단위체의 속성, 특히 주권의 문제와 연관된 인식의 문제다. 사대질서 아래 외번(外蕃)의 법적지위는 조공의 의무 이외에 '정교금령(政敎禁令)은 자주에 임한다'는 것이 기본 개념이었다. 정교금령이라는 용어가 내치외교로 변경된 것은 1875년경 일본의 주장에서 비롯되었다(김용구 2008, 33면).

정교금령이 내치외교라는 용어로 대체된 데에는 근대 국제관계의 영향이 작용했다고 볼 수 있다. 근대 국제관계영역이 들어올 경우 여기서 외교는 단위의 속성에 대한 문제와 직결되어 인식될 수밖에 없다. 일본과 서양과의 관계는 다분히 근대적 단위에 대한 인식과 근대적 대외관계에 대한 인식을 바탕으로 처리되고 있었다. 이 과정에서 청과의 전통관계를 근대적으로 어떻게 인식할 것인지에 대한 문제가 1880년대 조선의 외교개념 수용에 핵심 요소로 작용한다. 조선이 업무와 제도상으로 양무와 공무를 분리하여 접근했음에도 불구하고, 청이 안(內)과 밖(外)에 대해 근대적 대응을 시도하면서 청-조선-서양 사이에 외교적 갈등이 발생하게 되었다.

그동안 조선은 청의 외번으로서 조공질서를 유지해왔는데, 이 과정에서 청은 조공질서 내의 대외적인 업무에 대해 상당한 자율성을 부여했다. 앞에서 언급하였듯이 인신무외교 관념에 따르면 명분상으로는 조선의 대외 행위는 사전에 청에 '자청(咨請)'해야 하지만 '내치외교는 자주'라는 관념에 입각하여 대외관계를 수행하는 것이 현실적인 관례였다. 그런데 조선이 근대 국제질서에 편입되면서 외번이라는 조공질서 내의 단위의 성격을 근대적인 의미의 속국으로 전환하려는 시도가 나타난다. 청에서는 자율성이라는 전통적 관례보다는 '번신무외교=선자청(先咨請)'이라는 명분을 우선순위로 제시하면서 조선을 청의 판도 내에 묶어두고자 하였다(김수암 2000, 42면). 이에 따라 바깥의 의미는 근대적 성격으로 전환되었고 조선의 대외적 지위와 그에 따른 외교행위의 자주성 문제가 1880년대 조선의 외교개념 수용에 있어 핵심 사안으로 대두되었다.

이는 유길준의 『서유견문』 중 "방국의 권리" 편에서 나타나듯 조선의 국제법적 지위와 권리 문제에 대한 인식으로 표출된다(신욱희 2009, 139~41면). 근대 외교개념을 문명표준의 관점에서 수용하기 시작하면서 조선은 국가의 권리차원에서 이 문제를 바라보게 되었다. 이러한 국가의 권리를 직접적으로 실행한 외교전략이 바로 미국 등 서양제국에 대한 상주사절의 파견이다.

상주사절 파견이 이뤄진 국제정치적 배경에는 속방이라는 전통적인 조청관계가 핵심 요인으로 작용하였다. 1880년대 초반까지는 양편론적(兩便論的)·양득론적(兩得論的)인 상황하에서 청과 별다른 갈등 없이 서구와 대외관계를 설정해갈 수 있었지만,[19] 임오군란과 갑신정변을 겪으면서 청이 조선의 안전판 역할을 수행하면서도 대외적인 자주에는 손상을 주지 않을 것이라는 양득론적 인식이 점차 무너지게 되었다. 오히려 청이 자신의 안

---

19) 양득과 양편에 대해서는 김성배(2009, 178~83면) 참조.

전을 위하여 조선과의 속방관계를 전략적으로 활용하게 되면서 청과의 관계에 긴장이 형성되었고, 점차 양절체제적(兩截體制的) 인식이 우세해졌다.[20] 이러한 양절체제론의 논리에서 대외관계를 인식하고 이러한 인식을 실천하기 위해 상주사절을 파견하게 된 것이다.

자주와 독립이라는 관념과 전통적인 속방이라는 체계가 긴장관계를 형성하는 가운데, 고종 등 집권세력은 상주사절이라는 근대적인 외교제도 양식을 빌어 바깥에 대한 인식을 표출하려 했다. 청에서도 이러한 의도를 파악하고 속방이라는 명분체계를 내세워 다양한 제약조건을 제시하였다. 이러한 양국 간의 갈등을 통해 1880년 후반 조선의 외교개념에 대한 인식을 살펴볼 수 있다.

청이 상주사절의 파견에 제약을 가하고자 제기한 조건에는 삼조(三條), 선행청시(先行請示)와 윤준(允准), 사신의 등급, 영약삼단(另約三端) 등이 있었다. 삼조란 조선이 각국에 관원을 파주(派駐)할 경우, 어떤 등급의 사절이든 간에 속방체제에 부합하기 위해 조선공사가 청국공사에게 지켜야 할 세가지 의절(儀節)을 말한다. 첫째, 조선공사가 청국공사와 공사(公事)에 관하여 교섭할 때는 마땅히 정문(呈文)의 형식을 취하여야 한다. 둘째, 왕래에는 함첩(啣帖)을 사용하여야 한다. 셋째, 중국흠사(中國欽使)가 조선공사에게 공용(公用)으로 행문(行文)할 때는 주필(硃筆)을 사용한다. 그리고 속방체제에 부합하기 위해 조선이 마땅히 행해야 하는 관례는 서양제국이 관여할 수 없다.[21] 박정양 공사도 공사관을 개설하고 업무를 개시한 뒤, 삼단을 준수하지 않았던 것에 대해 청에서 요구한 삼조에 입각하여 정문이라는 형식으로 그 사유를 청국공사관에 통보하였다.

다음으로 선행청시와 윤준(청에 먼저 요청하여 허락을 득해야 한다는 주장)을 들

---

20) 양절체제론에 대해서는 정용화(2004, 213~25면) 참조.
21) 『淸季中日韓關係史料』 제4권, 문서번호1262, 광서13년 7월 27일, 2343면.

수 있다. 그동안 인신무외교 관념은 명분에 불과하였을 뿐 실제로는 실행에 옮긴 후 자문(咨文)으로 보고하는 것이 관례였다. 그런데 청에서는 상주사절의 파견을 통하여 전통적인 조청관계를 변화시키려는 조선의 전략을 무력화시키는 방안으로, 그동안의 관례를 무시하고 인신무외교를 명분으로 선파후자(先派後咨, 조선이 사신의 파견을 먼저 결정하고 나중에 보고한 행위)를 문제삼게 되었다. 선행청시와 윤준이라는 문제로 군사적인 위협까지 받게 되는 상황에 직면하자 조선은 청에서 요구하는 절차를 수용한다. 선행청시와 윤준은 제3국과의 관계에서 조선의 국제적 위상에 손상을 주지 않는다는 판단하에 내린 결정이었다.

또한 청에서는 청이 서양에 파견한 사신의 등급이 전권공사라는 점을 들어 조선으로 하여금 청의 공사보다 등급이 낮은 3등 공사를 파견하도록 요구한다. 리 훙장은 서양각국에 이미 통보한 상태에서 갑자기 사신의 등급을 변경한다는 것은 문제가 있다는 조선 측의 주장을 받아들이고 사의(辭意)가 공순(恭順)할 뿐만 아니라 속방체제(屬邦體制)에 따라 삼조의 준수를 약속한 만큼 전권공사의 파견은 허용하였으나, 또다시 "미진한 사항을 수시로 통문(通問)하여 주상(籌商)하라"는 황제의 유지를 근거로 영약삼단을 제시하게 된다.[22] 첫째, 조선공사는 각국에 도착하면 먼저 청국공사를 찾아보고〔선부구보(先赴具報)〕그의 안내로 외무부에 같이 간다. 둘째, 조회나 공사 연회석상에서 조선공사는 청국공사의 아래에 앉는다. 셋째, 조선공사는 중대 사건이 있을 때 반드시 청국공사와 미리 의논한다. 이는 모두 속방으로서 마땅히 행해야 하는 체제(屬邦分內應行之體制)로 각국이 관여할 수 없다.[23]

---

22) '영약삼단'은 이미 제시한 삼조에 추가로 별도의 세가지 조건을 제시한다는 의미이다〔『從宦日記』고종24년 9월 25일(박정양 1984, 620면)〕.
23) 『淸季中日韓關係史料』제5권, 문서번호1291, 광서13년 9월 26일, 2379~82면;『電稿』권9, 寄朝鮮袁道, 광서13년 9월 24일;『淸案 I』, 문서번호660, 384;『從宦日記』고종24년 9

이러한 삼단은 국제정치적으로 조선과 주재국의 관계에서 조선의 국제적 위상을 명시적으로 제약하는 내용을 내포하고 있기 때문에 현실적으로 갈등을 야기하게 된다. 이러한 요구조건을 수용한 뒤 박정양이 주미공사로 부임하게 되었고, 리 홍장은 11월 11일(음력 9월 26일) 위안 스카이(袁世凱)로부터 조선이 삼단을 수용하였다는 전보를 받자 이 사실을 즉시 주미 청국공사 장 인후안(張蔭桓) 등에게 통보한다.[24] 장 인후안은 본국 정부의 훈령에 따라, 1888년 1월 9일(음력 11월 26일) 속국이 공사를 파견하였으므로 조선공사를 인솔하여 국서를 제정하는 문제를 협의하겠다고 미국 외부(外部)에 영약삼단을 통보하였다.[25]

그런데 박정양 공사는 1월 9일 워싱턴에 도착한 이후 영약삼단의 제1단의 '선부구보'를 준수하지 않았다. 뿐만 아니라 미국 외부에서는 1월 11일 조선공사가 국서부본 전달일시까지 합의하였다는 사실을 청국공사관에 통보한다. 이에 따라 청국공사 장 인후안은 1월 11일 참찬관 쉬 소우평(徐壽朋) 등을 박정양에게 보내 영약삼단 중 청의 공사의 안내에 따라 외부에 동행해야 한다는 1단의 선부동부(先赴同部) 문제에 대하여 항의하였고, 이에 대해 박정양은 본국을 출발할 때 명시적인 명을 받지 못하였기 때문에 이를 수행하지 못하였다고 반박하였다.

이러한 영약삼단의 준수를 둘러싼 논쟁과 갈등에서 보이듯이 조선은 미국, 서양제국에 상주사절을 파견하여 근대적인 의미의 외교를 실행하고자 하였지만 청과의 관계로 인해 바깥에 대한 인식이 완전하게 근대적으로

월 25일(박정양 1984, 620면).

24) 『李鴻章全集』 제1권, 寄朝鮮袁道, 광서13년 9월 26일, 885면; 『電稿』 권9, 華盛頓張使, 광서13년 9월 26일.

25) "Mr. Chang Yen Hoon to Mr. Bayard, January 9, 1888" No.248, *FRUS*, 1888, Part I, 380~81면; 『淸光緖朝中日交涉史料』 권10, 문서번호581, 광서13년 12월 20일; 『淸季中日韓關係史料』 제5권, 문서번호1325, 광서14년 2월 6일, 2441면.

전환되지는 못하였다. 즉 내치외교의 자주에서 외교에 대한 인식은 인신무외교에서의 바깥과는 다른 성격으로 전환되었지만, 청과의 전통질서가 여전히 복합적으로 공존하면서 전통적인 바깥 인식이 완전하게 극복되지는 못하고 있었다.

V. 결론

조선에서의 외교개념 수용은 청이라는 전통질서 맹주가 존속하는 상황에서 전통질서와 근대질서가 복합적으로 공존하면서, 단위체의 속성에 대한 인식과 안과 바깥에 대한 인식이 결합되어가며 전개되었다. 보다 구체적으로 이 문제는 인신무외교라는 부정적이고 소극적인 전통 외교개념의 극복이라는 관점에서 접근할 수 있다.

바깥에 대한 인식에서 보면 이는 단위체와 질서에 대한 인식의 문제이다. 천하질서에서 바깥은 사실상 안과 이중적으로 중첩되는 모습을 보인다. 그러한 인식이 '정교금령은 자주'라는 형태로 표출되었다. 이러한 중첩된 인식은 초기 서양과의 대외관계 인식에서 잘 나타난다. 서양과의 관계를 바깥이라고 인식하긴 했지만 천하질서의 틀, 즉 인신무외교의 틀에서 대응했던 것이다. 여기서 바깥으로서의 서양은 근대국가라는 독립적인 단위체로서가 아닌 오랑캐로서 받아들여졌다.

이러한 인식은 일본, 서양과 사실상 조약에 입각한 근대관계를 설정하면서 변화하게 된다. 이 변화는 우선적으로 대외관계의 성격에 대한 인식의 갈등으로 나타났다. 예를 중심으로 하는 교빙이냐 근대적인 성격의 교제사무냐라는 성격 규정이 대립했던 것이다. 이러한 대외관계 성격을 둘러싼 갈등 속에 새롭게 대두되는 대외관계를 처리할 외교조직을 창설, 개편하면서 단위의 속성과 대외관계의 속성에 대한 이해가 심화되었다. 하지만 청이 천하질서 아래 외번을 규정하던 인식에서 탈피하여 외번을 근대적 성격의 속국으로 전환하여 규정하기 시작하면서 단위의 속성에 대한 조선의 인식 전환과 충돌을 겪게 된다. 이에 대해 조선은 국가의 권리로서 상주사절 파견으로 맞서지만 전통적인 바깥에 대한 인식이 완전하게 청산되지는 못하고 있다. 외교에 대한 전통적 인식은 청일전쟁 이후에 이르러서야 완전하게 극복될 수 있었다.

근대한국의 '자주'와 '독립' 개념의 전개: '속방자주'에서 '자주독립'으로

•

김현철

I. 머리말

19세기 후반 조선은 일본과 서구국가에 문호를 개방하였으나 일본, 청, 러시아 등 주변의 강대국의 개입과 압력에 처하여 영토가 침탈당하고 외교권이 제약당하는 상황에 이르렀다. 이러한 국권상실의 위기에서 '자주' '독립'이라는 용어는 한국인들에게 하나의 국가적 과제이자 지향해나갈 개혁의 목표였다. 반면 주변 국가들은 '자주' '독립'이라는 단어를, 구한말 조선이 명실상부하게 독립국가로서의 능력과 위상을 갖추었는지 계속 질문하게 만드는 것으로, 아니면 조선이 자국의 이익을 위해 사용하는 미사여구나 명분에 불과한 것으로 여겼을 것이다.

19세기 후반 이후 한국이 처한 현실을 고려할 때, 근대한국(조선)의 국제적 지위와 위상을 나타내기 위해 당시 지식인과 국내외의 정부관계자, 그리고 문헌 들이 어떠한 용어를 사용하였는가라는 문제는, 단순한 언어 사용이 아닌 그 이면에 있는 국제적·사상적 배경과 정치적 의도를 보여주는 것이라 할 수 있다.[1] 19세기 후반 조선의 국제적 지위에 관한 당시 논의를 몇가지 유형으로 구분한 강동국의 연구는 본고의 접근에 매우 시사적이다. 첫째, '속국론(屬國論)'은 서양 근대 국제질서를 기준으로 하여 조선을 청의 속국으로 파악하는 입장으로, 주일 청국공사관의 허 루장(何如璋) 공사와 재일 청국공사관 참찬관인 황 쭌셴(黃遵憲) 등이 주장하였다. 둘째, '독립국론(獨立國論)'은 중국적 세계질서의 존재를 무시하고 서양 근대국제질서에 기초하여 조선이 청으로부터 독립하고자 하는 입장으로, 1880년대 조선의 개화파인 김옥균, 박영효 등이 주장하였다. 셋째, '속방·자주론(屬邦·自主論)'은 중국적 세계질서를 기준으로 하여 청과 조선의 일부 지식인들이 주장한 것으로, 당시 외교에서 중요한 역할을 담당하였다. 넷째, '속국·속방론'은 조선을 중국적 세계질서하에서는 청의 속방, 그리고 서양 근대 국제질서하에서는 청의 속국으로 바라보는 입장이다. 이러한 입장은 청의 리 훙장(李鴻章) 등 관료들이 주장하여 1880년 중반부터 청일전쟁 때까지 일종의 지역질서의 이데올로기로서 주장되었다. 다섯째, '속방·독립국론'은 중국적 세계질서하에서는 조선이 청의 속방이지만, 서양 근대국제질서하에서는 조선을 독립국으로 바라보는 입장으로, 1880년대 후반에 유길준 및 데니(O. N. Denny)를 중심으로 앞의 '속국 · 속방론'에 대항하여 제창되었다(姜東局 2004, 6~7면).

이와 관련하여 자주와 독립의 개념적 정의에 대해 다음과 같은 질문을 던질 수 있다. '자주'란 무엇이며 '독립'이란 무엇인가? '자주'와 대립되는 용어는 사대인가 속방인가? 이 경우 국가형태는 존재하는가? 한편, '독립'과 대립되는 용어는 식민지인가 속국인가? 이 경우 국가 자체가 없어지는가? 그리고 언제부터 '자주' 또는 '독립'이라는 용어가 하나의 정치적·외

---

1) 이와 관련, 주요 연구성과로서 한규무(2002, 231~60면); 류준필(2004); 姜東局(2004)를 참조할 만하다.

교적 의미를 함축하면서 통용되기 시작하였는가? 나아가 구한말 조선에서 근대외교에 대해 인식하고 관련 제도들을 도입하거나 고종을 비롯하여 개화파 등의 개혁 구상과 외교활동에서 '자주, 독립'을 구상하였음이 엿보이는데, 이를 개념사적 측면에서 어떻게 바라보아야 하는가라는 질문을 제기할 수 있다.

이에 본고에서는 '자주' '독립'이라는 용어가 근대한국에서 사용된 용례를 살펴봄으로써, 언어의 사용과 정치현실 간의 관계, 용어 사용자의 의도와 그것이 미친 영향력 등을 분석해보고자 한다. 이러한 접근을 통해, 소위 중국 중심의 전통질서로부터 서구의 근대 국제법 질서로 넘어가는 근대 동아시아 국제질서의 전환기에 살았던 19세기 후반 한중일 3국의 국제정치관과 외교정책 구상의 갈등과 대립의 양상을 보여주고자 한다.

II. 조일수호조규부터 1880년대 이전까지 '속방자주' 개념의 의미

동아시아 국제사회가 서구 근대 국제사회에 본격적으로 편입하기 이전, 중국을 중심으로 하는 유교권 국제정치질서 안에서 조선은 중국에 대해 사대(事大)의 예(禮)를, 그리고 일본과 유구 등 인접 국가들에 대해서는 교린(交隣)의 예를 통해 국제관계를 유지해왔다. 청과 조선의 관계를 보면, 19세기 후반 조선이 일본 및 서구국가들과 조약을 체결하기 전까지 조선은 대외적으로는 청의 '속방'이었다. 조선은 중국 중심의 동아시아 국제질서하에서 '사대자소(事大字小)'의 예라는 명분하에 종주국인 중국에 대하여 조공국의 의례적인 절차로서 정기적으로 조공을 바쳤지만, 간섭은 받지 않았으며 외교와 내정에 있어서 자주성을 유지해왔다(李用熙·申一澈 1977, 160면; 김용구 1997, 70~81면).[2]

이러한 시각에서 '자주(自主, autonomy)'는 사대질서하에서 사용되는 용어이고 '독립(獨立, independence)'은 근대 국제법(만국공법) 질서하에서 사용되는 용어로, 개화기에는 이 두 용어가 분리되지 않고 혼재되어 사용되었다. 조공제도는 외번(外藩)과 중국의 관계를 말하며, 외번의 법적 지위는 『회전(會典)』에서 규정된 조공의 의무 외에 '외번의 정교(政敎)와 금령(禁令)은 자주에 임한다'는 것이 사대질서의 기본 개념이었다. 즉 사대질서하에서 중국에 대한 조선의 자주는 '외번은 그 내정과 외교 교제는 자주적으로 한다'는 명제하에 수직적인 전통 동아시아 국제사회 구성원의 속성을 반영하는 것으로 해석된다. 그리고 만국공법질서하에서의 독립은 곧 주권을 의미하며 수평적인 근대 국제사회 구성원의 특징을 지칭하는 것으로 설명되었다(김용구 2002, 123면; 2008, 33면).

1894~95년 청일전쟁에서 청이 패하면서 전통적 사대질서하에서 청·한 종속관계가 사실상 종식됨에 따라, 이후부터는 '자주'개념보다 '독립'개념이 더 많이 사용되었다. 조선의 국내정치에 대한 외세의 간섭이 시작되었으며 이를 배경으로 하는 정치세력이 등장하였고, 그와 동시에 명목상의 자주독립에서 실질적 자주독립 확보를 위한 개혁 추구 및 외교노력 또한 경주되었다. 조선과 청의 관계에서는, 기존의 조공책봉체제로부터, 더 나아가 1880년대 임오군란 이후 청군 주둔 시 청의 종주권을 강화하고 조선을 속국화하려 했던 청의 간섭으로부터, 조선의 내정과 각국 교제에서의 '자주'를 확보하는 것이 과제였다. 그러나 조선과 일본 및 서구국가와의 관계에서는 주권국가로서의 '독립'을 확보하는 것이 과제였다. 근대국

---

2) 사대의 예 모델이 형성된 선진(先秦)시대 유가(儒家)의 설에 따르면, 사대는 신(信)이며 자소는 인(仁)으로 여겨져서, 대국(大國)은 인으로써 관후하게 소국(小國)에 접하고 소국은 신으로써 대국을 대하여 배반함이 없어야 한다는 '국제간의 신의(信義)'로 해석되었다. 사대주의와 조공관계에 대한 자세한 설명은 李用熙·申一澈(1977); 김용구(1997); 權善弘(1997) 참조.

제법 질서하에서 국가적 평등과 독립을 전제로 조약을 체결했지만, 실질적으로는 일본과 러시아 등 주변 강대국의 간섭과 식민지적 진출의 위기를 맞고 있었기 때문이다. 이와 같이 19세기 후반 이후 '자주' '독립'의 개념적 의의와 정치적 중요성은, 전통적 중국 중심 국제질서체제로부터 근대적 주권국가체제로의 전환과정에서 조선의 국제적 지위와 함께 변화했다.

전통적인 조공책봉관계에서 조선은 내치와 외교를 자주적으로 처리해왔으며, 청은 이를 존중해왔다. 기존의 조공관계에 대한 연구를 보더라도, 청 초를 제외하고 청이 조선의 내정에 간섭하는 일은 거의 없었다. 하지만 '자주와 독립'의 관계에서 보면, 조선의 왕이 '자주권'을 가지기는 했지만 조선을 서양 근대국가 형태의 '독립국'으로 볼 수는 없었다. 이러한 점은 조선과 청의 양국이 모두 인정하는 것으로, 조선에 진출하려는 서구열강들은 이해하기 어려웠다. 서구열강에 대해서 청은 조선문제에 대해 개입할 사안이 생기면 조선이 독립국이 아님을, 반대로 회피할 사안이 생기면 조선에 자주권이 있음을 내세웠다(한규무 2002, 233~34면).

조일수호조규의 체결 이전, 서구열강은 조선과 청의 이러한 특수한 관계에 대해 청에 문의하였다. 1832년과 1845년 영국이 조선과 통상을 시도하기 위해 청에 문의하였을 때, 청의 입장은 조선이 독립국이 아닌 조공국, 즉 속방이므로 스스로 통상할 수 없다는 것이었다. 1832년 영국의 로드 암허스트호가 동인도회사를 위해 조선과 통상조약 체결을 시도하였을 때에도, 청과 조선의 답변은 조선이 조공국이므로 통상할 수 없다고 대답하였다. 그리고 1845년 영국 측량선 사마랑호가 조선에 무역을 요구하자, 청은 "조공국은 청의 일부가 아니므로 청이 조선에게 통상을 강요할 수 없다. 그러나 조공국은 독립국이 아니므로 스스로 통상할 수 없다"고 대답하였다(한규무 2002, 254면에서 재인용). 이후 1866년 프랑스, 1871년 미국과 일본, 그리고 1873년 일본이 조선과의 통상 시도 시 충돌할 경우 청의 개입 여부에 대해 문의하자 청은 조선의 자주권을 강조하면서 조선과 열강 사이의 분쟁에 관여하지 않으려 했으며, 프랑스와 미국에 대해서는 중재의사를 밝히기도 하였다. 프랑스의 경우, 조선에서 프랑스 선교사가 살해되자 1866년 주청 프랑스공사가 총리각국사무아문에 프랑스 선교사의 여권 발급을 요청하였다. 이에 청은 조선이 중국의 속방이지만 내치와 외교는 그 자주에 맡긴다면서 거부한다. 1866년 7월 13일 프랑스 극동함대사령관 로즈(Pierre Gustave Roze)는 조선이 청의 속방이지만 내치와 외교는 자주적으로 처리한다 하였으므로, 프랑스가 공격해도 청은 간여할 권리가 없다고 주장하였다. 이에 대해 청의 총리아문은 조선이 청의 속방이지만 청이 양국 사이의 중재를 맡을 용의가 있으며, 함부로 전쟁을 일으키지 말 것을 프랑스에 요구하고 이 사실을 조선에 통보하였다. 미국의 경우, 1871년 2월 주청 미국공사 로우(F. F. Low)가 제너럴셔먼호의 행방 파악과 조선과의 수교 중재를 요청했으나, 청의 총리아문에서는 조선의 정교와 금령은 조선이 자주적으로 처리하므로 수락할 수 없다고 답변한다. 그리고 양국의 충돌을 우려하여 조선에 서신을 발송하였다. 그런데 1875년 일본이 운양호 사건을 일으키고 조선을 무력으로 개국시키려 하면서 '속방'문제에 대한 접근은 이전과 다른 양상을 띠게 된다. 일본의 경우 조선이 청의 속방임을 부정하면서 조선이 독립국임을 강조하였는데, 이러한 주장은 조선과의 수교 또는 전쟁에서 청의 개입을 막으려는 의도에 나온 것이었다. 청 역시 일본이 조선과 충돌할 경우 좌시하지 않겠다는 태도를 보였다. 그러나 당사자인 조선은 일본과 청 간의 논쟁에서 소외되어 답변할 기회조차 갖지 못했다(한규무 2002, 235~37, 254~55면).

근대한국에서 '자주'라는 용어가 해석상 논란의 대상이 된 첫번째 경우로, 조일수호조규 체결 시 조선의 지위에 대한 인식으로서 '자주(自主)의 방(邦)'이라는 표현을 들 수 있다. 1876년 2월 27일(음력 2월 3일) 체결된 조일수호조규(朝日修好條規, 강화도조약)의 제1조에서 "조선은 자주지방(自主之邦)으로서 일본국과 평등한 권리를 보유한다. (…) 먼저 종전에 [양국 사이의) 교정(交情)을 조색(阻塞)하는 환(患)이었던 모든 예규(例規)를 모두 혁제(革除)한다"라는 조항이 명기되었다.[3]

이 조항에 대한 해석에서 사대질서의 개념인 '자주'와 서양공법질서의 개념인 '독립'이라는 두 개념이 충돌하였다. 조선은 외번의 정교와 금령은 자주에 임한다는 사대질서 안에서의 의미로 인식했고, 일본은 자주가 곧 독립을 의미하므로 조선이 서양 국제법상 하나의 주권국가라고 해석하였다(김용구 2008, 95면). 즉 일본 측은 조선이 과거 중국 중심의 국제질서에서 청의 번방(藩邦, 또는 속방)으로 있었던 것에서 벗어나 하나의 독립국가로서 국가 간 조약에 정식으로 명기한 것으로 간주하였다.

이후 1880년대 초 중국관료들은 조선을 자국의 속국으로 삼으려는 정책을 구상하는 한편, 러시아의 남하에 대비하여 조선의 대(對)서양 수교를 추진하게 된다.[4] 1880년 수신사로 방일 중인 김홍집에게 주일 청국공사관 참찬관 황 쭌셴은 자신이 저술한『조선책략』을 건네주면서, 러시아의 남하를 막을 방안과 조선의 대외정책의 방향을 제시하였다. 이 책은 당시 중국의 동아시아정책의 일환인 친중국(親中國)·결일본(結日本)·연미국(聯美國) 외교정책과 자강정책을 조선에 제안하는 것이었다. 그중 '친중국'은 향후 조선의 모든 외교를 사실상 중국의 지휘하에 상의하여 실행에 옮겨야 한다는 내용이다. 즉 청은 조선에 대해 한편으로는 서구열강과 평등한 조약을 체결하라고 하면서, 다른 한편으로는 중국의 지배를 감수할 것을 요구하고 있었다. 이러한 청의 태도는 정교·금령은 자주에 임한다는 사대

---

3) "第一款, 朝鮮國自主之邦, 保有與日本平等之權, 嗣後兩國, 欲表和親之實, 須以彼此同等之禮相待, (…)"(『고종실록』 권13, 고종13년 2월 초3일자;『고종순종실록 상』, 1970, 520면 상단). 동조약문 중 제1관 항목은 일본 측의 초안대로 타결되었고 조선 측은 반대하지 않았다.
4) 주일 청국공사 허 루장은 「주지조선외교의(主持朝鮮外交議)」에서, 판사대신(辦事大臣)을 조선에 상주시켜 조선의 내치와 외교를 관장하기 어렵기 때문에 조선이 서양과 조약을 맺고 통상하여 러시아를 견제하라는 정책을 제시하였다.

질서의 개념과 배치되는 것이며, 조선에 대한 이율배반적인 압력으로 볼 수 있다(김용구 2008, 106~8면).

또한 '속방'과 '속국'이라는 용어를 놓고 갈등이 벌어지기도 하였다. 청의 주선으로 조미수호 교섭을 추진하던 중, 1881년 12월 영선사 김윤식과 조미수호조약을 협의하던 리 홍장이 "조선은 청국의 속국"이라는 항목을 삽입하려 하였다. 김윤식은 리 홍장이 구상하는 청국과의 주종관계가, 외교와 내정의 자주권을 지키면서 타국의 조선 경시를 막아줄 '양편(兩便)' 또는 '양득(兩得)'의 방책이라 생각하고 있었다.[5] 김윤식은 당시 국제사회에서 독립이라고 지칭할 때, 미국처럼 부강하여 독립하는 경우와 안남(베트남)처럼 명목만 독립이고 실질적으로는 프랑스의 속국이 되는 경우가 있는데, 실리의 측면에서 볼 때 현실적으로 조선이 부강해지기 전까지는 자주권이 보장되는 한, 속방으로 남는 것이 각국이 우리나라를 중국이 담임하는 것으로 보고 우리를 가볍게 보지 못할 것이므로 이득이 된다고 보았다(김성배 2001, 155~56면). 이 때문에 양편론을 전개했던 것이다.

당시 김윤식이 보기에 속방은 전통적 사대관계에서 하나의 국가로서 조공을 하고 책봉을 받을지언정, 정교와 내치에 있어서는 자주권을 행사하는 나라였다. 그는 조선이 소국이기는 하나 중국과의 관계에서 자주권을 지켜온 나라라는 자부심을 가지고 있었다. 그런데 속국은 근대적 의미의 보호국을 의미하는 것으로, 조선이 이러한 속국으로 취급받는 것은 받아들일 수 없었다. 또한 김윤식은 조선이 청의 속방인 것을 일본이 못마땅하게 여기고 있으며, 조선에 대해 자주국이라고 하지만 실제로는 일본의 속국으로 삼으려는 의도를 갖고 있는 것으로 파악하였다.[6]

---

5) 리 홍장과의 회담에서 김윤식이 다음과 같이 "其未敢質對, 惟敝邦在中國, 爲屬國, 在各國 爲自主, 名正言順, 事理兩便, 條約中, 此一款添入似爲極好"라고 대답하면서 양편(兩便)이 라는 표현을 사용하였다(『陰晴史』上, 1938, 고종18년 12월 26일자, 52~53면; 국사편찬 위원회 1971에서 재인용).

178

1880년대 초에 들어서 고종도 사대관계에서 벗어나 근대 국제법 질서에서 독립국 지위와 자주외교권을 확보하고자 했다. 1882년 2월 고종은 청에 파견되는 어윤중과 이조연에게 "사대의 예는 지키되 백성과 나라에 폐가 되는 형식"은 청과 상의해서 타파하라고 지시한다.[7] 그리하여 어윤중은 청을 방문해 청의 해관총독 주 후(周馥)를 만나서, 자신이 이전에 일본을 방문하였을 때 일본인이 조선을 '독립'이라고 칭하는 것에 대하여 자신은 "자주는 가하나 독립은 불가하다. 청국에 대해 정삭(正朔)을 받들고 후도(侯度)를 지켜왔는데, 어찌 독립이라고 말할 수 있는가"라고 하였음을 주지시켰다(김성배 2001, 153면). 조미조약과 조영조약의 체결 직후 미국 대통령과 영국 여왕에게 보낸 서신에서 고종은, 조선이 비록 중국(청)의 속방이지만 이것은 명분상에 그치는 것이며 실제로는 내정과 외교에 있어 자주권을 행사하는 국가라고 설명하였다.[8] '속방'이라는 표현이 조선의 의도 내지 해석과는 반대로 실질적 간섭을 상징하는 용어로 사용된 것은 임오군란과 '조청상민수륙무역장정'의 규정부터였다. 임오군란 당시 청은 조선이 청의 속방임을 대내외적으로 공포함으로써, 청의 간섭을 기정사실화하였다. 그리고 국제적으로 "청이 조선을 하나의 속방으로 간주하기" 때문에 조선에 군대를 파견하였다는 이유를 일본 등에 통지하였으며,[9] 조선

---

6) 「追補陰晴史」, 『續陰晴史』 下, 1960, 577면; 『陰晴史』 上, 1938, 94~95, 157면; 김성배 2001, 153~54면에서 재인용.

7) 『고종실록』 고종19년 2월 17일조.

8) "Although it is the case that Corea has been *so far a vassal of China*, the entire conduct of her internal affairs, and of her foreign relations, remains in her own hands *as an independent Sovereign State*. (⋯) As regards Chosen, it is simply *a dependency of China*, but its internal administration and its external intercourse are entirely, and in all respects, within his discretion and control *as an independent King*"(Bourne and Watt 1989~1994, 12면).

9) *BDFA*, I-E-2, 15면.

인민들에게 기존의 군신관계를 확인시키는 통지문을 거리에 게재하였다.[10]

청의 이러한 의도는 1882년 10월 17일(음력 8월 2일) 체결된 '중조상민수륙무역장정(中朝商民水陸貿易章程)'을 통해 반영된다. 그 전문에서 조선을 청의 번 내지 속방으로 간주하고 통상분야에서 청의 배타적인 이득을 보장하며,[11] 제8조에서 조선 국왕의 위상을 북양대신(北洋大臣)과 동격으로 취급하였다.[12] 그리하여 청은 사실상 조선정부로 하여금 청의 속국임을 인정하는 내용을 공식협정에 명문화하는 데까지 이른 것이다.

이와 같이 '속방' 용어가 '속국'을 의미하는 것으로 사용되는 현실에 대한 대응이 필요했다. 그 일환으로 1882년 수신사(修信使) 박영효 일행은 일본 주재 서구각국 외교관들에게 조선에 대한 청의 침략적인 태도와 간섭의 부당함을 설명하고 청의 간섭에서 벗어나기 위한 조선의 외교활동을 지원해줄 것을 요청하였다. 그리하여 박영효는 방일기간 중 다음과 같은 사항을 주지시키는 데 외교활동의 중점을 두었다. 첫째, 조·청 간의 상민수륙무역장정은 청의 강요에 의해 체결된 것이며 조선은 근대적인 의미에서 결코 청의 속국이 아닌 하나의 독립국가임을 설득시키고자 하였다.

조선이 서양과 조약을 체결하는 초안에 조선이 중국의 속국임을 선언하는 조항이 삽입되었지만, 전적으로 조선이 외교와 내정에 있어서 독립적임

---

10) 통고문에서 조청관계는 다음과 같이 규정되고 있다. "조선은 중국의 번방으로서 본래부터 예의를 지켜왔다. (…) 아, 중국조정과 너희 조선은 신하와 임금의 관계이므로 정의가 한 집안과 같다(朝鮮爲中朝藩服之邦 素秉禮義, (…) 呼天朝與爾朝鮮君臣, 誼猶一家)"(『고종실록』 권19, 고종19년 7월 13일자; 『고종순종실록 중』, 56면 하단).

11) "朝鮮久列藩封, (…) 惟此次所訂水陸貿易章程, 係中國優待屬邦之意, 不在各與國一體均霑之列"(『고종실록』 권19, 고종19년 10월 17일; 『고종순종실록 중』, 73면 상단).

12) "有須增損之處, 應隨時由北洋大臣與朝鮮國王, 咨商妥善"(『고종실록』 고종19년 10월 17일; 『고종순종실록 중』, 74면 상단). 이 내용은 김윤식의 『음청사(陰晴史)』(1938)에도 실려 있다. "現今總理大臣, 皇上之伯也, 與貴國王同等"(『陰晴史·從政年表 全』 고종19년 5월 14일조, 162면).

180

은 당신도 의심하지 않고 잘 알고 있습니다.[13]

둘째, 조선과 이미 조약을 체결한 영국, 미국, 독일 등에 대해서 조약의 조속한 비준 처리를 요청하며, 조선이 청의 속국이라고 오해할 소지가 있는 고종의 편지를 반환해줄 것을 영국과 미국에 요청하였다. 셋째, 향후 조선은 청을 경유하지 않고 서구각국 등 외국과 직접 접촉하고 문호를 개방하고자 하며, 필요하다면 외국과 직접 조약을 체결할 의사가 있음을 전달함으로써 조선에 대한 외국의 적극적인 태도를 이끌어내고자 하였다.

이렇게 '속방'을 둘러싼 조선과 청의 해석과 정치적 의도가 상이했던 것과는 달리 당시 미국은 조선의 독립을 인정하고 있었다. 박영효가 일본에서 만났던 빙엄(John Armos Bingham) 주일 미국공사는 이미 조미수호조약의 체결 직후 미국 전권공사인 슈펠트(Robert W. Shufeldt) 제독으로부터 조약의 사본을 건네받아 보았으며, 당시 일본 외무성에 조미조약 내용에는 조선에 대한 중국의 종주권을 인정하고 있는 어떠한 부분도 포함되어 있지 않다는 점을 밝혔다.[14] 즉 당시 빙엄 공사는 청국 측이 조미조약의 교섭 당시 조회문(照會文) 내에 '조선은 청의 속국'임을 명기하는 문구를 삽입하려고 의도하였음에도 불구하고, 미국정부는 조선에 대한 청의 종주권을 인정하지 않았다고 설명하였다.

이런 상황이었기 때문에, 임오군란 이후 청이 조선에 대한 종주권을 주장하자 미국 국무장관 프렐링하이젠(Fredk T. Frelinghuysen)이 청국 측의 주장을 무시했던 것이다. 그 예로 1882년 7월 29일자 상원외교관계위원회에 보내는 서신에서, 프렐링하이젠은 조미조약의 체결에 상관없이 조선이 하나의 독립국가로 존재해왔음을 인정하면서 조선의 독립을 기정사실로

---

13) *BDFA*, I-E-2, 107면.
14) No.674, July 25, "Treat"; Treat 1932, 162면.

받아들였다.[15] 국무장관의 이러한 입장은 그가 주중 미국공사에게 보내는 다음과 같은 편지내용에 잘 드러나 있다. "모든 상황을 고려해볼 때, 나는 조선이 행정적으로 독립되었음은 하나의 이미 확립된 사실로서, 최근 몇 년간의 사건에 의하여 충분히 인정되었으며, 조미조약의 체결로서 만들어지거나 인정되는 것이 아니라는 점을 받아들이지 않을 수 없다. 우리는 조선을 사실상 독립된 것으로 간주하며, 조미조약 체결 시 청의 도움을 우리[미국]가 받아들인 것은 결코 청의 종주권을 인정하는 의미에서는 아니었다."[16]

이후 조선은 1880년대 들어 조미수호조약(1882년)을 시작으로 조영조약과 조독수호조약(1882년), 조러수호통상조약(1884년) 등을 맺어 서양국가들과도 수교하였다. 이를 통해 조선이 중국의 '속방'이라는 표현은 적어도 서구국가들과의 조약문상에는 '독립'된 국가로서 바뀌어 사용되었다.

III. 갑신정변부터 청일전쟁까지 '독립'개념의 전개

그러나 조선이 처한 현실은 심각했다. 서구국가들과의 수교 이후 조선에 대한 청의 정치적·외교적 간섭이 심해지면서, 청으로부터의 '독립'이 시대적 과제를 상징하는 용어가 되었다.

박영효는 갑신정변을 준비하면서, 일본 공사관 소속 외교관 및 정변의 가담자들에게 청국으로부터의 독립을 강조하였다.

---

15) United States Department of State, *Papers Relating to the FRUS, 1867-1905*, Washington: Government Printing Office 1883, pt.I. No.177; Lee 1970, 44면에서 재인용.
16) "Frelinghuysen to Young"(1882.8.4), *National Archives, Records of the Department of States, Diplomatic Instructions, China*; Lee 1970, 50면에서 재인용.

우리들 일본당(日本黨)으로서는 세계의 대세를 논하면서 조선의 위태로움이 눈앞에 다가왔음을 알고, 하루빨리 독립의 체면을 명확히 해서 정치를 개량하지 않으면, 누군가의 속국이 될 수밖에 없다.[17]

그리하여 청으로부터의 독립을 시도한 최초의 정치적 움직임이 1884년의 갑신정변이다. 당시 발표된 14개조의 혁신정강 중 첫번째 항목은 "대원군을 빠른 시일 내로 모셔오며, 조공(朝貢), 허례(虛禮)의 의식을 폐지할 것"이었다.[18] 이러한 구상은 청에 대한 조공의 폐지, 즉 청과의 종속관계를 폐기하고 청으로부터 독립을 시도한다는 것을 의미했다. 당시 갑신정변을 주도한 개화파들은 당시 조선이 처한 국제정치적 상황에서 조선이 자주적 행위자가 되기 위해 무엇보다 중요한 것은 조선에 예속과 압력을 강요하는 중국(청)과의 결별임을 인식하고 실행에 옮긴 것이다(김용구 2008, 149면).

1880년대 '독립'의 의미를 잘 보여주는 것으로서, 박영효는 「1888년 상소문」에서 독립국가의 주요 권리인 주권을 보존하는 것이 필요하다는 점을 다음과 같이 언급하였다. 아래의 짧은 문장은 외국과의 관계에서 개화파가 생각하는 '독립'의 구체적 내용을 의미하는 것으로 볼 수 있다.

외국과 교류할 때, 우리나라의 주권을 상실하거나 국체에 손상을 입혀서는 안 되게 하는 것입니다.[19]

---

17) "朴泳孝邸ニ於テ洪英植·金玉均·徐光範等卜島村久談話筆記要略"(伊藤博文 1970, 270면).
18) "一 大院君不日陪還事, 朝貢虛禮義行廢止"(金玉均 1885, 37면; 한국한문헌연구소 1979, 95면에서 재인용).
19) "與外國交, 勿失主權, 損國體事"(日本 外務省 1963, 309면).

위의 부분에서 '주권'이라는 말을 사용한 것으로 보아, 당시 외국에 대하여 자국의 독립과 자주성을 주장할 경우에 그 권리를 내세우는 용어로서 주권을 이해한 것으로 보인다.

개화파들의 주요 관심사는 조선이 청국의 간섭 및 열강의 진출로부터 실질적 독립을 유지할 방안이었다. 이를 위해 외국의 사례와 관련 국제법이 참조되었는데, 그 예로 당시 조선에 전파된 『만국공법』의 권1, 제10절에서 터키가 유럽 여러 나라의 균세(세력균형)에 의해 독립을 유지했다는 설명은 주목을 받을 만했다(김용구 2008, 149면). 한편, 조선의 독립을 보장받는 방안으로 중립화 방안도 제시되었다. 또한 유길준은 『서유견문』의 제3편, "방국의 권리"에서 당시 서구의 주권개념에 대해 자세히 설명하였다.[20] 그중 주권의 성격을 국제적 측면과 국내적 측면으로 나누어 설명하고 있는 부분을 인용하면 다음과 같다.

> 이 권리는 두 종류로 나누어진다. 하나는 내용(內用)하는 주권이어서, 나라 안의 일체의 정치와 법령이 그 정부의 입헌을 스스로 받는 것이다. 둘째는 외행(外行)하는 주권이어서, 독립과 평등의 원리로, 외국과의 교섭을 보수(保守)하는 것이다. (兪吉濬全書編纂委員會 1971, 85면)

이어서 유길준은 한 나라의 국력의 강약이나 국토의 대소를 불문하고 그 내외관계에 있어 다른 나라의 통제를 받지 않으면 곧 '자주독립국가'라고 설명하고 있다(김용구 2008, 154~55면). 이러한 '독립'을 실현하기 위한 방편으로 상주외교사절 활동을 시작하면서, 외교의례에서 '독립'의 의미가 부각되었다. 조선정부는 1880년대 중반 이후 상주외교사절을 파견하여 국제적으로 자주독립을 인정받고자 노력한다. 1887년 8월 초대 주미공사 박

---

20) 이에 관한 부분은 兪吉濬全書編纂委員會(1971, 85~99면)을 참조.

정양의 파견이 그 일환이었다. 그러나 청국은 '속방'의 논리를 들어 '영약삼단(另約三端)'으로 조선의 외교사절을 통제하고자 했다. '영약삼단'은 리 홍장이 조선의 외교자주권을 제한하기 위해 제시한 것으로, 주미 조선 공사가 따라야 할 세가지 조건을 말한다. 즉 조선공사는 미국에 착임하자마자 청국공사와 함께 국무성을 방문해야 하며, 외교의전의 자리에서 청국공사의 뒤를 따라야 하며, 중요 안건은 청국공사와 의논해야 한다는 것이었다. 그러나 박정양은 미국에서 의전절차에 관한 청국의 요구에 따르지 않고 자주독립국가의 외교사절로서 행동하였다. 유길준은 이러한 청의 논리를 비판하는 외교답서에서, 청국이 주장하는 '삼단'보다 '만국공례'가 우선되며, 조선의 상주사절은 자주적으로 행동할 수 있다고 주장했다(유길준 1971, 332~39면).

이와 같이 1880년대 중반 이후 조선이 청의 속방이지만 서구국가들과 수호통상조약을 체결하고 상주외교사절을 파견하는 것은 하나의 독립국임을 입증하는 것이라는 점이 부각되었다. 특히 고종의 외교자문 역할을 했던 데니는 *CHINA AND KOREA*〔청한론(淸韓論), 1888〕라는 저서에서 독립주권국이라고 할 가장 확실한 증거는 다른 독립주권국과 수호항해 및 통상 등의 조약을 상의 체결하거나 서로 공사를 파견하며, 또는 선전(宣傳)·강화(講和)와 아울러 독립정권과 기타의 권리를 갖고 있다는 점이라고 설명하였다. 그리고 데니는 조선이 청에 조공을 바치는 진공국(進貢國)이라고 해도, 하나의 국가가 다른 국가에 대해 지니는 진공상(進貢上)의 관계는 그 주권과 독립권을 조금도 훼손하지 못한다는 점을 강조하였다(O. N. 데니 1989, 20~23면). 이러한 데니의 설명은 유길준 등 당시 조선정부의 입장을 대변하는 것이었다.

이후 '독립'이라는 용어의 사용이 한반도를 둘러싼 국제정치의 힘의 관계의 변화 속에 절박하게 다가온 계기는, 1894년 청일전쟁시기 조선정부의 독립 표명이었다.

갑신정변에서 퇴각한 이후 조선에 진출할 기회를 엿보던 일본은 1894년 동학농민군 진압을 명분으로 청군이 조선에 출병하자 텐진조약의 공동출병 조항을 활용하여 조선에 병력을 파견한다. 조선정부는 전쟁 발발을 막기 위해 양국에 철병을 요청했지만, 일본은 개전의 명분을 찾고 있었다. 먼저, 오오또리 케이스께(大鳥圭介) 주한 일본공사가 조선이 청의 속방인지 여부를 조회하는 공문을 보내자 외무독판 조병직은 조선의 자주권을 재확인하고 속방을 부인하는 답신을 보냈다.[21]

이어, 청일 양국군대가 대치하는 상황에서, 오오또리 공사는 조선정부에 조선의 국제적 지위를 문의하면서 조선정부에 '청한 종속관계"의 단절을 요구하였다. 이에 대해 고종은 조선의 내정과 외교는 독립적이라는 견해를 밝혔고, 조선정부는 독립국임을 선언한다.[22]

이 시기 일본은 조선의 '독립'이라는 용어의 의미를 내세우며 조선의 자주독립을 위한 국내적 개혁으로서 '내정개혁'의 후원자 역할을 자처하였으나, 이는 실질적으로 조선정부의 내정에 간섭하고 외교활동을 억제하는 양상을 띠고 있었다.

청일 간 선전포고 이후 1894년 8월 20일(음력 7월 20일) 조선의 김윤식 외무대신과 일본의 오오또리 공사가 '조일잠정합동조관(朝日暫定合同條款)'을 작성한다. '조일잠정합동조관'에서는 다음과 같이 일본의 내정간섭의 명분이 조선의 자주독립을 위한 것이라고 제시되었다.

이번에 일본정부는 조선정부가 내정을 바로잡을 것을 절실히 바랐으며 조선정부도 그것이 바로 급하고 중요한 일이라는 것을 인정하고 권고한 대로 힘써 시행하게 되었으니 각 조항을 명백히 알려주고 착실하게 시행하여

---

21) 「'보호속방' 조회에 대한 조병직의 회답」, 『舊韓國外交文書: 日案 II』 2893(膽28冊), 656~57면.
22) No.19 "Sill to Gresham"(1894.7.2), *Papers relating to the FRUS 1894*, 28~29면.

야 할 것이다. (…)

일본정부는 본래 조선을 도와서 **독립**과 **자주**의 대업을 성취하게 할 것을 희망하므로 앞으로 조선의 독립과 자주를 공고히 하는 문제는 마땅히 따로 두 나라 정부에서 파견하는 관리들이 모여서 협의하여 대안을 결정하여야 할 것이다.[23]

그리고 한달이 채 안 된 1894년 8월 26일(음력 7월 26일), 조선에서 청군을 축출하기 위한 일종의 동맹으로서, 일본군의 전쟁 수행을 조선이 도와주어야 함을 명기하는 '조일동맹조약(朝日同盟條約)'이 김윤식 외무대신과 오오또리 공사 간에 체결되었다.

제1조, 이 동맹조약은 청군을 조선국경 밖으로 철수시키고 조선의 **독립**과 **자주**를 공고히 하며 조선과 일본 두 나라가 누릴 이익을 확대하는 것을 기본으로 삼는다.
제2조, 일본이 청에 대한 공격과 방어 전쟁을 담당할 것을 이미 승인했으니 군량을 미리 마련하는 등 여러가지 일에 반드시 돕고 편의를 제공하기에 힘을 아끼지 말아야 할 것이다.[24]

이렇게 조일 간 일종의 군사동맹조약이 체결되는 등 외형상으로는 일본이 조선의 독립을 지원하는 양상을 띠었지만, 고종의 신변은 청일 양국군의 전투상황에 따라, 특히 일본군의 경복궁 점령 이후 크게 위협받게 되었다. 이러한 대외적 위기에 처하면서 '자주'와 '독립'은 결합되어 하나의 시대적 과제를 상징하는 용어로서 사용되었다.

---

23) 『고종실록』 고종31년 7월 20일조.
24) 『고종실록』 고종31년 7월 22일조.

갑오개혁 초기 개혁을 주도했던 군국기무처(軍國機務處)에서는 청으로부터의 자주독립을 염두에 두고 조선의 외교적 자주성을 확보하며 자주독립국임을 대외에 선포하는 데 노력을 기울였다. 먼저 1894년 음력 6월 28일에는 이후 국내외의 공사 문서에 개국기원(開國紀元)을 쓸 것과 청국과의 기존 조약을 개정하고 각국에 특명전권공사를 다시 파견할 것을 제의하여, 고종의 윤허를 받았다.[25] 1894년 청일전쟁이 전개되던 상황에서 조선정부는 11월 21일 칙령 제3호를 통해 조선이 독립되었음을 대내외적으로 공식 발표하는 의식을 거행할 것임을 공포하였다. 그리고 이날 공포된 공문들에는 향후 조선의 국왕이 직접 외교사절을 접수하고 대외적인 신임장을 제정한다는 규정들이 포함되었다.[26] 이와 같이 조선의 외교권의 최종 권한이 청이 아닌 조선의 군주에게 있음을 대내외적으로 공포함으로써 조선이 외교상 자주독립되었음을 보여주고자 했다.

이러한 조선의 자주독립 선언은 그해 12월 12일 종묘에서 고종이 직접 공포한 홍범(洪範) 14개조에 언급된 다음 취지문을 통해 상징적으로 나타난다.

(…) 우리 조상들이 우리 왕조를 세우고 우리 후손들에게 물려준 지도 503년이 되는데 나의 대에 와서 시운이 크게 변하고 문화가 개화하였으며 우방이 진심으로 도와주고 조정의 의견이 일치되어 오직 **자주독립**을 해야 우리나라를 튼튼히 할 수 있는 것입니다. (…) 이제부터는 다른 나라에 의거하지 말고 국운을 융성하게 하여 백성의 복리를 증진함으로써 자주독립의

---

25) 『고종실록』 고종31년 6월 28일조.
26) 제18조 "국서와 조약을 비준하거나 외국에 파견하는 관리들의 위임장, 각국에 주재할 영사의 신임장에는 친히 수표한 후에 옥새를 찍는다"(『고종실록』 고종31년 11월 21일조).

터전을 튼튼히 할 것입니다.[27]

그리고 홍범 14개조 첫번째 조항으로 "청나라에 의존하는 생각을 끊어버리고 자주독립의 터전의 기초를 굳건히 한다"는 점을 공포하였다.[28] 이로써 조선정부는 조청 간의 기존 조공관계의 종식을 공식 선언하였다. 이러한 일련의 자주독립 선언 이후 조선정부는 그 취지와 자주외교의 필요성을 국내적으로 설명하고 홍보하는 데 노력을 기울였다. 그 예로 1894년 12월 13일 고종은 중앙과 지방의 신하 및 백성 들에게 자주독립을 고취시키는 다음과 같은 내용의 윤음을 내리면서, 정부차원뿐만 아니라 '민'차원에서의 '자주·독립' 정신을 고취시켜나갔다.

(…) 지금 각국과 외교관계를 맺고 조약을 지켜나가면서 오직 실질적인 독립을 위하여 힘쓰고 있는데 실질적인 독립은 내정을 바로잡은 데서 시작된다. 우리나라의 **독립**을 공고히 하려면 그것은 사실 오랜 폐단을 바로잡고 실속 있는 정사를 잘하여 나라를 부강하게 하는 데 있다. 이에 나는 마음속으로 크게 경계하고 조정에 문의하니 오직 개혁뿐이라고 한다. (…)
아, 너희들 일반 백성은 실로 나라의 근본이다. 자주도 백성에게 달렸고 독립도 백성에게 달렸다. 임금이 아무리 자주를 하려고 해도 백성이 없으면 무엇에 의거하며 나라가 아무리 독립을 하려 하여도 백성이 없으면 누구와 더불어 하겠는가. (…)[29]

이와 더불어 조선정부는 그간 중국사신을 맞이하던 장소인 영은문(迎恩門)을 헐고 병자호란 당시 청국의 전공을 기록한 비문인 삼전도비(三田渡

---

27) 『고종실록』 고종31년 12월 12일조.
28) "洪範 一, 割斷附依淸國慮念, 確建自主獨立基礎"(『고종실록』 고종31년 12월 12일조).
29) 『고종실록』 고종31년 12월 13일조.

碑)를 허물어트림으로써,[30] 그동안 청에 대하여 수치스러웠던 상징물들을 제거하였다. 또한 조선정부는 조선국왕의 칭호를 '주상전하(主上殿下)'에서 '대군주폐하(大君主陛下)'로 격상시켜, 이후 조선의 군주가 외국과 대등한 독립국가 군주의 위상을 갖추게 되었음을 과시하였다.[31]

그리고 1895년 음력 1월 5일 조선정부는 「내무아문훈령 제1호」를 통해 다음과 같이 자주독립의 큰 사업을 함께 지킬 것을 포고한다.

대체로 우리 대조선국은 본래 당당한 자주독립국이었는데 중간에 청나라의 간섭을 받아 나라의 체면이 점점 손실되고 나라의 권위가 점점 손상당하였다. 그래서 우리 성상폐하는 세상 형편을 살피고 분연히 결단을 내려 나라를 중흥하는 사업으로 자주독립하는 큰 기초를 굳건히 세워서 청나라에 추종하던 옛 습관을 끊어버렸으니 나라의 경사와 신하들과 백성들의 영광은 더없이 큰 것이다. (…)

그런데 불량한 무뢰배들이 나라의 큰 뜻을 망각하고 아직도 청나라를 사모하여 근거 없는 거짓말을 꾸며내서 민심을 유혹하고 국시를 흔들어놓으니, (…) 이러한 무리들은 드러나는 대로 붙잡아 나라를 배반한 역적으로 처벌할 것이니 우리 대조선국의 모든 백성들은 우리 성상폐하의 큰 공로를 우러러 칭송하며 그 깊은 뜻을 체현해서 **자주독립**하려는 큰 사업을 함께 지키고 거짓말로 선동하는 나라의 역적이 있으면 함께 치기를 간절히 바란다.[32]

위 포고문을 통해 볼 때 조선정부는 청에 의존하는 세력들의 행동은 국

---

30) 『梅泉野錄』卷二 乙 1月, 二; 黃玹 1972, 182면.
31) 1894년 음력 12월 17일 박영효는 총리대신인 김홍집 등 주요 대신들과 함께 "왕실에 관한 존칭에 대하여, 새 규례를 갖출 것"을 고종에게 제의하여 승인을 받았다(『고종실록』 고종31년 12월 17일조;『梅泉野錄』卷二 甲午 12月, 三; 黃玹 1972, 180면).
32) 『고종실록』 고종32년 1월 5일조.

시를 위협하는 역적행위가 됨을 경고하면서, 조선의 관료와 민이 단결하여 친청세력을 타도할 것을 호소하였다. 그리고 1895년 4월 4일(음력 3월 10일) 각 도에 훈시한 「내무아문개혁훈시」에서는 더이상 청을 숭상하지 말 것을 알리도록 다음과 같이 지시하였다.

제팔십육조, 명과 청을 존숭하지 말고 우리 조선의 개국기원(開國紀元)이 정해졌으므로 제반 명문과 계서 등에 청국 연호를 쓰지 말 것.
제팔십칠조, 인민에게 일본이 우리의 **독립자주**를 도와주는 형편을 가르쳐 줄 것.[33]

IV. 청일전쟁 이후 대한제국시기까지 '자주독립' 개념의 사용

1890년대 '자주독립'이라는 용어가 국제정치적 현실을 반영한 용어로서 사용된 예로, 1895년 3월 23일에 청일 간에 체결된 강화조약문을 들 수 있다. 즉 '시모노세키강화조약(下關講和條約)'의 제1조에서는 "청나라는 조선이 완전무결한 자주독립국가〔獨立自主之國〕라는 것을 인정하며, 그 전에 청나라에 공납을 바치던 규정 등은 다 자주독립에 해로운 것이므로 앞으로 모두 폐지한다"라고 명기되었다. 그 결과 일본에 의해 조선의 대청 자주독립이 국제적으로 기정사실화되었다.[34]

한편, 청일전쟁에서 일본의 승리가 확실해지자 조선정부 내 총리대신 김홍집과 군무대신 조희연은 일본군사를 위로하는 칙사를 파견할 것을 제의하였으며, 고종이 이를 승인하였다. 그 과정에서 일본 측의 대청 개전의

---

33)『고종실록』고종32년 3월 10일조.
34)『고종실록』고종32년 5월 10일조.

명분이 조선의 독립을 확보하고 동양평화를 이룩하기 위한 것임이 다음과 같이 공식적으로 언급되었다.

이번에 일본국이 청과 전쟁을 시작한 것은 왕국의 고유한 독립권을 실지 인정하여 동양의 큰 범위의 평화를 유지하려는 뜻에서 나온 것입니다. 그 후 일본국의 군사가 바다와 육지에서 크게 이기는 공로를 이룩했으니 특별히 칙사를 파견해서 위로하는 훌륭한 뜻을 보이는 것이 어떻겠습니까.[35]

조선정부는 강화조약상의 명시를 통해 세계각국에 조선이 더이상 청의 속국이 아님을 보여줄 수 있게 되었다고 인식하였다. 이에 박정양 등은 고종에게 1895년 6월 6일을 조선 독립을 기념하는 국경일로 선포할 것을 건의하였으며, 이를 국내외적으로 알리기 위해 고종은 다음 지시를 내려서 홍범 14개조를 공포한 날을 독립경축일로 제정하였다.

나는 개국(開國) 503년 12월 12일에 종묘와 사직에 맹세하여 종래의 청국의 간섭을 끊어버리고 우리 대조선국의 고유한 독립 기초를 굳건히 하며 또한 이 시모노세키조약을 통하여 세계에 표창하는 빛을 더 드러내는 것이다. (…)
연례(年例)로 되는 독립경축일을 정하여 영구히 우리나라의 하나의 경사스러운 큰 명절로 삼음으로써 내가 신하와 백성과 함께 축하하는 규범에 대해서는 내가 다시 나의 뜻을 신하와 백성들에게 알리겠다.[36]

조선정부는 독립을 기념하기 위해 궁궐에서 연회를 개최하기로 하고 씰

35) 『고종실록』 고종32년 2월 12일조.
36) 『고종실록』 고종32년 5월 10일조.

(John M. B. Sill) 주한 미국공사 등 조선 주재 각국 공사들에게 초청장을 발송하였다. 그러나 씰 공사는 이러한 독립기념일 제정을 일본 측의 구상으로 추정하였으며, 초청장에 적힌 문구를 이유로 처음에는 참석을 거절하였다. 이에 당황한 조선정부는 그의 제안대로 초청장 문구를 다음과 같이 변경하여 다시 발송하였다. 즉 연회의 개최명분이 "조선독립을 기념하기 위한 것"에서 "조선에서 평화가 정착되었으며, 중국 측이 조선의 주권에 대한 어떠한 주장도 포기하는 것을 기념하기 위해서"라고 그 문구가 바뀌어 다시 전달되었다. 당시 러시아 측도 그때까지 조선이 독립적이 아니었다는 점을 인정할 수 없다고 보았다. 러시아정부는 조선정부가 독립국가이기 때문에 조약을 체결하고 러시아공사가 조선에서 근무했던 것이라고 밝혔다.[37]

조선정부의 이러한 독립 선언은 미국정부로서 받아들일 수 없는 사항이었다. 미국정부는 이미 1882년 조미수호조약 체결로 조선의 국제적 독립을 이미 인정한 점을 조선 측에 상기시키면서, 새삼스럽게 조선을 독립국가로 인정할 필요가 없다는 태도를 취하였다.[38] 그리하여 씰 공사는 1895년 6월 6일 독립기념일 선포일로부터 조선이 독립되었다는 점을 인정하기를 거부한다. 이러한 그의 입장 표명은 1882년 조미수호조약의 체결과정에서부터 미국이 조선을 하나의 독립된 국가로 간주하는 태도에 부합하며, 이 문제에 대한 미 본국 정부의 태도와도 일치한다. 이 점은 미 국무성이 1895년 7월 9일 씰 공사에게 전문을 보내 그의 행동을 다음과 같이 승인한 점에서 잘 드러난다.

1895년 6월 6일자로 조선의 독립이 비롯된다는 점을 귀하가 인정하기를

---

37) No.120 "John M. B. Sill to Secretary of State"(1895.6.7), *Korean-American Relations, Volume II*, 261면.
38) No.87 "Adee to Sill"(1895.7.9), *FRUS 1895*, 971면.

거부한 행동은 승인되었다. 1882년 〔조미수호〕조약이 체결된 이후 조선에 대한 미국정부가 취하는 입장은 최근의 사태로 인해 전혀 영향받은 것이 없다. 그때 이래로 조선의 독립은 우리에게 하나의 확립되어 있는 기정사실이다.[39]

앞에서 살펴보았듯이 청일전쟁의 패배 이후 조선에 대한 청의 지배력이 크게 약화되면서 '자주'와 '독립'의 불일치 문제가 다시 부각되기 어려웠다. 조선이 청일전쟁 이후 자주독립을 상징하는 일련의 조치들을 시행하면서, '자주독립'이라는 용어는 단일한 시각에 의해 그 함의가 규정되는 개념으로 수렴되기 시작하였다. 1896년 4월에 창간한『독립신문』에서 나타나는 '자주독립'은 이러한 맥락에서 활용되는 용어였다. 청과의 사대관계를 청산하는 것이야말로 자주독립의 관건이라는 입장에서『독립신문』과 '독립협회'는 청으로부터의 자립을 강력하게 주장하였다(류준필 2004, 24~25면).

1890년대 중반 이후 '자주독립'이라는 용어를 사용하는 것이 주변 국가들의 이해관계와 배치되거나, 나아가 조선의 현실과 괴리된 것일 수 있다는 우려와 저항이 나타나면서, '자주독립'은『독립신문』등 언론의 화두로 등장하였다. 그 예로,『독립신문』은 1896년 5월 16일자 논설에서 1890년대 조청관계에 대한 조선의 이해, 그리고 조선정부의 일련의 자주독립 선언에도 불구하고 실질적으로는 일본의 속국하에 놓여 있음을 다음과 같이 지적하였다.

---

39) "Your action in refusing to recognize that Korean independence dates from the 6th of June, 1895, is approved. The position assumed by this Government towards Korea since contracting a treaty with it in 1882 treaty has in no wise been affected by the recent events. Korea's independence since then has been for us an established and accepted fact," No.87 "Adee to Sill" (1895.7.9), *FRUS 1895*, 971면.

조선이 이왕에 청국 속국이라고 하였으나 말만 그러하였지 청국에서 조선 내치에 상관하지 않았으며, 조선정부에서 무슨 일이든지 조선 일을 임의로 몇백년을 하여왔더니, 근년에 청국이 원세개를 보내여 조선정부 일을 속으로 알은데 한 것은 조선정부에서 자청한 일이요.

일본과 청국이 싸운 후에는 조선이 독립이 되었다고 말로는 하였으되, 실상인즉 일본 속국이 됨과 같은지라. 조선 내정과 외교하는 정치를 모두 진고개 일본공사관에서 조치하였으니, 독립국에도 남의 나라 사신이 그 나라 정부 일을 결정하는 나라도 또 있는지 우리는 듣고 보지 못하였노라. 이것은 일본사람만 책망할 것이 아니라 조선사람들이 자청한 일이요, 조선사람들이 남에게 의지하기를 좋아하는 까닭에 언제든지 상전이 있어야 견디지 상전 없이는 견디기가 매우 어려운즉, 그것은 다름이 아니라 인민이 어리석고 나라를 위하는 마음이 없는 연고니, 이때를 당하여 남에게 의지하는 마음을 조금 버리고 조선사람이 조선 일을 조금 하여볼 도리를 하는 것이 나라를 사랑하는 사람의 일이라. (…)[40]

또한 같은 일자 논설에서 조선을 보호국화하려는 러시아와 일본의 논의가 있음을 소개하면서, 조선이 자주독립해야 하며 이를 위해서는 조선의 인민들이 각성하며 외국과 교제 시 조선의 국익을 먼저 생각할 것을 촉구하고 있다(송재문화재단출판부 1976, 20~21면).

그리고 다음과 같이 조선이 자주독립국이 될 수 있는 방법을 제시하였다.

불가불 외국 사람이라도 학문 있는 사람을 초청하여 그 사람들의 말을 쫓아 일을 하고 외교하는 데에도 편벽되지 말고 각국을 모두 친구로 대접하

---

40) 『독립신문』 1896.5.16; 송재문화재단출판부 1976, 21면.

고, 무릇 어느 나라든지 조선을 해치려고 한다든지 조선에 대하여 실례되는 일을 행할 것 같으면, 다만 정부에서 벼슬하는 사람만 그것을 분히 여겨 한탄할 뿐 아니라 전국 인민이 모두 합심하여 한탄하거드면, 외국이 자연히 조선을 높이 대접할 터이요.

그렇게 하면 독립은 염려 없이 될 터이니, 나라가 독립이 되거드면 임금의 지위만 높아질 뿐 아니라 그 나라에 있는 사람은 모두 타국 인민과 동등하게 된다. (…)[41]

1898년 4월 7일자 『독립신문』 논설에서는 국권상실의 위기에 처하여 나라의 자주독립을 확보하기 위한 전국민의 단결을 다음과 같이 촉구하고 있다.

또 한 나라가 자주독립을 하려면 그 나라 안에 사는 사람들이 서로 버티고 서로 의지가 되어주어야 그 나라 덩어리가 풍우를 무릅쓰고라도 지탱을 하지, 만일 그 안에 있는 인민들과 정부가 서로 반대하고 서로 지고 있는 직무와 정의를 잊어버리고 서로 목을 따려고 할 것 같으면, 그 덩어리가 조금이라도 지탱하지 못할 것은 분명히 아는 것이라.[42]

또한 『독립신문』은 "청국에 의지하지 말라. 종이나 사환에 지나지 못할 것이다. 일본에 의지하지 말라. 나중엔 내장을 잃을 것이다. 러시아에 의지하지 말라. 필경엔 몸뚱이까지 삼켜지게 될 것이다. 영국과 미국에 의지하지 말라. 청국과 일본과 러시아와 원수를 맺을 것이다"라고 하면서 "남에게 의지하고 힘입으려는 마음"을 끊어야 한다고 역설했다. 아울러 외교적

---

41) 『독립신문』 1896.5.16; 송재문화재단출판부 1976, 21면.
42) 『독립신문』 1898.4.7; 송재문화재단출판부 1976, 361면.

우호관계를 유지하고 군사적 자위력을 갖추어 외국과 동등하게 교섭하여
야 자주독립을 유지할 수 있으며, 이를 위해서는 근대학문 수용과 외국 유
학이 필요하다는 견해를 피력했다.[43]

　서재필은 아시아의 페르시아, 인도 등이 서구열강의 식민지가 된 반면,
일본만이 문명개화를 통해 오키나와를 복속했음을 지적하면서, 자주독립
한 부강한 나라가 되려면 개명과 변화가 필요하다고 강조했다(피제손 1897).
외국과 대등한 관계를 위해 국민이 합심하여 문명개화를 추진해야 한다는
생각도 자주 보였다.[44] '개화'는 공사 간에 마음을 열고 서로 의론해서 만
사를 정하는 공론의 관점에서 해석되었다.[45] 개개인의 개화와 자강이 있어
야 독립이 가능하다는 주장도 보였다.[46]

　이와 같이 '자주독립'이라는 용어는 당시 일본으로부터 조선의 정치·
외교상의 실질적 주권을 확보하려는 의미를 시사하는 것으로 이해되었다.
이러한 현실에서 조선이 일본으로부터 '독립'하고자 하는 시도로, 칭제건
원과 대한제국의 선포를 들 수 있다.

　청일전쟁 당시 삼국간섭 후 일본의 영향력이 약화되고 조선정부에는
친러파 내각이 들어서게 된다. 일본이 명성황후 시해를 통해 반전을 꾀하
자 고종과 정부관료들은 러시아에 보호를 요청하고 아관파천(1896년)을 단
행한다. 고종 환궁 후 관료들은 조선이 자주독립국임을 국내외에 천명하
기 위해 황제 등극을 건의했다. 농상공부 협판 권재형은『공법회통(公法會
通)』을 원용하면서 칭제는 자주국가로서 국제공법상 당연하다는 논리를
전개하였다. 1898년 9월 29일 봉조하(奉朝賀) 김재현 등 관리 716명은 갑오

43)「지각이 있는 사람의 말」,『독립신문』 1898.1.20.
44)「각심이 아니라 합심해야」,『독립신문』 1897.2.23;「자주독립은 전국 인민의 힘으로」,
　『독립신문』 1897.7.27.
45)「개화의 의미」,『독립신문』 1896.7.30.
46)「國家와 國民의 興亡」,『대조선독립협회회보』 제11호, 1897년 4월.

개혁시기 조선의 자주외교가 명분에 그치고 있음을 지적하면서, 조선이 자주독립국임을 국내외에 보여주기 위해 고종을 황제로 높여 부를 것을 연명으로 상소했다.

(…) 갑오경장 후부터는 독립하였다는 명색은 있으나 스스로 주인으로 됐다는 내용은 없으며 국시가 정하여지지 못하고 백성들의 의혹이 없어지지 않았습니다. 오늘의 계책으로는 마땅히 위의를 바로 세우고 존엄을 높임으로써 백성들의 마음으로 하여금 추향이 있게 하는 데 있는 것입니다. (…)[47]

1897년 10월 2일 의정부 의정(議政府議政) 심순택과 특진관(特進官) 조병세 등도, 여러 관리들을 거느리고 고종에게 황제에 오를 것을 거듭 제의하는 자리에서 갑오개혁시기 자주가 실질적으로 이루어지지 않았음을 다음과 같이 지적하였다.

(…) 그러나 우리나라는 경장(更張)을 한 후부터 이른바 독립과 자주는 이미 만국(萬國)의 공인을 받았고 대체로 모든 예의 절차는 다 천자의 예의 절차를 쓰고 있으며 머나먼 외국들과 외교관계도 다 그렇게 하고 있는 때입니다. 그런데 옛 관습을 따라 고루한 상태에 있다가 독립을 하였다는 명목은 있으나 자주를 하였다는 내용은 없으니 결국 빨리 큰 칭호를 제정하여 여러나라에 공포하지 않는다면 실로 하늘의 의사를 받들고 백성들의 마음을 따르는 도리가 아닌 것입니다. (…)[48]

---

47) 『고종실록』 고종34년 9월 29일조.
48) 『고종실록』 고종34년 10월 2일조.

고종은 이러한 건의를 받아들여 조선이 자주국임을 선포하고 실추된 국권의 위상을 높이고자 1897년 10월 국호를 '대한'으로 하고 국왕을 '황제'로 칭한다는「대한제국의 선포와 황제 등극을 알리는 조서」를 반포하고 황제에 즉위하였다. 이 시기 오연근은 '상평(常平)'이라는 화폐명도 자주적인 것이 아니므로 화폐에 연호를 명기하여 독립의지를 표명해야 한다고 주장했다.[49] 그러나 독립협회 지식인들은 '칭제'의 형식보다 '개화'의 실질을 중시했다.『독립신문』은 세계로부터 독립국가로 인정받기 위해서는 황제 즉위식이라는 외형보다는 국력을 기르는 것이 시급하다고 지적했다. 그리고 러시아와 일본의 조선 보호국화 논의를 소개하면서 자주독립을 확보하려면 국권 상실의 위기에 처한 조선인들이 각성해서 대외관계에서 국익을 우선하고 국민의 단결을 꾀해야 한다고 촉구하였다.[50]

V. 맺음말

이상 19세기 후반의 일부 문헌을 통해 살펴본 '자주'와 '독립' 개념은, 그 전개과정이 19세기 한국이 처한 국제적 지위와 청, 일 등 주변 국가와의 관계를 보여주는, 시대적 상징어라 할 수 있다.

제2절에서 살펴본 바와 같이 1870년대까지 '자주'라는 용어가 기존의 '속방'이라는 용어와 결합되어 사용된 것은 조선이 청으로부터의 정치적·외교적 자율성을 확보하면서도 전통적 질서하에서 청과의 관계를 활용하여 외세의 진출을 억제하려는 외교적 고민의 흔적이라 하겠다. 이후 청이 조청관계에서 '자주속방'의 '자주'를 무시하고 '속방'을 서구 근대국

---

49)『고종실록』고종34년 4월 13일조.
50)『독립신문』1896.5.16; 1897.10.2; 1898.4.7.

제질서하에서의 '속국'으로 변형시키려는 태도를 보임에 따라, 임오군란 이후에는 이를 대체하고 청의 간섭에서 벗어나는 것을 추구하는 용어로서 '독립'이 사용되었다. 이어 제3절에서 살펴본 바에 의하면, 1880년대 갑신정변 이후에는 청과의 특수한 관계를 현실적으로 타파하지 못하는 제약과 함께 조선이 서구국가들과 수교를 맺어 대등한 관계임을 상정함에 따라, '자주'와 '독립'이 결합된 형태로 이해되었다.

그리고 제4절에서 서술한 바와 같이 청일전쟁에서 승전국 일본이 조선에서 청의 세력을 축출하고 개혁을 추구함에 따라, '자주독립'은 조선의 국제적 지위를 나타내는 용어로서 추구되었다. 동시에 이 시기에 이르러 청 대신에 러시아, 일본 등의 간섭과 침략적 진출로부터 국권을 수호하기 위한 국가적 목표로서 '자주독립'이 시대적 유행어로 통용되었다. 하지만 '자주독립'을 어떻게 이룩할 것인가에 대해서는 국내의 다양한 정치세력과 여론, 그리고 일본과 러시아 등 외국의 입장과 반응이 다양하게 전개되었다. 즉 '자주독립'이라는 용어는 같이 사용하지만 각자 추구하는 정치적 입장과 외교적 이해관계는 크게 차이나거나 대립 내지 충돌하였던 것이다.

이상 본문에서는 '자주'와 '독립'이라는 용어의 사용을 관련 문헌들에서 언급된 것을 밝히는 데 그치고 있다. 당시 이 같은 용어를 사용하게 된 국제정치적 역학관계의 변화, 국내정치적으로 절박한 사정과 정치적 의도가 복잡하게 얽힌 역동적 측면은 충분히 밝혀내지 못하였다. 아마도 이러한 측면에 대한 본격적인 설명은 향후 연구과제라고 하겠다.

제7장

근현대 한국에서 국제정치영역의 자유개념

•

강동국

I. 머리말

1948년에 제정된 제헌헌법에서부터 1987년 개정된 9차 개정헌법에 이르기까지 39년간 아홉 차례의 헌법 개정에도 불구하고 헌법 전문(前文)에서 '자유(自由)'개념이 지속적으로 등장해온 것에서 알 수 있듯이, 자유는 현대 한국을 규정하는 가장 중요한 개념 중 하나였고 현재에도 역시 그러하다. 이 중요성의 결과 자유의 개념사에 대한 논고도 다른 사회과학 개념에 비하여 상대적으로 풍부하다.[1] 그러나 한국에서 한자어 '자유'의 역사를 내재적으로 이해하려는 본고의 입장에서 보면 현재까지의 연구에는 간과할 수 없는 공백이 존재한다. 지금까지의 연구는 주로 서양어 —— 영어의

---

[1] 자유에 대한 개념사를 전개한 연구는 문지영(2009) 등을 참조. 자유주의에 대한 연구 과정에서 실질적으로 자유에 대한 개념사적인 성과를 거둔 연구로는 이나미(2001); 박주원(2004, 207~38면); 김비환(2006, 51~96면); 김철(2006, 65~94면); 김일영(2008, 375~411면) 등을 참조.

경우에는 liberty/freedom —— 의 수용과 변용의 역사로서 한국에서의 자유의 개념사를 다루어왔는데 이러한 접근법을 통해서는 자유라는 한자어의 다면적 역사의 전체상을 파악할 수 없다는 것이 본고가 가진 문제의식의 출발점이다. 한국에서의 자유개념에 대한 지금까지의 연구에서 지속적으로 소외되어온 부분이 존재한다는 것이다.

고대 그리스의 자유(eleutheria)개념에는 개인과 관련된 측면과 동시에 도시국가(polis)와 관련된 측면이 존재했지만(木部尚志 2004, 1~2면), 근대서양의 정치적 개념으로서의 liberty/freedom은 기본적으로 개인을 주체로 하는 국내정치영역의 개념이었다.[2] 한국에서 liberty/freedom의 번역어로서의 자유개념을 다뤘던 연구의 대부분도 이러한 근대서양의 상황을 보편적인 것으로 받아들인 결과 한자어 자유개념의 존재범위를 국내정치영역으로 한정하여 자유의 개념사를 서술해왔다. 그 결과 한자어의 자유개념이 근대서양의 liberty/freedom의 영역을 벗어난 다른 영역에서도 사용되었을 가능성은 제대로 검토조차 되지 않았다.

이하의 두가지 이유로 이 가능성은 검토되어야 한다. 첫째, 어떤 언어공동체에 liberty/freedom의 번역어로 쓰이는 개념이 liberty/freedom의 유입 이전에도 존재하고 있었다면 그 개념은 번역어의 역사로는 파악할 수 없는 토착적인 개념으로서의 역사를 가질 것이기 때문에 이러한 개념의 범위는 liberty/freedom의 그것을 넘어설 가능성이 있다. 즉 만약 근대 이전 한국에 자유라는 한자어가 존재했고 이 개념이 국내정치영역만이 아니라 국제정치영역에서도 쓰이고 있었다면 한자어 자유개념의 온전한 이해를 위해서는 국제정치영역의 측면도 파악해야 할 것이다. 둘째, liberty/

---

2) 존 그레이(John Gray)는 자유주의에 대한 권위 있는 입문서에서 근대 이전과 이후 다양한 사상들의 자유와 자유주의에 대한 논의를 소개하고 있지만, 그중에 개인이 아닌 집단—예를 들어 민족이나 국가—의 자유에 관한 논의는 등장하지 않았다(Gray 1995 참조).

202

freedom 개념을 수용한 언어공동체는 번역된 개념이 다루는 영역을 변화시킬 수 있으므로 근대서양에서 liberty/freedom이 국내정치영역에서 쓰였다고 하더라도 이 개념이 한국으로 수용된 이후에 전용되어 국제정치영역에서도 사용되었을 가능성을 미리 배제할 수 없다. 이와 같은 이유로 정치적 개념으로서의 자유가 한국에서도 국내정치영역에 한정되는 개념이었는가의 문제는 선험적인 전제가 아니라 검증되어야 할 가설로 존재하는 것이다. 이러한 관점에서 한국에서의 한자어 자유개념의 역사를 살펴보면, 이후에 상술하는 대로 이 개념이 조선시대에 이미 국제정치영역의 개념으로 쓰이고 있었고 근대 이후 liberty/freedom의 번역어 자유개념도 반복적으로 국제정치영역의 개념으로 쓰였기 때문에, 이전 연구들의 의식되지 않은 전제가 오류였음을 알 수 있다.

본 연구는 한국에서 자유개념이 국제정치의 분야에서 반복적으로 사용되어왔다고 하는 역사적 사실을 전제로, 19세기 후반에서 1987년까지의 시기를 중심으로 국제정치영역에서의 자유개념의 독특한 역사적 전개를 파악하는 것을 주된 과제로 삼는다. 덧붙여 한국의 자유개념에 대하여 보다 포괄적이고도 균형 잡힌 이해를 제공하기 위하여 국제정치영역의 자유개념과 국내정치영역의 자유개념의 관계의 역사를 재구성하는 작업도 진행할 것이다. 이러한 연구를 통해서 한국에서의 자유개념을 둘러싼 문제상황을 역사적으로, 구조적으로 제시하여 현재 시급히 해결해야 할 개념적 숙제를 명확하게 할 수 있기를 기대한다.

본격적인 연구에 들어가기에 앞서 연구의 가능성과 관련해 설명해두어야 할 문제가 두가지 있다. 우선, 연구대상의 특성에서 파생되는 문제로서 국제정치영역의 자유는 시계열적으로 연속적으로 파악할 수 있는 일관된 개념이 아니었다는 점이다. 즉 국제정치영역의 자유개념사는 전혀 다른 기원과 맥락 속에서 출현한 네가지 개념이 역사의 우연적, 혹은 필연적인 전개의 결과 동일한 한자어 자유를 점유하는 과정을 통해 전개되었다. 그 결과 본 연구의 고찰대상인 자유개념에는 세 차례에 걸친 단절이 존재한다. 따라서 개념의 연속적 전개를 시계열적으로 추적하는 과정을 통해 동일한 기원을 가진 개념이 현실의 변화와 상호관계를 맺으면서 역사적으로 전개되는 과정을 보여주는 일반적인 개념사 연구와는 달리, 본 연구에서는 구분되는 역사의 시간대에서 개념들이 명멸하는 과정이 반복적으로 나타날 것이다. 개념사 연구에 있어서 대상 개념의 역사적 단절은 개념과 사회의 역동적인 변화를 장시간에 걸쳐 보여줄 수 없다는 점에서 불리한 조건임에는 틀림없다. 그러나 한편으로는 서로 다른 기의(記意)의 개념이 국제정치의 자유라는 기표(記表)를 반복적으로 채우는 현상에 대한 이해는 또다른 의미의 중요한 개념사적 의의를 가질지 모른다. 즉 국제정치분야의 자유개념이 한편으로 불안정하였고 동시에 반복적으로 나타났다는 사실은 각각 한국인은 역사를 통해서 자유개념과 관련된 내용을 제대로 개념화해내지 못하였다는 사실과, 그럼에도 불구하고 이러한 의미의 개념을 지속적으로 필요로 해왔다는 사실을 드러내고 있는 것은 아닐까? 본고에서는 일반적인 개념사 연구의 관점에서 보면 약점으로 보이는 국제정치분야 자유개념의 단절이라는 특징을 한국의 개념사 연구의 특수성이라는 관점에서 적극적으로 평가하여 한국의 독특한 개념사적 요청과 그 대응의 역사, 그리고 미래의 전망을 제시할 수 있기를 기대한다.

둘째, 본 연구에서 다룰 국제정치영역의 자유개념 가운데 다수가 그 원형이 되는 개념이 서양의 근대적인 개념에 존재하지 않는다는 점도, 관점에 따라서는 문제의 소지가 있을 것이다. 번역어 자유의 원어인 liberty/freedom은 존재하지만, 전술한 대로 근대서양에서 이들은 기본적으로 국내정치영역의 개념이었다. 즉 국가를 대상으로 하여 그 국가가 활동하는 국제정치영역에서 사용된 자유개념의 다수는 한반도/동아시아에서 생성된 것이었다. 그 결과 한자어 자유개념의 정확성의 기준이 되는 원개념이 서양어에 존재하지 않으므로, 비서양 지역의 개념사 연구에 있어서 중요한 원래의 개념과 번역된 개념의 비교작업은 이 장에서 다루는 다수의 자유개념에 있어서는 불가능하다. 그런데 본고는 이 작업의 결여를 결핍이 아닌 낯섦의 문제로 이해하는 입장에 서 있다. 근대를 이끌었던 서양국가의 개념사 연구에서는 이러한 비교와 검증의 대상으로서의 타자의 원어가 존재하지 않는 것이 정상적 상황이다. 타자가 만들어놓은 정답이 존재하지 않는 것을 비정상적 상황이라 느끼는 식민주의적 낯섦을 벗어날 수 있다면, 국제정치영역의 자유개념은 많은 근현대 한국의 사회과학 개념을 둘러싼 식민지적 상황에서 비켜나 있는 것일 뿐이며 이 사실이 연구에 지장을 주지 않는다는 것을 이해하게 될 것이다. 이러한 의미에서 본 연구는 한국 근현대 사회과학 개념의 다수를 구성하는 서양에서 유입된 개념의 역사가 아니라 비록 소수였지만 명확하게 존재했던 한국의 독특한 개념의 역사를 제공함으로써 한국 개념사의 전체상을 보다 풍부하게 조망할 수 있도록 기여하고자 한다.

II. 예비적 고찰: 조선시대의 국제정치적 자유개념

조선시대에 한자어 자유는 성(性), 리(理), 도(道), 덕(德), 예(禮) 등과 달리 주자학(朱子學)의 원리를 구성하는 주요 개념이 아니었기 때문에 지식과 권력의 중심에서 벗어나 주변에서 자유로이 부유하고 있었다. 이러한 상황에서 자유개념은 주자학의 형이상학적 체계와 관련된 철학적 논의 속에서 연마되지 않은 채 일상적인 개념으로서의 특징을 강하게 가지고 있었던 듯하다. 이 일상적인 자유개념의 의미는 1606년의 『조선왕조실록』의 기록에 "부자유(不自由)는 모두 남의 견제를 받는다(受人牽制)는 뜻이 있다"고 쓰여 있는 것을 고려하면, 그 반대인 '남의 견제를 받지 않는 것'으로 이해해도 대과는 없을 것이다.[3]

그런데, 자유개념이 철학적으로 중요하지 않았다는 것이 곧 정치적으로 중요하지 않았다는 것을 의미하지는 않는다는 점을 기억할 필요가 있다. 왜냐하면 한자어 자유는 조선의 국제정치영역을 지배하는 핵심 개념 중 하나였기 때문이다. 조선왕조가 개창된 1392년에 조선은 당시의 동아시아 세계질서의 정점에 존재하던 명나라와의 관계를 어떻게 설정할 것인가라는 엄중한 국제정치적 문제에 직면해 있었다. 국호(國號)의 제정을 둘러싼 교섭의 과정에서 명 태조(太祖) 홍무제(洪武帝)는 "조선은 산이 경계를 이루고 바다가 가로막아 동쪽의 오랑캐는 우리 중국이 다스리는 바가 아니다(高麗限山隔海, 天造東夷, 非我中國所治)"라고 전제하고 예부(禮部)로 하여금 "국내정치는 자유로이 하여, 과연 하늘의 뜻에 따르고 사람의 마음에 합하여 동이의 백성을 편안하게 하며 변방의 흔단을 만들지 않는다면 사절이 왕래할 것이니 실로 그 나라의 복일 것이다(聲敎自由, 果能順天意合人心, 以妥東夷之民, 不生邊釁, 則使命往來, 實彼國之福也)"라는 내용의 자(咨)를 조선에 보내게 하였다.[4] 명 태조는 명과의 국제관계에서 조선이 자유라고 선언했던 것이다. 그렇다면 당시에 국제정치영역에서 '남의 견제를 받지 않는 것'으로서의 자유개념은 어떻게 이해되었을까?

명과 조선 사이에 존재했던 국제정치의 기본 원리는 말할 것도 없이 중국적 세계질서의 상국(上國)과 조공국의 관계를 규정하는 자소사대(字小事大)의 원칙이었다(朱熹 1983, 215면). 주자는 『맹자(孟子)』의 '자소사대' 구절에 주석을 달아 자소를 인(仁)이라는 성(性)에, 사대를 지(智)라는 성에 연결시켰다. 즉 주자가 자소와 사대를 인과 지라는 성(性)과 연결시킴으로써 국제정치의 원리도 전우주를 관통하는 리(理)와 관련지어졌던 것이다(朱熹 1983, 215면). 이와 같이 자소사대는 인과 지를 국제정치영역에서 구체

3) 『선조실록』 선조39년 7월 6일.
4) 『태조실록』 태조1년 11월 27일.

화한 것으로 이해되었지만 이 원칙이 국제정치의 현장에서 더 구체적으로 어떻게 구현될 것인가에 대해서는 경전에 규정되어 있지 않았다. 명/청과 조선 간 자소사대의 구체적 규정은 『명회전(明會典)』과 『청회전(淸會典)』에 나오는데 사대의 표현으로서의 조공(朝貢), 정삭(正朔), 책봉(冊封), 그리고 자소의 표현으로서의 회사(回賜) 등이었다.[5] 위에 인용한 명 홍무제의 자유 천명은, 이렇게 규정된 사항 이외의 양국관계 일반을 어떠한 원칙을 가지고 다루는 것이 자소사대의 실현인 것인가에 대한 명의 회답이었다. 그 회답은 조선의 내정은 조선이 스스로[自]에 말미암아[由] 처리한다는 것이었다. 따라서 조선은 명/청이 지배하는 세계질서 속에서 자소사대를 실현하는 가운데, 상국에 대한 사대의 예를 실천해가면서 중국의 압제를 받지 않고 자유를 향유했던 것이다.

조선 개국기에 확인한 조선의 국제정치영역의 자유는 이후 중국과의 관계에서 지속적으로 사용되고 또한 확인되었다. 17세기 초반 명청교체에 의한 혼란기 등 극히 예외적인 국제정치적 상황을 제외한다면 조선과 중국의 관계는 수백년 동안 안정을 유지했고, 자유라는 개념으로 규정된 조선과 중국의 국제관계의 한 원리도 마찬가지의 안정성을 유지했다.[6] 그 결과 한자어 자유개념은 조선시대의 국제관계를 규정하는 핵심적 개념의 하나로 뿌리를 내렸다. 19세기 중반 이후에 등장한 한국 근현대 국제정치영역의 자유개념은 이와 같이 수백년 동안 다져진 국제정치영역의 자유개념을 역사적 유산으로 이어받아 출발하였던 것이다.

---

5) 『淸會典』, 1991, 354~55면.

6) 후마 스스무(夫馬進) 교수가 지적하듯이 이러한 자유는 물론 권력정치로부터 완전히 자유로운 것은 아니었다. 그러나 권력정치의 필요성으로 인한 명/청의 국제정치적 간섭과 압력은 극히 예외적인 것이었다는 것도 기억해야 할 것이다(夫馬進 2007 참조).

III. 자유개념의 계승과 서양 개념의 유입: 1860~1910

1. 자유개념와 independence의 결합과 분리

소위 지리상의 발견 이후 세계에 대한 유럽의 무자비한 침략과정에서 예외적으로 유럽세력을 성공적으로 관리하고 있었던 동아시아에도 19세기 중반 이후 서양의 침략이 본격화되었다. 이에 따라 동아시아 각국이 서양에 대한 이해라는 시급한 과제에 대응하기 시작했고 그 과정에서 근대 서양의 주요한 개념을 둘러싸고 수많은 한자 번역어들이 나타나서 서로 경쟁하였다. 이 과정에서 자유는 서양 근대 국제질서가 동아시아에 유입되면서 필요해진 independence의 번역어 자리를 두고 독립(獨立), 자주(自主) 등과 경쟁하였다.[7] 자유라는 한자어의 의미가 independence와 유사하다는 한자문화권의 공통된 배경에 더하여 명/청과의 국제관계에서 자유개념을 써온 긴 역사가 있었다는 특수한 배경이 존재했기 때문에, 한국에서 자유와 independence는 다른 한자문화권의 국가에서보다 더 자연스럽게 결합되었던 듯하다. 예를 들어 윤치호는 1884년의 일기에서 미국, 영국 등의 각국이 조선과 자유로이 조약과 세칙 등을 정한 것을 예로 들어 "우리나라의 자유는 의심할 여지가 없으니 췌언을 요하지 않는다(我國之自由, 疑不可容, 事不足贅)"라고 썼다(윤치호 1973, 32면). 윤치호의 이러한 자유개념은 근대서양 국제정치를 받아들이는 과정에서 반복적으로 나타났던, independence와 자유에 대한 정합적 이해의 전형적인 예였다. 이러한 이해가 경술국치 때까지 이어지고 있었음은 정교의 『대한계년사(大韓季年史)』의 기록에서 확인할 수 있다. 정교는 1910년에 간행된 이 책에서 청이

---

7) 동아시아의 서양 국제법 수용과정에서 나타난 independence의 번역에 관해서는 姜東局 (2004, 19~33면) 참조.

프랑스에 조선이 자국의 속국이 아니라고 했고, 또한 미국에는 "조선의 선전, 강화의 권리가 그 자유에 있다(朝鮮宣戰講和之權, 在其自由)"라고 하였으며, 조선이 일본 등의 국가와 조약을 맺었던 사실 등을 통해 "조선이 세계 속에서 독립임을 공언했다(公言朝鮮獨立于世界)"고 해석했다(정교 1957, 11면). 정교의 저술은 1910년 당시에도 자유와 independence의 정합성에 대한 인식이 있었음을 보여준다.

그런데 이 두 사례 사이에 존재하는 공통점과 함께 미묘한 차이점에도 주목할 필요가 있다. 『윤치호일기』전체, 그리고 『대한계년사』에서 인용된 사료에서는 자유개념이 중국적 세계질서의 자유개념이면서 동시에 independence의 번역어로 쓰이고 있었다. 이에 반해 『대한계년사』에서 정교가 해석한 부분에서는 자유와 독립이 구별되어, 사료에서 자유개념을 사용해 서술한 내용을 독립의 근거로 이해하고 있다. 즉 정교에게는 독립개념을 사용한 해석이 불가결했다는 것인데 이것은 1910년의 단계에서 자유개념은 독립개념과 구별되어 1884년의 윤치호의 문장이나 1860~80년대의 외교문서에서처럼 그 자체로 중대한 의미를 가지는 국제정치영역의 개념으로 자립할 수 없게 된 상황을 보여준다.

사실 한자어 자유와 independence는 전통 동아시아와 근대서양이라는 두개의 서로 다른 국제질서를 배경으로 생성된 개념이므로 그 사이에는 본질적인 상이점이 존재했다. 따라서 19세기 후반 조선의 국제정치영역에서 나타난 두 개념의 동일화도 본질적으로 불안정한 것이었는데, 조선을 둘러싼 두가지의 변화로 인해 이 잠재적인 불안정성이 개념 간의 가시적인 관계 변화로 이어진 듯하다. 첫째, 1880년대 중반부터 조선에 대한 청의 직접적 지배가 강화되어 양국 사이의 자소사대의 관계가 점차 형해화되었다. 중국적 세계질서 속에서 수백년 동안 자유를 유지하고 있었던 조선의 지식인들 다수는 서양 근대 국제질서의 관점에서 판단했을 때 자국이 independence를 가지고 있다고 믿었고 이러한 신념을 국제정치의 장에서 반복적으로 주장하였는데, 1880년대 중반 이후 조청관계가 근대적 지배관계로 변화됨에 따라 청에 의한 자유의 침범에 대해서 정치적으로, 사상적으로 거칠게 저항하였다.[8] 그 결과 전근대시기 조청관계의 현실과 밀접하게 관련되어 있던 전통적인 국제정치영역의 자유개념은 현저히 약화되어갔다. 둘째, 서양의 정치/국제정치와 그것을 나타내는 개념에 대한 이해가 심화됨에 따라, 다른 집단의 압제로부터의 해방을 통한 자유의 획득이라는 의미에서 일체화되어 있던 independence 개념과 liberty/freedom 개념의 차이가 이해되어 이들 개념과 연결되었던 한자어 개념들이 정리되어갔다. 그 과정에서 독립이 전자의, 자유가 후자의 번역어의 자리를 점차 독점하게 되는데 이러한 변화는 메이지 일본의 자유개념의 역사에서 비슷한 양상이 드러나는 것에서 보이듯이 조선에만 한정된 것이 아니었다(石田雄 1989, 32~40면). 이러한 두가지 변화의 결과 국제정치영역의 개념으로서의 자유는 전통적인 의미에서도, 그리고 근대적인 의미에서도 그 지위가 약화되었다. 즉 전통적 국제관계가 의미를 잃은 상황에서 독립이 independence의 번역어로서의 독점적인 지위를 획득함에 따라 자유개념은 liberty/freedom의 번역어로서 근대적인 국내정치의 개념으로 한정되어가는 현상이 나타났던 것이다.

2. 국제정치영역 자유개념의 새로운 등장

위에서 논의한 대로 19세기 후반에서 20세기 초의 역사를 거치면서 국제정치영역의 전통적 자유개념은 잊히고 또한 independence의 번역어의 위치에서 전락했다. 서양 개념의 번역시기가 끝났기 때문에 자유개념이 국제정치분야에 다시 나타날 필연성은 없어졌다. 그런데 이후의 역사를

---

8) 1880년의 조선의 지위를 둘러싼 현실적 대립과 이론적 논쟁에 대해서는 姜東局(2004, 41~131면) 참조.

보면 한국에서는 국제정치분야에서 자유개념이 재등장하고 그 결과 기표를 공유하게 된 국내정치분야의 자유개념과 복잡한 관계를 맺는 현상이 반복된다. 그 첫번째 사례는 1910년 이전에 이미 나타났다. 이 시기에 국내정치영역의 개념으로 받아들여진 liberty/freedom의 번역어 자유를 국제정치영역의 개념으로 변화시켜 사용하는 지적 움직임이 새로이 나타났기 때문이다.

liberty/freedom의 번역어로서 국제정치적 자유개념의 등장을 이해하기 위해서는 20세기 초 대한제국의 담론에서 압도적인 영향력을 행사하고 있던 한 개인의 독특한 자유개념에 대해서 논의해야 한다. 량 치차오(梁啓超)는 20세기 초, 그중에서도 애국계몽기로 불리는 1905년부터 1910년 대한제국의 담론계에서 지식과 정보의 제공자로서 큰 족적을 남겼다. 이 당시 조선에서 널리 읽혔던 「자유서(自由書)」 서언에서 그는 자유에 대하여 "서양의 학자 존 밀이 말하기를 사람의 집단의 진화는 사상의 자유, 언론의 자유 출판의 자유를 필요로 한다고 했다"(梁啓超 1936a, 1면)고 서술하여 자신의 저술의 제목인 「자유서」의 유래를 설명하였다. 량 치차오는 또다른 대표작인 「신민설」 등에서도 반복적으로 자유개념을 사용하는데 그 이해의 기초에는 공통적으로 밀(J. S. Mill)의 논의가 있다.

그런데 량 치차오의 출발점이 밀 자신이 쓴 텍스트—말할 것도 없이 그 정점은 *On Liberty*(자유론, 1859)이었다—가 아니었다는 점은 복잡한 개념사적 상황을 만들었다. 영어를 읽지 못했던 량 치차오는 주로 망명지였던 일본의 학문적 축적을 흡수하는 작업을 통하여 서양에 대한 이해를 심화시켰는데 밀의 자유개념에 대한 이해도 마찬가지였다. 밀의 자유 논의에 대한 그의 이해에는 특히 나까무라 마사나오(中村正直)의 번역본이 강한 영향을 주었다.[9] 나까무라는 1872년에 밀의 *On Liberty*를 『자유의 리(自

---

9) 실증적 비교를 통하여 나까무라의 번역이 량 치차오의 자유개념에 준 영향에 대해 분

由之理)』라는 제목으로 일본어로 번역하였는데 이 번역에 보이는 나까무라의 자유개념 이해에는 큰 특징이 두가지 있었다. 첫째, 후꾸자와 유끼찌(福沢諭吉)의 『서양사정(西洋事情)』 이래 일본어의 자유개념에 강하게 남아 있던 independence의 의미를 없애고 자유의 주체를 기본적으로 개인으로 설정하여 자유의 영역을 국내로 단일화하였다(石田雄 1989, 45~46면). 둘째, 밀의 텍스트를 오역함으로써 자유를 둘러싼 개인과 사회/국가 사이의 관계설정을 변화시켰다. society를 '동료집단 즉 정부(仲間連中卽チ政府)'로 번역한 결과, 사회와 국가가 동일한 것으로 표현되었던 것이다. 밀이 이 책의 모두(冒頭)에서 민주적 공화국인 미국에서 이전에 유럽에 있었던 이론적 논의가 현실화된 상황의 예로 '다수의 전제'(the tyranny of the majority)를 들면서(Mill 1869, 5면), 국가의 전제가 없어도 벌어질 수 있는 사회 내 다수의 전제에 대항하여 개인의 자유를 지키는 원리를 제시하는 것을 이 책의 중요한 목표의 하나로 설정했다는 것을 고려하면, 이러한 오역은 텍스트 전체의 맥락과 자유개념의 의미를 전혀 다르게 만들 수 있는 가능성을 가진 것이었다.

량 치차오의 자유 이해에는 나까무라가 전하는 자유개념의 두가지 특징 중에 후자를 유지하면서 전자를 역전시킨 면이 있었다. 전자의 역전이란 집단이 가져야 할 자유를 여전히 강조하였던 것을 의미한다. 량 치차오는 「신민설」의 제9절 "론자유(論自由)"에서 자유를 분류하며 정치상의 자유, 종교상의 자유, 생계상의 자유와 함께 민족상의 자유(民族上之自由)를 열거하였다. 그는 "민족상의 자유는 본국이 외국에 대하여 그 자유를 보존하는 것이다"(梁啓超 1936b, 40면)라 한 데 이어 "자유라는 것은 단체의 자유이지 개인의 자유가 아니다. 야만시대에는 개인의 자유가 승하고 집단의 자

석한 연구로는 土田英雄(1999, 132~69면) 참조. 『자유의 리』의 개념사적 의의에 대해서는 한림과학원(2010, 226~28면) 참조.

유가 망하지만 문명시대에는 집단의 자유가 강하고 개인의 자유는 감소된다"라고 주장했다(梁啓超 1936b, 44~45면). 민족/국가가 가지는 국제정치영역의 자유를 설정하고 이 자유의 중요성을 강조하는 것이 1902~03년 이후 량 치차오 자유론의 가장 전형적인 표현이었다.

애국계몽기 대한제국에서 량 치차오가 제시한 새로운 국제정치분야의 자유개념은 널리 받아들여졌다.[10] 신채호는 애국계몽기에 량 치차오의 자유개념을 받아들여 당시의 대한제국의 상황에 맞추어 이 개념을 소화한 대표적인 지식인이었다.[11] 1908년 신채호는 「대아와 소아」에서 "대아(大我)는 하(何)오. 즉 아(我)의 정신이 시(是)며 아의 사상이 시며 아의 목적이 시며 아의 주의가 시니 시는 무한자유자재(無限自由自在)의 아니 왕(往)코자 함에 필왕(必往)하야 원근(遠近)이 무(無)한 자(者)ㅣ며 행코저 함에 필달(必達)하야 성패가 무한자ㅣ아라"라고 하였다(신채호 1995a, 85면). 즉, 즉자(卽自)적인 개인을 가리키는 소아에 대하여 수많은 소아의 집합체로서의 대자(對自)적인 대아의 존재가 가지는 본질적 중요성을 강조하는 맥락에서, 대아의 무한한 자유로움을 강조하면서 자유를 논하고 있다. 대한제국의 약체화와 함께 대한제국의 집권세력이 주창하던 왕권 중심의 정치에 대한 이해가 붕괴되고 공화적인 정치체에 대한 논의가 새롭게 대두되는 과정에서, 개인을 그 구성원으로 하면서도 단순한 개인의 집합을 초월하는 민족/국가가 가져야 할 핵심적인 가치로서 무한한 자유자재가 제시되었던 것이다.[12] 이어 1909년에 신채호는 「정신상 국가」에서 구체적 국가

---

10) 애국계몽기 량 치차오의 자유개념 수용에 대해서는 박노자(2005, 89~168면) 참조. 또한 이 자유개념 수용의 배경이 되는 국가유기체설과 사회진화론의 유행과 결합에 대해서는 전복희(1996, 156~81면) 참조.

11) 신채호에 의한 량 치차오의 자유개념의 수용과 변용을 국내정치영역의 자유개념을 중심으로 고찰한 연구로는 우남숙(2006, 135~59면) 참조.

12) 사회진화론의 사상적 중요성에 착목하면서 신채호의 사상에 나타난 이러한 변화의 과정을 고찰한 연구성과로는 신연재(1996, 139~60면) 참조.

인 형식상 국가와 추상적 국가인 정신상 국가를 구별하고, 정신상 국가의 의의에 대하여 "기(其) 국민 일신에는 기 국의 독립·자유 등의 실력과 광채가 유하여 필경 기 국가를 건립할 일일(一日)이 유(有)할지니, 여차한 국은 금일 불립(不立)하면 명일 립하며, 명일 불립하면 우명일 립하여 필립내이(必立乃已)하나니라"라고 설명했다(신채호 1995b, 161면). 여기에서 그는 자유를 독립과 함께 국가의 몫으로 제시하고 있다. 이 정신상 국가에 대한 논의의 비장함은 망국이 현실화되어가는 상황에서 국제정치영역에서 국가가 가지는 자유의 가치가 절대화되는 변화의 일단을 보여준다.

애국계몽기에 국제정치영역의 자유개념이 재등장한 것이 liberty/freedom이라는 국내정치영역의 개념이 확장된 결과라는 점은, 전통시기의 자유개념은 물론 independence의 번역어로서의 자유개념과는 구별되는 특징을 이 자유개념에 부여하였다. 우선 이 자유개념은 민족주의와 결합되었다. 신채호는 「제국주의와 민족주의」에서 1909년의 세계를 제국주의의 활극장(活劇場)이라고 진단하고 이 제국주의에 저항할 방법으로 민족주의를 제시하였다(신채호 1995a, 108면). 민족/국가의 자유개념이 이 시기에 신채호 등에 의하여 명확하게 형성되었던 민족주의라는 사상체계의 문맥에서 제시되었던 것이다.[13] 전통시기의 자유개념이 보편적 원리와 정합적이었고 independence의 번역어로서의 자유개념이 대한제국 황제의 주권과 결합되었던 것과 비교하면, 이 민족주의적 자유개념은 민족/국가의 정치적 생존이라는 특수한 이해와 관련되었고 황제나 국왕이 아닌 다수의 인민들로 구성된 민족/국가가 가져야 할 가치로서 제시되었다는 점에서 이전 시기 국제정치영역의 자유개념과 차별성을 가진다.[14] 둘째, 이 자유

---

13) 신채호, 박은식, 장지연 등에 의하여 민족주의적인 역사가 등장하는 과정에 대해서는 이광린(1992, 279~86면) 참조.

14) 애국계몽기의 신채호의 충군과 애국의 분리를 통한 국가의 재인식, 그리고 민족주의의 등장에 대해서는 백동현(1998, 213~49면) 참조.

개념은 국내정치영역의 자유개념에 뿌리를 두고 있다는 사실에서 짐작할 수 있듯이 국내정치영역의 자유와 밀접한 관련성을 가지는데, 애국계몽기 두 자유의 관련성은 민족/국가의 자유가 우위에 서는 비대칭성을 보였다. 신채호는 국내정치영역의 자유를 20세기 신국민이 가져야 할 중요한 도덕으로 제시하였지만(신채호 1995b, 216~17면) 동시에 개인이 노예의 상태를 벗어나야 하는 궁극적인 목적으로 또한 국가의 부강을 제시하였다(신채호 1995b, 210면). 애국계몽기의 수신(修身) 교과서에서 애국심, 국민의 충의, 독립 등을 강조하는 한편으로 자유에 대해서는 "타인의 자유"라는 제목의 과를 설정하여 개인의 자유가 갖는 한계에 대해 중심적으로 기술하였던 것은 국내정치적 자유가 국제정치적 자유에 비해 경시되는 상황이 널리 퍼져 있었음을 보여준다(휘문의숙 편집부 1908, 27~28면).

결국, 1910년에 이르는 과정에서 대한제국의 자유개념은 19세기 후반에 존재했던 자유와 independence와의 관련성이 점차 소멸됨에 따라 번역어로서는 liberty/freedom의 한자표현만으로 이해되기에 이르렀음에도 불구하고, 제국주의의 동아시아와 한반도 침략이라는 국제정치적 현실에 대한 저항의 필요성에 의해 liberty/freedom을 민족/국가의 자유로 재해석하는 과정을 거쳐서 부활하였다. 민족주의의 담론과 결합하여 존재하고 개인이 가지는 국내정치적 자유개념을 압도하는 중요성을 가진 개념으로서의 국제정치영역의 자유개념이 애국계몽기에 등장하였으며 이 개념이 근대한국의 국제정치영역 자유개념의 원형(原形)이 되어 이후 자유개념의 전개에서 반복적으로 규정력을 발휘하게 된다.

Ⅳ. 자유주의의 좌절과 방종의 대두: 1910~45

1. 자유개념의 부흥과 좌절

1910년 일본제국에 의한 대한제국의 식민지화는 애국계몽기 정치담론의 궁극적 목표였던 민족/국가의 독립, 혹은 자유의 실현이 좌절된 것을 의미했다. 더이상 자유의 주체가 될 정치적 집단이 존재하지 않는 1910년대의 상황을 고려하면 한국어 담론, 특히 한반도 내부의 담론에서 국제정치영역의 자유개념이 쇠퇴한 것은 필연적인 현상이었다. 같은 원리로 독립의 전망이 제시된다면 자유개념이 다시 한번 논의의 전면에 등장할 가능성은 상존하고 있었다. 실제로 3·1운동이라는 미증유의 정치적 운동이 국제정치영역의 자유개념을 부활시켰다.

주지하는 바와 같이 3·1운동을 지배한 가장 핵심적인 개념은 독립이었지만 자유개념도 이 운동을 표상하는 대표적 개념 중 하나였다. 예를 들어 「대한독립선언서(大韓獨立宣言書)」에는 아래와 같은 자유 논의가 전개되었다.

아아, 신천지가 안전(眼前)에 전개되도다. (…) 아(我)의 고유한 자유권(自由權)을 호전(護全)하야 생왕(生旺)의 낙(樂)을 포향(飽享)할 것이며, 아의 자족한 독창력을 발휘하야 춘만(春滿)한 대계(大界)에 민족적 정화(精華)를 결뉴(結紐)할지로다. (…) 공약삼장(公約三章) 일. 금일 오인(吾人)의 차거(此擧)는 정의, 인도, 생존, 존영을 위하는 민족적 요구ㅣ니, 오즉 자유적(自由的) 정신을 발휘할 것이오, 결코 배타적 감정으로 일주(逸走)하지 말라.[15]

---

15) 「대한독립선언서」(https://search.i815.or.kr/OrgData/OrgList.jsp?tid=de&id=5-

자유개념이 반복해서 등장하는 것으로 볼 때 자유가 3·1운동을 이끌던 개념 중 하나였다는 것을 알 수 있다. 그런데 본문에서는 국가로서의 독립을 강조하는 맥락에서 자유권 개념이 등장한 반면, 공약삼장에서 언급한 자유적 정신의 주체는 개인이라는 점을 주목할 필요가 있다. 즉 「대한독립선언서」의 자유는 민족/국가가 가지는 국제정치분야의 특성으로 이해됨과 동시에 개인이 보편적으로 가지는 특성으로도 제시되고 있었던 것이다. 개인과 민족/국가 양쪽을 조화롭게 포괄한다는 「대한독립선언서」의 자유개념의 특징은, 3·1운동의 조직과정에 적극적으로 참가하지 못했던 유림(儒林)들이 파리의 만국평화회의에 대표단을 파견하여 전하려고 했던 장서(長書)의 자유개념에서도 동일하게 나타난다. 장서에는 "대체로 하늘이 만물을 낳을 때에는 반드시 그 물체의 하나하나에게 활동의 능력을 부여하는 것이다. 비록 작은 인개(鱗介)와 곤충일지라도 모두 그 자유활동(自由活動)의 능력을 갖고 있으니 사람으로서 사람 됨과 나라로서 나라 됨이 또한 각자의 치리(治理)능력을 갖고 있는 까닭이다. 우리 한국이 비록 작다하나 3천리 강토와 2천만 인민과 4천여년의 역사를 지니고 있으니 우리나라에서도 족히 우리나라 일을 담당할 사람이 적지 아니 하거늘 어찌 남의 나라의 대치(代治)를 바라리오"라는 구절이 보인다(박은식 1920, 93면). 개인과 나라는 모두 치리능력을 가지고 있고 이는 만물의 자유활동의 능력의 연장선상에서 정당화된다. 장서의 문장에 보이는 자유개념도 「대한독립선언서」의 경우와 마찬가지로 개인과 국가의 자유를 정합적으로 제시하고 있다.

이와 같이 3·1운동기에는 국내정치영역의 자유와 국제정치영역의 자유의 균형과 조화가 자연스러운 것으로 제시되고 있었는데 이 점은 애국계

001543-000).

몽기에 국제정치영역의 자유가 국내정치영역의 자유를 억압할 가능성이 있었던 것과 대조적이다. 이러한 차이는 제1차 세계대전을 경계로 국제정치의 현실과 그 국제정치를 파악하는 인식에 거대한 변환이 나타났던 외적인 변화를 일차적 원인으로 한다. 제1차 세계대전 직후에는, 민족국가이자 동시에 제국이었던 행위자(actor)가 외교(diplomacy) 등을 수단으로 하여 세력균형(balance of power)을 구현하는 것을 주된 원리로 하던 시대가 저물고 대등한 민족국가 사이의 집단안보(collective security)체제에 의해 평화를 유지하는 것을 주된 특징으로 하는 새로운 시대가 등장하고 있다는 인식이 세계적으로 널리 퍼지게 된다.[16] 동아시아의 많은 지식인들은 이러한 변화를 제국주의의 시대에서 개조(改造)의 시대로 옮겨가는 거대한 변화의 일부로 파악하였다. 당시 국제정치분야에서 개조의 시대로의 전환을 대표하던 이상주의(idealism)는 개인이 국내정치에서 가지는 자유의 권리와 국가가 국제정치에서 가지는 독립의 권리를 정합적으로 연결시켰다.[17] 당시의 이상주의적 국제관계론을 대표하는 윌슨주의(Wilsonism)가 한반도에서 수용되는 과정에서 이와 같은 개념틀도 함께 유입된다.[18] 제1차 세계대전 이후 새로운 국제정치현실과 그에 대한 인식은, 식민지 조선의 지식인들로 하여금 사회진화론적인 국제정치의 공포에서 벗어나게 함으로써 국가의 자유를 위한 개인의 자유 억압이라는 자유개념의 불균형을 극복하고 개인과 국가의 자유의 조화로운 실현을 꿈꿀 수 있는 사상적 공간을 마련해주었다.

그러나 비록 외부적 변화가 두 자유개념의 정합성이라는 특징에 중대한 영향을 미쳤다고 해도 3·1운동기 자유개념의 변화가 단순히 외부 사조 수입의 결과인 것만은 아니었다. 윌슨주의에서 국가 독립의 권리는 민

---

16) 이러한 인식의 등장과 세계적인 확산에 대해서는 Manela(2007) 참조.

17) 당시의 인식의 특징에 대한 비판적인 소개는 Carr(1939, 제4장) 참조.

18) 윌슨주의의 도입에 대해서는 이보형(1992, 175~87면) 참조.

족자결(national self-determination)로 표현되었고 그 근거는 국가의 평등성(equality of nations)이었다. 즉 윌슨(Woodrow Wilson) 대통령은 세계의 자유주의적 개혁(liberal reform)을 실현하고 그 과정이 성공한 연후에 국가의 평등에 기초하여 약소국의 민족자결을 이루려 하였다(Manela 2007, 25면). 그에게 민족, 혹은 국가가 가지는 특징은 평등(equality)이나 자결(self-determination)이었지 자유는 아니었다. 이러한 윌슨의 개념 사용은 번역과정에서도 유지되어 『매일신보(每日申報)』를 포함한 당시의 매체가 윌슨주의를 번역할 때 강조한 한자표현도 민족자결주의(民族自決主義)였다.[19]

그런데 식민지 조선에서는 민족자결주의가 알려짐과 동시에 민족과 국가의 자유가 강하게 주장되는 특이한 현상이 나타났다. 예를 들면 1918년 6월 정로식의 토오꾜오 연설은 윌슨주의에 대한 한국인의 초기 이해를 보여주는데, 그는 미국의 세계대전 참전에 대하여 "윌슨 대통령이 선명한 바와 같이 정의(正義)·인도(人道)와 소약국(小弱國)의 생명·재산 및 자유를 보호하는 필요에서 나왔다는 것은 세계의 모든 나라들이 승인하고 있는 터이다. 우리들은 하루라도 빨리 평화의 전승이 이루어지고, 나아가서는 미국이 일치협력, 우리 조선민족이 자유를 부르짖고 영광 있는 조선민족일 수 있도록 하는 데 진력해줄 것을 희망한다"라고 호소했다(姜德相 1967, 7면). 윌슨주의와 더불어 조선민족의 자유가 제시되고 이 두 담론이 자연스럽게 연결되고 있음을 알 수 있다. 이 특징을 앞서 설명한 「대한독립선언서」와 유림의 장서에서 보이는 동일한 특징과 연결하면, 윌슨주의를 받아들이는 과정에서 국내의 근대적 지식인, 전통적 지식인은 물론 국외의 지식인들에게도 애국계몽기에 퍼져 있었던 국가/민족이 가지는 국제정치분야의

---

19) 「支那와 강화문제(2)」, 『매일신보(每日申報)』 1918.12.15; 「米統의 국제연맹과 맹자의 평화주의, 讀賣新聞所論」, 『매일신보』 1918.12.21 등을 참조.

자유개념이 부활했다는 공통점이 발견된다. 즉 민족/국가가 자유를 소유한다는 인식이 강제합병이라는 사건을 극복하고 계승되었고, 민족자결주의를 실현함으로써 이러한 국제정치영역의 자유를 되찾을 수 있다고 이해된 결과 자유개념에 의한 윌슨주의의 한국적 변용이 나타났던 것이다.

또한 자유개념의 기표만이 아니라 기의의 측면에서도 내재적 요인의 작용이 있었다.「독립선언서」공약삼장의 집필자로 추정되기도 하는 한용운은 애국계몽기의 여러 지식인과 마찬가지로 량 치차오를 통해서 처음으로 자유개념을 접했다(김상현 1981, 109면). 그런데 그가 1919년에 쓴 「조선독립의 서(書)」의 모두에는 아래와 같은 문장이 보인다.

> 자유는 만물의 생명이요 평화는 인생의 행복이라, 고로 자유가 무(無)한 인(人)은 사해(死骸)와 동(同)하고 평화가 무한 자는 최고통(最苦痛)의 자라 압박을 피(被)하는 자의 주위의 공기는 분묘로 화(化)하고 쟁탈을 사(事)하는 자의 경애(境涯)는 지옥이 되느니, 우주의 이상적 최행복(最幸福)의 실재는 자유와 평화라. (…) 하(何) 민족을 막론하고 문명정도의 차이는 유(有)할지나 혈성(血性)이 무한 민족은 무하니 혈성을 구(具)한 민족이 어찌 영구히 인(人)의 노예를 감작(甘作)하여 독립자존을 도(圖)치 아니하리요. (한용운 2006, 109면)

한용운에게 있어 자유는 평화와 함께 개인의 인생의 행복을 위하여 필요한 가장 중요한 가치였다. 동시에 그는 개인의 자유가 가진 가치의 연상선상에서 민족의 독립자존, 즉 이전의 량 치차오의 개념으로 하자면 민족/국가의 자유를 되찾으려는 움직임의 정당성을 주장하였다. 1919년의 한용운에게 국내정치영역의 자유와 국제정치영역의 자유는 정합적인 것이었다. 이 시기 한용운의 자유개념이 가진 이러한 특징이 량 치차오의 자유개념, 그리고 애국계몽기의 신채호 등의 자유개념과 현저한 차이를 보였던 것은 그가 주로 불교사상에 비추어, 주어진 자유개념을 비판적으로 극복함으로써 자유를 보다 균형 잡힌 개념으로 승화시킨 결과였다.[20] 공약삼장의 자유개념에서 보이는 균형도 이러한 식민지 조선의 내적 사상의 또다른 표현이기도 했던 것이다. 또한 앞서 소개한 파리 장서에 보이는 개인과 국가의 자유에 대한 정합성 논의에서, 인간세계를 포함한 전(全)체계를 일관(一貫)하는 이(理)가 존재하고 그것이 만물의 존재근거를 제공한다는 주자학적인 발상을 근거로 하여 개인과 국가가 자유를 구비하고 있음을 주장하는 점도 주목해야 할 것이다. 조선시기에 원리적인 측면에 이르기까지 깊이 이해되었던 주자학의 사고양식이, 자유개념을 받아들이고 그것을 재해석하는 과정에서 중요한 역할을 했다는 점을 알 수 있다. 파리 장서의 자유개념에 나타난 국내정치영역의 자유와 국제정치영역의 자유의 정합성도 식민지 조선의 내적 사상 전개의 결과이기도 했던 것이다.

그러므로 3·1운동기에 나타난 국제정치분야 자유개념의 부활은 한편으로는 윌슨주의를 수용한 결과이면서 동시에 한국 고유의 개념사적 전개에 의해 윌슨주의가 변용된 결과이기도 했다고 이해할 수 있을 것이다. 그런데 주지하듯이 3·1운동의 주체들이 기대했던 개조된 세상은 오지 않았다. 국제연맹(League of Nations)의 한계에서 보이듯이 국제정치의 차원에서의 개조는 실패하여 국가의 자유는 여전히 강대국들에게만 허여되었고, 국내정치적으로는 2백만명 이상이 참여했던 이 위대한 정치운동도 그 목표였던 독립, 즉 민족/국가의 자유의 회복에 실패하고 말았다. 그 결과 국제정치분야의 자유를 주창할 현실적인 근거가 약화됨에 따라 국제정치분야의 자유에 대한 논의도 침체되었고 개조의 세상에서 실현될 것으로 기대되었던 국내적 자유와 국제적 자유라는 두 개념의 행복한 결합의 가능성도 길지 않은 여운을 남기며 사라져갔다. 또한 두 영역의 자유의 정합적

---

20) 한용운의 자유개념의 이 같은 특성에 대해서는 박노자(2005, 405~33면) 참조.

이해를 통해 애국계몽기에 등장한 국제정치영역의 자유개념의 원형을 부분적이나마 극복할 가능성도 함께 사라져갔다. 그 결과 1920년 이후에 국제정치적 자유개념은 다시 한번 침체기를 맞는다.

2. 자유개념의 침체

1920년대 이후의 시기는 3·1운동의 목표였던 독립 달성의 실패와 제1차 세계대전 이후의 국제정치질서의 재편에 대한 실망의 결과 국제정치영역의 자유개념에 대한 경시가 퍼져나간 시대로 이해할 수 있다. 자유, 혹은 자유주의를 방기하는 현상은 5·4운동 이후의 중국에서도 나타났지만,[21] 이를 둘러싼 조선의 개념적 상황은 식민지 현실 등의 영향으로 중국의 상황과는 부분적으로 차이가 있었다. 식민지 조선에서의 국제정치영역 자유개념의 침체는 아래와 같이 성격을 달리하는 세가지 맥락을 통해서 이해할 수 있다.

첫째, 3·1운동 이후 민족주의 운동의 분기과정에서 민족주의 우파의 일부는 식민지 상황을 인정한 자치(自治)의 주장으로 전향하였다. 이 움직임의 선두였던 이광수는 1919년에 쓴 「우리의 사상」에서 "그렇다고 반드시 문화는 정치의 종속적 산물이라고 할 수도 없고, 따라서 어떤 민족의 가치를 논할 때에 반드시 정치적 위치를 판단의 표준으로 할 것은 아닌가 합니다"라고 하였다(이광수 1972, 244면). 그는 정치영역과 문화영역을 분리하여 식민지 상황을 상대화했던 것이다. 그리고 이어지는 일련의 문장에서 문화적 후진성의 극복을 정치적 독립이 아니라 비정치적인 계몽에 점차 연결지어갔다. 그 결과 이광수의 논의에서 민족/국가의 정치적 위치를 나타내는 독립의 문제는 점차 경시되었다.[22] 이러한 논리는 민족운동의 목표를

---

21) 5·4운동 이후의 중국에서의 자유와 자유주의의 방기에 대한 개념사적 연구로는 金觀濤·劉靑峰(2008, 393~409면) 참조.
22) 윤치호 등에서도 이광수와 유사한 사상적 변환이 나타나고 있었다. 안창호와의 비교

독립에서 자치로 끌어내리는 결과를 가져왔는데, 민족주의 우파가 1920년대에서 30년대 초기에 걸쳐서 주창했던 정치론의 핵심이 바로 이 자치론이었다.[23] 이러한 민족주의 우파의 자치론 전개는 국제정치영역 자유의 포기를 전제로 하고 있었기 때문에 이 운동에서 국제정치영역의 자유개념이 등한시되어간 것은 당연한 귀결이었다.

둘째, 3·1운동 이후의 분기과정에서 민족주의 우파 이외의 세력 사이에 사회주의가 지속적으로 침투함에 따라 국제정치적 자유개념을 포함한 정치적 자유개념 전반에 주변화가 일어났다. 예를 들어 1920년의 『개벽(開闢)』에는 「개인주의의 약의(略議)」와 「사회주의의 약의」라는 기사가 연속으로 실렸다. 「개인주의의 약의」에서 필자는 개인주의를 단계론적으로 설명하면서 개인주의의 네번째 파도를 정치상의 자유 요구로, 제5의 파도를 경제상의 자유 요구로 규정하였다(孤蝶 1920, 91면). 역사발전단계론의 관점에서 정치적 자유는 지나간 시대의 숙제, 혹은 비본질적인 가치로 이해되었던 것이다. 그리고 이어지는 「사회주의의 약의」에서는 더이상 자유개념이 논의되지 않았다(孤蝶 1920, 75~77면). 이 두 문장은 식민지 조선에서 관심의 대상이 개인주의에서 사회주의로 전환되는 과정, 그리고 그 과정에서의 자유개념이 소외되는 현상을 상징적으로 보여준다고 하겠다. 이후 사회주의의 논의가 심화되고 확산된 결과 이 시대를 대표하는 좌파 지식인인 백남운은, 자치론은 물론 자유주의 일반에 대해 본격적인 비판을 가하기에 이르렀다.[24] 결국, 1920년대 이후 민족주의 좌파와 사회주의 세력에 의해 정치적 자유개념은 부르주아 계급에 봉사하는 시대에 뒤떨어진 가치로 폄하되기에 이르렀고 그 결과 민족/국가가 가지는 국제정치영역의 자율성도 자유가 아닌 다른 개념——예를 들어 해방——으로 표현되어 자유

를 통해서 윤치호의 자유주의의 변환을 논의한 연구로는 정용화(2006, 5~23면) 참조.

23) 이 과정에 대해서는 박찬승(1992) 참조.

24) 백남운의 자유주의 비판에 대해서는 안외순(2005, 71~91면) 참조.

개념은 급격히 위축되었다.

셋째, 일본을 통하여 비정치적인 자유개념이 유입되어 세력을 획득해 나가는 현상이 더해졌다. 1927년의 『동광(東光)』에는 김윤경이 토오꾜오에서 기고한 「자유에 대한 일고(一考)」라는 글이 실렸다. 이 글의 모두에는 "자유(Liberty, or Freedom)란 것은 소극적 의미(消極的意味)로는 밖의 강제(外的强制)로붙어 독닙(獨立)한다는 것이고 적극적 의미(積極的意味)로는 자긔자신의 법측에 좇는 것을 이름이외다. 그 중요한 것은 정치상 자유(政治上自由), 신학상 자유(神學上自由), 율리학상 자유(倫理學上自由)가 그것이외다. 그러한데 보통으로 자유라 하는 것은 율리학상 자유, 곳 자유의지(自由意志, Freedom of will)이올시다. 이 의지와 자유의 갈래를 말하면 대개 아레와 같습니다"라는 기술이 보인다(김윤경 1927, 35면). 필자는 신학상의 자유 등과 함께 정치상의 자유를 소개했지만 일반적인 자유개념은 어디까지나 윤리학상의 자유라고 하여 정치적 자유개념을 비주류로 위치시켰다. 김윤경의 이 글은 토오꾜오상업학교 강의에서 일본인 교수의 지도를 받으면서 쓴 보고서에 기초한 것이었으므로 당시의 일본학계와 논단의 지적 상황에 크게 영향을 받은 것이었다. 이시다 타께시(石田雄)가 지적한 대로 1920년대 후반의 일본의 논단에서는 교양주의적 자유개념이 유행하고 있었다(石田雄 1989, 86면). 다이쇼 데모크라시 운동의 조락 이후 일본에서는 자유를 추상적인 철학적 논의의 대상으로 사변하는 경향이 널리 퍼지면서 내적 자유개념이 상대적으로 강조되어갔고 그 결과 정치적 자유개념은 점차 약화되었다. 김윤경의 위 글은 이러한 일본의 자유 논의가 거의 직접적으로 식민지 조선에 유입되어 종합잡지 등의 매체를 통해 퍼져나가는 상황을 보여준다. 일례로 유진오는 경성제대 법학부생이었던 1920년대 후반 시절의 대학에 대하여 "학풍은 비교적 자유로왔다. 일제치하의 식민지 대학이라 사뭇 군국주의적이었을 것으로 상상할 사람이 있을지도 모르나 그때[1926년]는 제1차 세계대전 후에 전세계를 휩쓸던 혁명의 풍조가

224

일단 잠잠해지고, 특히 일본이 제1차 세계대전 때에 군사적으로나 경제적으로나 일약 강국에 열(列)하게 된 여유를 아직 누리고 있을 때이었으며, 우리나라에 대해서는 무력으로 3·1운동을 진압한 뒤 소위 문화정책으로 백성을 달래고 있던 때라 대학의 분위기도 제법 자유로왔다"라고 회상하였다. 이런 평가에는 문화통치에 의하여 제한적으로나마 식민통치의 억압이 약화되었다는 객관적 상황과 함께, 당시의 식민지 조선에서도 정치적 자유개념이 상대적으로 경시된 결과 식민지와 자유를 구별하여 사고할 수 있었다는 주관적 관점의 요인도 영향을 미쳤을 것이다(유진오 1976, 36면).

결국 국제정치영역의 자유개념은 3·1운동기의 새로운 국제질서 전망이 좌절된 이후에 나타난 민족주의 우파의 자치로의 전향, 좌파의 자유에 대한 경시, 일본사상의 영향에 의한 자유의 비정치화 등의 요인으로 인하여 1920년대 이후 45년 해방까지의 긴 침체기를 맞이하였다.

3. 자유와 방종

앞의 절에서 본 대로 1920년대 이후 국제정치영역의 자유개념은 침체되었지만 담론의 심층에서는 1945년 이후 국제정치영역 자유개념의 존재양상에 결정적인 영향을 미칠 개념사적 변화가 서서히, 그러나 지속적으로 진행되고 있었다. 이 변화는 방종(放縱)개념이 전면에 등장하여 자유개념과 밀접한 관계를 맺게 되는 현상을 가리킨다. 이하에서 그 과정을 살펴봄으로써 냉전 이후 국제정치영역의 자유개념을 이해하기 위한 개념적 기초를 마련하려 한다.

3·1운동이 발발하고 2년이 지난 1921년, 이돈화는 『개벽』에서 "우리 인류가 연애의 신성(神聖)을 주창케 된 원인은 제일은 인류성의 해방을 의미한 것이며 제이는 양성의 성욕을 자유로 발육케 하는 의미이며 제삼은 성욕을 연애자유에 의하야 신성케 하고저 하는 의미이겟다. (…) 여사(如斯)히 연애의 신성론(神聖論)은 자유적(自由的)에서 인류성을 해방하는 효과

가 잇스며 구체적 성질상에서 애(愛), 희생, 용서, 정조(貞操) 등 모든 미덕
을 포용하고 하는 말이라"라고 썼다(이돈화 1921, 25면). 이돈화는 이 글에서
인류의 입장에 서서 양성의 평등, 성욕의 신성화 등을 근거로 개인에 의한
자유로운 연애를 선구적으로 긍정하고 있다.

　지식인에 의해서 제창되기 시작한 자유연애, 그리고 그 연장선상의 자
유결혼을 둘러싼 논의는 이후 지속적으로 확산되어갔다. 1928년에 대중
잡지 『별건곤(別乾坤)』에 「남녀대토론, 자녀결혼에 간섭을 할가 자유로 둘
가」라는 기사가 등장한 것은 결혼의 자유라는 문제가 대중적인 관심의 대
상이 된 상황을 보여준다(『별건곤』 16·17호, 1928, 138~42면). 자유연애/결혼 문
제가 당시의 식민지 조선에서 가졌던 의미의 중대함은 『별건곤』의 이하와
같은 기사를 통해서 파악할 수 있다.

　　오늘날 와서는 이와 가흔 가족제도도 점점 그 권위를 일케 되고 결혼 당
　사자의 의사를 참작할 뿐 아니라 일보 나아가서 자유연애 자유결혼까지 성
　행되여가는 형편이다. 그러나 이러한 경향은 도회지에서 보는 것이요 일반
　적으로 말하면 아즉도 가족제도의 철벽과 중매결혼의 유풍이 의연히 존속
　되고 잇는 터이다. 그러나 그 풍습이 점점 쇠퇴해가는 것은 사실이니 그 유
　멸(遺滅)은 오즉 시기문제이다. 그러고 오늘날 우리가 예상하고 잇는 사회
　적 변화가 멀지안은 장래에 온다면 따라 그 유멸의 기(期)가 다칠 것은 물론
　이다. (북웅생 1930, 10면)

1930년에 발표된 이 글에는 1920년대를 거치면서 명확해진 자유연애/
결혼 풍조의 확산이 장래에 기존의 가족제도 자체를 붕괴시킬 것이라는
필연성에 대한 인식이 보인다. 조선 후기 주자학의 원리적 이해 위에 선 정
치질서는 지방의 사림들이 오랜 세월의 투쟁을 거쳐 상향적으로 구축한
체제였다. 이 체제의 사회적 관계맺음의 출발점이 『주자가례(朱子家禮)』에

따른 관혼상제(冠婚喪祭)의 예였던 것을 고려하면,[25] 자유연애/결혼의 풍
조는 과거의 폐지로 정치적 기반을 잃은 구문명이 겨우 명맥을 유지하고
있던 사회적 기반마저 침식하는 의미를 가진 것이었다. 이 글에서 자유연
애/결혼 풍조의 중심지로 도회지를 지적한 것에서 드러나듯 이 풍조는 식
민지 조선에서 퍼져나가던 도시적=근대적 문명의 중요한 무기로서, 향촌
을 중심으로 여전히 강력한 규범으로 군림하던 전통적 혼인제도와 정면으
로 충돌하였다.[26] 식민지 조선에서 혼인제도를 둘러싸고 벌어진 전통과 근
대의 충돌과정 속에서 자유는 사회적 변화와 관련되어 중대한 의미를 가
진 개념으로 부상하였던 것이다.[27]

그런데 이 자유개념의 파괴력은 정치적 영역으로는 퍼져나가지 못했다.
그 주된 원인은 자유연애/결혼을 둘러싸고 충돌하는 주요한 두 세력의 어
느쪽도 정치권력을 장악하고 있지 못했다는 식민지적 상황에 있었다. 만
약 당시의 지배세력이 조선왕조 이래의 전통을 지배의 이데올로기적 도구
로 사용하고 있었다면 연애와 결혼의 자유를 쟁취하기 위한 미시적 차원
의 갈등은 곧바로 억압의 정점에 군림하는 구체제를 타도한다는 의미에서
거시적 차원의 정치적 변혁운동으로 전화될 가능성이 있었다. 하지만 중
국의 경우 생명력을 잃어가던 전통의 억압적 측면을 군벌(軍閥)들이 할거
하면서 지배의 이데올로기적 도구로 사용했던 것과는 달리, 식민지 조선
에서는 근대화된 외부세력인 일본제국에 권력이 집중되어 있었기 때문에
전통을 옹호하는 세력도 전통에의 저항자와 마찬가지로 한갓 피치자(被治
者)에 불과했다. 그 결과 5·4운동기의 중국에서 자유연애/결혼에 대한 청

---

25) 조선 후기의 유교적 사회의 출현에 대해서는 Deuchler(1992) 참조.

26) 식민지 조선에서 도시화의 진전과 도시인의 삶의 변화에 대해서는 김진송(1999,
244~89면) 참조.

27) 자유연애/결혼을 둘러싼 전통과 근대의 충돌이 빚어낸 혼란스러운 상황의 전형적인
예로서 '첩이 된 신여성'의 문제에 대해서는 정지영(2006, 47~84면) 참조.

년의 고뇌가 정치적 혁명운동으로 이어지곤 했던 것과는 대조적으로,[28] 식민지 조선에서 퍼져나간 혼인에 있어서의 개인의 자유 주장은 권력의 충돌과 문화적 충돌의 불일치의 결과 거대한 정치적 잠재력에도 불구하고 비정치적인 개념에 머물러 있었다.

그런데 비정치적인 논의의 장에서 자유개념을 둘러싼 문명적 대립이 치열하게 전개되는 과정에서, 자유는 새로운 상대 개념과 밀접한 관계를 맺게 된다. 1938년에 홍효민이 『동아일보』에 쓴 「자유와 방종」이라는 기사는 당시 청춘남녀의 자유연애로 사생아가 증가한 점 등을 언급하며 "세간에는 자유란 것은 모든 것을 제약받지 안코 자기 마음대로 하는 것을 자유라고 그릇 생각하는 사람들이 만흔 것이다. 방종까지도 자유에다 가탁하는 것은 역시 일종의 죄악이 아니면 안 된다"라고 비판하였다(『동아일보』 1938.11.29). 자유연애의 그릇된 결과를 비판하는 가운데 개인의 자유로운 행동에 대한 비판의 논리가 등장했는데 그 대표적인 개념이 바로 자유의 타락을 의미하는 방종이었던 것이다. 자유개념과 방종개념은 밀접한 관계를 맺게 되었고, 두 개념의 관계 설정은 당시의 가장 강력한 매체였던 신문을 통해 식민지 조선에 퍼져나가고 있었다.

이 시기의 방종개념과 자유개념의 관련성의 등장은 어떻게 설명해야 할까? 사실 플라톤(Plato)이 이성(理性)의 인도에 따라 옳고 그름, 좋고 나쁨을 분별하고 옳음과 좋음으로 나아가는 자유인 엘레우테리아(eleutheria)와 함께 이성에 의해 통제되지 않는 제멋대로의 자유인 엑소우시아(exousia)를 논의한 것에서 알 수 있듯이 서양 고대철학에도 멋대로의 자유에 대한 경계를 나타내는 개념은 존재했다(문지영 2009, 30~32면). 또한 개인의 자유를 최고의 정치적 가치로 내세우며, 어떤 제도나 정치적 실천의

---

28) 신문화운동을 이끌었던 신청년들과 전통적 가족제도의 충돌에 관해서는 백영서 (1994, 123~74면) 참조.

평가기준이 개인의 자유를 촉진/조장하는 데 성공적인가 아닌가에 있다고 믿는 신념체계인(Ryan 1995, 292면) 자유주의의 비조(鼻祖) 로크(John Locke)가 *Two Treatises of Government*(통치론, 1689)에서 사회적 자유를 방종(license)과 구별하는 논의를 전개한 것에서 알 수 있듯이, 근대서양에서도 자유주의의 맥락에서 자유개념과 방종개념이 함께 논의된 사례가 없지 않았다(Locke 1963, 311면). liberty/freedom 개념의 발상지에서 자유의 타락을 비판하는 개념이 함께 쓰인 예가 반복적으로 나타났던 것을 고려하면, 한국에서의 자유와 방종의 관련은 근대서양의 liberty/freedom과 license 개념의 번역을 통한 수용과정에서 자연스럽게 나타났을 가능성을 상정해볼 수 있다.

그런데 자유를 주로 비판적으로 인식했던 고대나 중세와는 달리 자유를 긍정하는 입장이 강했던 근대서양의 자유개념이 한국에 수입되었기 때문에, 자유개념의 유입과정에서 방종의 개념은 거의 주목받지 못했던 듯하다. 예를 들어 서양의 자유에 대한 유인석의 원론적 비판에는 "군신(君臣)의 경우로 말하자면, 신은 군에게 통제되고, 민(民)은 신에게 통제되며, 군은 또한 민을 돌아보고 두려워해야 하는 것이니, 어찌 자유로울 수 있겠는가(何其爲自由也)? 서법(西法)에도 그 자체 등위와 명분이 있으니 또한 그들도 자유를 이룰 수 없을 것이다"라는 문장이 보인다. 유인석은 자유개념을 상호 간의 견제나 도덕적 명분 등에 의한 어떠한 제약도 없는 상태로 이해했던 것이다.[29] 그의 자유개념은 로크의 논적이었던 필머 경(Sir Robert Filmer)의 자유개념과 비슷했고 그러므로 로크가 제시한 방종개념과도 유사했으나, 그의 논의는 자유개념으로 일관하여 마지막까지 방종개념은 사용되지 않았다. 유인석이 근대서양의 liberty/freedom 개념에 대한 비판의 과정에서 license로 이어질 가능성을 내용적으로 지적하고 있었음

---

29) 유인석의 자유개념에 대해서는 이상익(2005, 19~31면) 참조.

에도 불구하고 그것을 자유와 방종이라는 개념으로는 연결시키지 못했던 것은 당시 한국에서 방종개념이 가진 약체성을 증명한다.

　이어 전통의 근대적 전개과정에서 자유와 방종 개념의 관련이 등장했을 가능성도 검토해야 할 것이다. 방종은『후한서(後漢書)』에서 보이는 것에 알 수 있듯이 동아시아의 고전에 전거가 있는 개념이었다.[30] 근대 이후에도 유교적인 도덕의 관점에서의 방종에 대한 경고는 반복되어 나타났다. 예를 들면 1898년의『황성신문』의 논설에서는『대학(大學)』을 전거로 하여, 당시의 권세가 있는 가문의 자제들의 행태를 "금(今)에 아국(我國)의 귀부자제(貴富子弟)들이 기부형(其父兄)의 자력(資力)을 시(恃)ᄒ고 한일방종(閒逸放縱)ᄒ야 주사청루(酒肆靑樓)ᄂᆞᆫ 월야(月夜)의 고가(高歌)오 남양북당(南陽北堂)은 화조(花朝)의 취흥(醉興)이라"고 비판하였다(『황성신문』 1899.4.4). 이러한 세태에 대한 비판의 개념으로 쓰였던 방종은 국가의 위기 상황이 전개되면서 정치에 대한 비판의 개념으로도 쓰였다. 1909년『황성신문』에서는 "제공(諸公)이 불무국정개신(不務國政之改新)ᄒ고 종사지위보전(徒事地位之保全)ᄒ야 낭여송병준(曩與宋秉畯)으로 조직정부ᄒ고 애호일진회(愛護一進會)를 편동조아(便同爪牙)ᄒ야 거배지우준무식자(渠輩之愚蠢無識者)를 위이방백지임(委以方伯之任)ᄒ며 치지고관지열(置之高官之列)ᄒ야 양기기염(養其氣焰)ᄒ며 조기성세(助其聲勢)ᄒ야 교사방종(驕肆放縱)이 이유전일이극의(以有前日而極矣)오"라고 하여 송병준과 일진회의 전횡에 대한 비판의 개념으로 방종이 사용된 예가 있다(『황성신문』 1909.12.8).『황성신문』이 개신유학자의 대표적 매체였던 것을 고려하면 전통시대에 존재했던 방종개념이 근대에도 계승되어 타락한 행위에 대한 비판의 개념으로 널리 쓰이던 것을 이해할 수 있을 것이다.[31] 그런데 이 방종개념이 자유

---

30)「皇后紀第十下閣皇后紀」,『後漢書』.

31)『황성신문』의 성격에 대해서는 박찬승(1992, 69~82면) 참조.

와 함께 논의되지 않은 점에 주목할 필요가 있다. 전통 속에서 자유와 방종은 연관이 없는 개념이었고, 또한 이들 개신유학자들의 방종은 liberty/freedom의 타락에 대한 비판의 개념도 아니었다. 개신유학자들은 전통적인 의미로 방종개념을 사용하여 타락한 현실을 비판함에 머물러 있었다.

이러한 두가지 움직임을 종합하면, 자유개념에 대한 유인석의 비판은 근대적 개념의 장에 존재했고 방종개념을 이용한 『황성신문』의 현실 비판은 전통적 개념의 장에 존재했기 때문에, 두 개념이 같은 시기에 병립하고 있었음에도 불구하고 연관성 속에서 논의되는 상황은 나타나지 않았다고 이해할 수 있을 것이다.

이와 같이 서양의 개념을 수용하는 과정뿐만 아니라 한국의 전통적 개념이 계승되어 사용된 과정을 살펴보더라도 자유개념과 방종개념의 연관성은 설명되지 않는다. 그렇다면 여기에서 주목해야 할 또하나의 요소는 동아시아라는 지역적 요인이다. 즉 liberty/freedom이 먼저 일본에서 번역되어 한반도에 지속적으로 유입되었다는 사실에서 파생되는 영향을 살펴봐야 한다. 앞서 살펴본 대로 유인석은 자유개념에 대한 비판에서 자유의 지나침을 하나의 개념으로 표현하지는 않았는데 일본의 사정은 대조적이었다. 후꾸자와 유끼찌는 『서양사정』의 초판(1866)에서 liberty/freedom을 번역하면서 주를 달아 "본문의 자주임의(自主任意)와 자유(自由)라는 단어는 제멋대로[我儘]이고 방탕(放蕩)하여 나라의 법을 겁내지 않는다는 뜻이 아니라 모두가 그 나라에 살면서 사람들과 사귀어 스스럼없이 스스로의 능력에 맞는 것을 해야 한다는 의미이다. 영어에서 이것을 프리덤 혹은 리버티라고 한다. 아직 적당한 번역어가 없다"라고 썼다(福沢諭吉 1969, 290면). 일본에서는 자유개념의 번역단계에서부터 자유의 잘못된 행태에 대한 우려를 나타내는 개념으로 제멋대로인 것과 방탕이 함께 제시되었던 것이다. 무사(武士)가 지배자가 되어 기본적으로 리(理)가 아닌 법(法)을 통해 지배체제를 유지한 근세일본의 정치적 감각으로는, 자유가 법을 벗어난

혼란으로 인식될 개연성이 충분했다. 이를 고려하면 후꾸자와의 위와 같
은 이해는 자연스러운 것이었다.[32]

이러한 역사적 배경하에서 일본의 방종개념은 제멋대로와 방탕과 함께
자유의 일탈에 대한 경고로 끊임없이 강조되어갔다. 예를 들어 사회학자
이자 평론가였던 히구찌 류꾜(樋口龍峽)는 1910년에 쓴 글에서 자신의 어
린 시절 제멋대로였던 행동을 회고하면서 "이전의 자유와 지금의 자유를
비교하면 나의 심적 상태에는 이미 많은 차이가 있다. 지금의 자유를 진
정한 자유라고 한다면 이전의 것은 방종이었을 것이다. 아니, 정말로 제멋
대로(我儘勝手)였던 것이다. 자유의 이름으로 행동했던 것을 돌아보면 식
은땀이 흐른다"라고 썼다(樋口龍峽 1910, 44면). 진정한 자유와 대립되는 개
념으로 방종이 쓰이고 있음에 주목할 필요가 있다. 근대일본의 이러한 개
념적 상황 일반에 더하여 한국에서의 방종과 자유의 관련맺음과 관련하
여 주목해야 할 점은 1920년대의 일본에서 방종개념이 주로 연애와 결혼
의 타락에 대한 비판의 맥락에서 자주 쓰였다는 점이다. 예를 들어 1923년
요시와라 마사미찌(吉原政道)는 저서에서 방종에 대해 일부일처(一夫一妻)
와 일부다처(一夫多妻) 제도와 연관시켜 논의했고(吉原政道 1923, 108~9면),
1928년의 『성욕연애의 지식(性慾戀愛の知識)』이라는 책에서는 원시시대의
인간의 성교에 대해서 '방종성교시대'라고 규정하고 서술하였다(羽太銳治
1928, 153~56면). 다이쇼로망(大正ロマン)의 전개과정에서 나타난 퇴폐적 풍
조에 대한 비판의 개념으로 방종개념이 주목받고 있었던 것이다.

이상과 같은 일본의 자유와 방종을 둘러싼 개념사적 상황과 제국과 식
민지의 지적 공간의 특징을 고려하면, 일본적인 자유개념과 방종개념의
이해가 식민지 조선에 영향을 미칠 가능성은 충분히 존재했다. 예를 들어
조선총독부의 기관지였던 『매일신보』에는 1920년대 중반부터 방종에 대

---

32) 근세일본의 법과 자유에 대해서는 宮村治雄(2005, 33~51면) 참조.

한 경고가 반복적으로 나타났다. 1926년의 논설「그릇된 예술관 이에 중독되지 말라」의 말미에는 "연애신성이라는 금간판 아릭 ㅣ서 성욕방종(性慾放縱)을 시사(是事)하는 해충(害蟲)보다 좀더 무서운 해악은 업나니"라는 문장이 보이는데, 이는 성적 방탕에 대한 비판 개념으로 당시 일본의 방종 논의를 식민지 조선에 적용한 것으로 볼 수 있다(『매일신보』 1926.9.22). 또한 1927년의 중국과의 국경인 신의주에서 발생한 공금 횡령사건에 대한 기사에서는 그 원인을 '방종생활(放縱生活)'로 규정하였다.[33] 방종개념은 효율적인 식민지 지배를 위한 이데올로기적 도구로도 사용되고 있었던 것이다. 이렇듯 1920년대 후반 이후 자유의 억압을 위한 개념적 도구로서의 일본적 방종개념이 식민지 조선에 직접적으로 유입되었고, 그 결과 1920년대 후반의 식민지 조선에 처음으로 자유개념과 방종개념의 관련성에 대한 명확한 인식이 정착되기 시작했다. 앞서 본 『동아일보』의「자유와 방종」기사에서 보이는 자유와 방종의 관련성은 일본으로부터 유입된 개념의 구조와 일치한다.

이와 같이 한국에서의 자유와 방종 개념의 관계성의 등장은, 식민지 조선의 전통적인 관념에서 자유연애/결혼에 대한 도덕적 반발이라는 흐름이 일본에서 유입된 억압적 개념 구성이 결합하여 나타난 현상으로 이해할 수 있을 것이다. 이 자유와 방종 개념의 관계맺음이 가지는 정치적 잠재력은 정치영역에서 자유개념이 부활한 이후, 즉 한국이 자신의 주권을 회복하여 국내정치와 국제정치에서 자유라는 가치를 본격적으로 추구하는 해방 후에 본격적으로 발휘된다.

---

33)「국경만필」,『매일신보』 1927.5.26.

V. 냉전적 자유개념의 유입과 전개: 1945~59

1. 정치적 자유개념의 주류화

자유개념은 1945년 이후 한국정치에서 이전과는 비교가 안 될 정도의 확고한 지위를 획득한다. 첫째, 해방과 함께 국제정치영역의 자유개념이 부활하였다. 1945년 11월 대한민국임시정부의 환국을 앞두고 충칭에서 반포된 「한국독립당 제5차 대표대회 선언」에서는 "이제 우리는 천백배의 용기를 가지고 조국의 독립 자유와 동포의 민주 단결과 전인류의 공영을 위하여 최후까지 분투할 것을 더 한번 결심한다"라고 하여 45년의 해방을 조국의 독립이자 자유로 이해하는 입장을 보였다(백범김구선생전집편찬위원회 1999, 29면). 1945년 12월 28일의 「신탁통치 반대 국민총동원위원회의 성명서」에는 "5천년의 주권과 3천만의 자유를 전취하기 위하여는 자기의 정치활동을 옹호하고 외래의 탁치세력을 배격함에 있다. 우리의 혁혁한 혁명을 완성하자면 민족이 일치로써 최후까지 분투할 뿐이다"라고 하여 신탁통치에 대한 반발의 맥락에서 자유개념을 사용하였다(백범김구선생전집편찬위원회 1999, 116면). 1946년의 한 종합잡지에는 「민족의 자유」라는 제목의 기사가 실렸는데 "민족 전체의 자유를 획득하느냐 몇 분자의 자유를 위하야 민족의 자유를 희생하느냐? 두가지 자유 중에 어떤 것을 선택할 것이냐"라는 질문을 던졌다(김동석 1946, 47면). 이어서 "자유가 봉건주의자나 일본 제국주의자에게 편재(偏在)해 있는 한 조선은 민족적으로 자유로울 수 없고 따라서 해방될 수는 없다. 하물며 완전 자주독립을 바랄 수 있을까보냐"라고 하여 전자, 즉 자유 획득의 민족적 의미를 강조하였다(김동석 1946, 48면). 이와 같이 해외에서 독립운동을 해오던 정치세력들이 담론의 장에 복귀해 독립을 회복하고 건국을 실행하게 되는 상황 변화의 결과, 1920년 이후 침체를 겪었던 국제정치영역의 자유개념은 해방, 자주, 독립과 함께 국제정치영역의 목표를 나타내는 중심적인 개념으로 부활하였다.

둘째, 미군정의 압도적인 영향을 받은 대한민국의 건국과정에서 국내정치영역의 자유가 중심 개념으로 주어졌고 또한 받아들여졌다. 1948년 제정된 제헌헌법 전문에서 "우리들과 우리들의 자손의 안전과 자유와 행복을 영원히 확보할 것을 결의하고 우리들의 정당 또 자유로히 선거된 대표로서 구성된 국회에서 단기 4281년 7월 12일 이 헌법을 제정한다"라고 선언한 것이나, 제5조에 "대한민국은 정치, 경제, 사회, 문화의 모든 영역에 있어서 각인의 자유, 평등과 창의를 존중하고 보장하며 공공복리의 향상을 위하여 이를 보호하고 조정하는 의무를 진다"라는 조항을 둔 것은 이러한 변화의 제도화였다.[34]

이러한 국내정치와 국제정치 두 영역에서의 자유개념의 주류화가 1919년의 경우와 마찬가지로 자유주의적 자유개념에 기초한 두 개념의 정합성의 복원으로 이어질 개연성도 상정해볼 수 있겠지만, 역사는 그렇게 전개되지 않았다. 주지하듯이 1947년 이후로 세계, 동아시아, 그리고 한반도에서 냉전적 대립이 명확해짐에 따라 국제정치의 장에서는 자유주의가 아닌 현실주의의 권력정치 측면이 강화되어갔다. 그 결과 국제정치영역의 개념도 군사와 안보를 중심으로 재편되어 제1차 세계대전 이후에 맞이했던 개조의 시대의 자유개념이 온전하게 부활하는 것은 불가능해졌다. 그런데 18, 19세기와는 달리 냉전의 국제관계가 국가 간의 경쟁이라는 차원에 더하여 이데올로기를 공유하는 진영 간의 경쟁에 의해 구성되었고 두 진영 중 하나가 자유세계(free world)를 자칭했다는 외부적 상황으로 인해, 근대 한국의 고유한 자유개념에 냉전과 함께 도래한 자유진영의 자유개념이 결합하여 냉전시기 국제정치영역의 자유개념을 구성하기에 이른다. 이하에서 이 과정에 대해서 간단히 고찰해보자.

---

34) 〈대한민국헌법〉, 국가법령정보센터(www.law.go.kr).

냉전시기 자유세계의 자아와 타자의 인식을 명확히 나타내는 초기의 담론 중 대표는 말할 것도 없이 1947년 트루먼(Harry S. Truman) 대통령의 의회연설이었다.

국가의 평화적 발전과 압제로부터 자유를 위하여 미국은 유엔 창설에 주도적 역할을 하였습니다. 유엔은 모든 회원국의 영원한 자유(freedom)와 독립(independence)을 유지하기 위해 만들어졌습니다. 그러나 전체주의체제(totalitarian regimes)를 퍼뜨리려는 공격적인 운동에 대항하여 자유국민(free peoples)이 자유정부(free institutions)와 국가적 통합을 지킬 수 있도록 기꺼이 돕지 않는다면 우리는 우리의 목표를 인식하지 못한 것이라 하겠습니다.[35]

이 연설은 미국을 지도자로 하는 진영의 국제정치 인식에서 자유가 가장 주요한 개념으로 부상하였음을 명확하게 보여준다. 자유는 국제관계의 개념으로서, 두개로 나뉜 세계에서 우리 측 집단이 공유하는 특징을 드러내어 공통의 정체성을 부여하는 개념이 되었던 것이다. 동시에 이 자유진영의 자유개념은 진영 간의 국제정치적 대립이라는 정치적 맥락과 연결되어, 대립하는 세력을 전체주의=공산주의로 규정하여 타자화하는 상징정치의 핵심적 역할도 수행하였다.

이와 같이 국제정치의 자유개념은 미국을 중심으로 한 냉전자유주의(Cold War liberalism)의 국제정치적 부분으로서 세계적 차원에서 재등장하였는데,[36] 해방 후 3년간 냉전의 국제정치적 전개가 국내정치적 분열을 고착시키는 과정을 겪는 가운데 이 자유개념이 한국에 뿌리를 내리게 된

---

35) President Harry S. Truman's Address before a Joint Session of Congress, March 12, 1947(http://avalon.law.yale.edu/20th_century/trudoc.asp).

36) 냉전자유주의의 반공주의적 특징에 대해서는 Arblaster(1984, 309~13면) 참조.

다.[37] 한국이 동아시아 냉전의 최전선에 위치하였다는 지정학적 조건과 조선시대부터 국제정치영역에서 자유개념을 유지하고 있었다는 개념사적 조건이 새로운 자유개념의 유입에 긍정적인 작용을 했음은 말할 것도 없다. 1950년의 『동아일보』를 보면 「대일강화조건(對日講和條件)에 합의(合意) 미영(美英), 일(日)의 자유진영(自由陣營) 참가 보장(參加保障)」이라는 제목이 보이는데, 여기에서 제국과 식민지의 역사를 가진 일본도 자유진영의 일원이라는 인식이 나타나는 것이 흥미롭다(『동아일보』 1950.3.15). 1950년이 되면 새로운 국제정치분야의 자유개념, 즉 자유진영의 자유개념이 36년간의 일본 제국주의의 경험도 상대화시킬 정도의 위력을 발휘하고 있었음을 알 수 있다.

이와 같은 과정을 거쳐 해방 후 한국에서 자유는 국내정치의 개념으로서 흔들리지 않는 권위를 가지게 되었고 국제정치의 개념으로도 다시 핵심적인 지위를 차지한다. 그러나 이러한 자유의 강화는 자유개념을 둘러싼 갈등의 요소를 제거하는 것이 아니라 오히려 강화하는 결과를 낳았다. 왜냐하면 첫째, 국제정치영역의 자유는 민족주의적 자유와 냉전의 자유라는 두개의 서로 다른 맥락의 자유개념의 결합이었으므로 이 두 개념 사이의 모순과 갈등이 드러날 가능성이 있었고, 둘째, 국제정치영역의 자유개념과 국내정치영역의 자유개념 사이에는 두 자유의 관계 설정문제가 다시금 등장했기 때문이다. 전자의 문제는 1970년대 이후에 명확히 드러나므로 다음 절에서는 1950년대에 이미 명확하게 드러나는 후자의 문제의 양상을 추적해보자.

---

37) 해방 후 민족국가 건설운동의 실패의 과정이기도 했던 이 정치적 분열과정의 전개에 대해서는 서중석(1991) 참조.

2. 두 영역의 자유개념의 불안한 공존

1950년대 들어서 자유개념을 어떻게 우리 것으로 만들 것인가를 고민했던 지식인들에 의하여 자유에 관한 연구가 본격화되었다. 당시를 대표하는 종합잡지인 『사상계(思想界)』에는 신상초나 이용희 등의 학자들이 국내정치와 국제정치의 맥락에서 자유에 대한 논의를 반복하여 전개하고 있었다(신상초 1956, 246~51면; 이용희 1957, 284~91면). 서양의 자유에 대한 고전적 이해와 한국의 자유에 대한 현실적 이해가 논단에서 확산되는 경향이 이어졌던 것이다.

이러한 자유에 대한 논의의 전개는 물론 신생 대한민국의 정당성의 근원을 탐구하는 진지한 지적 노력으로 높게 평가해야 하지만, 이 논의를 둘러싼 정치적, 특히 국제정치적 환경은 그들의 노력을 고무하기보다는 방해하는 쪽으로 작용하였다. 이러한 상황은 자유진영의 자유개념 자체가 가진 문제성에서 기인하는 것이었다. 전술한 대로 냉전기의 자유개념은 자유진영 내부 특성에 대한 자기 인식임과 동시에 한편으로는 타 진영에 대한 비판의 논리이기도 했다. 만일 타자에 대한 비판의 논리로서 국제정치영역의 자유개념의 성격이 강화되면, 즉 자유개념 이해에 공산진영에 대한 비판의 측면이 고조되면 이 비판이 내부에 존재할지도 모르는 자유진영의 적에 대한 억압의 논리로 전화하여 국내정치영역의 자유와 충돌할 가능성이 존재했다. 미국의 매카시즘(McCarthyism)에서 보이는 자유를 위한 자유의 억압은 이러한 가능성의 현실화로 이해할 수 있을 것이다(Arblaster 1984, 313~16면을 참조). 한국에서는 이러한 두 자유개념의 잠재적 갈등이 미국보다 더욱 첨예하게 전개될 가능성이 있었다. 첫째, 한국에는 국내정치적 자유개념의 전통이 현저하게 취약했다. 이미 논의한 바와 같이 일제강점기 동안 자유가 전반적으로 약화되어 냉전 초기의 한국에는 자유주의의 전통이라고 부를 만한 것이 존재하지 않았기 때문에 국제정치영역의 자유의 억압에 대한 내성이 충분치 않았다. 둘째, 한국은 분단의 결과 냉전의 최전선에 놓였고 냉전의 논리에 의해 발발한 참혹한 전쟁을 경험하였다. 한국에서 냉전적인 대립은 온 국민이 겪은 현실이 되었고 그 결과 냉전을 중심으로 하는 국제정치영역이 국내정치영역을 압도하는 영향력을 행사할 수 있었다. 그 결과 자유개념도 국제정치영역을 위주로 이해되는 경향이 강하여 국내정치영역의 자유는 상대적으로 경시될 가능성이 높았다.

한태연이 1958년에 『사상계』에 쓴 「한국에서의 자유」라는 논고는 이러한 한국의 상황에 대한 이해의 단서를 제공한다. 한태연은 자유개념을 둘러싼 당시의 상황에 대하여 아래와 같이 정리했다.

대한민국의 성립과 함께 우리 사회에 있어서의 그 자유의 막연한 개념은 자유민주주의에 있어서의 그 자유의 개념으로 정착되게 되었던 것이다. (…) 제2차 대전 이후에 있어서의 국제정치는 어떠한 정치적 이데올로기를 배경으로 한 집단과 집단과의 대립, 좀더 구체적으로는 자유민주주의적 국가군과 공산주의적 국가군과의 대립을 그 내용으로 한다. 그 결과 이러한 정치적 대립에 따라서 지금까지에는 그 세계관에 있어서는 상대주의적이며, 그 가치에 있어서는 중립주의였던 자유민주주의도 공산주의적 질서에 대항하기 위하여 점차로 그 상대주의적 세계관에서 어느정도의 절대주의로 변질하고 있으며 그 중립주의적 가치에서 그 자신을 수립하려는 절대주의적 가치로 변질되어가고 있다. 따라서 자유민주주의적 국가에 있어서 그 가치와 세계관의 변질이 가장 현실적으로 요구되고 있는 국가는 바로 공산주의와의 투쟁과정에서 산출된 우리 한국임은 말할 것도 없다. (한태연 1958, 22면)

한태연은 1950년대 후반까지 한국에서 자유개념이 전개된 과정을, 국내정치에서 자유가 정착함과 동시에 공산주의의 위협이라는 국제정치적 요인에 의해 자유민주주의가 절대주의적으로 변해간 과정으로 이해하고 있다. 절대주의적이라는 것은 상대적인 것들 사이에서의 다양한 선택가능성을 전제로 하는 자유개념과 본질적으로 모순된다는 점에서, 이 논의는 국제정치적 논리의 강화에 의하여 국내정치영역의 자유가 위축되는 상황을 그리고 있다고 이해할 수 있을 것이다. 사실 이사야 벌린(Isaiah Berlin)이 지적했듯이 이성에 따른 자기지배 혹은 자기실현을 의미하는 적극적 자유는 그 주체를 국가나 민족공동체로 확장하게 되면 "자유롭기 위한 강제"가 "참된 자유"의 이름으로 정당화될 가능성이 있다(Berlin 1969, 133면). 한태연은 자유개념이 가지는 이러한 보편적인 문제성이 냉전이라는 국제정치적 환경 ─ 그리고 그가 논의하지 않았지만 근대한국의 국제정치영역 자유개념의 계승이라는 개념사적 환경 ─ 속의 한국에서 국제정치영역의 자유의 절대화로 인하여 더욱 극단적인 모습으로 나타났음을 보여준다. 그가 당시에 부분적이나마 지지했던 국가보안법이 이후에 어떻게 자유를 억압했는가에서 확인되듯이 자유진영을 위해 국민의 자유를 억압하는 역설적 상황이 한국에서 극단적인 형태로 전개될 개연성은 1950년대에 이미 등장했던 것이다.

이와 같이 1950년대 한국에서는 한편으로 국내정치에서 헌법에 의해 보장된 개인의 자유에 대한 이해가 심화되는 현상과, 또 한편으로 국제정치에서 냉전의 전개에 의해서 자유진영의 국가로서 행해야 할 역할이 강조되는 현상이 동시에 진행되고 있었다. 두 자유개념의 이 같은 불안한 병립을 해소하기 위해서는 두 자유개념을 연결시키는 논리적 기제가 필요했다. 비록 1950년대에 이러한 논리적 기제가 명확하게 나타나지는 않았지만 이후의 시기에 이 논리의 구성에 결정적인 역할을 하는 방종개념이 자유, 그중에서도 국내정치영역의 자유를 비판하는 정치적인 개념으로 정착되어가고 있었다는 사실은 기억해야 할 것이다.

1947년 『경향신문』에 이미 「자유는 방종과 다르다」라는 기사가 실려 건국이라는 정치적 상황을 배경으로 두 개념의 구별의 필요성을 제기했다(『경향신문』 1947.1.16). 1951년의 「자유당 창당 선언」에서는 독선적 관료주의 군상과 가두 정상배들을 비판하며 "이 반동세력들은 우리 헌법정신에 반역하고 시대의 흐름에 역류하여 신흥 특권계급을 형성하려고 갖은 방법으로 선동하고 있는 한편 이번 투쟁을 기화로 더욱 방종성(放縱性)을 자행하며 정권을 쟁취하기 위하여 국내외적으로 모략중상을 일삼아 국가의 위신과 민족의 신의를 훼손시키고 있다"고 하였다(조선일보사 1985, 51면). 절대적 권력자였던 이승만 대통령의 의사를 반영하여 자유를 당명에 내세우며 탄생한 정당이, 창당 선언에서 방종개념을 사용하여 정적들을 비판하고 있는 것이다. 이러한 자유와 방종의 관계에 대한 논의는 정치권만이 아니라 논단에도 나타났다. 백낙준은 1953년 『사상계』에 "나 개인이 취하는 일동일정이 그 결과로 보아 나 개인에만 국한되는 것이 아니오, 다른 사람에게 영향됨을 깨달아 알 때에 우리는 개인인 동시에 또한 그 집단의 일부분인 것을 잊을 수 없다. 그러므로 우리 각 개인의 자유란 방종적 행동에서 얻는 것이 아니오 다른 사람의 복리를 위하여 자제하는 데서 진정한 실현을 볼 수 있는 것이다"라고 썼다(백낙준 1953, 166~69면).

이러한 일련의 논의에서, 자유와 방종의 의미는 식민지시대의 그것과 큰 차이가 없지만 개념을 둘러싼 정치적 상황의 변화가 논의의 실질적인 의미에 변화를 가져왔다. 즉 방종은 자유개념의 잠재적인 문제성을 지적하는 것을 통해 국내정치영역의 자유의 가치를 상대화시키는 정치적 기능을 제공할 수 있게 된 것이다. 방종개념이 비정치적 차원에 머물렀던 식민지시대와 비교하면 해방 이후 방종개념이 정치의 핵심적인 가치가 되는 변화가 얼마나 극적인 것인가를 알 수 있을 것이다.

1950년대에는 이상과 같이 두가지의 자유개념과, 정치적인 의미를 갖기 시작한 방종개념이 병립하는 상황이 이어졌다. 자유개념을 둘러싼 문제적 상황의 존재가 거칠게나마 파악이 되었으나 그 해결의 방법이 아직 보이지 않고 있었다.

VI. 두 영역의 자유의 분립과 충돌: 1960~87

1960년 이후 한국에는 혁명, 쿠데타, 헌법 개정, 베트남 참전, 데탕트, 긴급조치, 또한번의 쿠데타, 신냉전, 민주화 등 일련의 국내/국제정치적 사건이 이어졌다. 이 시기는 냉전체제가 요동치는 가운데 독재정권의 극단적 폭압과 그에 대한 저항이 펼쳐지던 격동기로 규정할 수 있을 것이다. 자유개념은 이러한 국내/국제정치의 현실 변화와 밀접한 상호관계를 가지면서 변화해나갔다. 그 과정에서 현재 한국의 국제정치영역 자유개념이 완성되었고 동시에 자유개념의 문제점도 명확해져갔다. 이 절에서는 시기를 넷으로 구분하여 국제정치영역 자유개념의 전개를 추적한 후 이 자유개념을 둘러싼 문제적 상황을 제시하려 한다.

1. 국내정치영역 자유의 대두: 4·19혁명에서의 자유

4·19혁명은 한국정치사의 흐름을 결정짓는 중대한 정치적 변혁이었고 동시에 한국의 자유개념의 향방을 좌우하는 역사적 사건이기도 하였다. 1960년 4월 18일 고려대학교의 선언문은 "친애하는 고대 학생 제군! 한마디로 대학은 반항과 자유의 표상입니다. 이제 질식할 듯한 기성 독재의 최후적 발악은 바야흐로 전체 국민의 생명과 자유를 위협하고 있다"라는 구절로 시작했다(조선일보사 1985, 75면). 주체의 특성과 위협의 대상에 공통적으로 자유가 언급되고 있는 것은 1960년의 일련의 투쟁에서 자유개념이 가지는 중심적 역할을 상징한다.

자유의 중요성은 「서울대학교 학생회 4월혁명 제1선언문」에 더욱 명확한 형태로 드러났다. 선언문에는 "우리의 지성은 암담한 이 거리의 현상이

242

민주와 자유를 위장한 전체주의의 표독한 전횡에 근거한 것임을 단정한다. 무릇 모든 민주주의의 정치사는 자유의 투쟁사다. (…) 근대적 민주주의의 기간은 자유다. 우리에게서 자유는 상실되어가고 있다는 것을, 아니 송두리째 박탈되고 있다는 것을 우리는 이성의 혜안으로 직시한다. (…) 이제 자유의 전장에 불이 붙기 시작했다"라고 쓰여 있다(조선일보사 1985, 77면). 3·15부정선거가 민주주의에 대한 위협이었다는 것은 명약관화한 일이었지만 4·19혁명의 주도세력은 민주주의와 함께 민주주의의 근저에 있는 자유의 문제를 더불어 제기했다. 그들은 정권에 의해 상실된 자유를 되찾는 것을 목표로 삼았기에 자신들의 전쟁을 자유의 전쟁으로 규정했던 것이다. 4·19혁명은 부정선거에 대한 저항에서 출발한 변혁운동이었음에도 불구하고 이들 선언문을 보면 민주주의보다도 자유가 보다 중심적인 과제였던 것 같은 인상을 줄 정도다. 이와 같이 4·19혁명의 과정에서 국내정치분야의 자유개념이 중차대한 가치를 가진 정치적 모토로 급속히 대두된 것은, 자유(liberty/freedom)개념이 19세기 말부터 외부로부터 수용되었지만 망국과 식민지를 거치는 과정에서 한국의 정치적 삶에 체화되지 못했던 한계를 넘어서 드디어 한국정치의 맥락 속에서 자생적인 전개를 보이기 시작한 것으로 이해할 수 있을 것이다.[38]

이와 같은 중차대한 의의에도 불구하고 4·19혁명기의 자유개념은 자유개념사의 전개라는 맥락에서 볼 때 두가지 약점을 극복하지 못하고 있었다. 전술한 대로 1950년대에 국내정치분야의 자유개념은 국제정치분야의 자유개념, 그리고 방종개념과의 관계 속에서 불안정한 위치에 놓여 있었지만 4·19혁명기 자유개념의 전개는 이 두 관계의 재설정이라는 과제를 전혀 해결하지 못했다. 첫째, 지식인들──주로 학생──이 추상적인 논

---

38) 4·19혁명을 통해서 서투른 수입 개념이었던 자유가 한국인의 가치로 변화했다는 당대인의 평가에 대해서는 안병욱(1960, 100~1면) 참조.

의를 통해서 받아들인 자유의 이상과 한국 현실의 거대한 차이는 현실을 변혁하기 위한 혁명의 열기를 만들어냈지만, 한편으로는 그들의 자유개념이 한국의 현실과 그 현실에 기초한 개념과 차이가 있었기 때문에 4·19혁명의 자유개념은 혁명의 성공 후에도 언제든지 현실 측으로부터의 반격을 받을 가능성이 남아 있었다. 예를 들어 1960년 4월 7일자 『동아일보』에는 부정선거의 당사자인 이기붕 부통령이 기자단 앞에서 "언론 자유와 언론 방종 및 폭행의 자유를 혼동하여서는 아니 되겠다"고 말한 기사가 실렸다 (『동아일보』 1960.4.7.). 이기붕은 물론 자유의 힘을 막지 못하고 비참한 최후를 맞이했지만 현실정치가였던 그가 마지막까지 방종개념에 매달렸던 사실은 일제시기 문명의 충돌과정에서 강화되고 해방 이후에는 정치적 개념으로 부상했던 방종개념이 가지는 정치적 위력의 반증이기도 하다. 앞서 본 대로 혁명을 주도했던 학생들의 선언문에서의 자유개념은 여전히 추상적이어서 한국의 현실과의 연결은 극히 피상적이었다. 따라서 국내정치적 상황이 바뀌면 방종과 같이 현실에 뿌리내린 개념의 공격을 받을 수 있는 개념적 약체성을 여전히 극복하지 못했다고 할 수 있다.

둘째, 국제정치적 자유개념에 대한 혁명세력들의 논의는 거의 전무하였고 그들의 대외논리는 공백에 가까웠다. 혁명을 둘러싼 국제정치적 환경은 나쁘지 않았지만, 미국이 이승만의 하야를 원했다고 하는 가장 결정적인 국제정치적 요인은 혁명을 추진한 세력이 만들어낸 것이 아니라 외부에서 주어진 행운에 불과했다.[39] 그 결과 국제정치적 상황이 바뀌면 국제정치영역의 자유가 부활하여 국내정치적 자유를 억압할 가능성도 여전히 남아 있었다.

결국 4·19혁명 당시의 담론에서 자유개념은 한국정치의 가장 중요한 가

---

39) 1950년대 후반부터 4·19혁명기에 이르기까지의 한국을 둘러싼 안보상황의 변화와 미국의 대한 정책에 대해서는 이철순(2006, 538~607면) 참조.

치로서 뿌리내리기 시작했지만, 당대인이 한국에서의 자유개념의 독특한 개념사적 맥락을 이해하고 문제점을 극복하려는 진지한 노력을 했던 자취는 거의 보이지 않는다. 그 결과 방종개념과 국제정치영역의 자유개념에 의한 국내정치영역의 자유개념에의 역습의 가능성은 혁명의 성공에도 불구하고 전혀 줄어들지 않았던 것이다. 5·16쿠데타를 전후한 국내/국제정치적 상황변화에 의해 이러한 우려는 현실이 되었다.

2. 국제정치영역 자유의 재등장: 5·16쿠데타와 자유

박정희는 4·19혁명을 통해 등장한 제2공화국을 1961년 5월 16일의 쿠데타로 무너뜨리고 정권을 장악했다. "반공을 국시의 제일의로 삼는다"는 「혁명공약」 제1조에서 드러나듯 박정희는 자신의 정치적 행위를 반공을 위한 혁명으로 규정하였다(조선일보사 1985, 90면). 즉 그를 중심으로 하는 정치세력에 있어서 가장 중요한 가치는 냉전이라는 국제정치적인 상황에 대한 국가의 올바른 대응으로서의 반공이었던 것이다. 이 반공의 논리를 구체화하는 과정에서 국내정치와 국제정치 영역의 자유개념, 그리고 방종개념의 구조적인 연결이 명확하게 드러나게 된다.

박정희는 1962년에 발간한 『우리민족이 나아갈 길』의 "개인의 인권과 자유"라는 절에서 "오늘날 우리 주변에서 공산제국주의가 민주주의의 탈을 쓰고 생각하고 말할 수 있는 자유와 권리를 나쁘게 이용하여 그릇된 이야기를 떠벌리며 국민들의 마음을 어지럽게 한다면 이 얼마나 위태롭고 무서운 일인가 생각해보라"고 호소하였다(박정희 1975, 49면). 혁명을 일으키는 원인을 제공했다고 규정된 공산주의는 공산제국주의로 선언되어 한국의 생존을 위협하는 존재로 부각되었고 자유는 그들이 이용할 수 있는 위험한 도구로 제시되고 있다. 4·19혁명 이후 강조되었던 국내정치영역의 자유가 아닌 반공=국제정치분야의 자유가 강조되어 국내정치분야의 자유를 억압할 가능성이 보인다. 그런데 박정희를 중심으로 하는 군부세력이 지배한 제3공화국도 자유주의 진영에 속해 있음을 부정하지 않았기 때문에 이들에게도 자유를 둘러싼 개념적 모순은 피할 수 없는 것이었다. 즉 제3공화국의 헌법에서도 자유는 여전히 가장 중요한 가치로 찬양되는 개념이었고 박정희 정권에는 4·19혁명에서 보이듯 자유개념이 정치적 변혁의 무기가 될 수 있다고 하는, 이승만 정권하에서는 부각되지 않았던 정치적 위기감까지 더해졌다.

반공을 실현하기 위해 단순하고 통일성이 있으며 서로 협동하는 상하관계를 기본으로 하는 정치공동체를 열망했던(전인권 2006, 328면) 박정희는 이러한 상황을 타개하는 과정에서 자유개념의 잠재적 갈등을 처리하는 나름의 논리를 제시하기에 이른다.『우리민족이 나아갈 길』에서 박정희는 "참된 자유에 대한 가장 무서운 적은 제멋대로 한다는 생각과 방종인 것이다"라고 썼다(박정희 1975, 54면). 방종은 거짓된 자유——실질적인 의미는 권력자인 그가 정한 틀을 넘어서는 자유——에 대한 비판의 원리로 제시되었다. 이 문장에서 제멋대로 한다와 방종이 병렬적으로 나타나는데, 이것이 후꾸자와가 liberty/freedom에 대한 오해를 우려하며 제시했던 제멋대로〔我儘〕·방탕(放蕩)과 명확한 유사성을 보이는 것은 일제시기에 제국일본에 의한 교육을 받은 박정희의 지적 배경과 연결지어 생각하면 우연이 아닐 것이다.[40] 박정희는 여기에서 한발 더 나아가 "자유는 자의나 방종이 아니며, 자율이요 자치이다. 진정한 민족의 자유를 위하여 개인은 봉사해야 한다"는 논리를 제시한다(박정희 1975, 313면). 박정희는 민족이라는 집단을 주체로 하는 국제정치영역의 자유개념을 전면에 내세웠고 그 결과 개인의 자유, 즉 국내정치영역의 자유는 민족의 자유에 종속되는 것이 되었다. 방종개념은 국내정치영역의 자유가 국제정치영역의 자유에 기여하지 못하

---

40) 1960년대의 박정희의 정치적 이데올로기에 나타난 제국일본의 영향에 대해서는 이준식(2002, 194~206면) 참조.

는 상황에 대한 비판의 개념으로 등장하여 두 자유개념을 비대칭적 —즉 국제정치영역 자유개념의 우위— 으로 연결하고 있다. 4·19혁명 직전에 이기붕이 방종을 국내정치영역의 자유에 대한 견제의 논리로 사용하는 데 그쳤던 것에 비하여, 5·16쿠데타 직후 박정희는 방종을 두개의 자유개념의 관계를 설정하는 핵심 개념으로 사용했던 것이다. 이러한 박정희식 개념 정리의 정치적 결과에 대한 평가는 엇갈리지만 그가 1950년대 이후 지속된 자유개념을 둘러싼 불안정한 개념 배치에 대하여 나름의 종합적 해결책을 제시했다는 점, 즉 개념사적 과제에 대한 적극적인 대응을 시도했다는 점은 평가받아야 할 것이다.

이러한 두개의 자유개념과 방종개념을 둘러싼 논리의 전체상을 1960년대의 국정교과서에서 확인할 수 있다. 1964년에 문교부가 발간한 『고등도덕 3』에는 아래와 같은 문장이 있다.

세계의 민주주의 국가들은, 오늘날 바야흐로 공산제국주의의 한 큰 위협을 받고 있으면서, 자유를 수호하기 위하여 갖은 노력을 다하며, 또한 희생을 아끼지 않고 있는 것이다. (…) 이렇게 보면, 자유의 근본 뜻은 인격의 본바탕인 이성에 좇아 올바른 도리를 행하는 의지의 결정에 있다. 그리고, 이에 필요한 여러가지 외부적 사회적 자유는 이에 따라서 주장되는 것이다. (…) 이러한 방종은 마치 자유로 하는 일같이 보이지만 기실은 규율을 파괴하고 질서를 문란하게 하여, 필경 자기를 훼손하는 일로 되고 만다. (문교부 1964, 61~68면)

공산제국주의의 위협에서 자유진영을 수호하기 위하여 방종을 경계하고 외부적·사회적 자유인 규율과 질서를 지켜야 한다는 내용은 앞서 검토한 『우리민족이 나아갈 길』의 설명과 개념의 의미와 배치에서 완벽하게 동일하다. 이러한 논의가 고등학교에 그치지 않고 전체 교육과정에 침투했음은 1967년에 제정된 「국민교육헌장」에 등장하는 "반공민주정신에 투철한 애국애족이 우리의 삶의 길이며 자유세계의 이상을 실현하는 기반이다"라는 문장에서 확인할 수 있다(조선일보사 1985, 118면).

1967년의 대통령 선거에서 신민당(新民黨)의 윤보선이 진정한 자유와 민주를 주창하는 선거전을 전개했음에도 불구하고 공화당(共和黨)의 박정희가 압승할 수 있었던 하나의 사상적 원인은, 집권세력 측이 1964년부터 시작된 베트남 파병 등으로 고조된 국제정치적 긴장상황을 배경으로 각종 매체와 공교육을 통하여 반공개념과 자유개념 등을 국민에게 효율적으로 파급시켰다는 점에 있을 것이다. 그런데 박정희식 자유개념의 존재양상을 정확하게 이해하기 위해서는, 박정희 정권이 끝난 이후에도 그의 두개의 자유개념과 방종개념에 대한 이해가 적어도 일부의 사람들에게는 여전히 옳은 것으로 받아들여졌다는 점에 주목할 필요가 있다.[41] 즉 박정희식 자유개념은 권력을 배경으로 강제로 파급되었지만 이후 권력의 강제가 사라진 후에도 독자적으로 생존하였다는 것이다. 그렇다면 그 억압적 성격에도 불구하고, 박정희식의 국제정치영역 자유개념이 가지는 설득력은 어떻게 이해할 수 있을까?

이 설득력은 아마도 그의 개념 구성에 결정적인 역할을 하는 요소들이 근대 이후 한반도의 정신사 전개과정에서 이미 국민들 사이에서 뿌리내리고 있었다는 점으로 설명할 수 있을 것이다. 첫째, 박정희의 국제정치영역 자유개념은 근대한국의 국제정치영역 자유개념의 원형을 충실히 계승

---

41) 최근의 예로는 2009년 법무부의 업무계획 중 자유민주적 기본질서의 복원에 대한 법무부 블로그의 해설에 "'자유'와 '방종'이라는 말의 차이를 아시나요? 그 행위 안에 질서와 책임감이 있느냐 없느냐에 따라 그것이 자유가 될 수도, 방종이 될 수도 있는 거죠. 우리에게 주어진 '자유'라는 행복을 효과적으로 누리려면 자유민주적 기본질서의 확립이 가장 중요해요"라고 쓰고 이어 안보침해사범 엄정처리 등의 구체적 내용을 소개한 것을 들 수 있다(http://mojjustice.blog.me/150042574218?Redirect=Log&from=postView).

하고 있다. 이미 보았듯이 박정희는 공산제국주의의 위협을 강조하고 있는데, 이는 애국계몽기 자유개념의 전제가 되는 국제정치인식인 제국주의의 위협을 냉전시대에 맞추어 부활시킨 것으로 이해할 수 있다. 따라서 애국계몽기 이래 근대한국의 국제정치적 자유개념의 원형을 공유하고 있던 많은 국민에게 박정희가 말하는 자유개념의 반제국주의적 측면은 익숙한 것이었다. 박정희는 1966년 신년 메시지에서 한국국민 전체를 청중으로 "우리가 살고 있는 오늘의 세계는 변화의 시대이며 발전의 시대이며 동시에 경쟁의 시대입니다. 오늘의 세계는 크고 작은 모든 나라들의 국가이익 추구의 경기장이라 해도 과언이 아닐 것입니다"라고 선언하였는데(박정희 1967, 18면) 애국계몽기를 연상시키는 사회진화론적인 국제정치 이해는 박정희의 자유개념이 가지는 원형 계승의 측면을 다시 한번 확인시켜준다.

둘째, 국제정치영역의 자유와 국내정치영역 자유의 불평등한 관계 설정에 결정적인 역할을 한 방종개념은 1930년대 이후 자유개념과 관련을 맺으며 퍼져나갔고 해방 이후에 정치적 개념으로 자리잡기 시작했다는 것은 앞서 설명한 바와 같다. 박정희의 자유개념은, 방종개념을 사용함을 통하여 또 하나의 개념사적 전통을 흡수하였던 것이다. 이러한 두가지 계승의 결과, 그의 자유개념은 인식의 전제를 공유하는 한국인들이 이해하고 동의할 수 있는 설득력을 가지게 된 것으로 추측된다.

3. 자유개념의 주변화

앞서 본 대로 1960년대 박정희식의 자유개념에는 서양 개념의 냉전적 수용 측면과 근대한국 개념의 계승 측면이 공존했다. 수용된 개념과 계승된 개념은 한자어의 자유를 분점하고 있었는데 이들 개념은 서양의 정치적 삶과 한반도의 근대 이후 정치적 삶이라고 하는 서로 다른 역사적 배경 하에서 생성된 것이기 때문에, 박정희가 자유개념 문제에 대하여 나름의 해결책을 제시했음에도 불구하고 이 개념들 사이에 문제가 재발할 가능성은 여전히 남아 있었다. 1963년에 박봉식이 "한 나라가 자유주의 사상을 국가적 기본 이념으로 받아들이고 민주주의 제도를 헌법체제로서 채택한다는 것은 이러한 사상과 주의의 배후에 있는 국제정치세력을 수락한다는 것을 의미"한다고 하면서 한국과 같이 "국제정치적 긴장의 감응도가 심한 곳에서는 소위 국내정치란 것도 국제정치적 요소가 대단히 강하며 국제주의적 관념이 지배적"이라고 파악했던 것에서 알 수 있듯이(박봉식 1963, 57면), 국제정치적 상황의 변화로 인해 개념들 사이의 갈등을 가져오는 정치적 상황이 발생할 가능성이 특히 현저했다. 실제로 1970년대의 국제정치적 변화, 그중에서도 데탕트의 전개는 냉전적 자유개념의 의미 변화로 이어졌고, 이 변화는 한국의 자유개념들 간의 잠재된 모순을 현실화하여 박정희의 자유개념에도 변화를 가져왔을 뿐만 아니라 저항자들의 자유개념까지 변화시켰다. 아래에서 이 과정을 일별해보자.

　1970년대 미국외교에서는 데탕트를 배경으로 냉전적 대결만이 아닌 다른 사안에 대한 관심의 증가가 하나의 특징이었는데 그중에서 카터(Jimmy Carter) 행정부는 인권외교(Human Rights Diplomacy)에 가장 중점을 두었다.[42] 상대국의 인권상황을 외교관계의 중요한 요인으로 규정하는 이 입장에서 인권의 가장 대표적인 기준은 자유, 그중에서도 언론의 자유와 정치활동의 자유였다. 이 입장에서 본 1970년대의 한국은 자유와 인권의 억압이 전방위적으로 행해지는 나라였고, 카터 행정부가 1975년 6월 23일에 한국의 인권문제와 함께 주한미군의 단계적 철수안을 제시함으로써 이 문제는 한국의 국제정치의 현실을 좌우하는 중요성을 가지게 되었다. 한국의 자유개념사의 입장에서 보면 이 변화는, 이전에 주로 국제정치 영역의 반공과 동일한 개념으로 존재하던 자유진영의 자유개념이 자유진

---

42) 카터의 인권외교에 대해서는 Smith(1987) 등을 참조. 카터 행정부의 대한정책에 대해서는 박원곤(2009, 215~34면) 등을 참조.

영의 성원을 규정하는 개념으로, 즉 국내정치영역의 특성을 중시하는 개념으로 변화하기 시작했다는 것을 의미한다. 바꾸어 말하면, 한국이 수용한 서양의 liberty/freedom 개념이 가지고 있었던 국내정치영역의 자유 부분이 강조되는 변화가 국제정치의 장에 등장한 것이었다. 이러한 변화에 발맞추어 한국의 정치를 둘러싼 담론의 장에서 자유개념은 새로운 변화를 노정하게 된다.

우선 국제정치적 자유개념과 방종개념을 결합시켜 국내정치영역의 자유를 억압하던 박정희식의 자유/방종담론에 대한 반론이 독재에 대항하여 정치적 자유를 옹호하던 세력을 중심으로 나타나게 된다. 그 과정에서 두개의 자유 사이에 새로운, 즉 박정희의 그것과는 다른 관계 설정이 시도되었다. 예를 들어 1972년 9월에 장준하는 「민족주의자의 길」에서 아래와 같이 주장했다.

> 우리는 이제까지 정치적 자유의 확보를 위해 싸웠다. 정치적 자유는 그 자체도 기본적인 것이지만 보다 큰 민족적 자유를 확보하기 위한 수단이기에 더욱 중요한 것이다. 오늘 민족적 자유가 현실적으로는 확대되고 있음을 인정 안 할 도리가 없다. 다만 그 과정, 그 방법에서 정치적 자유의 억압으로 민족적 참여가 실현되지 못했다. 하지만 이제 그 과정을 탓함에 그칠 것이 아니라 적어도 집권자에 의해서 확대된 만큼의 민족적 자유를 민족 전체가 향유할 정치적 자유가 확보되어야 함을 주장해야 할 것이다. 당연히 이를 위한 법적인 또는 현실적인 제(諸) 조치가 단행되어야 한다. 왜냐하면 민족 전체에게 확보되지 못한 민족적 자유란 민족 전체에게는 새로운 외압(外壓)이며 따라서 이것은 말만 있고 실체는 없는 자유이기 때문이다. (장준하 1985c, 58면)

장준하는 국내정치영역의 자유에 국제정치영역의 자유를 위한 수단의 측면이 있다고 전제한다. 이어 7·4남북공동성명으로 남북한의 자율적인 국제정치적 움직임이 나타난 현실을 배경으로 민족적 자유의 현실적인 확대를 인정한 위에, 확대된 민족적 자유를 집권자만의 자유가 아닌 민족 전체가 향유하는 자유로 분배해야 한다는 과제를 지적했다. 그것은 구체적으로는 법을 포함한 여러 제도를 민족의 구성원인 개인의 자유를 보장하도록 변화시키는 것이었다. 장준하의 '민족적 자유'개념은 박정희와 마찬가지로 근대한국의 국제정치적 자유개념을 계승하고 있다.[43] 그러나 1950년대부터 민주주의의 근본은 자유와 평등에 있다고 반복적으로 선언하였고(장준하 1985d, 184면), 4·19혁명에 대해서 "자유와 민권을 폐혜(廢鞋)처럼 짓밟던 폭력정권에 항거한 4월의 피비린 혁명"이라고 규정한 것에서 보이듯(장준하 1985a, 269면), 장준하는 국내정치영역의 자유에 대해서도 변치 않는 신념을 가지고 있었다.[44] 그 때문에 그는 근대 이후로부터 계승한 국제정치영역의 자유와 해방 이후에 토착화된 국내정치영역의 자유를 정합적인 것으로 만들기 위한 사상적·실천적 탐구를 진행했다. 그 결과, 1970년대의 현실에서 국제정치영역의 자유에의 갈망이라는 과제를 민족주의로 승화시키면서, 이 민족적 과제가 새롭게 받아들인 고귀한 가치인 국내정치영역의 자유와 대립되지 않게 구성되도록, 개념의 관계맺음의 가능성을 제시했던 것이다. 두 자유개념을 조화시키려는 장준하의 노력은, 박정희가 근대한국의 국제정치영역 자유개념의 원형을 계승하는 것에 머물렀던 점과 비교하면, 원형에 대한 문제 제기이자 대안의 제시였다는 점에서 역사적 의의가 있다. 그의 자유개념은 오랜 개념사적 숙제에 대한 양심적 지식인의 주체적 응전이 만들어낸 위대한 성과로 기억되어야 할 것이다.

---

43) 장준하가 1956년 3월의 『사상계』 권두언에서 3·1운동이 민족의 자유를 찾기 위한 것이었다고 주장한 것은 계승의 측면이 강고함을 명확히 보여준다(장준하 1985b, 180면).
44) 4·19혁명 직후의 장준하의 자유민주주의 옹호와 민주적 사회주의와의 논쟁에 대해서는 이상록(2010, 101~33면) 참조.

한편 저항세력의 일부에서는 장준하와 달리 국내정치영역의 자유개념을 중심으로 하여 국제정치영역의 자유개념을 포섭하려는 움직임도 전개되었다. 이 움직임은 일련의 긴급조치가 내려져 국내정치영역의 자유가 말살되어가는 상황에서, 미국을 중심으로 한국의 인권이 본격적으로 논의되기 시작했던 1974년을 전후로 급속하게 전개된다. 이러한 움직임은 천주교정의구현전국사제단이 발표한 「제1차 시국선언」에서 국내적 자유개념을 통한 국제정치의 새로운 이해와 전망으로까지 구체화되었다. 이 선언은 "우리의 암담한 이 현실이야말로 우리 자유우방 각국과의 선전과 호혜평등을 원칙으로 하는 외교관계를 약화시키고 국제간에 대한민국의 국위를 손상하고 대공 외교정책에 심각한 차질을 자초하는 가장 근본적인 원인이 아니고 무엇인가?"라는 주장을 제기했다(조선일보사 1985, 191~92면). 즉 국내정치에서의 자유의 실현이야말로 한국이 진정한 자유진영의 일원이 되기 위한 전제인데 그 자유가 실현되지 않고 있기 때문에 공산주의와 대결해야 하는 당시의 국제정치현실에서 문제가 발생하고 있다는 논리였다. 국내정치영역 자유의 강조가 국제정치영역의 반공=자유의 실현으로 이어지는 논리가 매끄럽게 제시되었다.

이어서 국제정치영역의 자유가 국내정치영역의 자유를 실질적으로 억압할 수 있게 하는 구체적 기제에 대한 공격도 나타났다. 1975년에 김지하는 「양심선언」에서 아래와 같이 썼다.

어제 오늘에 시작된 것이 아닌 이 반공법 제4조의 상투적·건강부회적·무차별적·모략적 적용이야말로 우리 사회의 사상적·정신적 성장과 발전을 가로막아온 최대의 질곡이며 우리 민중으로부터 '말의 자유'를 빼앗아 숨막히는 암흑과 침묵의 문화를 보급함으로써 민주주의를 압살하고 부패특권의 압제권력을 유지해온 최대의 억압의 무기이다. 나는 이에 대하여 자유의 이름으로 머리끝에서 발끝까지 치 떨리는 분노로 항의한다. 나는 또다시

나에게 들씌워진 이 더러운 질곡을 단호히 거부한다. 인간을 인간답게 하는 개성의 허용, 사상의 자유, 표현의 자유를 온몸으로 요구한다. (조선일보사 1985, 214~15면)

1968년 개정 이래 유지되고 있던 당시의 〈반공법〉 제4조 1항의 규정은 "반국가단체나 그 구성원 또는 국외의 공산계열의 활동을 찬양, 고무 또는 이에 동조하거나 기타의 방법으로 반국가단체(국외공산계열을 포함한다)를 이롭게 하는 행위를 한 자는 7년 이하의 징역에 처한다. 이러한 행위를 목적으로 하는 단체를 구성하거나 이에 가입한 자도 같다"였다.[45] 박정희 식의 자유개념 이해에 의하면 〈반공법〉은 국가/민족의 자유를 가져오는 반공이 법적으로 구체화된 것이었지만, 김지하는 이 〈반공법〉을 그 자신과 민중을 포함한 인간이 가지는 자유에 대한 억압의 무기로 규정하고 이에 대하여 자유의 이름으로 저항하였던 것이다.

그런데 개념사적 관점에서 확인해두어야 할 사항은 「제1차 시국선언」이나 김지하의 「양심선언」 등에서 국제정치영역의 목표가 민족/국가의 자유개념으로 표현되지는 않았다는 점이다. 즉 진지하게 국내정치영역의 자유개념을 받아들이고 신념화한 지식인들의 인식에서 민족/국가의 국제정치적 자립의 문제는 민족/국가의 자유의 문제로 개념화되지 않았다. 이들에게 있어서 민족/국가의 자립의 문제는 부차적으로 논의되었고, 논의가 될 때에도 자유가 아닌 다른 개념─민족주의의 실현 등─으로 처리되었기 때문에 한국의 독특한 자유개념의 역사는 중시되지 않았고, 그 결과 국제정치영역의 자유개념은 저항세력의 새로운 자유개념 구성에서 지속적으로 소외되고 있었다.

1970년대 국제정치영역 자유개념의 소외현상은 정부 측에서도 나타난

---

45) 〈반공법〉, 국가법령정보센터(www.law.go.kr).

다. 1960년대에 이미 국제정치영역의 자유와 국내정치영역의 자유에 대한 나름의 개념 정리를 끝냈던 박정희 측에서는 미국과 저항세력이 주장하는 자유개념은 수용할 수 없는 것이었다. 전술한 바와 같이 박정희의 자유개념은 냉전시기의 반공으로서의 자유와 근대한국 이후의 민족/국가적 자유개념의 통합 위에 서 있었다. 그리고 이 자유개념으로 국내정치적 자유개념을 억압하기 위해 방종개념을 차용했던 것이다. 문제는 앞서 언급한 대로 미국이 자유진영의 자유개념에서 국내정치영역의 측면을 강조하기 시작했고 같은 현상이 저항세력 사이에서 강화되었다는 점에 있었다. 이러한 상황에서 박정희에게 미국은 자유진영의 우방이면서 동시에 서양의 liberty/freedom 개념을 내세워 국내정치에 관여하는 외부세력으로 이해되기 시작했다. 즉 liberty/freedom이 냉전적 색채를 탈피하여 서양에서의 본래의 의미를 가지고 국제정치의 장에서 세력을 발휘하기 시작한 결과, 반공과 자유의 동일시를 전제로 일체화되었던 liberty/freedom과 근대한국의 자유개념의 불안정한 통합이 와해되었고, 그리하여 근대한국의 자유개념의 관점에서 볼 때 미국은 내정에 간여하는, 민족적 자유의 파괴자로 인식되었던 것이다.

이러한 상황에서 박정희는 반공과 근대한국의 자유개념의 결합을 더욱 강화해나가는 한편, 자유진영의 논리를 약화시킴으로써 미국과의 거리를 확보하는 길을 선택했다. 그는 1978년도의 『민족중흥의 길』에서 아래와 같이 주장했다.

> 애국적인 생활이란 투철한 사명감을 갖고 민족과 함께 영광과 고난을 같이하는 생활이다. 그것을 국가의 장래에 대해 무한한 희망과 자신을 갖고, 바람직한 생활윤리를 남보다 앞서 실천하면서, 소아의 극기와 자제를 통해 대아의 자유와 행복을 추구하는 생활인 것이다. (박정희 1978, 66면)

자유진영의 자유가 유입되기 이전 국제정치영역의 자유개념을 대표하던 대아와 소아 개념이 다시 등장한 것은 주목할 필요가 있다. 대아의 자유와 행복을 위해서 소아는 극기하고 자제해야 한다는 논리와 개념은 신채호의 소아와 대아론의 영향을 받은 것으로 보이는데, 이것은 박정희의 자유개념에서 냉전시기에 유입된 측면이 약화되고 근대한국의 유산의 측면이 상대적으로 강화되어가는 현상을 상징한다. 또한 1979년 9월에 공화당과 유정회(維政會)는, 신민당 김영삼 총재가 『뉴욕타임즈』(New York Times)지와의 인터뷰에서 미국이 한국의 민주화를 위해 공개적이고 직접적으로 압력을 가해줄 것을 호소한 발언에 대해 사대주의 개념을 사용하여 일제히 비판했다. 이 사건은 근대한국의 국제정치적 자유개념이 미국까지도 그 대상으로 하여 사용되기 시작했음을 명확히 보여준다.[46]

이와 같이 집권세력이 자유진영의 정체성을 약화시킨 결과 자유진영과 관련된 자유개념도 상대적으로 약화되었다. 미국의 압력과 저항세력의 운동으로 인해 자유진영의 자유개념에서 국내정치영역이 가지는 중요성이 점증하는 가운데, 박정희는 반공과 근대 이후 국제정치적 자유의 내용을 강조하면서도 그것을 국내정치영역 자유의 억압을 떠올리게 하는 자유개념으로 표현하는 것에 대해서 주저하게 된 듯하다. 그 결과 국내정치적 자유를 포함하지 않고 국제정치영역에서의 자율성만을 나타낼 개념이 필요하게 되었는데 이러한 자유의 대체 개념으로 가장 유력했던 것이 자주(自主)였다. 자주는 19세기 후반에 independence의 번역어를 둘러싸고 독립, 자유와 경쟁했고 이 경쟁에서 패한 이후에 주로 독립보다 더 불명확하면서도 보다 넓은 의미의 주체성과 자립성을 나타냈던 개념이었는데 이 시기의 새로운 맥락에서 다시 대두했던 것이다. 박정희가 1971년에 출판한 『민족의 저력』에서는 해방부터 4·19혁명에 이르는 시기의 역사를 서술

---

46) 「내정간섭 자초한 망언」, 『경향신문』 1979.9.18.

한 장의 제목을 "자유에의 염원"(박정희 1971, 75면)으로 설정했지만, 1978년 의『민족중흥의 길』에서는 "자주의 맥박"이라는 절을 설정하여 조국광복 을 위해 눈물겨운 투쟁을 가능하게 했던 자주정신을 중심으로 해방까지의 역사를 서술한 것은, 자유개념에서 자주개념으로 중심추가 이동했음을 명 확히 보여준다(박정희 1978, 13~17면). 박정희가 1975년 들어 본격적으로 미 국에 기대지 않는 자주국방을 내세우고 이를 반복적으로 강조한 것은 국 제정치영역에서도 동일한 중심 이동이 나타나고 있었음을 알 수 있게 한 다.[47] 이러한 변화는 거시적으로 파악하면, 박정희식의 자유개념 이해가 가진 두 측면, 즉 자유진영 측 자유개념의 수용과 한국적 자유개념의 계승 이라는 두 요소의 충돌이 결국은 전자의 부분적—즉 국제정치영역의 반 공으로서—수용과 후자의 전면적 계승의 결합으로 정리되었다고 이해 할 수 있을 것이다. 이러한 특징을 가진 박정희의 국제정치영역 자유개념 은 그와 정치적으로 대립했던 저항자들의 민족주의, 그중에서도 반미민족 주의와 결과적으로는 부분적으로나마 공통점을 띠게 되었다.[48] 이러한 유 사성은 이 두 흐름이 애국계몽기 이래 이어진 국제정치영역의 자유개념을 공유했다는 것을 고려하면 불가사의한 일은 아닐 것이다.

4. 자유개념의 분산

1979년 10월 26일 박정희 대통령 암살로부터 시작된 격동의 정치적 변 화 속에서 권력을 장악한 신군부 정권과 이 정권에 의해서 지배되었던 언 론은, 초기에 일본과의 관계 설정, 아세안과의 외교 등에서 반공=국제정치

---

47)「자주국방 수년 내 이룩」,『동아일보』 1975.6.21;「최 총리, 국정보고 자주국방 강화 강 력 추진」,『경향신문』 1976.3.15 등을 참조.
48) 1960, 70년대에 경쟁하고 대립했던 민족주의의 분류와 역사에 대해서는 김일영 (2007, 223~56면) 참조.

영역의 자유개념을 사용하였고,[49] 방종개념 또한 반복적으로 사용했다.[50] 신군부 세력의 핵심이 박정희에 의해서 키워진 정치군인이었던 점을 고려하면 이러한 1960년대의 자유개념의 계승은 부자연스러운 것이 아니었다. 더하여 미국의 레이건(Ronald Reagan) 행정부 때에 강화된 신냉전은 이들에게 1970년대에 박정희가 처했던 개념적 어려움에서도 벗어나게 해주었다. 그 결과, 집권세력에서 1960년대 박정희식의 두 자유개념과 방종개념의 결합이 부활하게 된다. 이러한 퇴행으로 인해 박정희식 자유개념의 한계 또한 그대로 이어졌음은 말할 것도 없다.

한편 저항세력에서도 이전의 자유개념의 연속성이 두드러졌다. 1983년의 「김대중·김영삼 8·15공동선언」에서는 레이건 대통령의 방한이 가지는 의미에 대한 우려의 맥락에서 아래와 같은 논의가 보인다.

우리는 우리의 우방인 미국과의 관계에 대하여도 우리의 뜻을 분명히 해야 할 필요를 느낍니다. 한국과 미국은 4반세기에 걸친 혈맹이며, 자유와 민주주의라는 같은 이념과 이상을 추구하고 있습니다. 민주체제가 공산체제

---

49) 일본과의 관계에 대해서는 노태우 정무 제2장관이 방한한 일한의원연맹의 의원들과 나눈 대화를 참조(「남북분단은 자유 공산세력의 대결」, 『동아일보』 1981.8.13). 아세안과의 관계에 대해서는 전두환 대통령의 아세안5개국 순방에 대한 기사(「전 대통령 아세안5국 순방 의의」, 『경향신문』 1981.5.7) 등을 참조.

50) 예를 들어, 1981년에는 비상계엄 해제와 선거 실시에 즈음하여 전국검사장회의가 열렸는데 법무부장관이 그 자리에서 "일부 몰지각한 사람들이 비상계엄이 해제되었다 하여 법질서를 무시하고 무분별한 방종 또는 무책임한 언동을 해도 될 것으로 착각, 사회 혼란을 일으킬 위험성이 없지 않다"고 지적한 일이 있다(「법무부 계엄해제 악용 혼란 조성 엄단」, 『동아일보』 1981.1.26, 7면). 1985년에는 한국적십자사 대표단의 평양방문 당시 북한의 매스게임을 본 논평 중에 "통제와 강압을 통해 획일화된 그들 사회를 자유민주체제와는 근본적으로 비교할 수 없는 일인지도 모른다. 그러나 자유는 방종으로 흘러서는 안 된다는 점을 여기서 명심할 필요가 있다"라고 하여 북한체제에 대해서는 우위를 강조하며, 자유의 향유에 대해서는 방종으로 억압하는 논리를 보이고 있다(「평양 모란봉경기장의 광란을 보고」, 『매일경제신문』 1985.9.4, 3면).

258

에 비해 우월한 것은 사회의 다양한 활력과 개인의 창의가 보장되고 국민의 기본적 인권과 자유가 존중되는 데 있습니다. (…) 그런데 우방관계의 한쪽 정부가 독재권력을 지원하여 한국민중의 탄압을 방조하는 결과로 되고 있을지도 모르는 바로 여기에 한미관계의 미묘한 문제가 있다는 사실을 미국 정부 측은 분명히 깨달아야 할 것입니다. (신동아편집실 1990b, 33면)

냉전체제의 존재를 전제로 국제정치의 중요성을 인정하면서, 양국 모두에서 국내정치의 자유의 실현을 동맹의 성립요건으로 강조하는 입장이 보인다. 국내정치영역의 자유의 관점에서 국제정치영역의 문제를 다루면서도 한편으로는 국제정치영역의 자유개념에 대한 계승이 약화된 1970년대의 저항의 논리가 명확히 이어지고 있다는 것을 알 수 있다.

그런데 1980년대 저항운동이 진행되면서 자유주의나 자유민주주의의 자유개념에 대한 한계를 지적하며 자유의 중요성을 무시, 심지어 자유를 적대시하는 움직임이 나타났다. 이러한 움직임에는 두 갈래가 있었다. 첫번째는 민중민주주의론(民衆民主主義論)의 입장에서 자유주의를 자본주의의 종속적인 이데올로기로 보고 자본주의의 극복을 지향하는 움직임이다. 이 정치적·경제적·사상적 운동은 1980년대를 거치며 다양하고 복잡하게 전개되었으며 기본적으로 마르크스주의를 사상적 기반으로 하고 있었다(윤건차 2000, 40~46면 참조). 따라서 이 운동에서는 자유개념이 자본주의 단계를 반영하는 이데올로기로, 즉 부르주아의 정치적인 무기로 간주되어 시대착오적=반동적인 개념으로 비판되었다. 자유개념과의 관계에 한정해서 보면 이 흐름은 기본적으로는 1920, 30년대 좌파의 복원이라고 이해해도 대과는 없을 것이다. 그 결과 이들의 자유개념은 기본적으로 제4절에서 다룬 일제하의 사회주의자들의 자유개념과 크게 다르지 않으므로 자유개념에 대한 기술을 반복할 필요는 없을 것이다.

두번째는 민족해방론(民族解放論)이 대두되면서 국제정치분야의 자유개념의 전개에서 나타난 새로운 움직임이다. 1982년 부산 미문화원 방화 사건 당시 저항세력 측의 요구에는 "미국과 일본은 더이상 한국을 속국(屬國)으로 만들지 말고 이 땅에서 물러나라"라는 조항이 들어 있었다(신동아 편집실 1990d, 116면). 또한 민족해방론의 이론 전개에서 중요한 의미를 가지는 1985년의 강철의 「해방서시」에서 "19세기 말 이래 지금까지의 한반도 근대사 1백년은 제국주의 침략의 역사요, 제국주의에 대한 민중의 투쟁의 역사다"라고 선언된 것에서 알 수 있듯이(신동아편집실 1990a, 127면), 민족해방론은 민족/국가의 실질적인 자율성을 가장 중요한 정치적 가치로 삼는 관점에서 미국에 대한 한국의 종속적인 상황을 주목하여 이러한 현실의 극복을 지향하였다. 이러한 지향은 1986년의 「전국반외세반독재애국학생 투쟁연합 발족선언」에서 "미제의 식민지 통치를 분쇄하고 그 앞잡이 전두환 군부독재를 타도하여 민족자주와 민중민주주의 정권을 수립한다"는 투쟁목표로 구체화되었다. 점차 북한의 주체사상으로 경도되었던 이 흐름에서 극복해야 할 대상은 미제국주의의 식민지 상황이었는데 이러한 목표의 국제정치영역의 개념으로는 주로 '자주'가 사용되었다.

민족해방론의 자유개념은 근대한국의 국제정치영역 자유개념을 극단화한 측면을 가지고 있었다. 첫째, 민족해방론은 근대한국의 국제정치영역 자유개념이 가진 민족주의와의 관련성을 계승하고 있는데, 민족해방론의 민족주의는 주체사상이라는 이데올로기의 일부로 이용되는 협소한 내용이었다. 즉 자주 등의 개념은 근대 이후 국제정치영역의 자유개념이 표상하는 내용을 포괄하지 못하고 주체사상의 전체 체계의 일부로서만 의미를 가지는 것으로 협소화되었다. 둘째, 국내정치영역의 자유와의 관계에서 보면 민족해방론은 자주의 달성을 목표로 하여 맹목적인 애국을 강조하였고 그 결과 개인의 자유는 국가의 목표를 위해 무시될 수밖에 없었다. 근대한국의 국제정치영역 자유개념이 가진 국내정치영역 자유개념과의 불균형이 또다시 극단적 형태로 나타난 것이다.[51]

민족해방론의 국제정치영역 자유개념은 민족주의와 국내정치영역 자유와의 관계의 측면에서 박정희의 자유개념과 구조적으로 닮았는데 이 현상은 우연이 아닐 것이다. 민족해방론이 기초했던 주체사상의 주체가 신채호가 강조했던 사대주의 개념에 대한 대립어로서 채택된 것에서 알 수 있듯이, 주체사상은 박정희의 사상과 마찬가지로 근대한국의 국제정치영역 자유에 대한 강조가 특정 세력의 정치적 이해관계와 국제정치적 환경에 의해서 극단적인 형태로 발현된 것이었다. 박정희의 자주개념과 주체사상의 자주개념은 같은 뿌리에서 나와 서로 다른 진영하에서 각각 다른 방향으로 전개되었던 것이다. "민족 분단이 장기화되면서 양 체제에서 모두 안보와 이데올로기의 이름 아래 인권은 유린되어왔으며, 언론과 출판, 집회와 결사의 자유는 억압되어왔다"(동아일보사 1990c, 180면)는 비판은 자신들의 이익을 위하여 근대한국의 국제정치적 자유개념을 유사한 방식으로 이용했던 두 체제의 동일성에서 보면 정당하다고 평가할 수 있을 것이다.

이처럼 1980년대 군부독재에 가장 강고하게 저항했던 세력이 자유개념—특히 국내정치영역의 자유개념—을 버렸던 것과는 대조적으로, 1987년 민주화운동에 참여했던 다수의 시민들은 자유와 민주주의, 혹은 자유민주주의를 투쟁을 통해 실현해야 할 가치로서 받아들이고 있었다. 1986년의 「대학교수연합 시국선언」이나 「보도지침에 관한 공동기자회견문」 등, 각 분야에서 자유의 보장을 외쳤던 목소리가 아마도 다수의 국민이 동의할 수 있는 자유개념이었을 것이다. 운동세력들은 국내정치영역 자유의 의의를 시민과 공유하고 그것을 억압하는 국제정치적 자유—자유진영의 자유로서의 반공—가 가진 문제성과 한계를 내재적으로 극복하는 과정을 통해서 새로운 개념을 제시하려는 노력을 하지 않았다. 그들

---

51) 주체사상의 체계 속의 자주개념의 위치와 의미에 대해서는 사회과학출판사(1989, 289~303면) 참조.

은 그 대신 자유개념을 손쉽게 폐기했고, 그 결과 민주화 이후에도 여전히 자유개념에 가치를 부여했던 국민과의 괴리를 자초했던 것이다.

결국 1980년대에 지배세력과 주류 저항세력에서 국제정치영역 자유개념의 퇴행과 답습이 나타났고, 급진적인 저항세력에서 무시와 퇴행이 나타났다. 이러한 과정이 반복되는 속에서 국제정치영역을 포함한 자유개념이 가진 문제상황을 인식하고 극복하기 위한 창조적인 노력은 더이상 나타나지 않았다. 이 시대에 나타난 이러한 무기력이 '민주화 이후'의 시대에도 변함없이 이어졌기 때문에 본고의 고찰은 1980년대를 하한으로 한다. 이 무기력의 원인에 대한 이해와 그 극복을 위한 필자의 제언은 이어지는 절에서 제시될 것이다.

VII. 맺음말

조선시대에도 중국과의 관계에서 조선이 견제당하지 않는다고 하는 한자어의 '자유'개념이 존재했다. 이 자유개념은 19세기 후반에 근대서양의 국가의 특징을 나타내는 independence의 번역어로 쓰임으로서 근대적 개념으로 자연스럽게 이어졌다. 그러나 independence의 번역어를 둘러싼 경쟁에서 독립 등에 밀려난 결과 자유개념은 국제정치영역 개념으로서의 성격이 약화되고, liberty/freedom의 번역어인 국내정치분야의 개념으로 고정되었다. 그런데 이러한 번역어를 둘러싼 개념 간의 정리가 끝난 이후에도 국제정치영역에서 자유개념은 반복적으로 등장한다. 애국계몽기에는 liberty/freedom을 민족/국가를 주체로 하여 재해석한 민족/국가의 자유개념이 나타났고, 3·1운동을 전후해서는 윌슨주의 민족자결을 자유로 해석하는 자유개념이 나타났으며, 냉전시기에는 자유진영의 일원으로 자국을 규정하는 국제정치 개념으로 자유가 등장하였던 것이다.

독립과 자유가 각기 국제정치적 영역과 국내정치적 영역에서 남의 제어를 받지 않는 것을 나타내는 번역어로 고착된 이후에도 국제정치영역에 자유가 세번이나 반복해서 등장하는 현상은 결코 우연이 아니었다. 윌슨주의와 냉전은 한국에서의 개념의 발전과 본질적으로는 독립된 외부적 요인이었으므로 이 두 시기에 자유라는 특정한 개념이 등장한 것은 우연적인 면이 있다. 그러나 한편으로는 윌슨주의의 민족자결이 민족의 자유로 재해석된 것이나, 자유진영의 자유에 대해서도 집권 측이나 저항하는 측에서 민족의 자유개념을 가지고 논의한 것을 보면, 이 반복적인 현상이 가지는 내적인 필연성에도 주목할 필요가 있을 것이다. 국제정치분야에서 억압으로부터의 탈피를 위한 한국의 노력이 지속되는 한 이러한 시대적 요구를 반영하는 개념이 등장하는 현상은 반복되기 마련이었는데, 자유는 애국계몽기에 이 요구를 반영할 수 있는 개념으로 등장하였고 이후에도 반복적으로 상기되었다.

이상의 고찰과 같이 근현대의 한국에서는 자유개념을 둘러싼 다양한 변형과 대립이 이어져왔다. 이러한 변형과 대립을 둘러싼 논쟁은 예를 들어 소극적 자유(negative liberty)와 적극적 자유(positive liberty), 혹은 자유주의적(liberal) 자유와 공화주의적(republican) 자유 간의 관계라는 서양의 일반적인 논쟁구도뿐만 아니라 다른 구도에서도 진행되었다.[52] 1970년대 이후의 예를 들면, 독재권력에 의해 개인의 자유로운 선택과 자유로운 정치참여가 모두 봉쇄되었던 상황에서 민주화를 주장했던 세력은 소극적 자유와 적극적 자유, 또는 자유주의적 자유와 공화주의적 자유를 거의 분화시키지 않은 채로 개념화한 상태에서 이 통합적 자유의 실현을 위해 저항했다. 한편 냉전의 최전선에 선 약소국이라는 국제정치적 상황을 강조하는 입장에서는 반공을 통한 민족/국가의 자유 실현을 국제정치영역의 목

---

52) 자유개념에 대한 현재 서구학계의 일반적인 논의로는 Kukanthas(1995, 534~47면) 참조.

표로 설정하고 이 목표의 달성을 위해 자유 전반에 대한 억압을 정당화했다. 주된 논쟁의 전선은 존재의 차원을 공유하는 자유개념들 사이에서가 아니라 서로 다른 차원에 존재했던 국내정치영역의 자유개념과 국제정치영역의 자유개념 사이에 존재했던 것이다.

따라서, 근현대 한국의 자유개념을 둘러싼 가장 중요한 과제 중 하나는 한자어 자유를 분점하고 있던 국내정치영역과 국제정치영역의 자유개념을 어떻게 정합적으로 이해할 것인가, 더 나아가 어떻게 통합할 것인가에 있다. 본고에서 진행한 고찰의 마지막 단계에서, 서로 다른 자유개념을 지지하던 주체들 사이에서 이 과제의 해결을 위한 생산적인 논의는 거의 진행되지 못했던 것을 보았다. 이러한 소통 부재의 원인은 개념과 권력의 관계에서 찾을 수 있다. 앞 절에서 설명한 대로 현재 대립하고 있는 두 자유개념이 명확하게 등장한 시기는 냉전체제가 요동치는 가운데 독재정권의 극단적 폭압과 그에 대한 저항이 펼쳐지던 격동기였다. 이 정치적인 격동 속에서 두개의 자유개념은 독재와 저항이라는 정치세력과 각각 밀접하게 연결되어 정치담론의 핵심 개념으로 부상하였다. 그 결과 자유개념이 현실정치의 대립과 밀접하게 연결되었고 각각의 자유개념은 각 세력의 정치적 도구로서 당시의 정치적 맥락에 의해서 좌우되며 끊임없이 권력을 둘러싼 투쟁에 휘말리는 현상이 나타났던 것이다. 따라서 두 자유개념이 서로를 포용하려는 노력은 권력적 상황에 의하여 지속적으로 억압받았다. 이러한 상황에서 각 개념은 스스로의 한계에 가두어져 발전이 아닌 타락을 향해 갔다.

우선, 박정희나 신군부의 국제정치적 자유개념은 반공의 틀에 갇혀 그 논리를 창조적으로 극복하지 못했다. 앞서 본 바와 같이 이 개념의 설득력은 근대 이후 한국의 국제정치적 경험의 여러 요소를 포함한다는 사실에서 나오는데, 이러한 민족의 경험은 20세기 후반의 냉전에 비하여 더 긴 역사를 가지고 있고 더 본질적인 구조에 의한 것이었다. 즉 국제정치적 위기

264

를 초래할 수 있는 상대는 전통 중국에서 제국일본을 거쳐 공산주의 진영으로 변하였어도 한국이 놓인 지정학적인 위치에 의해 발생하는 국제정치 영역에서의 문제적 상황 자체는 변하지 않았기 때문에, 한반도는 전근대시기부터 현재까지 국제정치영역에서 추구해야 할 가치를 나타내는 개념을 지속적으로 요구해왔다. 이 필요를 충족시킨 가장 유력한 개념인 자유는 국제정치적 상황에 대한 한국인의 직관적 이해를 반영하는 개념으로, 냉전의 시공간을 넘어서는 정치적 의의와 가치를 가지고 있다. 그런데 이 자유개념이 권력 측에 의해 독재의 정당화의 논리로 사용됨에 따라 개념의 의미와 다른 자유개념의 관계라는 두 측면에서 한계를 노정했다. 첫째, 박정희 등의 세력은 반공개념에 얽매여 자유를 반공과 동일시한 결과 반공의 틀만으로는 파악할 수 없는 국제정치영역의 자유개념의 의미를 깊이 탐구하지 않았다. 따라서 자신의 개념이 근대한국의 개념사적 유산을 계승하는 측면이 있음에도 불구하고 냉전이라는 배경을 넘어서는 소국으로서 한국이 가져야 할 국제정치적 자유개념을 풍부하게 전개하지 못하였다. 그 결과 냉전이 끝나고 박정희와 그의 계승자들이 과장했던 공산제국주의의 위협이 현실적인 의미를 잃어버리자 반공에 갇혔던 자유개념은 한반도의 현실과 괴리된 것으로 취급되어 시대착오적인 개념으로 화석화될 수밖에 없었다. 둘째, 반공을 지나치게 강조하면서 국내정치영역의 자유에 대한 이해와 신념이 결여되었기 때문에 자신들의 자유개념과 국내정치영역의 자유개념을 통합하려는 추진력을 지닐 수 없었다. 이러한 한계 때문에 독재정권은 국제정치영역의 자유개념의 변화와 국내정치영역의 자유개념과의 새로운 관계 설정문제가 대두되었을 때 적절한 대응을 할 수 없었다. 1970년대 후반 자유진영의 지도국이었던 미국이 자유개념에 국내정치적 부분을 강조하기 시작하자, 그 변화에 적응하지 못하여 자유를 점차 소외시켰던 것은 이러한 한계의 반영이었다. 한편 민족해방론의 자주개념의 한계에 대해서는, 박정희식 국제정치영역의 자유개념과 이데올로기적 내용은 상반되지만 논의의 구조는 동일했다는 점을 통해서 이해할 수 있을 것이다.

다음으로, 저항세력이 중시한 국내정치영역의 자유도 개념의 내용에서, 그리고 국제정치영역의 자유와의 관계에서 한계를 가지고 있었고 그것을 극복하는 데 성공하지 못했다. 저항하는 측의 자유개념은 첫째, 국제정치적 자유개념을 앞세운 강력한 억압에 대항하는 과정에서 그만큼 강력한 반대 개념으로 국내정치영역의 자유를 주장함에 따라 자유의 구체적인 내용에 대한 논의가 충분하지 못했다. 민주화 이후 신자유주의 등 지구적 차원에서 자유를 둘러싼 새로운 움직임이 등장했을 때 저항세력들 사이에 나타났던 자유를 둘러싼 혼란과 분열은 이 한계의 중대함을 여실히 보여주었다. 둘째, 반공에 대한 비판의 논리는 제시되었지만 이는 정치적 저항을 위한 반작용에 불과한 것이었다. 반공이 국제정치적 자유라는 개념으로 등장하고 받아들여진다는 한국의 독특한 현실을 포괄하는 적극적인 개념적 대안 제시는 이뤄지지 않았다. 한국의 국제정치적 경험이 국제정치에서의 자유로움을 표현하는 개념을 절실히 필요로 한다는 내재적인 개념사적 요청에 대해, 이들의 이해는 남북 양측의 압제자에게도 미치지 못하고 있었다. 이러한 한계는 반공=국제정치영역의 자유와의 개념을 둘러싼 경쟁조차 어렵게 하여 1987년 이후에도 자유를 반공으로 인식하는 구시대적 이해가 살아남을 수 있는 개념적 공간을 제공했다.

결국, 자유개념을 둘러싼 지적 무기력은 일차적으로 자유개념이 정치적으로 너무나 중요하였기 때문에 나타난 권력적 상황에 의해 포괄적인 논의가 불가능했다는 사실에 기인한다. 자유를 둘러싼 두 입장의 한계를 극복할 단초를 보였던 장준하의 자유개념이 그의 죽음으로 인해 담론의 장에서 강제적으로 퇴장당했던 사실은, 자유개념을 둘러싼 권력적 상황의 삼엄함과 논의의 장의 협소함을 보여준다. 냉전의 종식은 권력적 상황의 국제정치적 배경을 현저히 약화시켰지만 주로 국내정치적 요인에 의한 자유개념의 지나친 정치화는 필요 이상으로 집요하게 이어지고 있다. 이러한 상황의 극복은 권력과 거리를 유지한 담론적 활동을 통하여 이 두 극단을 아우르는 논의의 공간을 확대함으로써 가능할 것이다. 이 확대된 공간에서, 한국이 수많은 희생을 바쳐가며 토착화해온 국내정치영역 자유개념의 가치를 인정하는 동시에 한국이 처해온 국제정치영역의 독특한 문제성을 포괄하는 논의를 축적할 필요가 있다.

이러한 논의의 축적을 통해 해결해야 할, 국제정치분야의 자유개념과 관련된 근본적인 문제는 두가지로 정리할 수 있을 것이다. 첫째, 반공=자유로서의 국제정치영역의 자유개념은 극복되어야 한다. 냉전시기에 외부에서 수용하여 토착화시킨 반공=자유의 의미의 국제정치분야 자유개념은 근현대 한국의 개념사적 요구를 온전히 반영하지 못할 뿐만 아니라 세계사적 변화에도 이미 뒤떨어졌다. 또한 이 개념과 밀접한 관련을 맺은 방종개념도 일본제국이 남긴 유산이라는 포스트식민주의(postcolonialism)적 자각을 통해 초극해야 할 대상이다. 반공과의 동일화를 버리는 과정을 통해서 국제정치영역의 자유개념에 응축되어 있는 보다 풍부한 내용을 되찾을 수 있을 것이다. 둘째, 반공을 벗어난 국제정치영역의 자유개념을 새롭게 정립시켜야 한다. 국내정치영역의 자유와 국제정치영역 자유개념의 관계 재설정이라는 과제에서는, 역사의 비주류였던 한용운이나 장준하의 자유개념에서 보이는 정합적 관계의 이상이 많은 것을 시사한다고 생각한다. 그리고, 근대한국의 국제정치영역 자유개념의 원형을 계승의 대상으로 할 것인가, 혹은 극복의 대상으로 할 것인가는 이 문제를 생각함에 있어서 피해갈 수 없는 중요한 질문일 것이다. 이 질문의 핵심인 한국의 자유개념과 민족주의와의 결합에 대한 판단이라는 과제에서는, 보편적인 세계질서를 받아들이면서도 나라의 자유를 유지했던 조선시대의 자유개념이 중요한 개념사적 재료가 될 수 있을 것이다.

자유개념의 재정의, 독립이나 해방 개념의 재구성, 혹은 전혀 새로운 개념의 창출 등으로 구체화될 이 개념사적 과제의 해결을 통해서만이, 한국은 신념으로서의 국내정치적 자유개념과 정합적이면서도 동시에 우리만의 국제정치적 삶을 표현하는 내실 있는 국제정치적 자유개념을 획득하게 될 것이며, 그 개념을 통하여 동아시아 소국의 국제정치적 삶의 주체적 전망을 펼칠 수 있을 것이다.

제8장

민권과 제국:
국권상실기 민권개념의 용법과 변화, 1896~1910

•

문유미

민권은 요즘 잘 쓰이는 말이 아니다. 민주나 인권, 자유라는 용어가 현대의 우리에게 여전히 정치적 긴장을 일으키는 것과 달리 민권은 1960년대 흑인민권운동 혹은 일본의 자유민권운동 등을 지칭하는 역사적 용법으로 주로 쓰인다. 민권은 그 의미의 현대적 거처를 잃어버린 것이다. 그러나 민권은 대한제국시기에 가장 논쟁적인 용어였다. 그 상대어는 왕권, 관권, 그리고 국권이었다. 민권이라는 단어는 1896년에서 1910년 사이 주권의 소재를 둘러싼 치열한 갈등과 논쟁의 핵심어이자, 왕조 이후 국가의 정체에 대한 논의가 민주공화국으로 크게 수렴되어가는 과정의 중심적 매개어였다. 식민지시기로 들어서면서 민권이라는 용어는 정치적 호소력이 약화되고 독립, 민주주의, 혹은 계급으로 대체된다.

갑오개혁 이후의 사상사를 연구하는 탈식민주의적 시각의 학설은 민족주의와 식민주의의 지식체계가 자본주의적 근대성의 형성이라는 공통분모를 공유하고 있다는 입장에서 개화사상 혹은 문명개화담론이 가져온 정치적 딜레마를 강조한다. 개화사상이 기반한 근대성, 사회진화주의의 논리는 당대 조선의 정치현실과 문화를 오리엔탈리즘의 시각에서 설명하게 만들었고, 이것이 조선은 내부적 부패와 후진성 때문에 선진세력에 의해 개화되어야 한다는 식민주의 논리의 수긍과 내면화를 촉진시켰다는 것이다. 따라서 식민지의 민족주의는 이러한 문명화 주장에 잠식되지 않을 독자적 논리의 영역을 추구하며 얼, 혈통, 혹은 국수 등의 개념을 중심으로 공동체의 배타적 주권의 권리를 주장하는 담론의 체계를 구성하게 되었다. 이러한 시각은 계몽주의와 근대지식체계의 제한성, 그리고 식민주의와 탈식민지 이후 국민국가의 논리적 연속성 및 억압성에 대한 비판적 논리를 제공한다(Schmid 2002; Chatterjee 1986).

본고는 조금 더 경험적이고 역사적 입장을 취한다. 개념 혹은 정치적 담론이란 주체에게 주어지는 혹은 주체를 구성하는 언어적이고 구조적인 제약이기도 하지만 더 중요하게는 정치주체의 '자원'이기도 하다(Skinner 2002, 7면). 따라서 개화의 담론이 직면했던 일률적 딜레마에도 불구하고 개화사상 내부에 당대의 문제에 대한 다양한 인식과 문제 해결의 방향성을 제시하는 복수의 논리가 존재했음을 중시한다. 또한 개화담론의 분석에서 한 개인, 혹은 정치세력의 사상과 이념이 시간적 흐름에 따라 겪은 변화를 추적함과 동시에 그들이 다른 정치주체들과 공시적으로 어떤 대화와 논쟁, 상호갈등 속에서 자신들의 주장을 전개하고 있는가를 중시한다. 따라서 개념의 역사를 횡적이고 공시적인 정치사회적 동학과의 연계 속에서 파악하고자 하는 것이다.

민족주의 사학이 개화사상가들의 친일성 문제를 일제에 의한 조선의 식민화라는 역사적 결과를 중심적 잣대로 놓고 평가한다면, 탈식민주의 이론은 개화주의와 식민주의와의 친화성을 자본주의적 근대성과 계몽의 언어에서 도출되는 구조적으로 불가피한 문제로 인식한다. 양자의 시각 모두 역사를 단순화시킬 수 있다. 이는 격변기를 살아간 역사적 주체들이 가졌던 생각의 차이와 혼란, 각자 다른 동기와 비전을 가진 행동의 연쇄적 상

270

호작용을 통해 이루어진 역사의 변화, 실현되지 못했던 다양한 정치적 가능성의 존재, 특정한 선택지들을 배제시켜나간 주체의 결정과 행동, 의도하거나 의도하지 않았던 결과들을 미세하게 이해하기 어렵게 한다.

19세기 후반 20세기 초, 한국의 엘리트와 대중 들이 조선사람은 한 민족이며 독립된 주권을 가져야 한다는 사상을 배태시킨 것은 중요한 변화이다. 동시에 그 주권국가의 정체가 왕조의 복고가 아니라 국민국가이자 민주적 공화제여야 한다는 1919년 3·1운동의 인식은 문명개화론 확산이나 윌슨주의 수입의 자동적 효과가 아니라 한국 개화사와 정치 변동의 구체적이고 역사적인 결과물이다. 본고는 '민권'이라는 개념의 역사를 통해 이 변화를 추적한다. 이 글은 '민권'개념이 어디에서 어떻게 한국으로 수입되어 어떤 사상가에 의해 해석되었는가라는 보다 긴 시간적·공간적 변화를 다루는 개념의 역사를 제공하지는 못한다. 제한적으로 갑오개혁 이후 한일병합까지의 15년 남짓한 기간 동안 '민권'이라는 개념이 어떻게 정의되고 소비되었는가에 초점을 둔다. 유통과 소비의 매체는 일단 신문으로 한정하였다. 갑오개혁 이후 15년이라는 연구의 시기는 자의적으로 선택된 것이 아니다. 이 시기는 한국에서 민권개념의 역사를 연구하는 데 핵심적으로 중요하다. 이 시기 이전에 민권은 쉽게 쓸 수 있는 말이 아니라 개화사상가의 저술에서나 볼 수 있는 말이었고 국권 상실 이후에는 이 말의 정치적 적실성이 약화되었기 때문이다. 갑오개혁 이후의 시기에 '민권'개념은 제한된 신문매체의 용법 속에서도 의미 있는 변화의 역사를 보여준다.

19세기 말 20세기 초 조선에서는 정치적 개념으로서의 민족주의가 완전히 형성되지 않은 상태에서 왕조라는 정치적 단위체의 변화가 도모되었다. 이때 중국, 일본과 마찬가지로 조선의 엘리트들은 전통국가로서의 조선을 어떻게 개혁할 것인가 하는 문제와 강력한 열강의 침투에 어떻게 대응할 것인가 하는 문제를 동시에 해결해야 했다. 1896년에서 1910년 사이 조선은 그 중첩된 두가지 문제가 야기하는 첨예한 갈등 속에서 개화세력과 보수(수구)세력 모두 빛의 속도로 파국을 향해 달려갔다. 그러나 파국의 과정 속에서 중요한 변화들이 일어났고 이 변화들은 일본과는 다른 한국적 근대의 노정을 그려나갔다. 식민화라는 결과 자체뿐만 아니라 이 역사적 노정 자체의 특성을 이해하고 비판하는 것이 중요하다.

'민권의 개념'이라는 창을 통해 이 시기의 신문을 읽었을 때 독립협회의 주장과 운동은 그 사회적 여파가 길고도 컸음을 알게 된다. 동학세력과『황성신문』은 독립협회와 색채를 달리하면서도 큰 방향에서는『독립신문』의 논설을 인용하고 재해석하면서 자신들의 주장을 전개해나갔다. 독립협회는 왕권과 민권의 재규정을 둘러싼 논쟁을 촉발했고,『황성신문』은 이 논쟁을 인민의 권리와 국가의 권리에 대한 논쟁으로 전이시켜나갔으며, 대한제국 말기에『대한매일신보』로 대표되는 한국 민족주의의 논리는 민권의 문제를 민족국가에 배타적으로 귀속시키면서 논쟁을 봉합했다. 그 요지는 국가는 민권을 전제하고 국권은 민권의 유일무이한 거처가 된다는 것이었다. 이 결속에서 왕의 자리는 거의 사라졌다.

이러한 개념의 전개는 개화세력이 19세기 중반 이후 오래 담지해오던 입헌왕정 구성의 논리를 탈피하게 만든 정치적 의식과 담론의 변화가 조선사회 내에 일어났음을 말해준다. 식민지 이후 왕족과 귀족은 사회·문화적으로 여전히 존재했지만 정치적으로는 그 의미를 거의 상실했다. 이것은 일본이 대한제국의 제실을 일본왕족과의 통혼 등을 통해 체제내화한 점도 한 원인이었지만, 대한제국기 왕권과 민권을 둘러싼 갈등 속에서 고종황제가 민권담론을 정확히 이해하지도 적극적으로 수용하지도 못한 정치적 결과이기도 했다. 또한 개화파의 '친일'에도 불구하고 권력과 정체의 향방을 둘러싼 조선의 개화세력과 일본 식민주의자들 사이의 갈등은 근본적인 것이었으며 갈등의 내용은 민족주의적인 것에 국한되지 않고 보편적 자유의 문제, 초국민국가적 지향성의 문제까지 포함하였다.

어지럽게 질주하는 보호통치기의 파국 속에서 민란도 아니며 민족주의도 아닌 이해하기 어려운 일진회의 행동정치가 존재했다. 일본제국의 확장을 적극 지지한 이들의 행동주의는 일진회원들 개인의 이익 추구라는 기회주의보다는 좀더 복잡한 정치적 성격을 내포하고 있었다. 동학교도를 다수 포함한 일진회원들은 민권의 영역을 확보해야 한다는 독립협회의 담론을 적극 받아들였으나 '민의 권리와 이익'을 국권보다 우선시하고 민권을 왕권 및 기성 권력엘리트와의 대결적 관계에 정의하는 '포퓰리스트적' 정향성을 보유하였다. 일진회의 정치지향은 민족국가를 절대시하지 않는다는 면에서 초국민국가적이며 제국과 친화적이었으나, 인민의 직접적인 행정 개입과 정치적 권리 보장을 요구한다는 점에서 식민지제국의 입장과 융화될 수 없었다(Moon, forthcoming 2013).

황경문은 2000년에 발표된 그의 영문 논문에서, 1896년에서 1910년까지 한국의 계몽주의 언설에 나타나는 '국가'개념의 용법에서 두가지의 큰 흐름을 추적하였다. 그 하나는 국가를 토지, 정부, 인민의 결합체로 정의하는 집합주의적(collectivist) 언설이고, 두번째는 국가를 지배권력 혹은 지배기구로서 국가(the state) 그 자체와 동일시하는 국가주의적 담론이다. 첫번째 흐름은 『독립신문』에서 시작되었으며 보다 자유주의적인 이 담론에 대한 반발과 일본유학생 등의 영향으로 1905년 이후 국가주의적인 입장이 등장하였다고 분석하고 있다. 그러나 황경문은 식민화에 직면하면서 국가주의적 이론이 주류를 이루었다는 기존의 학설(김도형 1994, 95~115면)과는 달리, 보다 "인민 중심적인 정치질서"를 요구하는 집합주의적 담론이 한국 계몽운동세력 내에서 계속 우세한 지위를 차지하고 있었으며 이 담론은 전일적 서구화의 논리보다는 수신(修身), 가족국가, 혹은 공적인 헌신을 실천하는 군자 혹은 영웅을 이상화하는 유교적 담론을 보존하면서 그 영향력을 강화, 유지해나갔다고 보았다(Hwang 2000, 1~24면). 본고는 '집합주의적' 국가개념의 우세에 대한 황경문의 관찰에 일차적으로 동의하며, 이 시기 민권담론을 포함한 신개념의 등장과 소멸에 대한 분석은 방법론적으로 당대의 구체적인 정치·사회·문화적 쟁점과 보다 밀접한 연관하에서 연구되어야 그 의미와 비중이 분명해진다는 점을 강조하고자 한다. 또한 갑오개혁 이후 한국의 개화세력이 사고하고 모색한 정치체제의 변화는 선거제와 인민주권설의 도입을 포함하여 보다 급진적인 지향을 내포하고 있었다는 점을 지적하고자 한다.

I. 독립협회: 임금의 권리와 인민의 권리

독립협회는 창립 초기의 한 논설에서 인민의 권리를 '법률에 정해진 것'으로 정의했다. 1896년 4월 11일자 논설에서, 충신과 역적이 무엇이냐라고 묻는 질문에 대해 "법률을 지키는 것이 충신"이요 "법률을 지키지 않는 것이 역적"이라고 정의하면서 법률을 정부에서 만들어 군주가 재가한 후에는 상하귀천을 막론하고 이에 순종하는 것이 "인민이 자기의 몸을 지키는 길"이라고 주장하였다. 이 법률에 문제가 있으면 의견을 "신문지에 기록하든지 다른 인민에게 연설하는 것은 가하나" "정부를 해하든지 정부에서 보낸 관장을 욕하고 죽이는 것은" 역적이 되고 난류(亂類)가 되는 것이라고 하였다. 이 논설은 동학농민전쟁의 여파 속에서 발표된 것으로 정부에서 무리한 법률을 만들거나 관인(官人)이 문제가 있을 때 "세계의 이치"를 좇아 설명하면 정부에서도 두렵게 여길 것이나 "난을 일으킨다든지 정부를 협박"하려는 것은 자기 몸도 망치고 나라도 망치는 길이라고 하였다 (『독립신문』 1896.4. 11).

그런데 독립협회는 초창기부터 이 법률을 제정하는 정부의 관인을 선출할 '권리'를 백성에게 주는 것이 좋겠다고 주장했다. 1896년 4월의 한 논설에서는, 정부관인은 '정치학'이라는 학문을 배우는 것이 바람직하지만 조선의 상황에서 그것이 어려우니 최소한 법률을 잘 지킬 수 있는 정직한 사람을 천거해서 써야 하는데, 이 좋은 사람을 천거하는 방법이 "관원들을 백성을 시켜 뽑게 하는"제도라고 쓰고 있다. 선거제의 옹호는 인민의 권리라는 관점보다는 좋은 관리와 좋은 정부를 만드는 방법의 문제로 제시되었다. 즉 외국에서는 관찰사나 고을 원, 관원들을 백성을 "시켜 뽑게" 하는데 그러면 관원들이 잘못하더라도 백성들이 임금을 원망하지 않고 그런 사람을 뽑은 "자기 자신을 꾸짖고" "그런 사람은 다시 투표하야 미관말직도 시키지 아니하니" "벌을 정부에서 주기도 전에 백성이 그 사람을 망신을 시키"는 것이 되어 그 관원이 더 두렵게 여기게 된다는 것이다.

이 논설에서는 내각대신과 협판은 임금이 친히 뽑되 외임(지방관리)은 그 도와 군의 백성으로 인망 있는 사람들을 투표하여 다수 득표자를 뽑아 관찰사와 군수를 시키는 일종의 '공치' 내지는 '겸치'를 제안하였다. 또한 정부의 관인이란 것은 "임금의 신하"지만 "백성의 종"이기도 하다며 위로 임금을 섬기고 아래로는 백성을 섬기는 존재로 정의하고, 만약 지방관이나마 이런 선거제가 도입되면 "유익한 변화를 불과 일이년 안에 국민들이 알게 될 것"이라고 예상하였다(『독립신문』 1896.4.14, 1~2면).

'민권'이라는 용어는 『독립신문』에서 선거제를 도입한 외국의 사례를 소개하면서 사용되었고, 특히 미국의 정당을 지칭하는 용어이기도 했다. 예를 들면 1896년 4월 미국 시카고 민권당(Democratic Party) 의회에서 네브라스카 주의 브라이언(William J. Bryan)을 대통령 후보로 정하였다는 소식(『독립신문』 1896.7.23), 미국 뉴욕 판윤을 새로 뽑는데 민권당에서 천거한 사람이 되었다는 소식(『독립신문』 1897.11.11), 미국 상하의원이 쿠바정부를 자주독립한 민권당 정부로 승인하고 미국은 쿠바 일에 '상국'같이 상관하지 않으며 "쿠바정부를 쿠바인민에게 맡겨 다스리게 한다"는 소식 등에서 볼 수 있다(『독립신문』 1898.4.23, 3면). 이 인용들에서 볼 수 있듯이 민권은 민주주의를 실시하는 나라들의 사례를 구체적으로 염두에 두고 있는 것으로 개인의 자유권이나 천부인권의 의미를 배제하지 않으면서도 인민주권

혹은 인민의 정치참여권이라는 문제를 중심으로 인식되었다.[1]

인민의 정치참여권을 강조하는 민권개념은 독립협회 후반부로 갈수록 강화된다. 예를 들어 초기 『독립신문』이 인민을 "시켜" 좋은 관리를 천거하고 벌주는 제도로 설명한 선거는 1898년 2월의 한 논설에 이르러 "임금과 같이 높은 권리"를 행사하는 대통령의 자리를 인민에게 줄 수 있는 "성스러운" 제도로 찬양되었다. 이 논설은 미국의 초대 대통령 조지 워싱턴(George Washington)의 생일에 부쳐진 글인데 논설의 필자는 워싱턴의 업적이 "임금같이 높은 권리"를 혼자 차지한 것이 아니라 전국 인민에게 이 권리를 나누어 준 데 있다고 하였다. 이 때문에 미국에서는 누구든지 백성이 믿고 사랑하는 사람이 있으면 그 사람을 뽑아 대통령을 만들 수 있고 4년 동안 그에게 "임금의 권리를 주어" 나라를 다스리게 하고 4년 후면 다시 물러나게 하여 다른 백성과 다름없이 살게 하는 것이 당연하게 되었다. 워싱턴은 이 제도를 그대로 법률로 만들어 미국사람이라면 모두 이 지극히 높은 윗자리에 올라가는 권리를 다 가질 수 있게 만들었다고 하였다. 이 논설은 이런 "공평하고 성스러운 생각은 동서고금에" 없을 것이라고 칭찬하고 있다. 또한 정당정치도 워싱턴의 업적으로 돌렸는데 그가 정부의 관인들과 의회의 의원들이 하는 일을 시비하고 견제하기 위해 둘 이상의 당론이 필요하다고 보고 토머스 제퍼슨(Thomas Jefferson)에게 권해 자신의 당과 반대되는 당파를 만들도록 하였는데 이것이 미국의 공화당과 민권당의 기원이라고 해설하였다. 『독립신문』은 이런 업적으로 워싱턴이 미국인

---

[1] 인권의 문제가 쟁점이 된 경우로는 갑오개혁 시 폐지된 〈노륙법〉의 부활을 둘러싼 중추원과 독립협회의 대립을 들 수 있다. 노륙이란 죄인의 처자식을 함께 죽이는 것을 말하는데 독립협회는 이 법의 부활을 연명 상소한 중추원 의관 30여명을 사직 권고하고, 또 당시 중추원 의관이었던 윤치호는 독자적으로 『황성신문』에 반대서한을 기재, 〈노륙법〉의 부활은 "위로 군부를 욕되게 하고 아래로 국체를 오염시키며 공적으로는 만민권리를 해하고 사적으로는 일신의 명예를 손상시키는 것"으로 본인은 결코 연명하지 않을 것을 선언하였다(『황성신문』 1898.9.26, 3면).

과 세계 개화 각국에서 사랑받는 '성인'의 반열에 오른 존재가 되었다고 진술하고 있다(『독립신문』 1898.2.22, 1~2면).

『독립신문』은 이후 선거제를 실시하는 외국의 정당을 인용하는 데서 더 나아가, '민권당'을 국사를 논하는 정당이라는 차원에서 논하고, 당시 천 여명으로 추산하는 회원을 가진 독립협회를 일본의 자유당과 민권당, 영국의 보수당과 개진당, 미국의 공화당과 민정당과 같은 정치정당에 해당하는 존재로 간주한다. 하지만 '동학당'과 '보부상의 연합' 등은 독립협회가 관념하는 정당과는 정반대의 "야만의 행사하는 법"을 표상하는 존재로 규정하였다(『독립신문』 1898.3.31, 2면).

『독립신문』이 워싱턴 찬양에서 보여준 공화주의적 경향은 독립협회 해산의 전조가 되었고 독립협회의 '민권'론은 논쟁의 초점이 되었다. 『매일신문』[2]은 1898년 6월 20일자 1면에서 관료 출신(전 주사) 김익노의 상소를 실었는데 이 기사는 독립협회의 주장이 유교적 의식을 가진 관료에게 얼마나 첨예하게 받아들여졌는지를 보여준다. 김익노는 임금은 배와 같고 백성은 물과 같은데 물이 없으면 배가 갈 수 없으나 당시 조선의 상황은 물이 배를 엎지를 수도 있는 형국에 도달했다며 상소문을 시작한다. 그는 또한 독립협회가 쓰는 신조어인 '동포'라는 말에 대해서도 불편한 감정을 드러내며 자신도 이천만 동포의 한 백성일 것이니 선비가 임금에게도 도끼를 들고 할 말을 하거늘 하물며 '동포'에게야 독립협회라는 당을 무서워하여 할 말을 못하겠느냐며 조소의 어조를 보인다. 그는 독립협회가 주장하는 '민권'이 유교적 '민본'에서 크게 벗어나 있음을 공격하였다.

김익노는 "나라가 있은 연후에 백성이 있고 백성이 있은 연후에 나라가 있음은 천지에 떳떳한 법이오 고금에 통한 의"이지만 당시의 상황은 민이

---

2) 당시 발간되고 있던 『협성회회보』의 제목을 바꾸어 1898년에 창간한 우리나라 최초의 일간신문이다. 사장에는 양홍묵, 기재원(記載員: 지금의 기자)에 이승만·최정식, 회계에 유영석 등이 참여하였다(『한국민족문화대백과사전』(enkorea.aks.ac.kr)에서 재인용).

하고자 하는 바가 '무소부지'에 이르렀으나 나라가 이를 거스르지 못하니 이는 백성만 있고 나라는 없는 것과 같다고 하였다. 그는 독립협회가 다른 나라의 예를 들며 외국에는 '민권당'이 있다고 말할 것을 예측하면서 그러나 그 나라들에서 '하릉상', 즉 아래가 위를 능멸하는 악습이 이와 같겠느냐고 묻는다. 그는 독립협회가 참정대신을 비롯한 관리의 교체를 요구하는 것을 큰 문제로 삼았는데 임금이 신하에게 맡긴 일을 백성이 위력으로 같게 하는 법은 "백성과 나라가 생긴 이후에 듣지도 보지도 못한 일"이라는 것이다. 또한 '민당'이 임금을 핍박하고 "정승을 놈"이라 부르는 것은 "임금이 없고 신하가 없는 것"으로 독립협회가 하듯이 하면 반드시 임금도 신하도 없고 장차 "백성의 독립국"이 되고 말 것이라고 분개하였다(『매일신문』 1898.8.24, 1~2면).

이런 유교적 엘리트의 관념과 우려에 대해 『독립신문』은 「민권이 무엇인지」라는 논설로 대응한다. 조선에서 당시 프랑스혁명과 같은 일이 일어날까 근심하는 사람들이 많은데 그런 일은 없을 것이라고 말하며 그 이유는 프랑스의 상황과 한국의 사세가 매우 다르기 때문이라고 말한다. 프랑스와 한국의 차이는 첫째, 프랑스에서는 원래 민회가 있었고 압제하에서도 백성들이 민권이 무엇인지 알고 있었으나 한국은 민권이라는 말도 모르다가 최근에 말이나 겨우 들어본 지경이다. 둘째, 프랑스에서는 악정하에서도 조선과 비교하면 학문이 융성하고 백성의 교육이 훨씬 앞서 있으며 국가 간의 교제도 활발하여 백성이 듣고 본 바가 총명하였으나 한국은 한문 읽은 사람 외에는 전국이 무식하다. 셋째, 프랑스 "민변"(프랑스혁명)이 일어나기 수십년 전에 유명한 학자들이 책을 발표하고 연설과 신문으로 '인민의 자유권리'와 '정부의 직분' 등을 널리 교육하였고 "민변"이 나기 전 백성들이 자유권리의 존재를 알고 있었을 뿐 아니라 어떻게 그 권리를 사용할지도 알았으므로 정부 번복 이후에도 큰 낭패가 없었다. 그러나 한국의 인민은 자유의 개념도 어떻게 사용할지 몰라 자유권을 맡기더라도 어린아이에게 칼을 준 것 같은 상황이 올 것이다. 넷째, 프랑스는 무력이 강성하고 인민의 애국심이 강하여 민권당이 창궐할 때에도 나라가 위태롭지 않았고 민변 후에도 국권을 보존하였으나 조선은 그렇지 못하다. 따라서 조선의 인민은 "분외의 권리"를 바라지 말고 교육의 확대와 황제가 허락한 양법미규가 잘 시행되도록 관민이 일심해서 노력하여 점차적인 민권 확장과 국세의 부강을 기약해야 한다(『독립신문』 1898.7.9, 1면).

이 글은 조선에서의 공화제 가능성에 대해 부정적이지만, 프랑스혁명의 정당성도 '인민의 자유권리'의 중요성도 부정하지 않고 다만 조선인민의 준비된 정도와 상황이 다르기 때문에 지금 당장 "분외의 권리"를 주장하기보다 교육의 진보에 따라 차차 민권이 확장되도록 기대하여야 한다는 개화엘리트들의 입장을 대변하고 있다.

6개월 후 『독립신문』은 「민권론」이라는 제목의 논설을 싣고 유교적 '민본'과는 다른 '민권'의 논리를 제시한다. 이 논설은 독자편지의 형식을 취하고 있으며 그 논리는 간소하지만 영향력이 컸던 것으로 보인다. 후술하겠지만 이 논설은 여러 정치세력이 자신들의 선언문, 상소, 각종 편지나 소장 등에서 출처 없이 재인용하였다. 일진회는 이 논설의 전반부를 1904년 일진회 취의서 등에서 수정 인용하였고 동학교도가 중심이 된 진보회가 대중집회를 위해 돌린 통문에서도 이 논설의 논지를 인용하였다(『대한매일신보』 1904.9.21). 『황성신문』은 이 글의 후반부를 1905년 8월의 한 논설에서 약간 수정하여 출처 없이 전재하였다.

이 논설에 의하면 나라는 사람이 토지를 의지하여 세운 것인데 이때 "임금과 정부와 백성이 동심합력하여" 이룬 것이다. 더욱이 사람의 생존과 나라의 운영에 필요한 생산과 재정을 산출하는 존재는 임금이나 정부가 아니라 아무리 "우준하여도 백성이라야 중력을 합동하여 판출하나니" 따라서 "백성의 권리"로 나라가 성립된다고 서술하였다. 그렇지만 몇천년 동안 나라 전체의 권리를 정부가 주장함으로써 백성은 자신이 나라를 세운 권리가 있는 줄도 알지 못하고 있으며 이런 상황에서는 갑자기 백성이 권리를 찾기가 힘들다. 특히 동양의 전제정치하에서는 백성이 고단하고 정부는 강악하여 나라의 흥망과 득실에 관한 일이 모두 그 정부의 손에 있었기 때문에 백성은 그 권리를 "알은 체"할 수도 없었다. 이 논설의 필자는 백성이 만약 이 권리를 "알은 체"하면 나라가 억만년 부강할 것이나 금석같이 굳은 풍속을 쉽게 변개할 수는 없고 현재의 계책은 "정부와 백성의 권리가 상반하는 것", 즉 서로 반반씩 할 때 나라를 반석같이 안보하는 것이 가능하다고 권고하고 있다.

이 논설은 또한 민권 확장이 국가 부강의 근본이라는 논리를 제시한다. 동양에서는 백성이 권리가 없으므로 나라의 흥망을 정부에만 미루고 수수방관한다. 즉 동양의 왕조 교체에서는 종묘사직과 임금을 바꿀 뿐 정부와 백성은 그대로 두는 고로, 정부가 새 나라에 다시 벼슬하고 백성도 그 새 나라에 다시 세를 납부하고 나라가 망하는 것을 상관치 않는다. 그런데 현 시기에 해외강국이 와서 나라를 망하게 하는 형세는 이와 달라서 임금과 나라 이름은 그대로 둔 채 사람의 권리와 토지 이출만 가져가고 또 총명강대한 자기나라 백성을 옮겨서 다스리기도 하니, 원래 그 나라 사람은 권리가 없어지고 토지는 이출이 없어지며 정부와 백성은 나라도 잃고 생명도 보존할 수 없게 된다. 그러한 예로 인도, 베트남과 이집트 등을 들고 있다 (『독립신문』 1898.12.15, 1면).

이 민권론에 의하면 나라는 임금이 천명을 받아 세우고 다스리는 것이 아니며 따라서 임금 혼자의 것도 아니다. 나라는 '임금, 정부, 백성'이 동심하여 세운 것이고 특히 생산과 재정을 담당하는 "백성의 권리"로 나라가 생성되는 것이다. 이 논설의 어조는 조심스러우며 "백성의 권리"를 지금 모두 주장할 수는 없음을 인지하나 강한 참정권의 지향을 드러낸다. 논설의 주장 중 민권이 보장되어야 백성이 나라의 위기에 관심을 가지게 되며 나라의 부강이 도모된다는 주장은 광범한 파급력을 가졌다.

독립협회가 제기한 민권과 선거제에 관한 논리는 대한제국의 황실과 보수적 관료층에 받아들여지지 않았고 결국 협회의 탄압과 해산으로 이어진다. 보수세력의 대항논리는 "민권이 성하면 군권이 감한다는 것"이었다 (『매일신문』1898.10.25, 2면). 독립협회가 해산 직전 임금에게 보낸 「관민공동회 육소」는 민권에 관한 급진적인 주장을 내세우기보다 협회의 권리를 전통적인 신권(臣權)의 문제로 해석하고, 민권은 국권 강화의 수단이라는, 상대적으로 보수적인 견지에서 옹호한다. 『황성신문』은 1면에 별보로 독립협회의 상소를 게재하였는데 이 글은 "신민이 되어 각자 정해진 직분을 지켜(爲臣民者各守定分) 넘어서지 않으면 치세의 상도"임을 긍정하고 협회의 언권은 신하의 직분 내에서 이루어진 것이나 황제 주변의 척신배가 모함하여 사실과 다른 누명을 씌운 것이라고 소명한다. 그러나 상소 말미에서, 외국에는 다양한 민회가 있으며 정부대신이 행정상 잘못을 저지를 경우 많은 백성이 모여 질문하고 탄핵하거니와 민이 불복하는 바가 있으면 감히 그냥 넘어가지 못한다는 예를 든다. 마지막으로 '권(權)'을 논하면서 천자에서 일반인까지 각자가 정해진 바가 있는바, 육대주와 만국이 황제의 권하에 있으나 빗나간 정치(乖政)와 난법지신이 종사에 해를 주면 탄핵하는 것은 신의 권한이다. 그럼에도 불구하고 독립협회의 반대자들이 민권이 성하면 군권이 반드시 상한다 하니 무식한 소리라고 비판하였다(『황성신문』1898.10.25, 1면).

『황성신문』은 뒤이은 「관민공동회 육소」 소본을 다시 별보에 게재하였고 『매일신문』 역시 그 한글본을 전재하였는데 그 요지는 다음과 같다. 임금은 천하의 이치에 따라 만물을 다스리는 자로 그 의무는 하루에 만가지나 되어 한명이 전담하기 어렵기 때문에, 안으로는 보필하는 신하를 두고 밖으로는 방백을 두어 서무를 분장해 다스리는 것이다. 그런데 그 보필하는 신하가 현명하면 안으로 격을 만족시키고 도를 가리지 않으며 밖으로는 교화를 베풀어 종사를 반석에 올리고 생령을 안전하게 할 것이나, 불현하면 그렇지 않다. 이 상소는 또한 관리 임명에 관한 황제의 권한이 계속 쟁점이 되고 있음을 거론하고 있다. 전일에 독립협회에서 황제가 벼슬을 칙교로 내릴 때 반드시 정부에 자문을 구하여 다수의견을 따르기를 간하였으나 실시되지 않았다. 이는 간세배가 현혹의 말을 지어내어 황제의 총명을 흐리게 했기 때문인데 그중에 가장 심한 것은 민권을 방종하게 둘 수 없다는 것이다. 상소는 결론적으로, 대저 나라는 민을 본으로 하고 임금은 민으로써 권력을 세우는 것인데(國以民爲本 君以民立權) 어찌 민권을 방종하게 하면 군권을 살(殺)하는 것이 될 것인가라고 질문하고 있다(『황성신문』 1898.11.21, 별보 1면 1단). 『매일신보』의 「만민공동회 륙소 소본」에서는 감히 '살'이라는 단어를 거론하지 못하고 어조를 완화하였다(『매일신문』 1898.11.22, 별보 1면 1단 2면). 대한제국 정부에서 민권의 확장이 군권을 죽이는 문제라고 개념지었을 때 제국 내에서 독립협회의 정치가 존속될 수 있는 이념적·현실적 공간은 소멸되었다.

II. 『황성신문』: 정부의 권리와 인민의 권리

『황성신문』은 국권 상실 직전까지도 민이 "임금과 같은 권리"를 얻을 수 있도록 하는 선거제도나 민변(혁명)을 긍정적으로 서술하지 않았다. 그러나 민권의 확장이 국권 보호에 중요하다는 독립협회 주장은 점차적으로 흡수하였다. 『황성신문』은 독립협회 말기 1898년 9월의 논설에서, 민권의 확장은 긍정하지만 "정부의 권리"와 "인민의 권리"가 따로 있고 이를 서로 침해하지 않아야 한다고 주장하고 있다(『황성신문』 1898.9.16, 1면). 독립협회 해산 이후 『황성신문』은 '민권'이라는 단어를 논설 등의 중심 용어나 주제로 쓰지 않았으며 외국과 관련된 단신기사에서 주로 사용했다. 그러나 민권을 선거제도와 전제왕권에 대응하는 사상과 결부시키는 용법은 계속 유지한다. 예를 들면 하와이(布畦)의 신정부조직을 보도하면서 입법·사법·행정의 3부로 형성되고 입법부는 원로·대의의 2원으로 성립되며 원로원은 15의원으로 조직되고 임기는 4년, 대의원은 32의원으로 조직된다는 것, 의원은 각 선거구에서 선출하며 선거자격은 국민권을 가진 자, 선거구에 주거하는 자, 일정한 연령에 달한 자로 한다는 등의 내용을 자세히 소개하고 있다(『황성신문』 1899.2.23, 3, 4면). 「민권기념」이라는 제하의 잡보기사에서는 공화주의를 지지하는 법국 인민이 바스티유 옥을 공격한 기념일이라 프랑스 공관에서 각국 공영사 및 대관을 청해 연회하였다고 보도하였다 (『황성신문』 1900.7.16, 잡보 2면 2단). 청나라의 서태후가 유학생이 민권론에 기울어짐을 두려워하여 양학을 혐기하고 유학을 금지하려 했다거나(『황성신문』 1902.10.29, 외보 2면 3단) 주청 러시아공사가 청국대관의 자제를 러시아 수도에 유학하도록 유도하는데 그 이유는 일본이 입헌국가이므로 유학 중의 자제가 일본풍습에 물들면 민권사상을 발흥케 할 우려가 있기 때문이다 등등으로 쓰고 있다(『황성신문』 1903.7.17, 외보 1면 2단).

1903년 4월의 『황성신문』의 한 논설은 대한제국의 정치현실과 법령 개정에 매우 비판적 입장을 보이는데, 민이 정부를 따르지 않는 것이 정치적 난국의 요체라고 말하면서 이 문제에 대하여 민권(民權)이 아닌, 민을 권면 〔民勸〕하기 위한 '신(信)'의 회복이라는 유교적 전거에 따른 해법을 제시하고 있다. 『주역(周易)』에 믿음〔信〕이 있으면 돼지와 물고기에게도 미친다고 하였고(豚魚之信), 『서경(書經)』에 신의로 많은 백성을 밝게 한다(彰信兆民)고 하였으니, 요순삼대의 정치는 신에 그 요체가 있었다. 즉 요순시대에는 작위나 상을 내리는 일을 크게 하지 않았어도 민을 권면하였고 형벌을 중하게 하지 않아도 민이 범법하지 않았으니 이는 신의로써 통치했기 때문이다. 그러나 후세에는 벼슬과 상을 후하게 하여도 민이 노력하지 않으며 형벌을 심하게 해도 간사한 일이 그치지 않았으니 이는 민을 불신으로 통치했기 때문이다. 민이 신뢰하지 않으면 법령이 시행되지 않으며 상하가 서로를 능멸하고 다치게 하며 아무것도 유지하지 못하게 되므로 위정자는 신으로 기본을 삼아야 한다. 이 논설은 단발령과 염색옷을 입게 하는 법령을 예로 들며, 당시 각종 법령이 조변석개하고 실행되지 않는 문구에 그치거나 법령의 실시를 방에 붙여 만민에게 명시하고도 작파하는 일이 증가하여 법령이 포고되어도 민이 조금도 움직이지 않고 손가락질하며 비웃는 심각한 불신의 지경에 다다랐다고 지적하였다. 결론적으로 신은 행정의 큰 기본이니 기본을 세운 후에야 법이 성립되고 민이 보호되며 국가를 유지할 수 있다고 주장하고 있다(『황성신문』 1903.4.3, 2면 1단).

그러나 러일전쟁 발발과 함께 '민권'은 다시 주요어로 떠오르고, 특히 1904년과 1905년에는 일진회에 관한 기사와 다수 결부된다. 일진회는 1904년 8월 20일 광통교 부근 사무소에서 회의를 열고 일진회 취의서를 발표한다(양재익 1911, 1~4면). 『황성신문』은 1904년 9월 2일자 별보 2면에 그 내용을 전재하였다. 이 취의서의 요지는 『독립신문』의 '민권론'과 논조를 같이하고 있으며 내용면에서 개화엘리트의 주장과 큰 차이를 보이지 않는다. 일진회 취의서는 그 전반부에서 국가와 인민의 권리에 대해 입헌군주제의 입장에서 초보적인 민주주의 이론을 제시한다. 이때 특이점은 인민의 정치참여 및 자유를 '권리'가 아니라 '의무'로 개념화했다는 것이다.

국가는 인민으로써 성립한 자이며 인민은 사회로써 유지하는 자이다. 인민의 의무는 병역 및 납세에만 있는 것이 아니라 국가의 치란과 안위에 관하여 담론 권고하는 '의무'도 부담한다. 이 의무를 위해서 세계열강은 특별히 인민으로 하여금 언론 저작과 집회 및 결사를 자유롭게 한다. 정부는 〔군주를〕 보필하는 책임을 가지고 행정권을 직접 담당하는 자요 인민은 〔정부를〕 협찬하는 의무를 가지고 입법권에 간접 참론하는 자이다. 군주는 입법 행정의 대권을 총람하야 민국을 통치하는 무상 제일 존중한 자이다. 따라서 정부와 인민은 상하 일치하야 황실의 안녕을 존엄케 하며 통치의 주권을 공고케 함에 노력하며 정부는 행정과 사법에 책임을 극진하고 선량케 하야 인민의 생명 재산을 보호해야 하고 인민은 병역과 납세의 의무를 근실하게 지키며 또한 정치의 안위 득실을 감시해야 하니 이에 국회와 사회를 설립하는 본래의 뜻이 있다. (『황성신문』 1904.9.2, 별보 2면 1단)

취의서는 선명한 언어를 피하고 있으나 그 내용은 전향적이다. 군주의 상징적 주권을 인정하되 정부의 책임행정과 국회 및 정당 설립, 언론·저작·집회·결사의 자유권 보장을 통한 인민의 입법권 참여를 바람직한 정치의 대강으로 제시하고 있다. 또한 정부의 의무를 행정과 사법의 선량한 운용과 인민의 생명·재산 보호로 규정하고 인민에게는 병역과 납세의 의무 외에 정치를 감시, 토론하는 의무가 있으며 국회와 사회(정당·사회)의 설립을 통해 이를 실현할 수 있다고 제안하고 있다. 취의서는 이처럼 정치의 방향에 대한 대강을 밝힌 뒤 갑오개혁 이후 10년간 이루어진 정부의 정책을 강력한 언어로 비판하였다. 정부는 개량의 정신을 관철하지 못하고 실효가 없는 혼란을 누적시켜 독립의 기초를 공고히 하지 못하였고 탐학과 압제로 인해 인민이 생명재산을 보전하기 어려운 지경에 있으며, 전국 세입의 3분의 1을 수만의 군인 양성에 썼지만 국내의 안보와 대외적 방어에 아무 효과를 보지 못하며 경제는 실패를 거듭하고 있다는 등이다. 부패한 정치가 스스로 이를 개혁할 사상과 만회할 능력이 없으므로 국가의 위망을 좌시할 수 없는 다수의 동지들이 일진회를 발기하니 일진이라는 명칭은 일심 진보할 주의로서 대한동포들은 이 목적을 의무 삼아 참여하고 노력할 것을 촉구하였다(『황성신문』 1904.9.2, 별보 2면 1단).

일진회 취의서에서 제시된 독립과 황제권 존중의 언설은 이 단체가 전체적으로 움직여간 방향과 일치하는 것은 아니다. 특히 1905년 보호조약의 체결을 지지하는 선언문은 애국계몽운동과는 확연히 다른 논리를 제시한다. 일진회는 이 선언문에서 국가의 대외주권은 주권의 명목적 개념이

며 대내적으로 인민의 권리와 복지를 확보하는 것이 주권의 실질적 개념
이라는 주장을 펴면서, 대외주권의 상실을 명목의 상실을 통해 주권의 실
질을 보호하는 하나의 방책으로 옹호하였다.[3] 일진회 정치의 특이점은 각
종 선언문에서 드러나는 그들의 정치적 수사 및 이념이 일진회 회원들이
이끈 조세저항을 비롯한 대중동원의 행동방향을 완전히 대변하거나 포괄
하지 못한다는 것이다. 따라서 일진회의 공식적인 선언서 등에서 회원들
이 실제로 주도하고 가담한 행동의 방향을 유추할 수 있는 것은 아니다.
1904년에서 1906년 사이의 시기에 "인민의 생명과 재산 보호"라는 강령하
에 "인민의 권리와 이해"를 대변하는 "총대"(대표자)를 자처한 일진회의
정치운동은 동학의 유교적 포퓰리즘과 독립협회 이후 개화운동의 반 왕권
적 경향이 결합되면서 나타난 근대한국 정치사의 특이한 현상으로 개화와
보수를 막론하고 당시의 조선엘리트층에 충격을 주었다.

　당시 조선의 관료엘리트층은 일진회의 '인민대표' 논리와 대중동원에
크게 반발하는데『황성신문』에 실린「여일진회장서」는 일진회의 정치를
바라보는 이들의 비판의식을 보여준다. 그런데 이 장서에 나타난 민권에
대한 인식은 앞서 독립협회를 비판한 주사 김익주의 입장에서 벗어난 것
으로, 오히려『독립신문』의 논거를 적극 흡수하고 있다. 1904년 11월 유학
여중룡, 전 군수 신종희 등이 일진회를 반대하여 투고한 이 장서는, 민본에
서 더 나아간 민권을 인정하지만 이를 행사하는 주체는 난류가 아니어야
하며 인민의 대표는 공선(公選)에 의한 것이어야 하는데 일진회는 이 기준
에 미치지 못한다고 의혹을 제기하였다. 민회라는 것이 고사에서 끌어올
수 있는 근거는 없으나, 조선에 원래 존재하던 사림의 공론과 열국에서 최
근 일어난 민권의회의 이치를 연구해보면 그 둘이 하나이다. 나라가 처한
어려운 형세에서 관리들이 바른 계책을 세워 가부를 정하지 못하거나 혹

---

3) 일진회의 이념적 경향에 관해서는 Moon(forthcoming 2013, 제4장) 참조.

은 간세배가 권력을 함부로 사용해 재해가 나라에 미칠 것 같으면 국민이 회합하여 의논하고 정사를 공평하게 하는 것은 당연한 것이다. 그러나 그러한 국민의 공의는 그 규모나 제도를 엄정하게 하고 단정하고 바르고 공정하게 행동하는 선비(端良公止之士)를 추선하여야 가위 '인민지대표' 혹은 '인민지공회'라 할 수 있을 것이다. 혹 이를 위반하여 사사로운 것을 허용하면 난잡지류의 단결에 지나지 않게 되어 국가의 토벌을 받게 된다.

「여일진회장서」의 논자들은, 일진회가 창립하자 모든 이들이 낡은 제도를 개선하고 진보할 길이 있을까 하며 지켜보고 있으며 또한 "비루한 무리들이" 일진회의 조치와 행위를 두려운 마음으로 주시하고 있다고 하였다. 그러나 공공성을 이루는 문제, 나라의 법령을 지키는 문제, 그리고 자주의 문제를 제기하며 이 세가지 면에서 일진회의 실책을 거론한다. 즉 세계열국에는 대부분 회가 있고 회 역시 공사의 구별이 있다. 모임의 품은 뜻과 취지가 사적인 것이면 연회나 즐기면 좋을 것이며 단체와 당으로 결속하면 흉하다. 공적인 일로 인하여 추천한 회의라야 공적인 것이 되며 피선자는 대표가 되고 대표는 곧 의사(의원)가 된다. 또한 촌회, 도회, 국회가 각각 등급이 있고 이는 반드시 선거의 법에 의해야 한다. 따라서 자격권한을 얻은 자만이 공사를 의논할 수 있으며 국인(國人)의 인정을 받을 수 있다. 그런데 일진회가 사람을 모으는 것을 보면 규제가 없고 선악을 분명히 하지 않고 향곡에 무지하고 꿈지럭거리는 자들을 불러 모아 거짓말을 일으키고 비방을 만들어낸다. 따라서 그들이 외양을 바꾸고 남의 말을 흉내내기는 하나 결국 동도(동학)요 비류에서 벗어나지 못한다. 이러한 부류를 모아서 일을 도모할 수 없으니 이것이 첫번째 실책이다. 두번째 실책은 단발령 이후 1896년 황제가 조칙에 의해 단발은 다시 하지 말라고 하였으나 10여년 뒤 일진회가 다시 머리를 자르라고 하고 의복제도를 변개하려고 하는데 이는 개명의 목적이라고 볼 수 없고 나라의 헌법을 위반하는 월권의 죄를 짓는 일이다. 마지막으로 일진회가 외국에 의뢰하여 내정을 개혁하려는 것이 그 세번째 실책이다. 나라의 상황이 어렵고 민정이 도탄에 빠져 있으나 자국의 일은 자강의 방법으로 해야 한다. 특히 외국 부관(일본 공사관)이 조선의 문제를 자주자치의 방법으로 할 수 없으므로 외세를 끌어들여야 한다고 주장하는 것은 패역의 음모이며 이에 동조하는 조약 등은 매국행위이다 등등의 비판을 제기하였다(『황성신문』 1904.11.2, 잡보 1면 3단).

이들의 장서에는 '공공성'을 선거로 확보해야 하며, "인민의 공회"는 국가의 법령과 자주를 침해하지 않아야 한다는 의식이 드러나는데, 이는 일진회 이후 새로운 민회 혹은 민당을 자처한 대한자강회, 대한협회의 계몽적 엘리트의식과 연결된다. 또한 사림의 공론이 열국의 민회와 뜻이 같다는 서두의 주장은 대한제국의 유교적 엘리트층에 민권론을 확산시키는 매개가 된 견해였을 가능성이 크다. 이후 지방자치 등과 연관되어 기사나 관료의 투고 등을 통해 계속 언급된다.

보호통치기 『황성신문』은 인민의 권리와 정부의 권리가 따로 있고 서로 침해하지 않아야 한다는 논리에서 국권의 유무가 인민의 권리에 중요한 연관이 있으며 국가흥망의 요체가 민권의 확장에 있다는 입장으로 이동한다. 1905년 8월의 「독밀아자서」라는 논설은 인민이 정부의 권리를 침해하지 않아야 하는 것이 아니라 정부의 일을 나의 일로 알고 적극 참여해야 하는 '권리'이자 '의무'를 가진다는 독립협회의 언설로 돌아간다. 이 논설은 밀아자라는 가상의 인물이 중국 톈진에 유학할 때 리 훙장(李鴻章)에게 보낸 장서 1편의 말미를 인용한다고 말하고 있으나, 앞서 언급한 『독립신문』의 논설 「민권론」의 후반부를 전재한 것이다. 그 내용은, 옛날의 망국은 임금을 바꾸고 사직을 이동하고 국호를 바꿀 뿐이요 국민은 망하지 않은 것이었으나, 지금의 망국은 군위와 사직과 국호는 존재하나 토지와 인민의 가치가 바뀌니 인민이 망하는 것이다. 또한 옛날에는 국가의 존망은 제왕과 관신의 책임이었으나 현재의 시대는 그렇지 않아서 본국의 권리가 타인에 장악되면 본토 인민의 종족이 왕왕 절멸할 경우를 당하고 그 나라의 토지는 외국이 점하는 바가 존재하니 폴란드와 인도와 아메리카 인디언의 예가 있다.

따라서 천지간에 혈기 있는 자는 누구나 자신의 몸(자신)을 사랑하겠지만 만일 그 몸을 사랑하거든 먼저 자신의 나라를 사랑해야 할 것이니, 그 이유는 나라가 위태하면 몸을 보존할 수 없기 때문이다. 현시대의 방국은 모두 인민의 방국이오 제왕과 관신의 방국이 아니므로, 나라의 안위와 흥패를 위에 있는 사람에게 일임할 수 없으며 인민이 국가정치에 냉담, 간과해서는 안 된다. 흥국의 기초도 고금에 차이가 있으니 현세계의 흥국은 민지(民智)와 민권의 유무에 달려 있다. 대한의 인민은 이를 명심하여 자기의 생명과 종족을 보존하기로 관념하고 애국심으로 분발하여 국가를 보존하고 발전하게 하면 노예의 욕을 면할 수 있고 장차 세계 문명국의 인민과 동등한 지위를 점할 수 있다(『황성신문』 1905.8.30, 2면 1단).

이 시기 『황성신문』은 민회 양성과 민권 확대도 "실질이 없고 신의"가 없으면 사실상은 민과 국가를 해하는 데로 나갈 수 있다는 유교적 논지 또한 계속 유지하고 있다. 「무실무신이면 필내망국」이라는 제하의 논설은 일진회를 필두로 하는 민회와 정부 양자를 겨냥하여 양자 모두 "실질과 신의"를 세우지 못하는 정치를 하고 있다고 비판한다(『황성신문』 1906.7.31, 2면 1단; 1906.8.1, 2면 1단). 그러나 정부와 민의 사이를 좁히는 데 "신의와 실질"의 회복이라는 유교적 해법은 "민권 확장으로 국권 회복"이라는 입장을 압도하지 못한다. 『황성신문』은 장기적으로는 입헌군주제의 실시, 단기적으로는 지방자치와 지방관의 선거제 도입이라는 『독립신문』의 입장을 추인하고 대한자강회와 대한협회와 공조하며 애국계몽운동, 국채보상운동을 벌여나간 것으로 보인다. 이때 대한자강회와 대한협회의 고문으로 일하던 일본인 오오가끼 타께오(大垣丈夫)의 연설문을 자주 싣는데 오오가끼의 집안은 일본에서 민권운동에 참여했다고 하며 당시의 지식층은 오오가끼를 크게 경계하지 않고 긍정적으로 대접한 것으로 보인다. 그러나 후술하듯이 오오가끼의 이론은 조선 개화운동세력들이 '민권'과 '국권'에 대해 전개해온 입장과는 현저한 차이가 있었다. 『독립신문』 이후 한국의 개혁세력은 '민권' 논의에서 정치적 참정권과 이에 결부된 자유권의 확보를 중시하고 있으나 오오가끼의 언설은 천황제의 옹호에 기반을 둔 일본적인 것이며 군권과 국권의 확고한 권위를 강조하고 '민권'의 역할을 제한적으로 인정하고 있다.

『황성신문』은 1906년 11월 오오가끼의 연설 전문을 개제하였는데 여기에서 그는 관권과 민권을 다음과 같이 정의한다. 관권이라 함은 관직의 권리로, 국가의 사무는 관직이라 칭하는 기관이 집행하는 것이므로 국무 집행의 권리가 즉 관권이다. 따라서 관권에는 "국가 당연의 위엄"이 존재한다. 민권은 인민 천부의 권리로, 타인의 이익을 해치지 않고 공익에 방해가 없는 범위에서는 모든 사람이 자유로우며 "거주권, 행위권, 영업권, 신앙권"을 갖는다. 전제국가에서는 관권이 절대권력을 가지고 민권을 공인하지 않으므로 인민은 노예와 같이 통치자의 임의에 따라 생사여탈이 정해지고 관리가 관권을 남용하니, 이러한 방국에서는 국가의 부강을 기약하기 힘들고 인민도 국민의 원기를 상실한다. 이에 반해 민권을 존중하고 인민의 생명과 재산을 안전하게 하는 방국에서는 국가의 이해가 바로 자기 인민의 이해됨을 모두가 인식하고 관민이 화합하여 국가의 원기를 흥하고 부강하게 할 수 있다.

오오가끼의 자유권은 거주, 행위, 영업과 신앙의 권리로, 『독립신문』이 민권론에서 제시했던 인민주권의 긍정론——인민은 애초에 국가 건설의 주체로 정치참여의 권리가 있다——을 강조하지 않으며, 또한 일진회 취의서에서 정치참여의 필수조건으로 강조한 언론, 출판, 집회, 결사의 자유를 언급하지 않는다. 오오가끼의 거주권은 사람이 세상에 태어나서 토지에 거주하여 생활하는 권리이며 정당히 거주하여 국법에 위반됨이 없으면 어떤 사람이든지 금지하거나 내쫓을 수 없는 권리이다. 그러나 이 거주권도 국가의 필요에 의해 제한될 수 있다. 오오가끼에 의하면 "국가조직의 필요 상에 사인의 자유를 희생으로 공익에 공하는 경우", 가령 철도 부설의 주요 길에 해당되거나 공용토지의 필요 때문에 거주를 허용하기 힘들 시에는 손해를 보상하고 거주의 자유를 빼앗을 수 있다. 행위권이란 사람이 타인의 이익을 해하지 않고 공익에 방해됨이 없는 행위는 모두 자유로 할 수 있다는 것을 의미한다. 영업권이란 사람이 노동으로 의식을 해결하는 것은 천부의 본능인즉, 상업에 종사하든 농업에 종사하든 돈을 얼마나 벌든 제재나 침해를 받지 않는다는 것이다. 신앙권이란 개인의 종교상의 신념을 타인이 강제하기 어려우니 어떠한 종교든지 신앙은 자신의 자유라는 뜻이다. 이 네가지를 인민의 자유라 총칭하고 민권이라 한다.

오오가끼는 이렇게 비정치적으로 정의된 민권을 정치상에 응용하여 대의정치의 권리를 제한적으로 정당화한다. "인민이 국가의 경용(經用)을 지출하는 고로 그 경용의 과다 및 징수방법을 의정하는 권리"가 있으며 "정치의 운용은 통치자의 대리기관된 관직에 일임하되 기 운용의 선악은 인민의 이해에 관계"가 있다. 따라서 "인민이 대표자로 하야곰 정치에 참여케 하야 감시하는 권리"가 있으니 소위 대의정치는 이러한 이유에 기인하는 것이요, 입헌대의정치를 시행하지 않는 방국이라도 민권을 존중해 천리에 기인한 정치를 시행하는 것이 당연한 의무라고 주장하였다(『황성신문』 1906.11.20, 3면 2단). 이러한 제한적 대의정치의 논리는 관직이 임금의 신하지만 '백성의 종'이기도 하며 관직을 '선거'를 통해 뽑고 감시, 견제해야 한다는 한국 개화세력의 주장과는 상충된다.

오오가끼는 또한, 국가 통치자는 소위 천자이니, 천자는 하늘의 명을 받아 인민을 보호하고 생명을 보존하게 하는 것이 천직이며, 관직은 천자의 대리기관으로 국가의 사무를 처리하고 인민을 보호할 임무를 행할 자로 정의한다. 따라서 관리는 "대리기관된 관제를 남용 사행(私行)하야" 인민을 학대하면 "천자의 죄인"이오 "인민의 도적"이 됨을 면하기 어렵다. 또한 법률은 국가와 인민의 약속을 규정하고 인민과 인민의 관계를 규정한 자이니 인민은 법률에 의하여 그 권리가 보호되고 국가는 법률에 의해 그 인민을 통치하여 국권과 민권이 명확히 실행되며 관민이 서로 침해하지 않게 된다. 개개의 인민은 "국가조직의 일분자"요 "경비 부담의 일임원"이므로 국가의 이해는 인민의 휴척(休戚)에 관계된다. 오오가끼는 민권을 신장해 국가적 사상을 함양하고 악정을 배제하며 민권을 명확케 하는 것이 한국의 급무라고 권고하고 있다.[4]

이 시기 한국 개화세력의 민권담론은 오오가끼의 연설에서 몇 구문을 가져오기는 하지만 차이가 확연한 민권론을 제시하며 루소(Jean-Jacques Rousseau)를 민권사상의 기원으로 지목한다. 『황성신문』은 1908년 4월 대한협회의 한 총회에서 김명준이 한 연설을 「민권의 여하」란 제목으로 전재하였는데, 김명준은 초기 일진회에서 간부로 활동하다가 이후 대한협회로 조직을 옮긴 인물이다.[5] 그는 좋은 연설가였던 것으로 보이는데 게재된 연설문은 논지가 선명하고 오오가끼의 주장과 비교해 국가의 권위를 절대화하거나 관권을 침해하지 않기 위해 민권의 영역을 왜소하게 규정하는 논법을 쓰지 않는다.

김명준은 오오가끼와 마찬가지로, 민권은 인권을 지칭함인데 관권에 대하여 민권이라 한다는 정의로 연설을 시작한다. 그러나 김명준의 민권은 "언론권, 거주권, 소유권, 생활권, 영업권, 자유권"의 여러 권한을 포함하며 이는 "하늘이 인민에게 부여하여 누구라도 이를 능히 압제하거나 침해하지 못하는 권리"이다. 하늘이 뭇 백성(蒸民)을 이 세상에 나게 하여 각자 안락으로 일생을 끝내도록 한 것은 인류에 차이가 없이 평등하게 적용되는 진리이다. 이 평등을 주로 하고 민권을 중시하는 사상은 신성한 것이며

---

4) 「대한자강회연설 대원장부씨(속)」, 『황성신문』 1906.11.21, 잡보 3면 3단.
5) 「일진회록」, 『황성신문』 1904.8.24, 잡보 2면 2단.

일국가의 운명도 민권을 중히 하는 여부에 달려 있다. 김명준은 사람들이 세계에 위대한 사업을 건성한 사람이 나폴레옹이니 워싱턴이니 당 태종이니 할 것이나 자신은 특별히 프랑스인 "유소(有蘇, 루소)" 씨라 본다고 하였다. 그는 루소가 천리에 따라 평등을 주장하고 『민약론(사회계약론)』이라는 책을 저작하여 수만부를 천하에 널리 배포하였으며, 프랑스혁명은 루소 사상의 확산에 기인하여 민권을 회복한 사건이라고 주장하였다.

김명준은 이어 관권은 "국가단체를 대표하야 사무를 집행하는 권"으로 정의하였다. 만약 인민이 국법범위 외의 행동을 하여 국가의 이익을 방해하는 경우에는 금지하는 권한이 있지만, 인민이 국법을 어겨 공익을 해하지 않는 이상에는 관리의 위세로 인민을 압제하며 그 자유를 속박할 수 없다. 김명준은 금세대의 문명이라 하는 것은 별개의 것이 아니라 "인민의 권리를 공고하게 하여 일신 자유의 제 권한을 국법상으로 확인하고 호상 안락하게 함을 운하는 것"으로 정의하였다. 그러나 조선의 인민은 문명한 시대에 문명한 행동을 하고 싶어도 할 수가 없는데 그 이유는 자유권이 없기 때문이다. 우선 재산권이 없다. 재산권이 없으면 어떤 사람이라도 힘껏 노력하여 부를 쌓을 방법을 궁구하기 어렵다. 언론 자유권도 없다. 언론 자유권이 없으면 어떤 사람이라도 국정의 이해를 강론하여 국가의 진보를 도모하기 어렵다. 이와 같이 관권이 남용되고 인민의 제 권리가 없으니 '건전국가(健全國家)'를 기대할 수 없다. 김명준의 논리에 따르면 국가의 권한이란 모두 인정되는 것이 아니라 '건전국가'여야 정당화되며 인민이 국가를 이루는 분자이니 건전한 분자들이 모여야 건전한 국가를 이룰 수 있다. 이 말은 상세한 설명이 없으나 권리와 권리의식을 가진 인민이 모여야 건전한 국가를 이룰 수 있다는 의미로 해석된다. 같은 국가의 일분자이지만 "국가 당연의 위엄"을 받아들이고 국가의 이해를 자신의 이해로 동일시하는 오오가끼의 인민과는 큰 차이가 있다.

김명준은 이어지는 연설에서 민권의 확보는 인민의 자각에 의해서만 가능하다는 점을 거듭 강조한다. 한국에서 관권이 남용되고 민의 인권이 몰수된 이유는 김명준의 시각에서 보자면 관에게 빼앗긴 것도 인민이 포기한 것도 아니며 자기도 모른 채 잃어버린, 서실(闊失)한 것이다. 빼앗고자 하는 자는 빼앗는 것이 즐거워 감행하거니와 빼앗기는 자는 피탈의 고통을 알고도 빼앗기며 포기하는 것이다. 김명준은 민권이 서실되지 않은 예로 영국의 경우를 들며, 에드워드 7세가 런던에서 대관식을 거행할 때 민이 만세를 부르지 않았으며 이에 정부가 각성하고 노력하여 정치를 개선하자 민심이 기뻐하며 지지하였는데 여기에서 영국의 민권이 공고함을 알수 있다고 주장하였다. 김명준은 우리나라 국민이 잃은 민권을 다시 찾으려면 청년은 학교로 가고 노인이나 어른은 각 사회(단체)에 참여하여 뇌수의 부패한 사상을 신선한 사상으로 환충하여야 한다고 권고하며 연설을 끝맺는다(『황성신문』 1908.4.18, 잡보 1면 4단).

　　오오가끼가 제시한 일본적 군주제와 제한적 참정권의 논리는 『황성신문』이 일본 보호통치 후기에 고려하고 있던 입헌군주제의 모습과도 다르다. 『황성신문』은 1907년 4월의 논설 「사파달소지」를 통해 스파르타의 역사와 제도를 소개하고 여기에서 바람직한 입헌군주제의 모형을 찾고 있다. 이 논설은 근세 입헌군주국이 모두 "군주 무책임"의 조문을 헌법에 싣고 또 군주는 악할 수 없다 하는데 이 조문의 뜻은 군주가 직접 정치를 하지 않고 책임을 모두 대신이 대신 지는 데서 나오는 것을 의미한다고 서술하였다. 또한 스파르타는 그 제도에서 이러한 입헌군주제의 정신을 실현하였으며 따라서 이와 같은 제도를 채택한 현시대 십수 문명국의 조상으로 간주할 수 있다고 주장하였다.

　　논설은 이어 사람들이 아테네(雅典)를 문화의 조국이자 자유정체의 조국, 스파르타(斯巴達)를 상무의 조국이자 전제정체의 조국이라 부르는데 이 주장은 진실과 다르다고 말한다. 스파르타의 전제는 동방의 전제와 다르며 "민권의 전제"이지 "군권의 전제"가 아니라는 것이다. 이 논설은 "사

294

파달의 정체"라는 소제목하에 스파르타의 정치체제를 좀더 상세히 설명하고 있다. 스파르타에는 정권기관이 넷 있는데 첫째는 왕, 둘째는 원로회, 셋째는 국민회의, 넷째는 집정관이며 왕은 2인이고 집정관은 5인이니 이는 모두 헌법에 명확히 정해져 있다. 첫째, 왕은 매월에 인민을 대하여 제단에서 기도하고, 왕이 죽으면 수천인이 모여 10일간 대장례를 치르며, 그 이름은 높으나 권한은 미미하여 일국의 정권은 모두 다섯 집정의 손에 있다. 둘째, 왕이 원로회의를 주재하고 원로회의가 보필하며 왕이 정사를 결정하고 원로들의 의견을 듣는다고는 하나, 왕은 전단(專斷)할 수 없으며 실제 심판하고 중죄하는 권력은 원로에게 있어 왕은 의장에 불과하다. 셋째, 왕은 매달 전국 인민을 모아(국민회의) 국가의 대사를 의결하는데 외국전선 강화(전쟁 및 강화), 원로의원과 고등관리 선거, 헌법의 개수여부는 모두 국민회의에 속한다. 국민회의의 외관은 '일국의 주권'이나 실은 그렇지 않다. 국민회의에는 법안 제출의 권한이 없고 오로지 원로회의 결의안에 찬성 혹은 반대할 수 있으며 수정과 토의의 권한이 없다. 넷째, 집정관은 번역하면 감독이다. 모두 다섯명으로 임기는 1년이고 민이 공적으로 선출한다(『황성신문』 1907.4.5, 2면).

『황성신문』은 헌법 제정을 통해 황제권과 내각, 인민의 권한을 재규정하는 것을 이상적으로 생각하였지만, 지방자치와 관련된 논설과 기사를 자주 실은 것을 볼 때 현실적으로 지방관 선거를 통하여 지방자치를 실시함으로써 왕의 통치권을 제한하고 인민의 권한을 점진적으로 확대할 수 있는 길을 찾으려 한 듯하다. 「국이천만민루 쇄지방정부」(이천만민의 눈물을 움켜 지방정부를 쇄신하다)라는 논설에서는 지방정부의 쇄신과 관리의 토색 금지문제를 중요한 개혁의 요체로 거론한다. 서양에서는 권리의무의 관념이 극히 분명해 세금의 경중을 토론하고 한건의 세금 부과에도 인민이 당납의 여부를 승인해야 하며 납부가 부당하면 이를 다투고 또 다툰 후 결정을 따르기 때문에 이를 통해 문명이 계발되고 민권이 흥기하고 인권이 신장하였는데, 조선의 민은 지식이 미개하고 기력이 미후해 관리의 수탈을 당해도 한마디 못하는 지경이 되어 있다고 한탄하였다(『황성신문』 1906.9.15, 2면; 『황성신문』 1906.9.17, 2면(속)).

지방자치의 구체적 방도에 대해서는, 서구의 민회가 사림의 공론과 유사하다는 논조에서 기존 향회를 개조하여 지방자치를 실시하자는 관료엘리트 측의 주장이 소개되었다. 「산졸질품」이라는 기사는 산청군수 이계태가 군회규칙과 관련하여 내부에 보낸 글로, 그 주장은 다음과 같다. 향소제도는 우리나라 고래에서부터 온 것이라 당초에 이를 설치한 본의는 향론을 수용하고 민권을 부르는(收容鄕論 以徵民權) 것이었다. 그런데 법이 오래 지나 폐해가 생기고 근래에 이르러 간향이 지목을 받고 있으나 그래도 민권을 거두어들일 수 있는 근거는 일단 이 제도뿐이다. 당시 통감부가 주도하고 있던 새로운 관제는 향장직을 없애고 지방조직을 더욱 관료화하는 방향으로 진행되고 있었다. 이 산청군수는 새 관제에서 향장직을 없애면 민권사상이 깃들일 곳이 없으니 군회규정을 설치하고 면촌제도를 조직하여 신성규범으로 민권을 확립하고 인민으로 하여금 지방의 정체를 알게 하며, 또한 군회회장을 군의원으로 편입 관제하면 백성의 국가를 향하는 마음이 더욱 진흥될 것이라고 하였다(『황성신문』 1906.11.1, 잡보 2면 6단).

『황성신문』은 이 군수가 제안한 기존 향회제도 개조보다는 대중을 포함하는 자치제도의 도입과 선거의 실시를 염두에 두었던 것으로 보인다. 1906년 11월 지방자치제도 실시의 논의에 대해 과도한 의미를 부여하는 논설을 발표한다. 이 글의 필자는 지방자치제도의 소식을 들으니 기쁨으로 자기도 모르게 어깨가 산과 같이 용솟음치며 또한 우리 정부의 실시 용단을 축하하는 인민의 환영은 나폴레옹이 적국을 격파하였을 때와 같은 정도라고 묘사하였다. 조선에는 구미각국의 의회제도와 같지는 않지만 나라에 큰일이 있으면 꼴꾼과 나무꾼에게도 의견을 들은 후 가부를 결정하는 일이 종종 있었다. 그러나 자치제가 완전히 성립하지는 못하였는데 이는 정부가 "함부로 말하여 선비의 기를 다칠 수 없다"고 했기 때문이다. 이제 새 제도를 실시하니, 이전과 같이 사림의 동향을 의식하여 자치제가 향회의 개조에 그치도록 해서는 안 되며 자치제를 계기로 일도약하면 민권을 흥하게 할 수 있으니 민지가 아직 몽매함을 한탄할 수는 있으되 이로 인해 자치제의 도입을 정하지 못해서는 안 된다.

이 논설은 지방자치제가 기존 향촌사회의 질서를 인정하는 형식이 되어서는 안 된다는 반대의사를 구체적으로 제시하고 있다. 기왕에 지방 각 지역에 면장과 동임이 있어왔으므로 면장이 면을, 동임이 동을 통치하는 식으로 자치제도를 조성할 수도 있을 것이다. 그러나 기존에 면장은 군 관아에 출입하여 아첨하고, 동임은 동리의 무리를 따르는 역할을 해왔으므로 이들의 사적인 협잡과 대세로 대세를 그르칠 수 있다. 이들이 관장에게 아부하는 데 신명을 다 바치고 인민은 층층이 쌓인 압제에 굴복하는 것이 상습이 되어 또한 수족이 묶여 있으므로 동과 면의 일을 의논할 여가가 없다. 유생들이 자치제를 향약에 병설하자고 논의한 것은 자치의 뜻에 가깝긴 하나, 향회가 기존에 운영되는 것을 보면 유학의 설을 답습하여 매월 모여서 의관을 갖추고 절하는 것은 보았으나 민이 일치단결되고 자유의 행복을 얻었다는 말은 듣지 못하였다.

또한 논설은 내부당국이 지방자치제도를 실시하고자 하는 것은 "하늘의 복음이 우리나라에 전래한 것"과 같다고 하면서, 그러나 정부가 하는 일이 용두사미가 되는 일이 많고, 또한 모방하는 제도가 기존의 향약인데 유림향약은 문명의 제도가 아니며 수망상조하며 환난상구라고 하는 향약의 강령 역시 시대에 맞는 지방의회의 조례라고 할 수 없다고 경계하였다 (『황성신문』 1906.11.2, 2면 1단).

당시 유길준이 서울의 지방자치제를 위해 '한성부민회'를 설립하고 있었다는 사실은 지방자치가 『황성신문』 주도층 및 개혁엘리트층의 주된 관심사 중 하나였음을 보여준다. 『황성신문』에 게재된 「한성부민회 설립이

유서」에는 자치제가 국치의 근본이며 자치단체는 빈부귀천을 논하지 않고 사무인원을 공공으로 선출하며 경비도 공공으로 부담하게 한다고 명시되어 있다. 당시 상황에서 법률을 제정하는 자치는 행하지 못하므로, 한성부민의 뜻을 합동하는 의사들이 규약으로서 단체를 조직하고 공동이익을 증진하도록 하며 앞으로 법이 정한 단체로 만들어내는 일이 필요하다고 보았다. 또한 도회 및 면사의 구역을 정하여 규약을 모방하고 제 국민의 자치사상을 개발할 것을 권장하고 있다(『황성신문』 1908.12.12, 잡보 2면 1단).

황제권과의 충돌을 줄이면서 관권 제어와 민권 확장의 공간을 확보하고자 했던 독립협회시기의 지방자치제·지방관선거제 실시 요구와, 권력이 식민통치기관으로 더욱 중앙집권화되어가던 통감부시기의 지방자치제 주장은 그 정치적 의미와 실효성에서 큰 차이가 있었다. 보호통치 말기에 『황성신문』 및 유길준 등에 의해 제안된 지방자치제도는 조선총독부의 설치로 식민화 과정이 마무리되고 권력 행사가 더욱 행정화·중앙집중화되면서 유명무실해졌다. 이 시기의 지방자치 논의는, 민의 생활과 이해관계에 직접적인 영향을 주는 지방정부 개혁과 민에 의한 통제가 당시 첨예한 개혁의 주제였으며 한국 개화세력이 제한적 혹은 전향적 민권 수용을 통한 지방정부 및 지방사회의 개혁을 도모했었다는 전체적 흐름을 보여준다는 데에 의미가 있다.

III. 『대한매일신보』: 국민의 권리와 인민의 정부

오랜 역사를 가진 조선왕조라는 정치공동체 내에서 인민의 권리와 정부의 권리를 재규정하고자 하는 시도였던 민권론은, 일제의 식민화 과정과 더불어 '민족'과 '국민'이라는 개념 등을 통해 조선이라는 정치공동체의 배타적 주권을 정당화하는 민족주의 사상이 체계화되어가면서 그 지형과 의미가 점차 변화되었다.『대한매일신보』는 민권의 점진적 확장을 통하여 국권을 회복해야 한다는 주장에 비판적이었다. 특히 "민권당" 혹은 "민권 옹호"가 일진회와 결부되어 있던 1904년에서 1906년까지의 기간에『대한매일신보』는『황성신문』과 달리 적극적으로 '민권론'을 펴지 않는다.『대한매일신보』는 1907년에 가서야 일진회와는 다른, 국가를 흥하게 할 수 있는 새로운 "민당"의 필요성을 인정하지만 동시에 "민권당"은 일진회를 지칭하는 매우 풍자적이고 비판적인 용어로 계속 사용하고 있다. 예를 들면 「현금시대는 여러 각국이」라는 기사에서, 근일의 일진회는 40만 되는 동학당으로 위세를 떨치며 정권과 민권을 수중에 잡고 있는데 남의 농락에 의지하지 말고 자주자유해야 하고 대한동포들도 신선한 민당을 설립하여 국가를 발전케 할 계획이 있어야 한다고 쓰고 있다(『대한매일신보』 1907.11.27, 2면 4단). 1908년 1월에는 어려움에 빠진 일진회 회장의 처지를 비웃으며, 벼슬로 유인해 오합지중을 모아 민권당을 자칭하여 두목으로 행세하며 얻은 공명이 흩어지니 그 신세가 가관이라고 풍자하기도 한다(『대한매일신보』 1908.1.26, 2면 5단).

『대한매일신보』는 통감부 후반기에 점차 민권을 '국민의 권리'로, '국권의 유지 회복'을 민권의 전제조건이자 국민의 권리·의무로 결부시키며 민권론을 적극 흡수하여 국민국가론을 발전시킨다.[6] 1908년 5월에 「일백의 메테르니히가 능히 이태리를 제압치 못함」이라는 논설에서, 메테르니히(Klemens Metternich)가 오스트리아의 부강과 구라파 신성동맹의 힘을 믿고 40여년간 이탈리아 민족을 멸망시키려 하였으나 결국 이탈리아의 애국자들을 이기지 못하였으며 이는 다른 나라의 경우도 마찬가지일 것이라고 쓰고 있다. 이탈리아 민족이 받은 압제를 묘사하는, 감정이 실린 생생한 문

---

6) 통감부 후반기 1907년을 전후하여 국민개념이 유행하고 민족, 인민, 개인 등 개념과의 새로운 전환 및 접합이 일어난 것은 박명규(2009, 85~97면); 권보드래(2007, 58~70면); 박주원(2007, 109면)의 연구에서도 공통적으로 지적하고 있다.

장은 통감부의 자유권 제한조치를 바로 떠올리게 하며, '간웅' 메테르니히와 같은 야만심을 품고 남의 나라를 삼키려는 자는 이것을 보라는 마지막 문장의 경고는 이 논설이 이또오 히로부미를 겨냥하고 있음을 깨닫게 한다. 이 논설에서 "인류를 우마"로 대접하고 "민권을 티끌"같이 알고 혹독한 법률을 시행하는 자로 지목하는 것은 관권이나 국권 일반이 아니라 외국의 압제이다. 필자는 국민의 힘을 구속하여 신체의 자유권, 언론의 자유권, 교육의 권리 등을 모두 멸하고 기괴한 수단으로 국민을 도탄과 어둠의 토굴 속으로 몰아넣어도 그 국민의 정신을 멸할 수 없으면 그 나라를 멸망시킬 수 없을 것이라고 쓰고 있다(『대한매일신보』 1908.5.2).

『대한매일신보』는 이제 '민권'보다 '국민의 권리와 의무'라는 말을 앞세우는데, 이 단계에서 '민권'은 국가의 부강을 위해 인민이 정치를 자신의 일로 여기게 만드는 수단으로서의 권리가 아니라 '국민'이 스스로 정치의 능력을 조성하여 정부를 '지도하고 감독하는' 권리이자 의무로 정의된다. 『대한매일신보』는 1908년 9월 당시 '내각의 변경'을 예측하면서 쓴 「내각이 변경된다는 말에 대한 민심」이라는 논설에서 이제 인민이 내각의 인물 교체를 바라보고만 있어서는 안 된다고 경고한다. 인민이 옛날처럼 정치의 지식이 용렬하고 능력이 없어 머리를 들고 정부를 쳐다보며 우리를 불쌍하다 애호하라 하며 자신의 생사를 정부 안의 몇사람에게 맡겨두는 것은 '노예의 국민'이 되는 길이다. 국민은 반드시 "국민의 의무를 행하며 국민의 책임을 극진히 한 후에 국민의 권리를 찾아서" 정치의 득실에 참여하고 정치의 선악을 의논하며 정부를 "지도하고" 정부를 "감독하여야" 행복을 찾을 수 있다. 따라서 한국국민이 스스로 새 지식을 발흥하여 자신의 정치의 능력을 조성하는 것이 시급하다(『대한매일신보』 1908.9.23).

통감정치 후반기에 『대한매일신보』의 독자 투고와 기사 등은 국채보상운동 이후 확산된 민권 확장과 국권 회복의 주장을 많이 담고 있으며 일진회에 의해 "황보"로 불릴 만큼 황제권에 대한 도전에 신중했던 논조는 약화된다(『대한매일신보』1907.8.31; 『대한매일신보』1907.9.11). 1909년 3월 『대한매일신보』는 「민권을 부르는 글」이라는 논설을 게재하는데 이 글은 사회계약론의 논리에 기반한 기초적인 인민주권의 논리를 제시하고 있다. 현대어로 수정한 이 논설의 주요 논지는 다음과 같다.

돌아올지어다 민권이여. 단군의 옛 터에 조선민족 이천만을 모으고 환영회를 베풀어 향을 사르고 술을 부어 너의 혼을 부르며 춤을 추며 노래를 부르고 너를 맞으리니 민권이여 돌아올지어다. (…) 세계 인류가 너를 만나면 살고 너를 잃으면 죽으니 (…) 민권이여 너는 우리 민족과 함께 나지 아니하였으며 우리 국가와 함께 일어나지 아니 하였는가. (…) 인류는 (…) 홀로 생활하고 홀로 호위하기가 능치 못한 고로 〔무리를 이루고 살되〕 (…) 강한 자가 빼앗기를 시작하매 약한 자가 그 권리를 능히 보존키 어려운지라. 그런 고로 무리가 서로 약조를 정하고 무릇 권리를 빼앗기는 자는 그중에 지식이 밝은 자에게 가서 곡직을 분별하여 권리의 보호를 청하게 하니 이에 임금이 있고 정부가 있으며 국가가 있었도다. 그런즉 인민이 권리를 보호하기 위하여 국가를 창조하였으며 권리를 보호하는 기관을 두기 위하여 정부를 설치한 것이 아닌가. 국가에 대하여 생존하는 복리를 청하는 것은 인민의 당연한 권리가 아니며 정부에 대하여 정치행동에 참여하는 것은 인민의 당연한 권리가 아닌가. (…) 무수한 악정부가 우리 권리를 박탈하여 정치도 정부에서 천단히 하고 법률도 정부에서 마음대로 하며 일반행동을 모두 정부에서 독단하고 인민은 조금도 참여치 못하였도다. (…) 다행히 (…) 영국 법국 한모퉁이에서 시작한 좋은 소식이 구라파를 진동하매 구라파 민족들이 홀연히 큰 소리를 하여 너를 부르니 구라파주를 횡행하여 아메리카주에까지 건너가서 악한 정부를 씻어 맑히고 인민의 권리를 회복하였도다. (…) 돌아올지어다 민권이여 악정부의 압제하는 기습이 맹렬한데 네가 아니면 소탕하기가 어렵고 약한 민족의 신세와 생명이 거꾸로 달린 이때에 네가 아니면 구할 수 없느니라. (…) 너의 복음을 전파하며 너의 자비심을 발하여 인민에게 하늘이 주신 권리를 보호하며 인민의 국가와 인민의 정부와 인민의 정치와 인민의 법률을 찾아오라. 민권이여 돌아올지어다. (『대한매일신보』 1909.3.17, 1면 1단)

　이 글은 사회계약론에 입각한 인민주권의 의식을 분명하게 제시하고 있다. 앞서 김명준의 예에서도 나타나듯이 통감부 말기에 조선의 지식층은 루소의 이론에 경도되었던 것으로 보인다. 『황성신문』은 1909년 8월 루소의 『민약론』을 제1면 상단에 실었는데 보통 정부의 소식을 1면에 싣고 논설도 2면 상단에 싣는 경우가 많은 것을 볼 때 이 편집은 이례적인 것이다. 곁의 삽화를 볼 때 일본어본을 번역한 것으로 보인다. 이 기사에서 역자는 민권을 창도한 이로 루소를 꼽고 있다. 신성한 대한제국에서 공화를 의논하는 것은 금지되어 있으나 역자가 이속을 숭배하여 멋대로 논의하고자 하는 것이 아니라 루소의 글이 비록 오래되었으나 그 기교와 의미 면에서 볼 만한 기이한 경지가 왕왕 존재하기 때문에 번역해 싣는다고 밝히며 원저자의 서언과 내용 일부를 소개하였다. 역자는 여기에서 '민주'의 개념을 소개하면서, 민주국이란 민이 더불어 공동으로 정치를 하는(相共爲政) 나라이며 민주국에서는 신분의 존귀함을 별도로 대접하지 아니 한다고 설명하고 있다(『황성신문』 1909.8.4, 기타 1면 1단).

　한편 『대한매일신보』는 인민주권론의 정향성을 포함한 민권론을 적극 수용하면서도 국민국가의 주권 바깥에서 민권을 찾을 수는 없다는 점을 강조하며 민권론을 경계한다. 1909년 10월의 「국권이 없고서 민권을 생각하는 무리」라는 제하의 논설은 일진회를 포함한 '민권론자'를 겨냥하면서 앞서 여러번 언급된 독립협회의 논설 「민권론」을 다시 민족주의적 입장에서 수정 인용한다. 역사적 사례는 일반적인 왕조시대가 아니라 한국의 삼국시대, 고려시대 등으로 변경되었고 '민족'이 중심 용어로 등장한다. 이 논설에 의하면 국권이 없고서는 민권을 구할 수 없는데 한국 안의 어리석은 무리는 국가가 망하여 강토가 다른 사람의 물건이 되고 민족이 다른 사람의 수중에 들어가도 민권만 얻으면 이를 환영하겠다 하니 이들 무리는 마음이 악한 것이 아니라 어리석은 것이다. "국권은 민권의 근원이며 국권이 있어야 민권이 나며 민권은 국권의 자식이라 국권을 의지해야 민권이 서나니 국권이 없으면 민권을 얻을 수 없으나" 민권론자들은 시세의 변화를 알지 못하고 지금도 삼국시대나 고려시대와 같이 착각한다. 신라가 망하고 고려가 흥하여도 신라의 백성은 그 권리를 누렸다는 것만 생각하는데, 그 시대에는 황실과 정부는 변하였어도 민족은 여전하였지만 현대에는 민족의 멸망이 자연한 이치가 되는 시세를 저들은 알지 못한다. 논설의 필자는 제군이 아무리 민권 민권 하여도 국권을 찾아오지 못하면 민권도 돌아오지 않으니 정신 좀 차리라고 권고한다(『대한매일신보』 1909.10.26).

　『대한매일신보』의 이 논설에서 민권은 '국민의 권한'으로 재규정되고, 민권은 '국권의 자식'이며 민족국가의 주권을 근원으로 하는 것으로 그것을 전제하지 않고서는 찾을 수 없는 것으로 재정의되었다. 또한 이 주권은 기존에 존재하던 국가제도나 군주의 유무가 아니라 '국민'의 유무와 결부된다. 『대한매일신보』는 망국을 몇달 앞둔 1910년 6월 「국민의 권한」이라는 논설의 첫머리에서, 국민이 있으면 주권이 있고 주권을 잃으면 국민이 잔약하니 국민과 주권은 잠시라도 서로 떠나지 못한다고 규정하였다. 이 국민의 권한이란 정치에 있는 것도 아니고 법률에 있는 것도 아니며 다만 국민의 힘을 단합하여 이르는 것이니, 주권을 한번 잃으면 국민이라 칭할 수 없다고 정의하였다. 이 논설은 인민주권이나 민주의 논지를 확고히 전개하지는 못하였지만, 한국에서 국권이 미약하고 민권이 타락한 것이 군주제하에서 벌어진 인민과 정부의 격차, 그리고 환란 때문이었다고 진단하고 있다. 그 결과 주권이 안에 있지 않고 밖에 있게 되어 조약 체결과 각종 산업의 인가 및 이권이 모두 외국의 손으로 넘어가게 되었고 인민이 생명을 보전하지 못할 지경이 되었다. 논설의 필자는 권한을 잃은 인민에게 세력이 있을 수 없으나 국민은 분발하여 의무를 저버리지 말아야 할 것이라고 쓰고 있다(『대한매일신보』1910.6.19, 1면 1단).

결국 국민의 의무란 애국이며 주권회복일 것인데『대한매일신보』는 「애국자의 사상」이라는 또다른 논설에서 애국의 의무는 바로 인민주권의 논리에서 나오는 것임을 제시한다. 즉 나라는 인민이 모여 이룬 것이며 정치란 인민을 위하여 설시한 바이다. 따라서 인민과 나라는 분리할 수 없고 인민이 나라를 사랑하는 것은 바로 그 자신의 몸을 사랑하는 것이다. 민권이 흥하면 국권이 서고 민권이 없어지면 국권이 떨어지니, 정부에서 압제정치를 행하면 그 나라를 스스로 멸망시키는 것이요 인민이 그 권리를 찾는데 힘쓰지 않는다면 자신의 몸을 스스로 버리는 것과 같다. 따라서 인민이 참여하는 권한을 가지고 나라를 사랑하는 의무를 다할 수 있어야 한다(『대한매일신보』1910.6.28, 1면 1단).

앞서 메테르니히에 관한 논설 및 민권론자에 대한 비판적 논설에서 보이듯이 약한 민권의 확대, 그리고 군주의 권한과 인민의 권한의 논리적·현실적 재정립이라는 과제를 본격적으로 전개하기도 전에, '민권론'은 나라를 이미 잃은 국민 혹은 인민의 주권 회복과 그를 위한 노력을 정당화하는 민족주의의 문제와 도치되었다. 한국 민족주의는 '민족'이라는 개념을 중심으로 조선이라는 정치적 공동체의 정체성을 재규정하면서 조선의 독립과 주권 회복을 옹호하는 논리를 구축하였고 이 공동체의 정치체제에 관해서는 민권논쟁 후기에 강화된 인민주권론의 경향성을 수용해나간 것으로 보인다.

IV. 결론

동학농민전쟁과 갑오개혁 이후 왕권과 신권, 민권의 문제를 재정립하는 것은 핵심적인 정치 개혁의 주제였다. 독립협회는 민권 확장에 대한 논의를 시작하며 정부의 권한과 인민의 권한을 서로 반반씩 인정하는 데서 시작해야 국가를 유지할 수 있다고 주장하였으나, 고종황제와 대한제국의 신료들은 민권 확장이 군권을 살하는 것이라고 인식하며 위기에서 탈출할 해법을 황제권의 전제화에서 찾았다. 『황성신문』은 민권과 관권은 서로 분리되는 영역이 있고 서로의 권한을 침해하지 않는 것이 결국 국권의 강화에 도움이 된다는 절충논리로 독립협회를 거들었지만 독립협회 해산 후 침묵했고, 유교적 논리에 입각한 정부와 민의 신뢰 구축과 군주제의 개혁을 주장하였다.

대한제국기 정치적으로 수렴되지 못한 일부의 민중적 반발세력과 개혁세력은 러일전쟁 이후 일본의 세력 확대를 자신들에게 우호적으로 해석하며 민권과 관권의 재조정과 개혁을 시도하였다. 이들의 정치적 성격은 다양한 스펙트럼을 보이지만 독립협회의 논리를 다양하게 재수용, 재해석하며 크게 보아 민권 및 자유권의 과감한 확대와 선거제와 의회에 의한 왕권 및 정부관료의 감시 및 견제라는 정향성을 보여주었다. 친일여부와는 별개로 이 단계 한국 개혁세력의 논리와 의식은, 대한협회의 일본인 고문 오오가끼 등이 제시했던, 천황의 대리기관으로서의 관료의 권위와 법률의 우위를 인정하며 제한적으로 민권과 대의정치의 의의를 수용하는 정치관과는 차별성을 보여준다. 한편 통감부 정치기 현상타파세력 중 급진적인 그룹이었던 일진회는 인민의 대표를 자임하며 민의 직접적 지방행정 개입과 세율 조정 및 감세, 국가 소유 토지에서 소작권의 재분배 등 다른 엘리트 개혁세력이 제시하지 않은 포퓰리스트적 의제들을 제기하며 대중동원정치를 벌였으나 통감부에 의해 수용되지 않았다. 말기에는 그들이 주장하는 민권이 확보된다면 조선왕조를 역사적 기반으로 형성된 한국이라는 정치적 공동체가 일본제국 속으로 해소될 수도 있다는 입장에서 합방청원서를 발표해 조선사회 내부에서 큰 반발을 샀고 일제의 해산 명령과 함께 정치적으로 소멸되었다.

통감부가 내건 소위 '시정 개선'은 민권 확대와 상충되는 방향으로 진행되었으며 민권론은 특히 고종황제 퇴위 후 식민관료의 직접통치가 강화되는 통감부 후기로 접어들면서 전환점을 맞이한다. 이 접점에서 민권론이 인민주권론적 정향성을 드러내며 민족국가론으로 흡수되어나가는 과정을 보여주는 것이 『대한매일신보』의 논설들이다. 이 논설들에 이르러 국가는 인민이 계약에 의해 창조한 것이며 인민은 정부와 반반씩 권한을 나누거나 정부권한을 거스르지 않는 존재가 아니라 스스로의 정치역량을 강화하여 정부를 감독하고 지도하여야 하는 국민의 권리와 의무를 가진 자로 규정되었다. 또한 인민은 국권을 떠난 권리를 추구할 수 없으며, 즉 현실적으로 불가능하며, 국가주권의 보존과 회복을 위해 모든 자유권을 압제에 잃어도 애국자의 사상을 가지고 노력해야 하는 존재로 정의되었다. 이 단계에서 인민의 권한과 국권은 결합되어 분리불가능한 것이 되었지만 왕실은 국권이 사라져 인민이 노예가 되어도 존속할 수도 하지 않을 수도 있는 존재로 희미해져갔다. 한일강제병합을 일이년 앞두고 루소의 사회계약설이 유행하였고 그의 업적이 공개적으로 칭송되었다. 분명한 공화주의가 주장되지는 않았으나 조선에서 국가의 주권은 이제 군권과 거의 분리되어 국민 혹은 민족의 결합된 힘과 정신으로 귀속되었다.

제9장

근대한국의 기술개념

·

김상배

I. 머리말

17세기부터 19세기에 걸친 시기에 전파된 서양의 선진문물은 한국인의 국제정치적 삶에 큰 영향을 미쳤다. 당시 서양문물의 핵심에는 이 글의 주제인 '기술(技術, technology)'이 있었다. 본고는 주로 개념의 전파에 초점을 맞추어 기술의 전파를 살펴보고자 한다. 그렇지만 이 글에서 기술이라고 지칭한 것은 우리가 보통 알고 있는 좁은 의미의 기술은 아니다. 이 글에서 논하는 기술개념은 전통적인 의미의 기능이나 기예라는 차원을 넘어서 좀더 넓은 의미의 근대과학과 이를 뒷받침하는 지식체계 일반을 의미한다. 더 나아가 가장 넓은 의미에서 보면 서양기술이 상징하는 바는 다름 아니라 서양문명 그 자체이다. 따라서 당시 서양기술의 전파는 단순히 좀더 발달한 외래의 문물을 수용하는 수준을 넘어서 동아시아의 전통적인 문화나 가치관과 충돌하기도 했다. 이러한 맥락에서 볼 때, 17~19세기 서양기술의 전파와 이에 뒤이은 근대한국의 기술개념 형성에 대한 논의는 당시 국제정치적 변화의 단면을 극적으로 보여준다.

기술의 개념사라는 시각에서 볼 때, 17~19세기 한국에 전파된 서양 근대기술의 특징은 크게 세가지로 요약할 수 있다. 첫째, 근대기술개념의 핵심은 장인에 구현된 기능이나 기예로서의 테크네(techné)로부터 '인간으로부터 독립된 지식'이라는 의미로서의 기술, 즉 테크놀로지(technology=techné+logos)의 출현에 있다. 둘째, 근대기술의 출현은 종교적이고 도덕적인 자연관으로부터 기계적이고 객관적인 자연관으로의 변환을 바탕에 깔고 있다. 다시 말해 근대기술의 발달은 탈도덕화된 근대과학의 성립을 배경으로 가능했다. 끝으로 근대기술의 발달은 단순히 기계의 발명이나 과학·지식 체계의 발달이라는 의미를 넘어서 이를 뒷받침하는 사회제도와 체제 전반의 변환이라는 맥락에서 이해해야 한다. 국제정치의 시각에서 볼 때, 근대기술이 부국강병의 상징으로 이해되는 것도 바로 이러한 맥락이다. 요컨대, 17~19세기 동아시아에 전파된 기술개념은 서양에 기원을 두는 근대문명의 다양한 요소들이 교차하는 지점을 단적으로 짚어주는 사례라고 할 수 있다.[1]

이러한 근대서양의 기술이 전파되면서 당시의 한국에서는 무슨 일이 벌어졌는가? 서양기술의 충격으로 인해서 동아시아의 기술은 현실적·개념적으로 어떠한 변화를 겪었는가? 선진기술을 바탕으로 제작된 군사무기와 산업시설은 근대 한국인의 눈에 어떻게 비쳤으며, 이러한 과정에서 생각과 제도 그리고 가치관은 어떠한 변화를 겪었는가? 본고에서 살펴보는 바와 같이 서양기술의 전파는 외래문물의 순탄한 수용과정이 아니라 정치사회적 갈등을 야기했던 동태적인 과정으로 이해해야 한다. 실제로 기술개념의 전파는 전통적 가치관을 유지하면서 제한된 범위 내에서만 서양문

---

1) 본고에서 배경으로 삼고 있는 근대서양의 기술개념과 그 국제정치적 함의에 대해서는 김상배(2005, 57~82면; 2007, 제2장; 2010, 제1장) 참조.

물을 수용하려는 세력과, 좀더 본격적으로 서양을 배우고 한국사회를 변화시키려는 세력 간의 경쟁을 야기하였다. 이러한 점에서 기술개념의 전파와 수용 문제는 그야말로 당시 한국사회의 근간을 뿌리째 흔들었던 지식구조의 변환을 의미했다. 본고에서는 당시 서양기술의 전파에 따른 정치사회학적 또는 국제정치학적 변환을 기술개념의 전파와 수용 그리고 형성이라는 관점에서 살펴보고자 한다.

국내학계에서도 서양의 근대기술 수용에 대한 연구가 다양한 시각에서 다수 진행되어왔다. 이러한 연구들은 과학사나 기술사 또는 교육사의 시각에서, 본고에서 '기술'이라고 통칭한 논제의 한 단면들을 다루고 있다. 예를 들어, 과학의 특정 분야(물리학, 천문학 등)의 수용, 도구나 기계 및 특정 기술의 수입, 또는 기술교육, 공학교육, 실업교육의 도입 등에 초점을 맞추어왔다. 구한말 한국 개화사 연구라는 좀더 포괄적인 시각에서 당시 서양기술의 도입을 문명론의 일환으로 보는 연구들도 다수 존재한다. 그럼에도 불구하고 서양기술의 도입에 대한 기존의 연구를 전반적으로 평가하자면, 기술이나 과학을 상대적으로 좁은 의미에서 이해하고 그 전파와 도입을 다소 일방적인 과정으로 보는 경향이 강했다.[2]

이러한 맥락에서 본고는 개념사 연구의 시각과 국제정치학의 시각을 복합적으로 원용하여 근대한국의 기술 수용을 좀더 입체적으로 살펴보고자 한다. 다시 말해 이 글아 제기하는 논제는, 서양에 기원을 둔 근대기술 도입이 불러온 개념적 충격과 그 안에 응축되어 있는 국제정치적 동학이 만나는 지점에서 설정된다. 본고에서는 이러한 기술과 국제정치의 복합적

---

2) 서양기술의 수용에 대한 과학사 분야의 연구와 연구사 검토에 대해서는 전상운(1966); Jeon(1974); 박성래(1978, 257~92면; 1988, 169~72면); 송상용·전상운·박성래·김근배·신동원(1999, 52~74면); 김연희(2009, 207~31면); 박성래·신동원·오동훈(2011) 참조. 기술교육사의 시각에서 본 개괄적 논의로는 이원호(1991), 한국 개화사의 시각으로는 이광린(1974) 참조.

성격을 드러내기 위하여, 당시 서양 기술개념의 전파와 수용 및 형성 과정을 전통 동아시아의 기술개념으로부터 실학과 동도서기론, 그리고 초기와 후기 개화론 등의 기술개념으로 변환되어가는 단계들로 나누어 살펴보았다. 이러한 단계 구분은 당시 한국사회에서 이루어졌던 서양 기술개념의 형성과정을 다소 단순화해서 이해하는 면도 없지 않지만, 개념 전파를 둘러싼 지식구조의 변환과 정치사회적 동학, 그리고 그 국제정치적 함의를 이해하는 데 있어 나름대로의 유용성을 갖고 있다.[3]

이 글은 크게 네 부분으로 구성되었다. 제2절은 동아시아에서 전통적으로 사용되었던 기술관련 용어들을 살펴보고, 전통 기술개념의 배경이 되었던 성리학적 자연관과 기술관에 대해서 알아보았다. 제3절은 실학의 기술개념을 홍대용, 박지원, 박제가 등의 북학파를 중심으로 살펴보는데, 특히 정약용의 사상체계에서 드러난 기술개념에 초점을 두었다. 제4절은 동도서기의 기술개념을 최한기, 박규수, 신기선, 김윤식, 윤선학 등과 같은 학자들의 담론에서 살펴보고, 이러한 동도서기적 기술관념이 대원군과 고종의 부국강병책으로 연결되는 맥락을 짚어보았다. 제5절에서는 개화론의 기술개념을 박영효, 김옥균, 유길준 등과 같은 개화파 지식인들의 저작을 중심으로 살펴보았으며, 『한성순보』에 실린 기사들을 통해서 당시의 대중적 기술개념을 엿보는 시도를 펼쳤다. 끝으로, 맺음말에서는 이 글의 주장을 종합·요약하고, 향후 연구과제를 간략히 저적하였다.

---

3) 본고에서 원용하고 있는 국제정치학과 개념사의 시각에 대해서는 이용희(1962); 하영선(2009) 참조. 한편 이 글에서 시도한 기술개념에 대한 탐구의 현대적 함의에 대해서는 김상배(2010, 45~92면) 참조.

II. 전통 동아시아의 기술개념

전통적으로 동아시아에서 기술(技術)이라는 용어는 어떠한 의미로 사용되었는가? 『대한화사전(大漢和辭典)』에 의하면, 19세기 후반 일본에서 'technology'의 번역어로서 기술이라는 용어가 차용되기 이전에 전통적으로 동아시아에서 사용했던 기술이라는 용어는 주로 방술(方術)이라는 의미로 사용되었다. 여기서 방술이란 방사(方士)의 술법, 장생불사(長生不死)의 법, 방법과 기술의 뜻을 지니고 있다. 게다가 전통적으로 동아시아의 기술개념에는 부정적인 가치판단이 내포되어 있었다. 『열녀전(列女傳)』에서 보이는 내협기술(內挾技術)이라는 말이 바로 이러한 동아시아의 독특한 기술관의 단면을 엿보게 하는 흥미로운 용례이다. 『대한화사전』에 의하면 기술에는 '남자를 번롱(飜弄)하는 익숙한 솜씨'라는 뜻도 있는데, 이는 기술에 대한 당시의 비하적인 인식을 발견할 수 있는 예다.

따라서 본고에서 다루는 서양의 기술에 해당하는 용례를 동아시아의 전통에서 찾으려면 다른 용어를 추적해야 한다. 예를 들어, 동아시아에서는 전통적으로 개물(開物)이라는 용어가 기술에 상응하는 의미로 사용되었다. 『역경(易經)』을 보면, 개물성무(開物成務)라는 말이 나오는데, 여기서 개물이란 '자연의 개척 내지 자연의 인위적 가공'이라는 의미였다.[4] 명대 말기인 1637년에 종응성(宗應星)이 중국의 재래기술을 체계적으로 정리하여 편찬한 기술백과사전의 제목이 『천공개물(天工開物)』이라고 쓰인 예에서도 보이듯이, 개물은 '자연(天)에 인공(工)을 가미하여 사물(物)을 개척(開)하는 것'이라는 의미를 품고 있었다. 개물이라는 용어는, 앞서의 기술의 용

---

4) 혹자는 이러한 개물이라는 용어에 주목하여 근대 이전의 중국에서도 서구적인 기술사상의 싹이 보인다고 평가하기도 한다(三技博音 1951, 250면).

례와는 다른 의미에서, 동아시아의 독특한 기술사상을 반영하고 있다.[5]

개물이라는 말은 천공(天工)이라는 용어와 관련해서 이해해야 한다. 물(物)은 천(天)에서 생기지만 공(工)은 인(人)에 의하여 열린다. 따라서 천공이란 천과 인을 겸한 것을 말한다. 천공이라는 말은 '하늘이 만든 자연을 인공에 의하여 이용한다는 것', 즉 '하늘과 사람의 합작'이라고 해석할 수 있으며 중국의 독특한 천(天) 사상에서 나온 것이다. 이는 인위적 기교만으로는 참된 생산(工)이 성립하지 않는다는 동아시아의 기술사상을 그대로 반영하고 있다. 동아시아인들은 천공을 기다린 다음에야 비로소 인공이 완전해진다고 생각했던 것이다. 따라서 천(天)과 지(地)의 관여가 없는 개물, 즉 인공만으로는 훌륭한 기술이 이룩될 수 없다고 생각했다(김용운·김용국 1984, 458~59면).

이용(利用)이라는 용어도 동아시아의 전통에서 기술에 상응하는 의미로 사용되었다. 이용은 흔히 이용후생(利用厚生)이라는 사자성구로서 알려져 있는데, 『서경(書經)』의 대우모(大禹謨) 편 채전(蔡傳)에서 "정덕이용후생유화(正德利用厚生維和)"라고 쓰인 데에서 그 용례가 발견된다. 여기서 용(用)이란 기(器) 혹은 물(物)을 가리킨다. 결국 이용은 기(器)나 물(物)을 날카롭게[利] 하는 것, 즉 기술을 발전시킨다는 뜻이 되며, 후생은 경제생활[生]을 부유[厚]하게 한다는 뜻이 된다. 따라서 이용후생이란 '세상의 편리와 살림의 이익을 꾀하는 일, 곧 백성이 사용하는 기구 등을 편리하게 하고 의식을 풍부하게 하며 생계에 부족함이 없도록 하는 일'을 뜻한다.

전통적 용례의 개물이나 이용은 모두 단편적인 경험을 기반으로 하여 성립되는 테크네를 의미했다. 그러던 것이 근대에 이르러 서양의 기술개념이 도입되고 'technology' 개념을 번역할 적당한 용어가 물색되는 과정에서 동아시아의 전통에 이미 존재하고 있었던 기술이라는 용어가 선택

---

5) 『천공개물』과 그 편찬의 의미에 대해서는 구가 가쓰또시(2009)를 참조.

되었다. 사정이 이렇게 된 데에는 중국이 아닌 일본에서 번역이 이루어졌다는 점이 한몫을 한다. 현재 우리가 알고 있는 기술이라는 용어는, 19세기 후반 일본의 니시 아마네(西周)가 『백학연환(百學連環)』(1870)이라는 책에서 'technology'의 번역어로서 빌려 쓴 이후 이전과는 다른 의미로서 확산되기 시작했으며 현재 우리가 이해하고 있는 뜻으로 정착되었다(성좌경 1986, 64면). 그럼에도 불구하고 잔손이 많이 가는 일을 하는 '재주'를 뜻하는 '기(技)'와 여러 사람들이 따르는 '방법'을 의미하는 '술(術)'로 구성된 기술이라는 말을 'technology'의 번역어로 택한 것은 서양의 기술개념을 여전히 테크네의 관점에서 이해한 한계가 없지 않아 보인다.

한편, 서양의 기술에 해당하는 개념, 즉 '개물'하고 '이용'하는 행위가 그 자체로서 독립적이지 못하고 인간의 도덕적 가치 추구에 부속되는 것으로 취급받았다는 데에 동아시아의 전통적 기술사상의 또다른 특징이 있다. 예를 들어 『서경』의 용례에서도 보이듯이, 이용(후생)개념은 정덕(正德)개념과 연관되어 의미를 부여받았다. 정덕이란 성리학적 윤리를 뜻하는 것으로서, 이용(후생)의 개념은 언제나 정덕개념과의 조화 속에서 이해되어야 했다. 그렇지만 현실적으로 전통 동아시아 사회에서 유학의 이용(후생)개념은 정덕개념에 눌리어 부차적인 문제로서 소외되었던 것이 사실이다. 이렇게 도덕적 가치에 비해 부차적으로 인식되었던 기술에 대한 사상은 근대에 이르러 서양의 기술개념이 도입될 때까지 동아시아의 전통사상으로서 당대의 기술관을 기본적으로 규정하였다.

이용(후생)과 정덕의 관계에 대한 성리학적 사고의 단면을 보여주는 것으로서 『대학(大學)』에 나오는 격물치지(格物致知), 즉 '물(物)을 연구하여 지(知)에 도달한다'라는 말이 있다. 『대학』에 의하면, "대학의 길은 인간의 타고난 덕(德)을 밝혀주고, 백성을 사랑하고, 지선(至善)케 함에 있다. 예로부터 덕을 천하에 펼치고자 하는 자는 먼저 치국(治國)해야 하며, 치국하려면 먼저 제가(齊家)해야 하고, 제가하려면 먼저 수신(修身)해야 하며, 수

신하려면 먼저 정심(正心)해야 하고, 정심하려면 먼저 성의(誠意)해야 하며, 성의하려면 먼저 치지(致知)해야 하고, 치지하려면 격물(格物)해야 한다." 성리학이 목표로 하는 궁극적 이상을 가장 잘 드러내주는 이 구절은 성리학의 과학기술사상의 근원을 찾는 실증의 하나로서 자주 인용된다. '격물-치지-성의-정심-수신-제가-치국-평천하(平天下)'라는 소위 대학팔조관(大學八條觀)의 논리적 과정을 통해서도 알 수 있는 바와 같이, 평천하의 근본은 격물과 치지이다.

그런데 여기서 격물치지의 물과 지란 무엇인가를 놓고 성리학의 해석이 크게 두 갈래로 나뉜다. 첫번째는 물이란 인간의 둘레에 존재하고 발생하는 모든 사건(事)과 현상(物)을 가리킨다는 해석이다. 이러한 맥락에서 지란 사물에 대한 지식, 즉 기술적 지식을 의미한다. 여기에 착안하여 현대 중국의 지식인들 가운데에는 중국의 전통사상에도 베이컨(Francis Bacon)의 귀납적 방법에 맞설 만한 자연과학적 방법론이 존재했다고 주장하는 사람도 있다. 이렇게 볼 때 격물이란 다름 아닌 자연과학인 것이다. 동아시아인들이 서양으로부터 오늘날의 물리학(物理學)을 받아들이는 과정에서 이를 격치학(格致學), 격물학(格物學), 치지학(致知學) 등으로 부른 근거를 여기에서 찾기도 한다. 19세기 말 일본에서도 물리학에 해당하는 용어로 구리학(究理學) 또는 궁리학(窮理學)이라는 말이 쓰였으며, 조선에서도 유길준의 『서유견문(西遊見聞)』에 물리학이 궁리학이나 이학(理學) 또는 격물학(格物學)으로 나와 있다(성좌경 1986, 171면; 박성래 1993, 243~60면).

두번째는 물이란 우리 인간의 마음속에서 벌어지는 현상을 일컫는다는 해석이다. 이때 지는 인간에 대한 지식, 즉 인문적 지식을 의미한다. 성리학의 전통에서 이러한 해석은 전자의 해석보다 세(勢)를 얻는 데 성공했다. 서양의 과학발달과 비교할 때, 송대 이후 중국사상의 발달이 보여준 가장 큰 특징이자 차이는, 서양에서는 사물을 알고 지배하려는 노력이 중심이었던 데 비해 중국에서는 인간의 마음을 알고 지배하려는 노력을 더 중요시했다는 점이다. 원칙적으로 격물의 개념에는 자연현상에 대한 귀납적 연구를 뒷받침해줄 충분한 여지가 있었던 것이 사실이다. 그러나 실제에서 성리학에서의 격물은 자연현상을 연구하는 데 활용되지 않았고, 인간의 수신(修身)을 위해 필요한 방향으로만 적용되었다. 인간의 도덕적 완성을 목표로 하고 그러한 과정에서 필요한 격물에 주로 관심을 두었던 것이다. 성리학은 자연을 자연 그대로 보려 하지 않았으며, 그 궁극적인 목적은 자연의 이해가 아니라 어디까지나 자연의 이치를 사회에 이용하려는 데에 두었다.

이러한 논리의 연속선상에서 '사(土)-농(農)-공(工)-상(商)'이라는 성리학적 사회질서하의 기술관을 이해할 수 있다. 성리학의 근본적인 이상은 인간의 도덕성 함양을 통한 밝은 사회의 구현에 있다. 농경사회의 가족적인 관계를 사회로까지 확장하여 국가와 사회를 커다란 가족 같은 도덕적인 유기체로 이해하려 했다. 이러한 유교적 농경사회에서 기술적 생산〔工〕과 상업〔商〕은 부차적인 것이었다. 지배층인 사대부들이 도덕적 사회의 구현을 위해 직접·간접으로 가담하는 과정에서 필요한 것은 유교사회의 이상을 실현하는 데 도움이 되는 인문적 교양이었지 실용적인 목적의 기술적 지식은 아니었다. 따라서 유교사회가 발달할수록 이에 비례해서 기술은 경시되고 장인들은 점차 낮은 계층으로 밀려내려갈 수밖에 없었다. 물론 기술 중에서도 상대적으로 중요한 천문, 지리 등의 전문가는 중인계층으로 남았으나 그 밖의 대부분의 장인들은 사회의 최하층으로 취급되기 마련이었다.

이러한 상황에서 기술은 하나의 독자적인 지식체계가 아니라 인간, 즉 장인에 배태된 일종의 덕목으로서 이해되었다. 최고의 기술은 천지의 도(道)에 연결되며, 기술이 이러한 도(道)로 고양되기 위해서는 엄청난 숙련이 필요하다고 여겼다. 숙련된 뒤에 몸과 마음이 하나가 되는 경지, 즉 기교를 의식하지 않는 반사운동으로서의 기술을 논하고 있는 것이다. 도에 이른 기술의 경지는 자기가 그것을 하고 있다고 생각하지 않고도 자연히 그렇게 되는 경지를 의미한다(적총충·김곡치 외 1987, 86~87면). 이렇게 숙련을 통해서 이뤄지는 동아시아의 전통적 기술개념이 근대적인 'technology' 개념과 거리가 있었음은 당연하다. 요컨대, 전통 동아시아의 기술은 아직 장인의 작업을 도구적 수준에서 보조하는 형태였으며, 도제를 통해서 전수되는 경험적 수준의 테크네였다고 보아야 할 것이다.[6]

III. 실학의 기술개념

17세기 이래 예수회 선교사들이 중심이 되어 중국에 전파, 번역한 서양의 서적들이 조선에 유입되면서 실학자들을 중심으로 서양기술에 대한 관심이 증대되기 시작하였다. 이러한 서적들은 주로 베이징에 다녀왔던 조공사(朝貢使)를 통해서 조선에 유입되었다. 『조천록(朝天錄)』이나 『연행록(燕行錄)』 등을 보면, 중국에 갔던 당시의 지식인들이 서양의 기술을 조선으로 도입했던 기록들을 여러군데에서 발견할 수 있다.[7] 예를 들면, 1631년에 베이징에 갔던 정두원이 귀국하면서 천리경, 화포, 자명종, 염초화(焰硝火) 등을 비롯하여 천문서적, 과학서적, 지도, 서양풍속서 등을 가져왔고 이를 통해 조선 국내의 지식인들 사이에 서양의 기술과 학문에 관한 관심

---

6) 이 글에서 다루고 있는 기술개념에 대한 논의와는 다른 맥락에서 실제로 동아시아의 전통적 기술이 어느 정도의 수준이었는가는 기술사 연구의 중요한 주제였다. 동아시아의 기술을 서양의 틀로 평가하기에는 미흡한 점이 많다. 그럼에도 불구하고, 조지프 니덤(Joseph Neehdam)의 방대한 연구에 의하면, 같은 시기의 중국의 과학과 기술은 서양의 그것에 비해 손색이 없었으며 오히려 앞서 있었다고 한다(박성래 1978; Neehdam 1999). 기타 중국의 과학에 대한 개괄적 논의로는 야부우치 기요시(1997) 참조.
7) 명말청초(明末淸初) 이래 중국에 다녀왔던 조공사의 기록은 명대에는 『조천록』, 청대에는 『연행록』이라 통칭되었다.

이 널리 유포되었다고 한다.[8]

실학의 기술개념은 이렇게 중국을 거쳐서 전파된 서양기술에 대한 인식을 통해서 형성되었다. 조선 후기에 접어들어 기존의 성리학에 대한 반발과 사회적 모순의 해결을 위한 관심이 증대되면서 등장한 것이 바로 실학이었고, 경세치용(經世致用)이니 이용후생이니 실사구시(實事求是)니 하는 실학의 사상들은 모두 당면한 현실적 애로를 타개하려는 문제의식에서 나왔다. 이러한 사상들은 당시 관념적 허학(虛學)으로 경사되어버린 성리학을 비판하고, 정치·경제·사회적 모순들을 실제로 해결할 수 있는 실학(實學)을 제시하려는 데에서 출발하고 있다. 이 절에서는 실학사상 중에서도 특히 북학파(北學派)로 분류되는 학자들에 의해 주창된 이용후생 개념을 중심으로 실학의 기술관을 살펴보고자 한다.[9]

앞에서 논했듯이 유교사회에서 이용후생은 성리학적 윤리를 뜻하는 정덕에 눌리어 항상 부차적인 문제로 소외되어왔다. 실학자들이 주목한 것은 바로 이러한 이용후생의 개념이었으며, 정덕으로부터 자유로운 이용후생 개념의 정립을 주장하였다. 도덕(正德)은 경제 발전(厚生)이 있은 후에야 가능하고 경제 발전은 기술 발전(利用)을 통해서 가능하다고 하여 종래의 성리학적 이념질서를 거꾸로 해석하였던 것이다. 이러한 이용후생론은 전통적인 성리학적 과학기술관과는 대비되는 것으로, 당시로서는 상당히 획기적이었다. 물론 궁극적으로는 종래의 정덕이라는 가치관을 부인하지 않았다. 실학은 기본적으로 유학의 테두리 내에서 발생한 사상이었기 때문이다. 하지만 실학은 정덕보다는 이용후생의 문제를 전면에 부각시키고 오히려 정덕을 부차적인 것으로 취급함으로써 새로운 기술관을 제시하였

---

8) 연행록에 나타난 서양 과학기술에 대한 연구는 박성래(1978, 259~64면) 참조.
9) 실학사상에 대한 개괄적 이해와 그 자연관, 과학기술관에 대해서는 안외순(1999, 387~415면); 문중양(2003, 27~52면); 김용헌(2004, 133~70면) 참조.

던 것이다.[10]

이러한 이용후생의 사상은 특히 홍대용, 박지원, 박제가 등의 북학파 학자들에 의하여 강조되었다. 홍대용은 그의 대표적 저술인『담헌서(湛軒書)』에서, 개물성무(開物成務)의 필요성을 역설하였을 뿐만 아니라 기술을 말기(末技)라기보다는 본기(本技)로서 파악하였다.[11] 박지원의 경우에도, 그가 1781년에 쓴, 박제가의 저서『북학의(北學議)』의「서문」에서 "이용후생을 한번 불수(不修)하면 위로 정덕(正德)을 침상(侵傷)케 되는 것이니, 민생이 날로 곤궁함은 이 또한 학문지도(學問之道)를 모르기 때문이다"라고 하여 정덕뿐만 아니라 이용후생을 꾀하는 것도 학문의 도라고 주장하였다. 박제가도『북학의』에서 배청숭명(排淸崇明)의 태도를 넘어서서 이용후생에 힘쓸 것을 주장하였다. 그는 청의 각종 물품의 제작, 생산을 상세히 관찰하여 소개하면서, 조선의 기술적 후진성을 극복하고 이용후생을 달성하기 위해서는 청으로부터 선진기술을 도입해야 한다고 적고 있다.[12]

북학파에서 비롯된 실학의 이용후생론은 정약용에 의하여 집대성되어 학문적 체계를 갖추었다고 평가된다.[13] 정약용은 과학기술 그 자체에 대한 전문적 연구성과보다는 과학기술의 이해를 위한 인식론적 기반을 확립했다는 점에서 유명하다. 다시 말해 정약용은 성리학의 규범적 자연관을 비판하고 객관적으로 자연을 인식할 수 있는 새로운 토대를 마련하였다. 예를 들어, 그는 주자의 격물치지에 대한 대학팔조관을 비판하는데, 격물, 치지의 2조목과 성의, 정심, 수신, 제가, 치국, 평천하의 6조목은 수직적인 연

---

10) 개혁론의 시각에서 실학의 기술개념을 다룬 연구로는 김영호(1968, 295~348면); 이해경(1987, 193~213면); 정호훈(2004, 333~88면) 참조.

11)「祭羅石塘文」,『湛軒書』. 홍대용의 과학관에 대해서는 박성래(1994, 1~9면; 1995, 247~61면); 김용헌(1995, 5~36면); 노태천(2002, 77~84면) 참조.

12)「內篇 商賈」,『北學議』. 박제가의 기술론에 대해서는 김용헌(1997, 235~58면) 참조.

13) 정약용의 과학기술관에 대해서는 홍이섭(1959); 이용태(1962); 고병익(1965); 박성래(1978, 151~76면); 김영호(1989, 277~300면)를 참조.

쇄관계에 놓인 것이 아니므로 분리해서 해석하여야 하며, 따라서 물리(物理), 즉 자연은 성리학의 규범적 도리(道理)와는 구별하여 독립적인 것으로 파악해야 한다고 주장한다. 게다가 정약용은 만물의 리(理)는 만물 각각에 있는 것이고, 그것은 음양오행(陰陽五行)과 같은 사변적 논리에 의해서 파악될 수 없는 객관적 물리를 갖고 있다는 과학적 입장을 내세운다. 결국 자연의 이치를 사변적 논리나 선험적 규범으로부터 해방시킴으로써 이를 객관적이고 합리적인 과학연구의 대상으로 등장시켰던 것이다.[14]

정약용은 인식론적으로 자연에 대한 과학적 접근의 길을 열어놓았을 뿐만 아니라 '기예적 인간관'을 제시함으로써 윤리만이 아닌 기예의 측면에서 인간의 개념을 규정한다. 그는 저서 『기예론(技藝論)』에서 인간이 동물과 구별되는 특징을 기예에 있다고 강조하면서, "하늘이 날짐승과 길짐승에게 발톱을 주고 단단한 발굽과 예리한 이빨을 주고 여러가지 독도 주어서 각각 저 하고 싶어 하는 것을 얻게 하고, 사람으로 인해 염려되는 것을 막을 수 있게 하였는데, 사람에게는 벌거숭이로 유약(柔弱)하여 제 생명도 구하지 못할 듯이 하였으니, 어찌하여 하늘은 천한 수(獸)에게는 후하고 귀하게 해야 할 인간에게는 박하게 하였는가? 그것은 인간에게는 지혜로운 지려(智慮)와 교묘한 교사(巧思)가 있으므로 기예(技藝)를 익혀서 제 힘으로 살아가도록 한 것"이라고 하였다.[15] 그가 동물과 구별되는 인간의 특징을 기예에서 찾았다는 것은 인간적 가치의 중심을 기예에 둔다는 뜻이며, 기존의 성리학적 인간관이 그 기준을 윤리나 정신에서 찾았던 것과 대비되어 주목된다(노태천 1998, 80~85면).

정약용의 기술개념에서 주목할 것은 독특한 기술진보의 논리를 전개하고 있다는 점이다. 정약용에 의하면 기술진보는 내생적인 계기를 통해 이

---

14) 정약용의 자연관에 대해서는 김영호(1987)를 주로 참조할 것.
15) 『技藝論』, 『與猶堂全書』.

룩할 수도 있지만, 국가가 전면에 나서서 선진기술을 수용하는 외생적 계기를 마련하여 달성하는 것이 보다 효율적이다. 그 구체적인 방안으로는 북학파의 실학자들과 마찬가지로 청으로부터의 기술 도입을 주장하였다. 그는 『기예론』에서 "우리나라에 있는 온갖 백공기예(百工技藝)는 옛날에 배워 온 중국방식인데 수백년 이래 칼로 벤 것처럼 다시 배울 계획을 세우지 않았다. 중국에는 새 방식과 교묘한 기계 제작기술이 나날이 증가하고 다달이 불어나서 이제는 수백년 전의 중국이 아니다. 그런데도 우리는 막연히 서로 묻지도 않고 오직 옛날 그 방식만으로 편하게 여기고 있으니 어찌 그리 게으르기만 한가"라고 하여 조선의 기술적 낙후성을 지적하고 청으로부터 진보된 선진기술을 배워 와야 한다고 주장하였다.[16]

한편 정약용은 『군기론(軍器論)』에서 "소위 홍이포(紅夷砲)[17] 같은 것은 그 속력이 빠르고 파괴력이 혹심하여 전길무비(前吉無比)이다. 중국이나 일본에서는 이를 사용한 지 이미 오래이다. 만약 불행하게도 훗날에 남이나 북으로부터 왜나 청이 침략해 들어오게 되면 반드시 이 홍이포를 가지고 올 것이니 그런 때에는 두 손을 마주잡고 땅에 엎드려 성을 바치지 않을 자가 있겠는가"라고 하며 서양무기의 우수성을 강조하였다. 따라서 서양의 군사기술을 도입하여 우리도 신병기를 제작, 사용할 것을 주장하였는데, 『군기론』에서 "기계가 예리치 못하면 병졸을 적에게 넘겨주는 것"이니 국방을 위해서는 "백공기예자(百工技藝者)는 호세(戶稅)를 면케 하고 부역도 감하여 읍(邑)에 모여 살도록 하고 군기(軍器)를 만들 수 있게 하며 또한 새로운 기기(奇器)를 안출(案出)케 해야 한다"고 적고 있다.[18]

---

16) 『技藝論』, 『與猶堂全書』.

17) 홍이포는 네덜란드에서 중국을 거쳐 유래된 대포이다. 그 당시 네덜란드를 홍이(紅夷)라고 불렀기 때문에 홍이포라고 이름이 지어졌다. 남만대포(男蠻大砲) 또는 '컬버린포'라고도 부른다. 조선 영조 때 2문이 주조되었다고 한다.

18) 『軍器論』, 『與猶堂全書』. 이 밖에 정약용의 군사개혁론에 대해서는 조성을(1998,

정약용은 이러한 선진기술 도입의 방편으로, 청으로부터의 기술 도입과 국내보급을 담당하는 기구로서 공조(工曹)에 이용감(利用監)을 설치할 것을 구상하였다. 그의 이용감 설치 구상은 이미 『기예론』이나 『군기론』에도 그 단초적인 의견이 제시되고 있었으나 『경세유표(經世遺表)』에서 보다 구체화된다. 그는 서양과 청의 기술을 도입하기 위해 이 관서에 수리에 밝은 간부들과 손재주 있는 직원, 학관(學官) 4인을 둘 것을 건의했다. 수리에 아주 밝고 중국말에 능통한 사람을 사역원(司譯院)과 관상감(觀象監)에서 각각 2인씩 뽑아 청에 보내 거기서 많은 비용을 들여서라도 청과 서양의 과학기술을 적극 수용해야 한다는 주장이었다. 정약용에 의하면, "이용감을 개설하여 북학에 힘쓰는 것은 부국강병을 위해 어쩔 수 없이 필요한 일"이었다.[19]

이용감의 설치를 통해 기술의 수용과 보급을 효과적으로 관리해야 한다는 그의 주장에는 몇가지 주목할 점이 있다. 정약용은 첫째, 어떤 제품이건 완제품을 수입할 것이 아니라 그것을 만드는 기술을 수입해야 한다고 했으며, 둘째, 기술 도입에 있어서는 후출기술(後出技術)을 우선 도입해야 한다고 했고, 셋째, 기술 도입은 개량적 변용이 아닌 전적인 모방의 방식을 취하라고 했으며, 넷째, 기술 도입에 있어서나 국내에서의 개발에 있어서나 도량형의 통일과 규격화의 중요성을 강조했다. 이러한 정약용의 과학기술관은 근대서양의 과학기술이 본격적으로 유입되기 이전 조선의 과학기술에 대한 인식의 도달점을 엿보게 한다(김영호 1987, 295~99면).

이상에서 북학파의 실학자들과 정약용의 사상을 통해서 살펴본 실학의 기술개념의 실체는 무엇이었는가? 박제가나 정약용의 주장에서 알 수 있는 바와 같이, 실학자들이 백성들의 생활을 윤택케 하기 위해 이용(利用)하

135~58면) 참조.
19) 「利用監」, 『經世遺表』 5집, 2권. 정약용의 『경세유표』에 대해서는 이유진(2000, 77~143면) 참조. 또한 그의 부국강병론에 대해서는 김기승(2005, 61~93면) 참조.

자고 한 것은 청의 선진기술이었으며, 실제로 이것은 청의 전통기술과 서양의 근대기술이 일정한 정도로 복합된 형태였다. 실학자들은 전통 성리학에 반발하는 과정에서 그들의 이용후생론을 뒷받침했던 실용성의 근거로 기술의 필요성을 역설하고 그 도입을 조정에 건의하였다. 외래기술의 실용성에 대한 관심이, 정약용에 이르러 수원성의 축조에 서양 기술서를 참조하여 만든 기중기를 사용하는 등의 구체적인 작업으로 나타나기도 하였다. 이는 부국강병의 수단으로서의 과학기술에 대한 인식의 단초를 볼수 있는 부분이다. 하지만 당시 청의 상황을 고려할 때, 실학자들이 인식한 청의 선진기술은 근대적인 'technology'라기보다는 테크네에 가까운 것이었다. 좀더 엄밀하게 말하면, 당시 실학자들이 이해한 기술은 '동서양 테크네의 복합체'였다고 보는 것이 맞을 것이다.

IV. 동도서기론의 기술개념

개국을 전후한 무렵 서양문물에 대한 태도는 크게 두가지로 나누어 볼수 있다. 그 하나는 서양문물을 기기음교(奇器淫巧)로 지목하여 그 수용을 인정하지 않으려는 위정척사(衛正斥邪)의 태도요, 다른 하나는 서양의 문물이더라도 선택적으로 수용해야 한다는 동도서기(東道西器)[20]의 태도였다. 어느쪽이나 인의(仁義)를 바탕으로 하는 유교적 가치를 절대적인 기반으로 삼고 있었지만 이러한 절대적 가치를 지키기 위해서 어떠한 수단을

---

20) 동도서기는 개국을 전후한 무렵에 실제로 사용되었던 용어는 아니다. 당시에는 도(道)와 기(器)를 분리하여 사물을 보는 이원적 논리를 통해 서양문물을 이해하여 도(道)는 동아시아의 전통적 가치관을 그대로 지켜야 하지만 기(器)는 서양의 과학기술을 채택하자는 식의 논법이 쓰였다. 그러던 것이 한우근(1968)에서 이러한 논법이 동도서기론이라고 소급해서 지칭되었다고 한다(김영호 1983, 477면; 박성래 1998, 1~26면).

동원해야 하느냐의 문제에 대해서는 그 처방이 매우 달랐다. 위정척사론이 서교(西敎)는 차치하고라도 서양의 과학기술조차 음사지물(淫邪之物)이라며 거부하는 태도를 가졌던 데 반해서, 동도서기론은 전통적 가치를 지키기 위해서는 오히려 서양의 과학기술, 특히 무기기술 정도는 배워야 한다고 주장했던 것이다.[21]

동도서기적 사고의 원형은 최한기의 과학기술관에서 발견된다. 그는 성리학의 이기론(理氣論)과 실학의 이용후생론을 더욱 발전시켜 유기론(唯氣論)의 경험주의에 입각한 과학기술관을 수립했다고 알려져 있다. 그에 의하면, 세상만물의 근원은 기(氣)이며 서양에서 발전한 전기, 전선, 증기기관 등도 우주에 충만한 기를 기계(機械)로써 이용한 데 불과하다. 이러한 기는 수화(數化)할 수 있으므로 수학으로 기의 운동을 풀 수 있으며, 기계의 발전에 따라 이러한 기를 더욱 더 효율적으로 이용할 수 있다.[22]

그의 저서인 『추측록(推測錄)』은 이러한 유기론의 관점에서 동서양의 법을 기화(氣化)를 통해 절충하는 동도서기의 사고를 담고 있다.[23] 또한 『신기통(神氣通)』에서도 유불서법(儒佛西法) 모두 취할 바가 있으니 유교로부터는 윤강인의(倫綱仁義)를 취하고, 서법(西法)에서는 역산(曆算)과 기설(氣說)을 취하며, 불교에서는 그 허(虛)를 실(實)로써 바꿈으로써 천하를 가르칠 수 있다는 주장을 펼쳤다.[24] 최한기는 이러한 과학기술관을 바탕으로 하여 스스로 자연과학과 수학, 의학 및 기상학 등을 깊이 연구하고 서양의 전기, 증기 및 전선 등의 과학원리와 의학 등을 연구하여 『신기천험(身機踐驗)』이란 저서를 냈으며, 또한 재래의 농기구와 산활용기(産活用器)를 개량하거나 새로이 창안하여 『육해신서(陸海新書)』 『심기도설(心器圖說)』

---

21) 동도서기론에 대한 개괄적 소개로는 노대환(2005) 참조.
22) 「敎人門五 以器用氣」, 『仁政』 권12.
23) 「東西取捨」, 『推測錄』 권6.
24) 『神氣通』 권1.

등을 저술하기도 하였다.[25]

동도서기론적 사고는 개화파의 대부로 알려진 박규수에게서도 나타난다. 김윤식이 지은 『속음청사(續陰淸史)』에서 전하는 바에 의하면, 박규수는 "사람들은 서법이 동래(東來)하여 동인(東人)이 이적(夷狄)이나 금수(禽獸)가 되는 것을 면치 못하게 되었다고 말하고 있으나 나는 동교(東敎)가 서양에 가서 장차 이적과 금수를 인간으로 교화시킬 징조라고 생각한다. 근래 독일에 한문학교를 세워 성명지학(性命之學)을 가르친다고 하니 이것이 그 증험이 아니겠는가"라고 했다.[26] 박규수는 1861년과 1872년 두 차례에 걸쳐 중국을 방문했는데, 특히 1872년 중국을 다녀온 후 중국이 서양의 과학기술을 배워 무기와 선박을 자립적으로 생산하여 이익을 얻고 있다는 사실을 국내에 소개하고, 서양의 과학기술을 수용하는 부국강병책을 거론하고 있다. 박규수가 양물(洋物)을 배척할 것이 아니라 양포(洋砲)와 화륜선 등을 수용하여 그 제조법을 익힘으로써 부국강병책을 모색할 것을 주장하긴 하였지만, 이러한 그의 주장의 밑바탕에는 동도에 대한 굳은 신뢰가 깔려 있었다고 보는 것이 맞을 것이다.

동도서기론은 신기선에 이르러 그 논리구조가 체계화되었다고 평가된다(권오영 1984, 99~135면). 기호학파(畿湖學派)의 주기론(主氣論)적 학풍에 속해 있던 신기선은 초기에 그 철학적 인식에 있어 이(理)와 기(氣)가 서로 분리될 수 없음을 강조하였다. 이러한 그의 주기론적 사고가, 동아시아의 도덕적 규범을 바탕으로 하여 서양의 과학기술을 수용해야 한다는 후기의 동도서기론적 사고를 배태하는 바탕이 되었던 것이다. 그는 안종수가 지은 『농정신편(農政新編)』「서문」에서 "대개 동양사람들은 형이상(形

---

25) 최한기의 사상과 철학에 대해서는 이현구(2000) 참조. 『과학사상』 제30집(1999)에서는 최한기 특집을, 『대동문화연구』 제45집(2004)에서는 「특집: 혜강 기학의 사상」이라는 제목으로 최한기의 사상을 다루었다. 이 밖에 임형택(2001, 119~60면) 참조.
26) 『續陰淸史』 권5.

而上)에 밝기 때문에 그 도(道)가 천하에 우뚝하며, 서양사람들은 형이하(形而下)에 밝기 때문에 그 기(器)는 천하에 대적할 자가 없다. 동양의 도로써 서양의 기를 행한다면 지구의 오대주(五大洲)는 평정할 것도 못된다"고 적고 있다. 신기선에게 있어 중심은 물론 동도에 있었다. 그는 『유학경위(儒學經緯)』에서 "영원히 변이(變易)될 수 없는 것이 도이다. 수시로 변이되어 항상 같을 수 없는 것이 기이다"라고 하였다. 그럼에도 불구하고 신기선은 『농정신편』 「서문」에서, 서양의 기독교와 과학기술을 동일시하여 서양의 과학기술을 배우면 기독교에 굴복하는 것이라는 견해를 비판하면서 "이는 도와 기가 구별되어야 하는 것을 모르는 말이다"라고 하였다. 이러한 도기구별론(道器區別論)은 "오지도(吾之道)를 행함은 정덕하기 위함이요 피지기(彼之器)를 효(效)함은 이용후생하기 위함이다"라고 하여, 결국 정덕을 위한 동아시아의 도와 이용후생을 위한 서양의 기의 결합을 주장하는 이른바 동도서기론으로 귀결되었다.

신기선과 더불어 구한말의 대표적인 동도서기론자로 알려진 이가 바로 김윤식이다. 기호의 주기론적 학풍에서 문장을 학습한 그는 박규수의 발탁으로 문과에 급제하여 관료로 진출하였으며, 시종일관 동도서기론의 논리에 의한 정책을 추진해나갔다. 특히 1880년대 동도서기론이 조정의 공식적인 개화정책의 이론으로 채택되는 과정에서, 그러한 내용을 담은 고종의 교서를 김윤식이 직접 작성했던 것으로 유명하다. 그는 서양을 지칭하여 "저들의 교(敎)는 사특하니 마땅히 음탕한 소리나 치장한 여자를 멀리하듯이 해야 하지만, 저들의 기(器)는 이로우니 진실로 이용후생을 할 수 있다면 농업, 양잠, 의약, 병기, 배, 수레의 제도는 무엇을 꺼려서 피하겠는가. 그 교는 배척하되 그 기는 본받는 것이 진실로 병행하여 거스르지 않는 것이다. 하물며 강약의 형세가 이미 현격한 차가 벌어졌는데, 만일 저들의 기를 본받지 않는다면 어떻게 저들의 모욕을 받고 저들의 엿보는 것을

막을 수 있겠는가"라고 설파하고 있다.[27] 이러한 김윤식의 동도서기론은
당시 개화정책을 추진해나간 관료들의 사고를 가장 잘 반영하는 것으로
보아도 좋을 것이다.

동도서기론은 윤선학과 같은 재야의 학자에게서도 발견된다. 윤선학은
학기수도(學器守道)의 논리를 편 것으로 유명하다. 그는 학기(學器)와 관련
해서, "오호라 서법이 나오자 그 기계(器械)의 정(精), 부국(富國)의 술(術)
인즉, 비록 주나라를 일으킨 여상(呂尙), 촉나라를 다스린 제갈공명(諸葛
孔明)이 있다고 하더라도 다시 더불어 논할 수가 없다"라고 하여 서기(西
器)에 의한 부국은 동아시아의 기준으로 보아서는 견줄 수 없는 탁월한 것
임을 지적하였다. 그렇지만 다른 한편으로 유교의 윤리는 천성에 따른 영
원불변의 도리라고 강조하여 "서양의 기는 배우되 우리의 도는 지켜야 한
다"라고 하였다. 결국 그는 "변혁시키기를 원하는 것은 기이지 도가 아니
다"라고 주장하였던 것이다.[28]

실학자로부터 초기 개화사상가에 이르는, 소위 동도서기론자들이 이해
했던 서양기술의 개념, 즉 서기는 무엇이었는가? 우선 눈에 띄는 것은 당
시 지식인들 사이에서 서양의 기술이 '기(器)'라는 용어로 불렸다는 점이
다. 이는 조선의 서양기술 수용이 중국을 거쳐서 이루어졌다는 사실을 단
적으로 반영한다. 중국의 서양기술 수용이 화이사상(華夷思想)의 자부심
을 바탕으로 한 도기론(道器論)의 사고를 기본 축으로 하여 진행되었듯이,
소중화(小中華)를 자처했던 조선의 서양기술 수용도 도기론 논리의 합리
화를 거쳐서 이루어졌다. 이러한 맥락에서 당시 동도서기론자들은 서양의
기술을 전체적으로 이해하기보다는 '하드웨어적인 기(器)', 즉 군함·대포
등과 같은 강병을 위한 수단으로서 또는 농공업용 기계 등과 같은 부국을

---

27) 『고종실록』 19권, 고종19년 8월 5일 기사.
28) 『日省錄』 고종19년 12월 22일 기사.

326

위한 수단으로서 보았음을 짐작할 수 있다.

　이러한 서양 기술개념의 이해는 개국 이전 쇄국정책시기 대원군시대 (1863~73)의 동도서기적 기술정책에서 단적으로 드러난다(박성래 1980, 3~15면). 17세기 이래 실학자들에 의해 발전되어오던 서양기술에 대한 인식은 대원군시대에 이르면 어느정도 성숙단계에 이른다. 재야시절부터 많은 실학자들과 널리 사귀었던 것으로 알려진 대원군 자신도 서양기술의 위력을 충분히 인식하고 있었던 것으로 보인다. 집권 초기에는 러시아의 남진에 대한 견제책으로 무기가 우수한 프랑스와 동맹을 맺을 것을 꾀한 적까지 있었으며, 쇄국정책을 실시하면서도 서양의 무기기술은 열심히 받아들이려 했다(연갑수 2001; 배항섭 2002). 이러한 대원군의 시도는 양이를 물리치기 위해서는 양이의 장기(長技)인 서기를 받아들여야 한다는, 전통적인 이이제이(以夷制夷)적 발상에서 비롯된 강병술의 일환이었다.

　대원군의 이러한 태도는 1866년에 발생한 제너럴셔먼호 사건에서 상징적으로 드러났다. 대원군은 침몰된 제너럴셔먼호를 인양하여 김기두 등의 기술자를 시켜 이를 모방한 철갑증기선을 만들게 하였다. 그러나 국고를 거의 쏟아부어가며 건조한 이 기선은 석탄이나 석유가 없는 그 당시에 목탄을 때서 기관을 발동시켜보았으나 선체는 무겁고 기력은 약하여 제대로 움직이지 않았다고 한다. 또한 프랑스 대포를 모방하여 동일한 것을 만들려는 시도도 해보았지만 그리 성공적이지 못했다. 이 밖에도 대원군은 중국에 소개된 서양의 기술서, 특히 위원(魏源)이 지은 『해국도지(海國圖志)』의 영향을 받아 서양의 무기를 제작하기 위해 여러가지 노력을 한다. 일례로 1867년에는 훈련대장 신관호가 『해국도지』를 참고로 하여 수뢰포(水雷砲)를 만들기도 하였다. 그러나 대원군의 서기 수용 노력은 이렇다 할 성과를 보지 못했다.

　당시의 시도가 가지고 있던 기본적인 한계는, 서양의 기술 전체에 대해 관심을 갖기보다는 당장 필요해 보이는 무기기술만을 도입하기 위해 완제품을 분해해서 그 설계도를 엿보려는, 소위 '역설계'(reverse engineering)를 통해 단편적으로 모방하려고 했던 데 있었다. 역설계의 한계는 완제품에 드러난 설계 구상만 부분적으로 엿볼 수 있을 뿐이지 원래의 설계 구상을 완전히 알 수는 없다는 데 있다. 여기서 우리는 테크네의 관점에서 'technology'를 보려고 했던 당시 기술관의 한계를 발견하게 된다. 당시 동아시아인들을 압도했던 서양의 군함이나 대포는 어느 장인의 뛰어난 기예에 의해 만들어진 작품이라기보다는 서양의 근대적 지식체계의 종합적인 산물로, 쉽게 모방될 수 있는 성질의 것이 아니었다.

테크네의 관점에서 서양의 'technology'를 배울 수 있다는 동도서기론의 발상은 1881년 중국 톈진의 기기창(機器廠)에 파견했던 영선사행(領選使行)에서도 발견된다.[29] 이미 1879년에 조선조정은 리 훙장(李鴻章)으로부터 기술 유학생의 파견을 허락받았으며, 이러한 목표를 효과적으로 추진해나가기 위해서 기존의 기구 안에 통리기무아문(統理機務衙門)을 두어 개국 이후의 새로운 사무를 맡게 했다. 그 결과 통리기무아문에는 군기 제조를 담당할 군물사(軍物司), 여러가지 기계의 수입과 제작을 맡을 기계사(機械司), 선박의 제조·수입을 전담할 선함사(船艦司) 등이 설치되어 당시에 필요한 기술개발을 관장하게 되었다. 이 밖에도 어학사(語學司)가 있어서 기술 수용과정에 필요할 외국어의 교육훈련을 전담하였다.[30]

김윤식을 단장으로 하는 영선사는 이러한 통리기무아문의 몇몇 기술관계 기관의 실무기술자를 양성하려는 의도와 관련이 있었다. 영선사행은 유학생의 선발과정이나 전공의 배분과정, 유학과정 등의 모든 분야에서 당시 조선의 빈약한 기술수준을 보여주었다. 이들 유학생들은 톈진 기기창에서 반년 남짓 공부를 하다가 1882년 여름 임오군란의 발발로 인해 모

---

29) 영선사행에 대해서는 권석봉(1962, 277~312면); 이상일(2006, 93~115면); 김연희(2007, 227~67면) 참조.

30) 통리기무아문에 대해서는 전해종(1962, 687~702면) 참조.

두 급거 귀국해버리고 말았으며, 귀국 후에도 그들의 학업성과는 유용하게 쓰이지 못했다(박성래 1980, 256~57면). 이들을 파견할 때 이미 계획했던 무기공장마저도 오랜 진통 끝에 1887년에야 기기창으로 문을 열었다.[31] 영선사행이 이렇다 할 성과를 거두지 못한 것은 당시의 상황적 여건이 조성되지 못한 탓도 있었다. 하지만 보다 넓은 의미에서 볼 때 그 실패의 원인은 서양의 과학기술을 대하는 기본태도의 오류에서 찾을 수 있다. 대원군의 모방제작 시도도 마찬가지였지만, 서양의 과학기술은 영선사행의 경우처럼 몇몇 유학생을 파견하여 선진적 기예를 갖춘 몇몇 장인을 양성함으로써 체득할 수 있는 것이 아니었던 것이다.

여러 우여곡절을 겪으면서도 1880년대 초반 무렵에 이르면 동도서기론은 대중적으로 확산되어 호응을 얻게 될 뿐만 아니라 조선조정도 기술 수용에 전력을 기울여야겠다는 결심에 이르게 된 것으로 보인다. 그 일례로, 1880년 일본을 방문하고 돌아온 김홍집의 보고를 들은 고종이 그가 새로 사용하는 자강(自强)이란 말이 부강(富强)과 같은 뜻이냐고 질문한 적이 있었다고 한다. 이에 대해 김홍집은 정교(政教)를 재정비한다는 뜻을 포함한 부강보다 더 넓은 의미에서 자강이란 표현을 썼다고 답하였다. 이에 고종은 우리는 부강을 꾀하면 될 것이라고 잘라 말하면서, 서양기술로서의 서기만을 받아들이겠다는 제한된 서기 수용의 의지를 분명히 하고 있다.[32] 1882년 임오군란 발생 직후 김윤식이 작성했다고 알려진 고종의 교서도 비슷한 사례이다. 임오군란의 수습차원에서 근대화 정책을 보다 적극적으로 추진하겠다는 의지가 담겨 있는 이 교서에는 조선조정이 앞장서서 동도서기론을 추진하겠다는 의지가 분명하게 나타난다.[33]

개국을 전후한 무렵 대두, 확산된 동도서기론은 유교적 전통을 지키기

---

31) 기기창에 대해서는 김정기(1978, 91~118면) 참조.
32) 『修信使日記』, 국사편찬위원회 1958, 132~33면; 박성래(1980)에서 재인용.
33) 고종을 중심으로 한 조정의 기술정책에 대해서는 김연희(2003, 3~24면) 참조.

위해서는 서양의 기술을 수용해야 한다는 논리를 바탕에 깔고 있었다. 동도서기론은 기본적으로 서양의 근대기술을 그 자체로서 인식하기보다는 서양의 침입을 방지하기 위한 이이제이의 수단으로서 필요하다고 느꼈던 것이다. 기술의 개념사적 측면에서 볼 때, 동도서기론은 서양기술의 '하드웨어'적 발전, 즉 도구에서 기계로의 발전에만 주목하고, 그 '소프트웨어' 측면, 즉 지식체계로서의 속성을 제대로 인식하지 못하였다. 동도서기론은 후자 없이 전자가 가능할 것이라고 생각하였다. 동도서기론자들에게 있어 서양의 발전된 기계는 새로운 개념의 것이라기보다는 '장인의 기술'의 관점에서 이해된 또하나의 신기한 도구일 뿐이었다. 따라서 그 신기한 도구를 들여오거나 그것을 만드는 방법만 배우면 서양을 능히 따라갈 수 있다는 식의 사고가 가능했고, 이러한 점에서 동도서기론이 서양기술의 '하드웨어', 즉 기(器)만을 보게 되는 구도가 설정되었던 것이다.

V. 개화론의 기술개념

1880년대에 접어들면서 부상한 개화론(開化論)은 서양의 기술을 보는 태도뿐만 아니라 당시 조선의 근대화를 보는 태도에서, 앞서 살펴본 동도서기론과 구별되는 특징을 지니고 있었다. 다소 단순화해 요약하자면 동도서기론이 동아시아의 전통적 가치를 우월하다고 보고 그것을 지키기 위해 최소한으로 서양의 기술만을 배워 오자는 것이었던 데 반해, 개화론은 동아시아의 전통적 가치에 대한 회의를 바탕으로 서양의 기술뿐만 아니라 서양의 제도와 가치관마저도 수용할 수 있다는 태도를 취했다. 이러한 양자 간의 차이는 그 인적 구성에서 확연히 드러났다. 동도서기론의 대표적인 인물로 알려진 신기선, 김윤식, 윤선학 등은 정통유학에 근본을 두고 동도서기론으로 전향해 온 인물들인 반면, 김옥균, 박영효, 유길준 등과 같은 개화론자들은 박규수의 사랑방 모임에 그 기원을 두고 일찍부터 바깥의 사정에 밝았던 지식인들이었다(김영호 1983, 480~82면).

동도서기론과 개화론은 서양 기술개념의 수용경로에서도 달랐다. 개국을 전후한 무렵까지 조선은 주로 중국을 통해서 서양의 문물을 접하였으나, 계속 개화가 진행되면서 일본을 거친 서양문물의 도입이 차지하는 비중이 점차 증가했다. 특히 1880년대에 접어들면서 이러한 수용경로의 전환이 가시적으로 드러나는데, 이러한 전환의 대표적인 예로 당시 지식인들이 외부세계를 인식하는 주요 수단이었던 서적 도입창구의 변화를 들수 있다. 1870년대까지 조선의 지식인들은 주로 중국서적을 통해서 서양의 근대기술을 접하였으며, 실학자들에 의해 쓰인 기술서도 중국에 소개된 서양서적을 번역, 소개한 것이 대부분이었다. 그러던 것이 1880년대에 접어들면서부터 조선의 지식인들은 중국서적뿐만 아니라 일본서적을 통해서도 서양의 기술을 접하기 시작한다.

일본을 통한 서양 기술개념 도입의 단적인 예로, 당시 조사시찰단(朝士視察團)[34]을 수행했던 안종수가 1881년에 지었다고 하는 『농정신편(農政新編)』을 들 수 있다. 일본 방문 시 안종수는 일본의 대표적 농학자인 쯔다 센(津田仙)을 만나 그로부터 그의 스승인 네덜란드의 농학자 다니엘 호이브렌크(Daniel Hooibrenk, 荷衣白蓮)의 학설 등 서양의 식물학, 농학 등에 대한 문헌을 입수했다. 이 책들을 가지고 귀국한 안종수는 5개월 만에 『농정신편』을 쓴다. 『농정신편』은 당시 일본에 소개된 근대농학을 아무런 실험 없이 그대로 선택적으로 번역, 소개한 것이었음에도 불구하고 중국이 아닌 일본을 통한 서양학문의 소개라는 점에서 큰 의미를 갖는다. 안종수는 『농정신편』을 통해 당시 일본에서 한자어로 번역된 서양의 화학용어

---

34) 1881년 중국으로 파견되었던 영선사가 동도서기적 경향을 대변하는 것이었다면, 같은 일본에 간 조사시찰단은 조선의 지식층에 새롭게 뿌리 내리기 시작한 개화론을 상징적으로 보여준다(정옥자 1965; 박성래 1980, 259~60면).

들을 쓰고 있는데, 이로써 조선에서는 중국에서 번역된 서양 기술용어와 함께 일본식 번역의 기술용어가 함께 도입되어 쓰이게 되었다(이광린 1974, 220~33면; 박성래 1980, 261~62면).

반복컨대, 이러한 기술의 수용경로 변화는 당시 조선에서 개화론의 등장과 크게 관련되어 있다. 특히 그 개념의 수용과 관련해서는 더욱 그러하다. 앞서 살펴본 바와 같이, 동도서기론의 기술관은 전통 동아시아의 기술개념에 의해 굴절된 기(器)로 서양기술을 이해하는 경향이 강했다. 반면 1880년대 들어 새로이 정착하기 시작한 개화론의 기술관은 일본식으로 소화된 근대적 '기술(技術)'개념의 영향을 받은 것으로 보인다. 개화론의 기술관이 일본의 기술개념과 친화성을 갖는다는 주장은 좀더 자세한 검토를 필요로 한다. 특히 개념 수용사의 입장에서 볼 때 발생하는 난점은, 1880년대 이후 조선에서 일본식의 번역어인 기술이라는 용어의 사용이 명시적으로 드러나지 않는다는 점이다.

기술개념 수용경로의 공간적 변화를 간접적으로나마 드러내주는 것은 오히려 개화(開化)라는 개념 그 자체이다. 여기서 주목할 것은 개화라는 용어 자체에 원래부터 개물(開物), 즉 '자연의 개척 내지 자연의 인위적 가공'이라는 의미가 담겨 있다는 점이다. 앞서 살펴본 대로, 개물은 동아시아의 독특한 기술사상을 담고 있는 말이었다. 전통적으로 이러한 의미를 내포하고 있던 개화가 조선에 새삼 새로운 개념으로서 알려진 것은 19세기에 이르러 일본인들의 조어과정을 거쳐 수용된 이후의 일이었다. 이광린에 의하면, "개화라는 말은 개국 이후 일본에서 들어와 일부 인사들 간에 사용되다가 임오군란 뒤부터 유행어처럼 한국사회에 통용되었다"고 한다(이광린 1974). 1898년 3월 8일자 『황성신문』의 한 사설에서는, 개화란 개물성무(開物成務)하고 화민성속(化民成俗)함을 가리키며, 그 기원은 중국의 고전에서 찾을 수 있다고 하였다. 그러나 개화라는 단어가 널리 쓰이게 된 것은 1870년대 이후 일본의 지식층을 풍미한 문명개화(文明開化)라는 용어가 1880년대 초부터 조선인들의 일본 왕래가 빈번해지면서 일본으로부터 조선으로 전파된 이후의 일이다.

1880년대 이후 일본의 영향을 받은 것은 사실이지만, 개화론이 서양의 기술을 대한 기본적인 태도는 실학에서 제기되었던 이용후생론의 연속선 상에서 이해해야 한다. 임오군란 이후에 제기된 개화상소들은, 백성을 교화하여 아름다운 풍속을 이루고 이용후생을 기하기 위해 서양의 기술을 적극적으로 도입하여 그것을 연구하고 교육시키는 연구기관을 설치해야 한다고 주장하고 있다.[35] 특히 1882년 지석영이 올린 개화상소에서는 선진 문물을 도입하고 이를 활용할 수 있는 인재들을 전국적으로 키우는 것이 '이용후생의 양법(養法)'이라고 주장하며 근대적 기계와 무기의 습득을 위한 정책적 대책을 논하였다. 지석영의 상소 외에도 1882년 이후 제출된 상소의 내용을 보면, 기계 및 병기의 제조, 조선공업의 장려, 전신시설의 설치, 광산 채굴, 농상 개발 등과 같은 근대과학기술과 산업의 장려를 위한 제안들을 올리고 있다(김의환 1972, 65~71면).

당시 대중수준의 과학기술관을 엿볼 수 있는 대표적 매체였던 『한성순보』의 기사들에도 주목할 필요가 있다. 1883년 10월 30일 『한성순보』의 한 사설은, "우리나라 사람들은 쓸데없는 시비는 그만두고 오직 실사구시에 충실하여 (…) 낮에는 부국강병의 정책을 강구하고 밤에는 이용후생의 학문을 공부(…)"[36]하라고 적고 있다. 실제로 『한성순보』는 기술의 중요성을 널리 인식시키고 보급하는 데 큰 역할을 했다. 1883년 10월 창간되어 약 1년 동안 발간된 한국 최초의 근대신문인 『한성순보』는 그 내용이 약간의 뉴스를 제외하고는 모두 개화를 위한 계몽기사로 채워졌다. 이 계몽기사의 대부분은 외국의 현실을 소개하고 있으며 그것들은 대부분이 기술

---

35) 『承政院日記』 고종19년 8월 23일 기사.
36) 『한성순보』 제1호.

에 연관된 것으로, 예를 들어 증기선, 철도, 증기자동차, 철강, 증기기관 등의 근대기술에 대한 소개기사가 많이 실렸다.[37] 『한성순보』는 그 내용면에서는 이미 실학자들에 의해 소개된 것보다 크게 나을 것이 없었을지 몰라도 널리 전국의 대중독자에게 읽혀졌다는 점에서 큰 의미를 갖는다(김연희 2011, 1~39면; 박성래 1998).

개화파들이 제기한 이용후생론은 대체로 실학자들이 발전시킨 논리와 거의 같은 의미로 쓰였다. 그러나 그 둘의 근본적인 차이는 유교의 기본적 가치로서 정덕(正德)에 대한 입장에서 드러난다. 개화론은 정덕의 개념 자체에 대한 회의를 바탕에 깔고 있었으며, 기존의 제도까지도 개혁해야 한다는 데까지 이르고 있었다. 김옥균이 1885년에 망명지에서 올린 「거문도 사건에 대한 상소」에는 이러한 개화파의 입장이 단적으로 드러난다. 그는 "인민이 한가지 물건을 만들면 양반관리의 무리가 이를 빼앗고, 백성이 고생해서 저축하면 양반관리들이 와서 이를 약탈하기 때문에 인민은 말하되 자립으로 자작(自作)하여 의식(衣食)코자 하면 양반관리가 그 이(利)를 빨아갈 뿐 아니라 심하면 귀중한 생명을 잃을 염려마저 있으니, 차라리 농공상(農工商)의 제 업(諸業)을 버리고 위험을 면함이 낫다 하여 이에 유식(遊食)의 민(民)이 전국에 넘쳐서 국력이 날로 소모되기에 이르렀나이다"라고 하여, 기존의 양반 중심의 조선사회에 대한 근본적인 회의를 표출하고 있다(『신동아』 1967년 1월호 부록).

개화론과 실학의 기술관이 드러내는 차이는 개화론이 이해했던 용(用)의 개념에서도 보인다. 개화론이 이해했던 용개념의 실체, 즉 기술은 무엇이었는가? 실학의 용개념이 근대 이전 테크네를 의미하는 것이었다면, 개화론의 기술은 명실상부하게 근대 'technology'에 가까웠다. 실학의 이용

---

37) 「火輪船原流考」, 『한성순보』 제14호; 「新式鐵路, 論土路火車」, 『한성순보』 제17호 ; 「泰西製鐵法」, 『한성순보』 제21호; 「火輪船速力說」, 『한성순보』 제33호 .

(利用)이 수레나 농기구와 같은 수공업적인 기술의 수용과 개발을 의미했다면, 개화론의 이용은 증기기관, 대포, 전기 등과 같이 근대국가의 부국강병을 보장하는 기술의 도입을 의미했다. 한편 이러한 비교의 연속선상에서 개화론과 동도서기론의 차이도 주목할 필요가 있는데, 동도서기론이 주로 서양의 군함이나 대포와 같은 서양기술의 강병(強兵)적 측면에 주목하였던 데 비해 개화론은 서양의 산업기술에까지 그 관심의 폭을 넓혀가고 있었다.

1880년대 이후 서양의 근대기술의 강병과 부국의 측면에 대한 보다 심화된 인식은 당시 개화론자들의 사상과 저작의 곳곳에서 발견된다. 김옥균이 썼다고 알려진 「회사설(會社說)」에서는 "우리들은 배에는 화륜을 달 수 있고 철도시설을 할 수 있으며 통신은 전선으로 하고 가로에는 가스등을 달 수 있다"라고 되어 있다(『한성순보』제3호). 그의 『치도약론(治道略論)』에서도, "지금 세계의 기운은 날로 변하고 있다. 만국(萬國)이 서로 교통하고 윤선(輪船)이 서로 다니고 해저전선이 전세계에 쫙 깔려 있으며 그 밖에 금은이나 매철(煤鐵)을 개채(開採)하는 것이나 기계를 공작하는 것과 같은 일체의 민생일용(民生日用)에 편리한 것은 이루 다 헤아리기가 어렵다"라고 하여 증기선, 기차, 전선, 채련(採鍊)기술 등의 근대기술이 우리의 수용대상이라고 밝히고 있다. 김옥균에게 있어 이러한 서양기술 수용의 목적은 부국강병에 있었는데, 그는 『치도약론』이나 「회사설」에서 명시적으로 '부강지책(富強之策)'이라는 표현을 쓰고 있다.

박영효는 「건백서(建白書)」에서, "농업과 잠업을 장려하고, 영농법과 농기구 사용의 이로움을 가르치는 일입니다. 양을 기르게 하여 앞으로의 의복을 만들게 하고, 외국인을 고용하여 양을 기르는 방법을 가르치게 하는 일입니다. 공업과 상업을 일으키고 그 방법과 기술을 배우게 하는 일입니다"(김갑천 1990, 266면)라고 하여 근대적 산업에 대한 이해를 드러내고 있다(박충석 2008). 유길준은 『서유견문』에서 "기계(器械)의 제도(制度)를 편리하게 하여 인(人)의 용(用)을 리(利)하게 한 자는 기계의 개화이며"라고 하여 용을 기계로서 인식하고 있다. 그가 말하는 기계란 무엇인가? 그는 『서유견문』의 제18편에서 증기기관, 증기차, 증기선, 전신기, 전화기 등을 그 예로서 들고 있는바, 유길준이 말하는 기계란 증기나 전기의 힘으로 움직이는 근대적 기계를 가리키는 것이었으며, 국가의 빈부와 강약이 모두 이에 의하여 좌우된다고 지적하였다.

개화론은 기본적으로 부국강병을 위한 수단이라는 측면에서 서양의 근대기술의 수용에 관심을 가졌다. 그들에게 있어 서양의 기술은 문명개화를 위한 도구였다. 이러한 개화론의 기술관은 실학이나 동도서기론에 비해 진일보한 것이었지만 일정한 한계 또한 지니고 있었다. 개화론의 기술관도 역시 대포나 증기기관과 같은 '하드웨어'에 주로 관심이 있었으며, 그러한 '하드웨어'를 낳은 '소프트웨어'로서의 지식체제에 대한 이해를 반영하지는 못했다. 근대적 지식체계로서의 기술에 대한 제대로 된 이해를 당시 개화론자들의 저작에서 발견하기란 쉽지 않다. 하지만 조선의 기술관이, 전통적인 동아시아의 기술관이 지닌 편견으로부터 어느정도 자유로워졌다는 것은 알 수 있다. 특히 갑오개혁을 거치면서 서양기술에 대한 이해의 수준은 어느정도 성숙된 수준에 이른 것으로 판단된다(박성래 1980, 262~68면).

1900년을 전후하여 열강의 침투가 가시화되고 조선의 정치적 상황이 점차 악화되면서 부국강병적 기술관은 자주독립과 보국안민이라는 방어적인 문제의식과 연결되기 시작한다. 예를 들어, 동학의 3대 교주인 손병희는 당시를 '패전(敗戰)의 시대'라고 규정하고 열강과의 '재전(財戰)', 즉 경제전에 대응하기 위하여서는 기술의 수용이 중요하다고 말하고 있다. 그는 1902년에 발표된 「삼전론(三戰論)」이라는 글에서, "위로는 황실의 자제로부터 아래로 민간의 수재에 이르기까지 그 재주를 기르고 기술을 발전시켜서 한편으로는 외국의 침략을 방어하는 자료가 되고 다른 한편으로는 국가를 부강하게 하는 술책(術策)이 된다"고 주장하였다.

당시의 지도적인 유학자로 알려진 장지연도 「황성중앙학회 취지문(皇城中央學會 趣旨文)」에서 열강 간의 치열한 경제경쟁 속에서 근대기술로 무장하지 않고서는 국가의 유지조차도 어렵다고 하여 근대기술의 섭취를 역설하고 있다. 또한 이러한 사상적 조류 속에서 자강을 표방하고 나온 대한자강회(大韓自强會)도 그 설립취지문에서, "안으로 조국정신(祖國精神)을 기르고 밖으로 문명학술(文明學術)을 받아들이는 것이 금일 시국의 급무"라고 밝히고 있다(『황성신문』 1906.4.2). 민족자결의 정신과 기술의 개발을 통해 자강, 즉 자주독립을 달성할 수 있다는 것이다.

이러한 기술 개발의 방편으로서 두드러지게 등장한 것이 바로 기술교육에 대한 강조이다. 당시의 문헌들은 한결같이 교육을 통한 기술의 수용을 주장하고 있다. 특히 1896년 2월 고종의 교육칙서에 의거하여 기술교육을 전담하는 실업학교가 설립되어 근대적인 형태의 기술교육이 실시되면서 근대기술의 수용은 일정 궤도에 이르렀다고 평가된다. 1895년 이전에는 일반학교 이외에 기술교육을 전담하는 실업학교가 따로 없었으나, 교육칙서에 의거하여 의학교, 상공학교, 전문학교, 농상공학교 등의 기술교육 전담의 실업학교가 설립되면서 서양기술의 수용이 전래와 수용의 단계에서 정착과 적용의 단계로 바뀌는 계기를 마련하였던 것이다(이원호 1991).

정부차원의 대책과 더불어 대중차원에서도 기술교육에 대한 의식은 점차로 확산되었다. 독립협회의 소위 '과학기술 구국운동'[38]이 대표적인 사례라고 할 수 있다. 독립협회 지도층은 자강을 위해서는 기술의 도입이 급선무임을 자각하고 이를 위해 학교와 공장에서 기술을 가르치고 훈련시키자고 주장했다. 물론 독립협회의 활동이 차분하게 교육의 개혁과 과학기술의 수용에 노력하기보다는 정치적 개혁을 외치다 좌절되고 말았지만 그

---

38) 여기에 대해서는 김숙자(1985)를 참조할 것.

대중적인 파급력은 무시할 수 없다. 요컨대, 합방 직전에 이르러 조선의 근대기술 개념에 대한 이해는 어느정도 성숙되어 있었던 것으로 보인다. 오히려 문제는 기술 수용의 현실이 이러한 인식의 발전을 뒷받침하지 못하였던 데 있었다고 할 수 있다.

VI. 맺음말

지금까지 17~19세기 근대한국의 기술개념 형성을, 개념사와 국제정치학의 시각을 복합적으로 원용하여 살펴보았다. 여기에서 우선 주목할 점은, 근대기술 개념이 전파된 경로가 서양에 의한 직접적 전파가 아니라 중국이나 일본을 경유한 간접적 전파였다는 사실이다. 이러한 점에서 기술개념의 전파와 형성은 좁은 의미의 기술사(또는 과학사)의 주제가 아니라 기본적으로 국제정치학의 시각에서 보아야 하는 주제이다. 앞서 살펴본 바와 같이, 대체로 1880년대를 기점으로 하여 기술개념 전파의 창구가 중국으로부터 일본으로 바뀌었다. 이러한 변화는 근대한국의 지식인들이 이해하던 기술이 단순한 도구로서의 기술에서 나라를 부강케 하는 필수불가결한 요소로서의 기술로 변화한 것과 병행해서 나타났다. 본고는 이러한 국제정치학적 개념 변환의 과정을 전통 동아시아의 기술개념, 실학의 기술개념, 동도서기론의 기술개념, 초기 개화론의 기술개념, 갑오개혁 이후의 기술개념 등의 다섯 단계로 나누어 살펴보았다. 이러한 다섯 단계의 개념 변환을 관통하여 나타난, 서양기술에 대한 근대한국 지식인들의 기본 태도는 크게 네가지로 요약할 수 있다.

첫째, 서양기술에 대한 조선의 기본 태도는 전통적인 테크네의 관점에서 서양의 기술, 즉 'technology'를 이해하려는 것이었다. 이러한 태도가 근대기술 개념의 수용에 있어 상당한 인식상의 한계를 노정시켰음은 앞서 살펴본 바와 같다. 다시 말해 17~18세기 근대한국의 서양기술 인식에는 '인간으로부터 독립된 지식'이라는 근대적인 의미의 기술개념이 없었으며, 이러한 근대적 인식에 눈을 뜬 것은 19세기 말엽에 이르러서였다. 이러한 각성은 단번에 이뤄진 것이 아니라 시간을 끌면서 천천히 진행되었는데, 특히 자연관의 변화와 병행해서 이루어졌다. 성리학의 규범적 자연관으로부터, 즉 정덕으로부터 자유로워진 객관적 자연관으로의 변환이 서양기술개념 수용의 이면에서 벌어졌다. 이러한 자연관의 변화는 홍대용, 정약용, 최한기 등과 같은 실학자들의 사상에서 나타났으나 한 인간으로서의 실학자 개인의 지적 탐구차원에 그치는 경우가 많았으며, 19세기 전반까지만 해도 국가적 차원에서 기술담론을 변화시킬 정도의 사회적 중요성을 획득하지는 못했다.

둘째, 17~19세기에 걸쳐서 나타난 근대한국의 기술개념은 서양의 기술, 그중에서도 하드웨어, 즉 기(器)에 해당되는 부분만을 서양문명의 소프트웨어로부터 분리해낼 수 있다는 동도서기론의 발상을 바탕에 깔고 있었다. 기본적으로 테크네의 관점에서 근대서양의 기술을 보려는 개화기 지식인들의 눈에 먼저 들어왔던 것은 다름 아닌 서양에 기원을 둔 선진 기계나 무기였다. 근대기술의 권력적 의미를 전반적으로 이해하지는 못했을지라도 서양의 대포가 준 충격으로 인해서 일종의 강병의 가면을 쓴 서양기술에 대해서는 관심을 가졌다. 대원군시대에 서양 무기기술 도입을 시도했던 것은 대표적인 사례이다. 그러나 이러한 하드웨어로서의 기술은 질적으로 새로운 것이라기보다는 단지 또하나의 신기한 도구로 이해되었으며, 따라서 이러한 발상은 서기만을 부분적으로 떼어내서 들여오면 될 것이라는 생각, 즉 동도서기론으로 나타났다. 이러한 태도는 'technology'에 담긴 서양의 근대성에 대한 이해 부족을 반영했는데, 서양기술이 근대한국의 토양에 뿌리를 내리는 걸림돌이 되었다.

셋째, 근대기술에 대한 개화기 지식인들의 이해는 동도서기론의 발상으로부터 서도(西道)와 서기(西器)가 분리될 수 없는 표리의 관계라는 인식으로 변해갔다. 이러한 인식의 변환은 주로 1880년대를 넘어서면서 나타난다. 단순히 하드웨어만을 수입하려는 시도를 넘어서 사회체제 전반의 변화라는 맥락에서의 서양기술을 보기 시작한 것이다. 이러한 과정에는 1880년대 초엽 파견된 영선사나 조사시찰단 등을 통한 근대서양의 군사 및 산업 기술에 대한 이해가 한몫을 담당했다. 소위 개화론으로 알려진 이러한 인식은 동도서기론과는 달리 전통적 가치에 대한 회의를 바탕으로 하여 좀더 근본적인 변화를 꾀하는 것으로, 그들의 인식 속에 반영된 기술은 문명개화와 부국강병의 면모를 하고 있었다. 이렇게 기술개념에 대한 새로운 인식이 등장하는 과정에서 신구세력 간의 정치사회적 진통은 불가피한 것이었다. 또한 이 시기의 기술개념의 형성은 지식인들만의 문제가 아닌 대중적 계몽의 문제와 관련되는데,『한성순보』와『한성주보』에 실린 기사들이 이러한 변화를 단적으로 보여준다.

끝으로, 1890년대 중반 갑오개혁을 거칠 무렵이 되면 근대기술 개념에 대한 이해를 둘러싼 논란은 어느정도 일단락되고, 기술을 국제정치의 시각에서 보던 논점이 어떻게 하면 서양기술을 잘 받아들일 수 있는 제도를 구비할 것이냐의 문제로 바뀐다. 하드웨어로서의 기술을 수입하는 문제를 넘어서 소프트웨어로서의 기술과 이를 뒷받침하는 시스템의 정비가 관건된 것이다. 이러한 맥락에서 서양의 무기기술뿐만 아니라 당장은 쓸모없어 보이는 과학과 기술의 모든 분야와 역사, 철학과 같은 서양학문의 학습에까지 관심이 넓혀졌다. 이러한 변화는 근대적인 의미의 과학기술교육에 대한 관심으로 이어졌는데, 고종의 교육칙서나 독립협회의 과학기술 구국운동 등은 이러한 변화를 반영하는 사례이다. 1900년대에 들어서면 개념인식의 차원에서 서양기술에 대한 이해가 지식인뿐만 아니라 대중차원으로까지 확산되지만, 이 무렵 한반도를 둘러싼 국제정치의 게임이 과학기술이라는 변수만 가지고는 풀리지 않는 복잡한 국면에 접어들었다는 점이 우리 역사의 비극이다.

요컨대, 17~19세기 근대한국에서는 전통 동아시아의 테크네로서의 기술개념으로부터 실학의 기술개념에 배태된 자연관의 변화, 강병론의 시각에서 이해된 동도서기론의 기술개념, 초기 개화론의 부국강병으로서의 기술 인식, 그리고 지식과 교육의 관점에서 기술을 보는 갑오개혁 이후의 기술관에 이르는 궤적을 거치면서 기술개념이 변환되어왔다. 이러한 기술개념의 변환은 그야말로 당시 우리 선조들이 겪었던 국제정치의 단면을 보여주는 것이었다. 특히 앞서 언급한 바와 같이, 이러한 기술개념의 전파와 수용이 우리가 서양과 직접 교류를 하면서 발생한 것이 아니라 주로 중국이나 일본을 통해서 간접적으로 이루어졌다는 점에서 더욱 국제정치학적 접근을 필요로 한다. 이러한 맥락에서, 향후 근대한국의 기술개념을 둘러싼 국제정치학적 연구가 좀더 본격적으로 다뤄져야 하며, 당시 중국·일본·한국에서 발생한 기술 형성의 과정이 비교정치 및 국제정치의 시각에서 연구되어야 할 것이다.

제10장

식민지 한국의 국제협조주의

·

권민주

I. 머리말

제1차 세계대전 직후 세계개조(世界改造) 개념을 매개로 한국에 전파된 국제협조주의(國際協調主義)는 전간기(戰間期) 국제질서를 둘러싼 논쟁을 야기했다. 국제협조주의는 주권에 대한 일정한 제약을 통해 국민국가 간의 평화와 안정을 모색하는 정치이념으로, 국제연맹의 설립을 비롯한 유럽의 전간기 국제질서 구상에 중대한 영향을 미쳤다.[1] 제1차 세계대전의

---

1) 20세기 초 유럽에서 사용되던 인터내셔널리즘(internationalism)이라는 용어는 넓은 의미의 '국제주의'로 이해되었기 때문에, 제국주의의 확장으로서 국제주의나 계급 연대를 통한 사회주의적 국제주의 등 다양한 용례를 포괄하고 있었다. 유럽의 근대 국제주의를 보수주의적 국제주의, 자유주의적 국제주의, 사회주의적 국제주의로 구분한 연구도 있다(Holbraad 2003). 이 글에서 다루는 국제협조주의는 제1차 세계대전 이후 개별 국가의 독립주권을 전제로 보편적 국제기구를 설립하고 국가 간의 협력을 통해 안정과 평화를 달성하려는 국제주의를 의미하며, 계급 연대에 기반을 둔 사회주의적 국제주의와는 구별된다.

승전국인 일본은 1920년대 '다이쇼(大正) 데모크라시'를 통해 국제협조주의를 정부의 주요 외교기조로 받아들였다. 같은 시기 식민지 한국인들도 국제협조주의를 세계 대세로 간주하며 새로운 국제질서 속에서 자유를 성취하려 했다. 그러나 국제협조주의에 대한 희망이 전세계로 퍼져나가던 1920년대 초에 일부 조선인들은 국제협조체제의 지속가능성을 강력히 비판했다. 실제로 서구국가들은 국제협조를 통해 역내갈등을 해결하지 못했고, 결국 제2차 세계대전이 일어나게 된다.

식민지 한국 지식인들에게 1920년대 국제협조주의는 단순히 지적 토론을 위한 주제가 아니었다. 국제협조주의의 성패는 식민지 한국의 주권에 결정적 영향을 미치며 그들 삶의 방향을 좌우할 현실문제였다. 청년들은 전국 각지에서 수차례의 토론회와 강연회를 열고 신문과 잡지에 끊임없이 글을 실으며, 세계의 대세를 분석하고 국제협조체제의 미래를 예측하려 했다. 그렇다면 당시 한국인들은 서구에서 전파된 국제협조주의와 전간기 국제질서를 어떻게 이해했는가? 이 글은 『학지광』『개벽』『동명』 등의 잡지와 『동아일보』『조선일보』 등의 신문을 통해 국제협조주의가 동아시아에 전파된 과정을 살펴본다. 그리고 당시 한국인들이 국제협조주의의 실현가능성을 어떻게 인식하고 있었는지 검토한다.

이 글은 국제협조체제의 발전과 좌절을 경험했던 전간기 국제정치학사를 재구성하려는 일련의 연구와 관심을 공유한다.[2] 또한 1920년대 식민지

---

2) 1939년 카(Edward H. Carr)의 *The twenty years' Crisis 1919-1939*가 출간된 이후 전간기 국제정치는 주로 현실주의(realism)와 이상향주의(utopianism) 사이의 긴장관계로 이해되었다. 그러나 최근 1920년대의 국제주의를 재조명함으로써 국제정치학사를 새롭게 복원하려는 여러 연구가 시도되어왔다. 롱(David Long), 윌슨(Peter Wilson), 슈미트(Brian C. Schmidt), 로이드(Lorna Lloyd), 밀러(J. D. Miller), 나바리(Cornelia Navari) 등은 국제주의를 주창하던 전간기 지식인들의 구상이 현실주의와 이상주의의 중복적 성격을 가졌고, 당시 국제주의가 카의 설명에 비해 훨씬 복잡했다고 주장한다(Long and Wilson 1995; Wilson 1998; Long and Schmidt 2004). 이 같은 전간기 국제정치학사에

한국과 동아시아의 국제정치현실을 개념화하던 국제정치학에 대한 새로운 서술이 필요하다는 문제의식에 바탕을 두고 있다. 유럽, 미국, 일본 등의 강대국에서 국제주의가 어떻게 발현되었는가를 다루는 연구에 비해, 식민지 국가에서 국제협조주의를 어떤 논리로 이해했는가에 대한 연구는 부족하다. 국제협조주의의 동아시아 전파를 다룬 연구는 대부분 승전국 일본에 주목했고 식민지 한국에서 나타난 반응은 거의 다루지 않았다.[3] 그것은 국제협조체제의 형성과 전개에서 한국이 차지한 역할이 미미했기 때문이기도 하지만, 체제로서의 국가와 학문분과로서의 국제정치학이 존재하지 않던 식민지시기의 국제정치학사를 서술한다는 것 자체가 까다롭기 때문이다.

그러나 국제협조주의는 조선인 일본유학생이라는 통로를 통해 공식 고등교육기관이나 근대정치학 교육이 없던 한국에 전파되었다. 그리고 식민지 한국에서 국제협조주의를 둘러싼 논쟁은 정치학·국제정치학 언어를 통해 전개되었다. 국제연맹이 설립되고 베르사유회의와 워싱턴회의를 통해 전후처리 조약이 체결되는 과정에서 일본인들은 자국의 성취에 대해 엇갈린 평가를 내놓았다. 일본의 국제협조주의 논쟁은 국내의 민본주의 혹은 민주주의의 실현과 더불어 전후 새로운 국제질서 속에서 자국의 권리와 역할을 인정받으려는 고민을 반영하고 있었다. 1920년대 식민지 한국의 국제협조주의 논쟁을 구성하던 언어는 명백히 이러한 일본의 영향을 받았다. 그러나 승전국의 식민지로 자리매김한 조선이 승전국이자 국제협조체제의 명실상부한 구성원인 일본과 동일한 목적이나 논리를 갖기는 어려웠다. 식민지 한국인들에게 국제협조체제의 성패는 더욱 복잡한 의미를

대한 관심 속에서, 1920년대 국제주의의 정치사회적 배경과 전파에 관한 연구도 진행되어왔다(Navari 2000; Laqua 2011).

3) 하영선은 김양수의 국제협조주의 비판에 주목하며 식민지 한국의 국제정치학에 대한 구체적인 연구의 필요성을 제기했다(하영선 2011).

내포하고 있었던 것이다. 이러한 전간기 국제협조주의 논쟁을 복원함으로써 전간기 동아시아의 국제정치질서에 대한 식민지 한국인의 인식을 살펴볼 수 있다.

II. 전간기 국제협조주의

1. 유럽의 국제협조주의

제1차 세계대전으로 인한 인류의 참담한 경험과 유럽의 전후 경제침체 속에서 각광받았던 국제협조주의는 안정된 국제질서를 재건하려는 고민을 반영했다. 전쟁 종결 이후 국제기구 창설과 군축에 관한 조약들이 연이어 체결되면서 소위 전간기 국제협조체제가 형성되었다. 1919년 6월 베르사유 강화조약이 체결되었고, 이듬해 1월 연합국의 국제기구로서 국제연맹(League of Nations)이 창설되었다. 국제연맹의 회원국들은 국제법의 힘, 도덕적 권리, 세계여론이 연맹의 결정을 뒷받침할 것이며, 연맹이 군사력이나 경찰력을 보유하지는 않지만 경우에 따라 강제적 제약에 참여한다는 규정에 원칙적으로 동의했다(Hawley 1979, 42면). 이후 태평양과 동아시아의 전후처리를 위한 워싱턴회의가 1921년 11월에서 이듬해 2월까지 개최되었다.

전후 국제협조체제의 형성과정에서 윌슨(Woodrow Wilson) 대통령이 맡은 역할은 명백하나, 국제연맹의 설립은 초국적 조직을 통해 유럽 지역의 평화를 달성하려는 오랜 논의에 사상적 기반을 두고 있었다. 18세기 초의 생 피에르(Abbé de Saint-Pierre)는 유럽국가들의 자유롭고 자발적인 사회를 견고한 정치체인 연합(confédération)으로 발전시켜 영구평화를 실현할 것을 제안했다(Saint-Pierre 1713〔2010〕; Rousseau 1761〔2005〕). 칸트(Immanuel Kant)는 공화정에 기반을 둔 국제연맹(Völkerbund)을 통해 유럽의 영구평화를 건설하는 안을 제시했다(Kant 1795[1983]). 그는 전쟁을 국제관계를 새롭게 정립하려는 시도이자 파괴를 통해 새로운 정치기구를 형성하려는 시도로 여겼고, 전쟁의 비극을 겪은 인류가 국가의 협력을 점차 모색하며 국제적 평화기구를 창설할 것이라고 예측했다.

1920년대 국제협조주의를 둘러싼 논의를 고찰하기 위해서는 민족주의나 제국주의와 같은 연관 개념과의 관계를 살펴볼 필요가 있다. 사까이 테쯔야(酒井哲哉)는 일본에서 민족주의와 국제주의가 범아시아주의와 결합되는 과정을 보면 두 이념이 이분법적으로 대립하지 않았다고 지적한다(酒井哲哉 2007). 실제로 국제협조주의는 독립된 국가를 전제로 하기 때문에 민족주의와 필연적인 관련을 맺고 있었다. 물론 국제주의와 인종적 민족주의가 긴장관계를 형성하기도 했다. 인종적 민족주의의 성장으로 인해 불공정 조약에 대한 반발이 표출되고 국제적 안정보다 민족자결을 우선하게 되면서, 국가 간에 합의된 국제법과 국제주의적 기획들이 도전받았던 것이다(Navari 2000, 80면). 그러나 20세기의 민족주의가 성장하며 국내문제에 대해 국가가 더 큰 영향력을 얻게 되었고, 특히 행정가들에게 그러한 힘이 집중되며 국가 간 규약에 합의하는 것이 더욱 용이해진 측면도 있었다(Navari 2000, 80면).

영국의 홉슨(John Hobson)은 열대지방에서 이뤄지는 영국의 팽창이 진정한 민족주의를 약화시킨다고 비판했다(Hobson 1902[1975], 362면). 홉슨은, 독립된 민족의 유지와 성장 없이는 국제주의의 점진적 진화가 불가능하며 건전한 민족주의가 국제주의의 토대가 되어야 한다고 주장했다. 제국주의가 민족주의의 협소한 한계를 파괴함으로써 국제주의를 촉진한다는 주장은 틀렸고, 약소민족에 대한 억압이나 강제병합이 민족 간의 우호적 접근을 제약하고 강한 민족을 쇠약하게 만들어 국제주의에 끔찍한 반작용을 미친다는 것이다. 홉슨은 잘 발달되고 책임감을 지닌 강한 국민의 존재가 국가 간의 신뢰관계를 수립하기 위한 선행조건이라고 보았다. 그

346

는 과두정치나 사이비 민주주의가 아닌 진정한 민주주의 정치를 통해 각국 국민들이 이익의 동질성을 깨닫고 상호우호적 정책을 실시하면서 19세기 자유무역이 일찍이 의존했던 기초적 협력이 확고해질 것이라고 보았다.

제국주의가 넓은 의미의 국제주의와 밀접한 관련 속에서 성장한 것은 사실이나, 제1차 세계대전 직후 국제주의론이 공격적 제국주의에 대항하는 언설로 각광받았던 것은 명백하다. 당시 유럽에서는 생물 진화가 생존경쟁뿐만 아니라 상호부조를 통해서도 이루어진다는 크로포트킨(Pëtr Alekseevich Kropotkin)의 주장이 제기되었다(Kropotkin 1902). 홉슨도 생존경쟁이 사회 진보의 영구적인 한 유형이지만, 인간이 더욱 이성적으로 행동함으로써 적자선택의 파괴적 방법을 예방적 방법으로 바꿀 수 있다고 설명했다(Hobson 1902〔1975〕, 184면). 그는 양적 획득욕과 강제적 지배욕에 호소하는 제국주의를 "타락된 민족생활"이라며, 적자생존의 사회진화론이 맹목적 애국주의를 조장하고 국민 전체가 아닌 특정 세력의 이익 추구를 정당화한다고 비판했다(Hobson 1902〔1975〕, 368면).[4] 로우즈(Holland Rose), 울프(Leonard Woolf), 슘페터(Joseph Schumpeter) 등도 제국주의의 원인에 대한 다양한 시각을 보였지만, 제국주의가 적자생존적 진화론에 토대를 두고 있다는 점에 주목했다. 훗날 헤이즈(Carlton Hayes)는 1870년 이후 제국주의를 이끌었던 대중민족주의를 설명하면서, 당시가 진화론적 생물학이 유럽사상의 중심 위치를 차지하기 시작하던 때였고, 인류의 발전이 종족 및 민족 간 투쟁과 적자생존에 의존한다는 다윈적 사회학이 대중의 제국적 편향(imperial-mindedness)에 잘 들어맞았던 것이라고 평했다(Hayes 1941〔1976〕, 108~13면).

유럽에서 국제협조주의의 전개에 가장 큰 영향을 미친 분파는 1920년

---

4) 홉슨은 군국주의, 과두제, 관료제, 보호무역, 자본 집중 등을 수반하는 공격적 제국주의를 강력하게 비판했다(Hobson 1902〔1975〕, 360면).

대 신자유주의(new liberalism) 계열이었다.[5] 나바리는 소극적 자유보다 적극적 자유를 주창하던 신자유주의자들이 새로운 집단안보, 새로운 외교, 국가 간의 폭넓은 연결성에 대한 요구를 이론화했다고 밝히면서, 신국제주의가 곧 신자유주의였다고 설명한다(Navari 2000, 231~32면). 19세기 말의 신자유주의자들은 상품과 아이디어의 사적·경제적 교환에 대한 자유주의자들의 생각을 발전시키면서 국제법 확장, 규정된 국제법적 판결, 국제재판소 창설을 지지하고 그에 대한 정부의 영구적인 개입을 요구했다는 것이다. 리치(Paul Rich)는 미트라니(David Mitrany), 데이비스(David Davies), 울프, 짐먼(Alfred Zimmern) 등을 '자유주의적 국제주의자'라고 일컬으며, 웰스(Herbert George Wells) 같은 '이상향주의자'(utopian writer)나 사회주의적 국제주의 프로젝트에 헌신했던 마르크스주의자와 구분했다(Rich 2002). 1909년 영국의 경제학자 노먼 에인절(Norman Angell)은 국가들의 경제적 상호의존성의 증대가 전쟁비용을 증가시켜 전쟁을 제약할 것이라고 주장했다(Rich 2002, 238면). 1919년 에버리스트위스대(University of Aberystwyth)의 첫번째 국제관계학 교수가 된 알프레드 짐먼은 법의 국제적 틀을 확립하기 위한 국제연맹의 역할을 강조했으나, 세계법(World Law)에 의한 세계국가(World State)가 유럽위기의 해결책이라는 견해에 대해서는 회의적이었다(Rich 2002, 118, 122면). 페이비언협회

---

5) 영국의 '신자유주의'는 사회의 점진적 개혁을 요구하는 다양한 정치이론을 포괄하고 있었다. 빈센트(Andrew Vincent)는 1880년부터 1914년에 이르는 기간 영국의 신자유주의가 급진적·진보적 성격을 내포하고 사회주의 혹은 자유주의적 사회주의를 의미하기도 했다며, 구자유주의적 전통의 정책과 사고로부터 "전적인 변화"가 아닌 "진화"를 추구하는 입장이었다고 설명한다(Vincent 2008). 그는 신자유주의의 뿌리에 실증주의, 생물학 이론, 철학적 이상주의, 공리주의, 사회주의 등의 다양한 독트린이 복합된 형태로 존재했음을 지적했다. 피터 윌슨도 울프가 좌파자유주의적 진보주의자(left-liberal progressive)로서 페이비언 사회주의(Fabian socialism)와 신자유주의 사이의 모호한 지적 공간에 있었다고 평한다(Wilson 2008).

(Fabian Society)의 레너드 울프는 우편, 전부, 철도, 증기선, 자동차, 항공기 등을 통한 커뮤니케이션의 국제적 성격을 지적하며, 교통·통신 수단을 둘러싼 국제정부 및 국제협약의 기능과 역할을 설명했다(Woolf 1916). 교통과 통신의 발달은 제국주의가 확산되는 기반인 동시에 국제주의가 확산되는 기반이었다. 홉슨과 울프는 과학기술의 진보를 통한 교통·통신의 발달이 국제주의의 확산을 촉진한다는 점에 많은 관심을 기울였다(Zaidi 2011).

이처럼 전후 유럽의 지역질서와 국제질서를 재건하기 위한 모색 속에서 대두된 전간기 국제협조주의는 법적 틀을 통해 지역의 항구적 평화를 건설하려는 유럽의 사상적 흐름에 기반을 두고 있었고, 생존경쟁적 사회진화론에 대한 비판, 공격적 제국주의의 위험성에 대한 자각, 교통과 통신의 발달에 따른 상호의존론의 확산 속에서 조명을 받았다. 이러한 제국주의 비판과 새로운 국제질서에 대한 모색은 국제협조주의에 관한 동아시아 지식인들의 언설에서도 유사하게 드러나고 있었다. 그러나 국제협조주의를 둘러싼 논의의 목적과 논리가 반드시 동일하지는 않았다.

2. 일본의 국제협조주의

제1차 세계대전이 종결되기 전에 이미 일본인에 의한 국제협조주의 관련 저술이 발간되었다. 카네기국제평화재단(Carnegie Endowment for International Peace)의 지원을 받은 미야오까(Tsunejiro Miyaoka)의 영문 보고서가 1915년 미국에서 출판된 것이다(Miyaoka 1915). 이 보고서는 1856년 4월 크림전쟁 후 조인된 해전에 관한 국제조약과 부상병을 위한 적십자의 제네바협약, 1875년 미터협약(metric convention), 1875년 국제전신협약(telegraphic convention) 등을 통해 국제협조주의의 흐름이 이어져왔다고 밝히고 있다. 미야오까는 제1차 세계대전이 끝나면 승자가 누구인가에 관계없이 전쟁의 끔찍한 경험에서 인간애(humanity)가 생겨나 진정한 국제주의를 가속할 것이라고 주장했다. 또한, 일본인이 가진 섬나라의 고립적 성격은 단지 도꾸가와(德川) 막부의 고립정책에 따른 결과일 뿐이며, 국제주의야말로 일본인의 본성이라고 말했다. 그는 군국주의를 추동하는 세력이 아니라 민주주의적인 성향을 가진 사회적 동력에 관심을 기울이며, 일본의 사회적 민주주의가 국제관계에 획기적인 변화를 가져왔다고 보았다. 국제관계가 전적으로 관료들의 손에 있던 과거에는 정치적·사회적 영향을 미치기 어려웠던 정부서클 밖의 사람들이 오늘날 적극적인 사회동력으로 역할을 하며 국제주의에 영향을 미친다는 것이다.

1910년대 후반과 1920년대 초반의 일본사회에는 사회주의를 비롯한 다양한 정치사상의 조류가 흘러 들어오고 있었다. 톨스토이(Lev Tolstoy)의 인도주의와 함께 프루동(Pierre-Joseph Proudhon)이나 크로포트킨 등의 영향을 받은 무정부주의 사조도 들어왔다(黃錫禹 1923). 여러 정치사상이 범람하던 일본사회에서 국제협조주의가 성장할 수 있었던 배경에는 영국의 신자유주의와 페이비언 사회주의의 영향이 존재한다. 1916년 9월 『주오꼬론(中央公論)』에 실린 요시노 사꾸조오(吉野作造)의 글은 개인과 국가 간의 균형에 대한 신자유주의적 관심을 반영했고, 이시바시 탄잔(石橋湛山)도 소일본주의를 통해 조선, 만주, 타이완 등의 식민지 포기와 군비 축소, 자유무역의 확대를 주장했다(吉野作造 1916; 石橋湛山 1984; 하영선 2011, 184~88면). 이께다(Josuke Ikeda)는 레너드 울프의 영향을 받았던 로오야마 마사미찌(蠟山政道)를 현실주의와 세계시민주의를 부정한 이상주의자로 설명한 바 있다(Ikeda 2008, 13면).

일본은 1918년 6월 군부가 제국국방 방침을 개정하는 상황 속에서 국제협조체제를 맞이했고, 국제협조주의는 극단적 군국주의의 대립항으로 이해되었다. 1920년대 국제협조주의에 대한 일본인들의 관심은 크게 두가지의 문제의식에서 나왔다. 첫째는 국내차원에서 데모크라시를 달성하는 것이었고, 둘째는 국제차원에서 일본의 지위와 권익을 확보하려는 것이었다.

먼저 1920년대의 국제협조주의는 국내의 데모크라시를 성장시켜야 한다는 민권론과 밀접한 연관 속에서 논의되었다. 1919년 12월『주오꼬론』은 「개조론의 일년(改造論の一年)」이라는 글에서 제1차 세계대전의 영향으로 형성된 "오늘날 개조론의 최초의 것"이 정치적 데모크라시라며, 토오꾜오 제국대학의 정치학 교수 요시노 사꾸조오의 민본주의론을 예로 들었다. 사까이는 제1차 세계대전 후 일본에서 나온 주권론 논의가 국가주권의 절 대성을 부정하는, 이른바 "사회의 발견"이라 할 만한 시대사조에 편승한 것이었다고 설명한다(酒井哲哉 2007). 그러한 분위기 속에서 일본 지식인들 은 데모크라시를 국내적인 것과 국제적인 것으로 구분했고, 국제협조주의 를 국제적 데모크라시가 실현된 것으로 간주했다. 우선 군국주의를 일정 한 수준으로 견제하는 것은 국내적 데모크라시의 핵심 문제였다. 군비 축 소를 둘러싼 각종 논설이 『주오꼬론』 등에 실렸고, 군비에 소요되는 예산 을 국민복지를 증진하는 데 사용할 것을 주장하는 논설도 나왔다. 평화사 상에 대한 특집도 실렸다.

　요시노는 자유평등 원칙을 국제관계에 적용한 국제협조 혹은 국제협동 의 사상이 강력한 저류(低流)를 형성하고 있다며, 제국주의에서 국제민주 주의로 이행하는 것을 시대의 대세로 보았다(吉野作造 1921a). 그는 국제협 조주의와 자국제일주의가 실제로는 전혀 상반되지 않는다고 말하면서, 국 제협조주의는 국가 간의 협조를 통한 이익을 존중하며 다만 자국의 이익 만을 위해 타국의 이익을 침략하는 것과는 다르다고 언급했다. 요시노는 국내차원에서 보통선거제와 의원내각제를 지지했고 국제차원에서 워싱 턴체제와 중국의 민족주의를 지지했는데, 이러한 입장은 인격의 성장가능 성과 상호부조적 공동사회성에 기초한 이상주의적 인간관과 다이쇼기의 윤리적 인격주의에 기반하고 있었다(酒井哲哉 2007). 그는 민본주의와 국가 주의가 양립할 수 있다고 보았다. 그는 그 자체를 목적으로 하는 군국주의 와 평화적 이상의 수단이 되는 군국주의를 구분하며, 관료나 군벌의 폭압 적 권력으로 나타나는 군국주의를 비판한 반면 평화주의를 이상으로 하는 군국주의는 필요하다고 말하기도 했다(吉野作造 1921b). 식민지 한국에서의 국제협조주의가 최소한 그 이상에 한해서는 군국주의나 국가주의와 완전히 대립되는 개념으로 이해되었던 것과는 명백한 차이를 보였던 것이다.

국제협조주의에 대한 일본인들의 두번째 고민은 전후 국제사회에서 일본이 지위와 권익을 얼마나 인정받을 수 있는가 하는 점이었다. 국내 민주주의 발달을 요구하는 사회 분위기가 일본 정계와 외교정책에 적극 반영되면서, 외상 시데하라 키주우로오(幣原喜重郞)는 워싱턴회의를 통해 영미와의 군비 통제에 동의하고 중국에 관한 내정불간섭 원칙을 지키며 협조주의 외교를 추진해나갔다. 사이온지 킨모찌(西園寺公望) 외에도 베르사유회의에 수석 전권대표로 참석한 마끼노 노부아끼(牧野伸顯), 1920년에서 1927년까지 파리대사로 근무한 니또베 이나조(新渡戶稻造), 이시이 키꾸지로오(石井菊次郞) 등이 국제협조주의에 토대를 둔 정책을 추진했다(入江 昭 1966, 84면; Burkman 2003). 그러나 일본은 대중국 정책을 둘러싸고 미국과 심각한 입장 차이를 보였고, 중국에서 국익을 보전하는 데 집단안보체제의 방해를 받을 수 있다는 우려도 나왔다(Nishida 2005, 2, 18면). 아사다(Sadao Asada)는 시데하라 내각(1918~21)이 중국에 대한 비개입 정책을 내세웠지만, 만주와 내몽골 지역에서 자국의 영향력을 강화하려는 일본의 목적이 바뀌지는 않았다고 서술한다(Asada 1961, 62~63면). 시데하라 역시 일본의 지역적 위치를 고려할 때 중국에 대해 배타적인 경제적 권리를 요구하기보다 공정한 경쟁에 참여함으로써 더 큰 이윤을 얻을 수 있다고 보았다는 것이다(Asada 1961, 68면).

일본에서는 국제협조체제 참여가 일본의 안전과 권익에 미칠 영향을 둘러싸고 논쟁이 일어났다. 베르사유회의 이후 군축파와 반군축파가 나뉘어 대립했고, 특히 워싱턴회의를 거치며 두 분파가 마찰했다(高杉洋平 2008, 29~45면). 워싱턴회의에서 카또오 칸지(加藤寬治)와 카또오 토모사부로오(加藤友三郞)의 대립은 협조외교에 대한 관점의 차이로 군부 내부조차 두

파로 나뉘었음을 보여준다. 카또오 토모사부로오는 총력전에 대한 고려 속에서 산업적·상업적 힘을 비롯한 총체적 국력이 필요하다며 군축에 동의한 반면, 카또오 칸지는 제한전에 대한 고려 속에서 단기간의 신속한 전쟁을 수행할 수 있는 군사력을 확보해야 한다고 보았다(Asada 1993). 워싱턴회의에서는 결국 시데하라의 지지를 얻은 카또오 토모사부로오의 견해가 힘을 발휘하며 일본은 미국의 휴즈(Charles Evans Hughes)가 제시한 5:5:3의 원칙에 합의했다.

이러한 워싱턴회의의 결과는 다시 논쟁을 일으켰다. 우찌다 코오사이(內田康哉) 외상은 워싱턴회의의 성과가 세계 영구평화를 향한 진지한 요구의 발로이며, "실제로 현대세계의 대세는 각국이 함께 배타적 이기주의를 버리고 정직과 평화를 위해 국제협조의 달성을 도모"하고 있다고 보았다(入江昭 1966, 89면). 반면, 1922년 1월 카쯔이즈미(Sotokichi Katsuizumi)는 워싱턴회의의 논의사항을 비판하고, 미국 『워싱턴포스트』(*Washington Post*)지에 실린 회의 관련 기사들을 반박했다(Katsuizumi 1922). 그는 5:5:3의 해군주력함 비율이 영미일 세 국가의 현존 해군력을 토대로 계산된 수치라는 미국의 주장이 납득하기 어렵고 불공정하며 자의적이라고 비판했다(Hawley 1979, 63면). 실제로는 영국이 553척(1,860,480톤), 미국이 464척(1,289,463톤)을 갖고 있는데, 영미 간에 적용한 측정방식을 미일 간에 똑같이 적용하지 않았다는 것이다. 그는 미국이 자국의 이익을 지키고 타국의 이익을 무시하며 우위를 차지하는 데 성공했으며, 잠수함에 대한 영국대표들의 주장도 일관되지 않고 이기적이었다고 평한다.

이처럼 일본에서 국제협조주의는 국내 데모크라시의 발달과 동시에 국제적 평등과 그에 기반을 둔 국가들의 협력을 주창하던 흐름 속에서 대두되었고, 일본의 실제 국익과 관련해 많은 논란을 낳았다. 워싱턴회의의 결과로 동아시아에서 확립된 국제협조체제에 대한 불만이 심화되면서 일본에서 국제협조주의의 입지는 점차 줄어갔다. 다음 절에서는 일본의 국제협조주의가 식민지 한국에 전파되는 과정에서 나타난 반응을 살펴봄으로써, 식민지 한국사회가 처했던 국내외 정치상황과 전간기 국제정치질서에 대한 한국인들의 고민을 이해하려 한다.

III. 식민지 한국의 국제협조주의

1. 국제협조주의와 세계개조 개념

1920년대 국제협조주의는 세계개조라는 개념을 매개로 식민지 한국에 들어왔다. 세계개조를 논하던 식민지 한국인들은 국제관계의 근원적 개조에 관심을 기울였고, 협조나 부조가 실현된 국제사회 속에서 국가, 개인, 민족, 계급의 자유를 성취하려 했다. 세계개조 개념에 앞서 개조(改造)의 의미를 먼저 검토할 필요가 있다. 개조라는 용어가 당시 한국에서 유행했음을 보여주는 글은 많다. 1920년 7월 『동아일보』는 제1차 세계대전 이후 세계각국의 사상계에 큰 변동이 생겨 각 나라 각 계급의 개조를 부르짖지 않는 곳이 없다고 보도했다(『동아일보』 1920.7.28). 고영환은 사회에서 개조론이 크게 유행하여 신문이나 잡지를 막론하고 개조라는 두 글자가 누락되면 환영을 받지 못할 뿐만 아니라 오히려 구시대의 유물로 취급받는다고 했다(高永煥 1921, 55면). 개조는 전후의 황폐한 상황 속에서 인류의 선미한 가치를 실현하는 행위였다. 양기탁은 전세계에 범람한 대조류가 조선반도에 파급되어 민족의 정치운동이 크게 일어나고 정치 혁신과 생활개조를 절규한다고 언급했다(梁起鐸 1920). 그는 사회주의와 노동주의를 비롯한 국제민중의 대운동이 일어나는 상황에서 약자계급인 조선민족이 부화뇌동하지 말고 "신이상 신지식으로 인성의 선미한 방면을 발달하야 인류공존의 대의에 취하야 인생의 개조를 성취"해야 한다고 주장했다.

개조의 영문 번역어는 '리컨스트럭션'(reconstruction)이었다. 1921년

10월 『동아일보』는 조선문제를 세계언론회의에 알리기 위한 영문기사를 1면에 실었는데, 함께 실린 한글 번역문에서 개조를 'reconstruction'으로 번역했다(『동아일보』 1921.10.18). 당시 일본에서 개조라는 용어가 매우 유행했고, 1919년부터 발행된 잡지 『카이조(改造)』가 영문명을 'Reconstruction'으로 내세우기도 했다. 주로 일본유학생들이 글과 강연을 통해 이 같은 일본의 번역어를 한국에 전파했다. 고영환은 개조가 '리컨스트럭션'이며 '개량'(improvement)과 다르다고 설명했다(高永煥 1921, 55면). 개조는 현재의 것을 먼저 파괴한 다음 창설하는 것을 의미하기 때문에, 개량과 달리 일종의 혁명적 전환을 의미한다는 것이다.

같은 시기 영국을 비롯한 유럽에서 리컨스트럭션은 동아시아의 개조보다 포괄적인 방식으로 사용되었다. 토인비(Arnold Toynbee)는 세계대전으로 인한 붕괴(Collapse)와 대조되는 개념으로 "유럽지도(map)의 리컨스트럭션"이라는 용어를 사용했다(Toynbee 1916). 더간(Stephen Duggan)은 제1차 세계대전 이후 중유럽의 견고한 '리컨스트럭션'의 기반 요소로서 소국 사이의 "정치적 리컨스트럭션"을 언급하며, 국제연맹을 통한 거대한 연방의 필요성을 강조했다(Duggan 1919). 제1차 세계대전으로 심각한 노동력 손상을 입은 유럽에서 그러한 핸디캡을 극복하기 위한 돈, 기계, 그리고 모든 종류의 도움이 필요하다며, 그것을 "리컨스트럭션의 거대한 업무"라 표현하기도 했다.[6] 이처럼 제1차 세계대전 직후 영국에서 일반적으로 사용되던 '리컨스트럭션'이라는 용어는 파괴(destruction)된 상태에서 새롭게 건축한다는 '재건'을 의미했다. 물론 세계질서를 재구조화한다는 발상은 윌슨 대통령이 제창한 연맹주의의 중요한 토대였고, '리컨스트럭션'이 국내외의 변화를 강조하는 뜻에서 사용되기도 했다. 한편 '재건'이라는 용어도 당시 식민지 한국에서 사용되었다. 1923년 6월 『동아일보』에는 "오

---

6) *Reconstruction our full duty to the world* (New York 1919, 19면).

인의 신이상에 순응되도록 하며 만인의 생장을 촉진하도록 하는 신원리우에 차(此)를 재건"하는 것을 사명으로 한다는 글이 실려 있다(『동아일보』 1923.6.16). 전후처리를 위한 국제회의를 지칭할 때에도 재건이라는 용어를 썼다. 그럼에도 불구하고 식민지 한국에서 재건과 개조는 혼용되는 일이 드물었고, 개조라는 용어가 거의 압도적으로 선택받아 국내논쟁의 중심에 섰다. 개조는 단지 파괴된 것을 다시 일으켜 세운다는 소극적 의미가 아니라, 고영환이 말했듯 혁명적 변화를 뜻했다.

국제협조주의는 국가절대사상에서 국가를 어느정도 상대화시킨 것이었고 군국주의, 국가지상주의, 국가만능주의, 침략주의, 이권독점주의 등으로 명명되는 국제질서의 원리와 대립했다. 김명식은 1920년 4월 『동아일보』 창간호의 「대세와 개조」에서 국내정치적 개조와 국제정치적 개조를 구분했다(金明植 1920). "정치상의 개조"는 보호무역을 자유무역으로, 무단주의를 문치주의로, 관료귀족주의를 민중평민주의로 변화시키는 것이었고, "국제상의 개조"는 침략주의를 협조주의로, 군국주의를 평화주의로, 폐관독수주의를 문호개방주의로, 이권독점주의를 기회균등주의로, 외교비밀주의를 공개주의로, 권모술책주의를 정의인도주의로 변화시키는 것이었다. 그는 비록 국제연맹이 방해에 부딪혔지만 국가절대사상에 빠져 세계대전을 치룬 인류가 "평화를 보장할 정신문명으로 입(入)하야 자각적 개조를 경영하는 대세의 추향(趨向)"이 있다며 희망을 표현했다. 1925년 7월, 전후 국제협조체제에 비판적이던 김기전도 제1차 세계대전을 구세계와 신세계의 분수령으로 간주하며 다음 네가지의 변화를 언급했다(小春 1925). 첫째, 국제적으로 "약취·합병의 극단적 제국주의"에서 "조금이나마 각 국가와 민족의 존영(存榮)을 상호인정하는 국제협조주의"로 변화하고 있다. 둘째, 사회적으로 "부익부 빈익빈의 자본주의 사회"에서 조금이나마 "노자협조(勞資協調) 혹은 노농공산(勞農共産)의 사회"로 변화하고 있다. 셋째, 개인윤리의 측면에서 "개인지상주의(생존경쟁)"에서 "사회지상주의(상호부조)"로 변하고 있다. 그리고 마지막으로 "제왕(帝王)을 비롯한 특수군(特殊群)을 중심으로 하던 선민정치"에서 "노동자, 농민, 부녀자를 포괄하는 한층 철저한 민주주의 정치"로 변화하고 있다고 언급했다. 즉 세계개조는 국내외적으로 정의인도, 평등자유, 강약공존, 병건상보(病健相保)라는 도덕적 이념이 발현되는 것이었다.[7]

　종전 이후 세계개조론의 유행 속에서 국내외의 개조를 동시에 논하던 일본 사상계의 움직임은 조선인 일본유학생들에게 거의 시간 격차 없이 전달됐다. 조선인 유학생들은 국내외의 잡지나 신문에 세계개조에 관한 글을 기고하기도 했고, 모국에서 토론회나 순회강연을 열기도 했다. 그들은 국제협조체제에 대한 외신뿐만 아니라 국제주의나 세계주의에 관한 글도 번역했다. 『동명』은 웰스의 「세계개조안」을 실었고(에취 지 웰쓰 1923), 『개벽』은 오오야마 이꾸오(大山郁夫)의 영구평화에 관한 글을 실었다(大山郁夫 1924). 요시노 사꾸조오를 비롯한 일본 지식인들은 조선인 일본유학생들과 적극적으로 교류하며 일본사회 내의 사상을 직간접적으로 전달하는 역할을 했다.[8] 식민지 한국을 방문한 일본 지식인들이 강연을 통해 국제정세를 전달하고 조선이 나아가야 할 길을 설파하기도 했다. 일본인들은 개조를 국내와 국제 차원에서 폭력적 군국주의를 극복하고 민주주의의 확립으로 나아가려는 세계의 흐름으로 인식했다. 식민지 한국인들은 일본의 논의를 이어받아 세계개조가 민의정치와 여론정치를 실현하려는 것이고, 이를 국제간에 적용하면 제국주의와 완력주의(腕力主義)를 타파하고 "공론(公論)과 협조와 이의(理義)"를 확립하는 것이라고 설명했다(『동아일보』 1921.11.16). 김준연은 세계개조란 "세계 사람이 자기를 위해 남을 침해하지 않고 호상협동해서 설령 콩 한 조각이라도 난와 먹고, 인류호상 간에 불평

---

7) 「世界를 알라」, 『개벽』 제1호, 1920.
8) 요시노 사꾸조오와 조선인 일본유학생들의 만남에 대해서는 허수(2002) 참조.

이 업게 살게 되는 것"이라고 말했다(金俊淵 1920). 물론 일본에서 전해지는 소식이 세계개조, 국제협조, 민족독립에 모두 희망적이지는 않았다. 1921년 6월 인천기독교청년회의 주최로 열린 강연회에서 와세다대학의 우찌사가끼 사꾸사부로(內ヶ崎作三郎) 교수는 독립을 바라는 것이 당연하고 두 민족의 반목에 일본의 죄가 조금 더 크지만, 조선민족이 독립을 희망한다면 공연히 소요를 일으키지 말고 실력 양성에 힘써야 한다고 주장했다(『동아일보』 1921.6.9; 『조선일보』 1921.6.12). 이처럼 전후 국제정치에 대한 일본사회의 다양한 견해가 여러 방식으로 조선사회에 전달되고 있었다.

한국에서 세계개조를 소개하던 글의 논설방식은 당시 일본 잡지에서 세계개조를 설명할 때 사용하던 논설방식과 유사하다. 당시 일본인들은 개조가 얼마나 유행하는가에 대한 이야기로 서문을 연 다음 데모크라시 발전의 연장선에서 소국(小國)도 평등한 권리를 얻는 국제관계의 개조를 다루거나, 혹은 노동문제와 인격주의 등으로 세계개조를 설명하는 방식을 두루 사용했다(桑木嚴翼 1919). 일본에 체류하던 한국인 유학생들은 대학에서 강의를 듣기도 하고 『주오꼬론』이나 『카이조』와 같은 잡지나 신문을 보며 일본 내에서 진행되던 논의를 가까이 접하고 있었다. 일례로 조선인 일본유학생 고영환은 『학지광』에서 지금 데모크라시라는 신조어가 파죽지세로 유행하고 있다며, 일본에서 "소학생이나 상점뽀이 같은 어린애"뿐만 아니라 차부마정(車夫馬丁)까지 그 용어를 알고 쓸 정도라고 말한다(高永煥 1920, 37면). 그는 데모크라시에는 제1의 정치적 데모크라시, 제2의 사회적 데모크라시, 제3의 경제적 데모크라시, 제4의 문화적 데모크라시가 있으며, 이 개념들은 한 국가나 한 사회만을 표준으로 한 것인데 반해 국경을 넘어선 제5의 국제적 데모크라시가 있다고 설명한다. 민족자결주의, 각국의 경제적 기회균등, 해양자유, 군비 제한 등이 바로 국제적 데모크라시에 해당하는데, 이는 윌슨이 창도한 것이며 세계각국의 내부까지 "데모크라시화"하려는 것이라고 덧붙인다. 그는 여러 국가가 국제연맹을 성립한 것은 "데모크라시가 국제적으로 실현되려는 맹아(萌芽)"라고 설명한다. 이처럼 식민지 한국인들은 당시 일본인들이 사회와 세계를 분석하기 위해 사용하는 용어뿐만 아니라 글의 내용이나 전개방식에도 많은 영향을 받았다. 그러나 세계개조 개념을 통해 국제협조주의를 받아들인 초기 단계에서 식민지 한국인들은 민족자결 원칙에 가장 큰 관심을 기울였다. 국내차원의 민본주의와 계급평등을 강조하며 세계개조론을 받아들인 일본과는 차이를 보였던 것이다.

식민지 한국인들은 국제협조주의를 국제연맹이라는 새로운 제도를 통해 이루어지는 협력으로 이해했다. 1920년 4월 말부터 7월 중순까지 총 50여회에 걸쳐 『동아일보』에 연재된 「국제연맹의 연구」는 국제연맹의 출현으로 '력(力)'의 세계가 '리(理)'의 세계로 변하고 절대자유 독립적인 국가주권이 다소 제한받으며, 무법적 자연상태가 법률적 조직으로 변하고 무도덕한 세계가 도덕체로 바뀌었다고 설명했다(『동아일보』 1920/6/26). 국제연맹은 개인이 모여 사회를 이루는 것처럼 국가가 모여 국가의 사회를 이룬 것으로서, "국민의 연맹(League of nations) 즉 조직 잇는 인민의 연합"을 의미한다고 말한다. 필자는 국제연맹을 "종래 국제관계의 일대변화"이자 "세계문화의 일대 신출발"로 간주했다. 또한 장래의 평화가 열국 간의 세력균형이 아니라 국제연맹에 의해 조직적으로 이뤄질 것이라는 윌슨의 교서를 인용하며(『동아일보』 1920.5.8), 인류가 "세계 각처에 분산한 인성의 동일을 자각하며 생활의 협동을 인식하야 이에 국가시대로부터 일진(一進)하야 세계조직에 달코자" 한다고 말했다(『동아일보』 1920.7.18). 그는 국가의 절대적 주권성이 태초에 결정된 것이 아니라 하나의 사회적 사실이며, 통치권은 본질적으로 도덕과 인민의식의 제한받는다고 보았다. 한편, 동맹은 국제정치적 세력균형을 의미하고 국가집단 대 국가집단을 나타내지만, 국제연맹은 "전세계 전인류를 표준하는 것"이며 "전세계 전인류의 평화를 목적하는 것"이므로 일부 국가의 특수이익을 위한 집단 형성을 허락하지 않는 것으로 이해되었다(『동아일보』 1921.7.15). 국제연맹 구상이 칸트의 영구평화론에 토대를 두고 있다는 점에 주목한 글도 실렸는데, 윌슨의 14개 조항 가운데 민족자결과 무병합주의, "금일 세계개조의 신산품"인 국제연맹, 군비 축소, 비밀조약 폐기 모두 칸트의 이론에 근거한 것이라고 설명했다 (새봄 1920).

그러나 세계개조의 흐름을 대세로 간주하며 국제정세의 변화를 이야기한 조선인들도 전후 국제정치현실에 대한 객관적 정보 없이 국제협조체제의 인도주의에 순진한 희망을 걸었던 것은 아니었다. 1920년 9월 『개벽』의 사설은 연합국의 모든 행동이 정의인도에 합치되지 않고 독일 등도 전쟁의 목적으로 문화선전을 표방했기 때문에 명분만으로 시비곡직을 판단할 수는 없다고 서술했다.[9] 그러나 국제연맹에서 주창되는 인도정의가 초기에는 가면이었더라도 연합국에서 정의인도의 요구하는 소리가 높았던 것은 사실이라며, 점차 세계각국이 참여함에 따라 더이상 한 국가의 보존이나 증대를 위한 가면적 행위만으로 볼 수는 없게 되었다고 말한다. 이처럼 현재 협조체제의 인도주의적 성격에 대해 평가를 유보하거나 비판하면서도, 연맹이 인도정의를 표방하며 연합협동의 힘으로 임하기 때문에 "인도정의가 국제연맹에 의하야 광의차철저(廣義且徹底)로 실행"될 것이라고 예상했다. 1922년 7월 이돈화는 군국주의의 악독(惡毒)에 대한 반동으로 정의인도의 소리가 전해졌고 조선인도 베르사유회의와 워싱턴회의에 큰 기대를 가졌으나, 유명한 국제회의도 강자의 호상권리를 옹호하는 약속뿐이라 소약자(小弱者)들이 크게 낙담했다고 말한다(李敦化 1922). 그는 우리가 조선인도 이러한 운명에 농락되는 것이 아닌지 의혹을 갖고 있지만, 워싱턴회의에서 세계각국이 중국문제에 대해 상호이권을 논의한 것을 보면 알 수 있듯이 국가의 표준점이 이미 상대주의로 바뀌었다고 본다. 1920년

---

9)「人道正義 發展史로 觀한 今日以後의 모든 問題」, 『개벽』 제4호, 1920.

4월 「국제연맹의 연구」도 인류가 평화를 쉽게 달성할 수는 없지만 공동협조에 의해 "무정부 상태의 세계"를 "질서 잇고 제재 잇는 사회"로 바꾸며 평화의 낙원을 건설할 능력이 있다고 단언했다(『동아일보』 1920.4.27). 김영식도 일본과 이탈리아의 국수운동, 독일민족을 압박하며 패권을 확보하려는 프랑스의 제국주의, 다른 열강들의 지속되는 정복행위 등 "타성적(惰性的) 보수(保守)의 현상"이 여전히 남아 있지만 장래에 더 성장할 운명은 없다고 말한다. 그리고 오늘날 각국에서 우후죽순같이 일어나는 평화운동·국제협조운동과 총명한 지식인들이 분투하는 것을 보면 "점점 신창(伸暢)하야갈 사상의 근간은 아무리 보드라도 국제협동사상이 아니면 안 되겟다"고 언급한다. 그는 세계대전이 인심을 뿌리부터 개조하고 있고 극동평화가 국가들의 협조로 이뤄질 것이지만, 식민지와 이권 문제를 철저히 해결하지 않으면 협조를 달성하거나 군비문제를 해결하기 어려울 것이라고 덧붙였다(『동아일보』 1921.12.3).

이상에서 살펴본 바와 같이, 국제협조주의를 통해 민족의 미래를 낙관했던 식민지 한국인들은 협조체제를 인도정의의 실현으로 이해하고 희망을 가졌지만 독립 청원의 좌절과 국제연맹의 실상을 보며 그러한 이상적 인도주의의 실현이 쉽지 않다는 사실을 깨달았다. 그럼에도 불구하고 국제협조체제에 대한 기대를 버리지 않았던 일부 한국인들은 협조체제가 비록 지금은 불완전하지만 세계대세에 따라 점차 인도정의로 나아갈 것이라고 보았다. 워싱턴회의가 개최될 무렵 식민지 한국인들은 국제협조주의의 구상과 성과에 대해 무조건적 신뢰를 보낸 것이 아니라, 유례없는 대전쟁을 겪으며 새로운 정치이념이 점차 국제정치의 대세를 장악해나가고 있다는 데 관심을 기울였다. 이돈화는 식민지 한국인들이 스스로의 실력보다 외부의 대세가 주는 기회를 많이 바랐으며, 그러한 희망으로 활기 넘쳤다고 설명했다(李敦化 1922). 1920년대에 접어들며 국권 상실과 식민지 통치가 공고해져가는 상황에서 국내활동으로 자유나 독립을 달성할 수 있는 가능성은 점차 줄어들었고, 일부 식민지 한국인들은 민족자결 원칙에 토대를 둔 국제협조의 흐름을 조선민족의 해방을 호소할 기회로 간주했다. 그들이 세계정세에 대한 객관적 정보를 접하지 못했던 것도 아니었고, 전후 협조체제의 현실주의적 전개를 인지하지 못했던 것도 아니었다. 그러나 새로운 질서에 대한 강력한 소망이 현실을 읽어내는 시각을 구성했다는 점에서 이상주의적 언어와 논리를 통해 국제협조체제에 대한 기대를 유지하고 있었다고 평할 수 있다.

2. 세계개조론의 토대

1910년대 후반에서 1920년대 초반까지 식민지 한국에서 성장한 세계개조론의 토대에는 생존경쟁에 대한 비판과 민족자결 원칙에 대한 열망이 존재했다. 한국에서 세계개조는 생존경쟁과는 다른 국제질서의 등장을 의미했고 상호부조가 실현된 인도주의적 세계질서의 설립을 의미했으며, 초기 국제협조주의는 세계개조를 추구하는 한 갈래로서 민족과 국가 간의 조화와 협력을 실현을 표방하는 사상으로 이해되었다. 영국에서 제국주의에 대한 비판이 생존경쟁적 진화론에 대한 반박을 통해 이루어졌던 것과 마찬가지로, 식민지 한국에서도 세계개조라는 개념군 속의 국제협조주의는 생존경쟁에 토대를 둔 사회진화론에 대한 반박과 밀접한 속에서 논의되었다.

생존경쟁론과 상호부조론은 1920년대 식민지 한국에서 지식인들 사이에 뜨거운 논쟁을 일으켰다. 1921년 7월 『동아일보』의 기사는 "오인의 사상은 이대조류(二大潮流)에 분파되얏나니 즉 상호부조와 생존경쟁"이라고 보도했다(『동아일보』 1921.7.22). 일본유학생들을 주축으로 생존경쟁론과 상호부조론을 둘러싼 토론회와 강연회가 여러 지역에서 수차례 개최되었다. 1921년 7월 서울청년회는 인류생존의 원칙이 생존경쟁인가 상호부조인가라는 주제로 토론회를 개최하며, 이 "공전(空前)의 대토론"으로 세계개조의 준공이 한층 신속해질 것이라고 선언했다(『동아일보』 1921.7.22; 1921.7.23).
이듬해 4월 부산노동친목회, 부산청년회, 부산교원간친회 등이 "사회 발
전에는 호상부조냐 생존경쟁이냐"라는 제목으로 연합토론회를 개최했
다. 이날 부산청년회관에는 600여명에 이르는 청중이 모여 박수소리가 회
장을 진동하고 "호상격렬한 논전(論戰)"으로 마치 "전장화(戰場化)"하며
결국 생존경쟁편이 승리했다고 한다(『동아일보』 1922.4.25). 1923년 1월에는
조선학생회가 서울의 종로청년회관에서 "사회의 진화는 생존경쟁이냐 상
호부조냐"라는 제목의 토론회를 개최하려다, 토오쿄오 도지사의 통지가
도착해 중단되기도 했다(『조선일보』 1923.11.10; 1923.11.11).

1920년 7월 19일 『동아일보』에는 단성사 앞에 수많은 군중이 몰려 있는
사진과 함께 「순회강연단 영영해산(巡廻講演團永永解散)」이라는 제목으로
한 지면을 거의 가득 채운 기사가 실렸다(『동아일보』 1920.7.19). 이 기사는 전
후세계가 자유평등의 전장이라며 정의와 인도로 살자고 하는 김준연의 강
연이 이루어지는 도중, 일본의 경관들이 보안법을 내세우며 회의를 중지
하였다고 보도했다. 당시 사회는 장덕수가 맡았으며, 하계방학을 맞이하
여 일시 귀국한 조선인 일본유학생들이 순회강연을 시도했던 것으로 보인
다. 청중들은 회의를 중지하는 근거를 납득하지 못하며 경위를 설명하는
경관의 소리가 묻히도록 우레 같은 박수를 쳤지만, 결국 강연은 중지되고
강연단은 해체되었다.

당시 김준연의 발표내용은 보도되지 않았으나, 1920년 7월 『학지광』에
는 「세계개조와 오인의 각오」라는 동일한 제목의 글이 실려 있다(김준연
1920). 이 글에서 김준연은 윌슨의 14개조 선언을 들며 세계개조의 대사
업이 거의 다 되었다고 생각했던 낙관론자들도 파리강화회의가 진행되는
것을 보며 낙심했다고 말한다. 따라서 정의나 인도가 모두 자국의 이익을
본위로 하는 가장적 외교사령(辭令)일 뿐이라고 냉소하는 사람도 있고, 전
쟁이 끝나면 일시적으로 평화시대가 왔다가 다시 전쟁시대가 올 것이라며

군비의 재증강을 원하는 사람도 있었다. 그러나 김준연은 과오를 되풀이하지 않으려는 지상의 원망(願望)이 있다며 "이 일이 가능한 일이라고-안이 확실한 일이라고 믿는다"고 말한다. 그는 세계국가로서의 국제연맹과 노동회의를 통한 개조를 기대하며, 세계인류의 요구와 이상을 실현하려는 용기가 남겨진 문제라고 주장했다. 김준연은 세계개조의 가능성을 믿는 근거로 산업과 교통의 발달로 세계가 무한히 축소되고 호상부조하는 범위가 무한히 확장되었다는 점을 든다. 교통·통신 수단과 과학의 발달이 국제간 소통을 증진시키고 교류를 촉진시키며 상호의존을 강화하고 결과적으로 국제주의의 성장기반을 마련했다는 것은 당시 울프를 비롯한 서구 지식인들의 국제주의 이론에 종종 등장하던 분석이었다(Zaidi 2011). 이러한 견해는 당시 토오꾜오제국대학의 지도교수로 알려진(『매일경제』 1984.3.2) 요시노 사꾸조오의 영향을 크게 받았던 것으로 추측된다.

이처럼 김준연은 국제협조주의를 호상부조라는 용어로 설명하는데, 이 용어는 사실 크로포트킨의 상호부조론에서 사용되던 개념보다 자유주의자들이 사용하던 상호의존 개념에 가까웠다. 1920년대 초반 전후의 국제협조주의를 인도, 정의, 도덕 등의 언어로 설명하려는 시도들이 사회주의와 무정부주의의 용어를 빌려 왔던 것이다. 상호부조는 기본적으로 사회연대와 관련된 개념이기 때문에 무정부주의나 사회주의적 용어로 사용되는 경우가 많았다. 크로포트킨의 무정부주의적 상호부조론은 1900년대부터 이미 중국과 일본에서 관심을 받아왔으며[10] 이러한 분위기는 식민지

---

10) 중국에서는 1907년 재불중국인조직 세계사가 주간보인 『신세기(新世紀)』에서 이석증의 크로포트킨주의에 대한 설명을 실었고, 상호부조론의 전반부를 1908년 1월부터 16회에 걸쳐 번역한 『호조론(互助論)』을 실었다(조세현 2005, 236~37면). 일본에서도 1908년경 고또쿠 슈쓰이(幸德秋水)가 크로포트킨의 글을 번역했고, 1917년 오스기 사까에(大杉榮)가 『상호부조론』을 완역했다(조세현 2005, 244, 257면). 1920년 4월 『카이조』에는 키무라 큐이치(木村久一)의 「生存競爭と相互扶助」가 실렸는데, 이 글은 'struggle for existence'와 '생존경쟁'은 동의어가 아니라며, 생존경쟁은 상호부조와 함께 'struggle

한국에도 전달되었다. 1920년 5월 『동아일보』에는 일본사상계에 크로포트 킨의 저술을 고람(考覽)하는 자가 심히 증가하고 있다는 기사가 실렸다(『동 아일보』 1920.5.14). 1920년 『학지광』에도 최승만의 「상조론」이 실렸다(崔承萬 1920). 같은 해 유진희는 사람의 생존노력이 생존경쟁이 아니라 호상부조 의 본능으로 달성되는 것이라며, 신시대의 문화가 크로포트킨의 호상부조 본능, 톨스토이의 인류애, 로맹 롤랑(Romain Rolland)의 신도덕에 오랜 세 월 축적된 인류공존의 정신으로 건설될 것이라고 주장했다(구승회 외 2004, 164~65면). 『조선일보』도 1923년 11월 30일부터 12월 10일까지 「크로포트 킨의 생물학적 사회관」을 11회에 걸쳐 연재했다.

당시 러셀(Bertrand Russell)의 개조론도 일본에서 상당한 관심을 받았 다. 1921년 1월 『카이조』는 러셀의 글을 번역해 「애국심의 공과(愛国心の 功過)」를 실었으며, 앞서 조선인 일본유학생 박석윤도 1920년 1월 『학지 광』에서 러셀의 사회개혁론에 경의를 표했다(朴錫胤 1920). 『조선일보』도 1921년 8월 러셀의 토오쬬오 강연록을 두 차례에 걸쳐 소개했다(『조선일보』 1921.8.4; 1921.8.5). 1923년 3월 익명의 인물이 쓴 『구주대전 이후의 민족적 이상의 진화』는 세계대전 이후 무배상과 무합병 원칙이 파멸하고 민족자 결과 국제연맹은 "체면상 껍데기"만 생겼지만, 오랫동안 마키아벨리즘의 인위적 주사에 마비되어 있던 천연의 양심과 인류애로 신세계를 건설하려 는 "인도주의적 이상주의"가 생겨났다고 설명한다.[11] 필자는 톨스토이, 로 맹 롤랑, 타고르(Rabindranath Tagore), 간디(Mahatma Gandhi)를 언급하 는데, 대부분 가장 초청하고 싶은 해외인물이 누구냐는 설문에 1930년대 식민지 한국인들이 종종 대답하던 이름이었다.[12]

---

for existence'의 한 유형일 뿐이라고 말한다(木村久一 1920). 1920년 2월 발행된 『카이 조』 제3호에 크로포트킨 특집 「クロポトキン思想研究」가 실렸고, 같은 해 5호에 오스기 의 「クロポトキン總序」가 실렸다.

11) 「歐洲大戰 以後의 民族的 理想의 進化」, 『개벽』 제33호, 1923.

1920년대 국제협조체제를 비판했던 김양수도 국제협조주의 혹은 국제연맹주의의 국가관념은 원칙적으로 "국가주권의 만능을 부인하고 또 인류생활의 호상부조를 역설하는 것"이라고 설명한다(若瓔生 1924). 그는 호상부조의 관념이 점점 발달하며 국제생활에 대한 새로운 원칙이 필요해졌고, "교통무역의 근세적 발달"로 국가 간의 상호연락이 밀접해진 국제생활환경이 "신국제주의의 발전"을 조장했다고 말한다. 어느정도까지 국제협조주의를 승인할 수밖에 없는 것은 신국제주의의 발달과 밀접해진 국제생활환경의 변화 때문이며, 또한 "세력균형주의에 의한 국제생활의 불안"과 "군비 확장을 위한 열국재정의 부담"이 점점 과중되며 인민의 불평이 현저해졌기 때문이다(若瓔生 1924). 김양수는 국가주권 지상주의에 중독된 국가의 비도덕적·불합리적·비사회적인 횡포에 대한 인류의 악감(惡感)이 커져, 국가의 악성(惡性)을 교정하고 국제생활의 불안을 제거하려는 욕구가 1899년 헤이그 평화회의에서 표현되었다고 보았다. 그것이 세력균형주의에 대한 국제협조주의의 신기원이자 인류역사상 대서특필할 국가관념의 혁신이라는 것이다.

1920년대 생존경쟁론 비판이 세계개조론과 함께 한국에서 큰 논쟁을 낳았던 이유는 식민지 현실에서 비롯된 것이었다. 새로운 세계질서에 대한 열망이 치열하던 1920년대 초반에, 세계개조론은 우승열패의 사회진화론과 대척점에 서 있었고 침략주의와 대조되는 협조주의, 군국주의와 대조되는 평화주의로 표현되었다. 조선사회에서 사회진화론은 이미 1890년대에도 존재했다. 윤치호는 서로 다른 민족 사이에서는 힘의 정의뿐이라며, 강한 인종이나 민족이 힘을 얻어 스스로 보호할 수 있을 때까지 정의와 평화는 결코 지구상에 자리잡지 못할 것이라고 말했다(윤치호 1891[2011], 241면). 그러나 일부 조선인들은 세계대전의 경험으로 대세가 바뀌고 있다는

---

12) 「招請案-世界的 政治家·思想家·文豪·科學者」, 『삼천리』 제7권 제11호, 1935.

희망을 갖고서 일본에서의 육군 축소운동 등에 주목하며 군국주의가 나아갈 방향에 깊은 관심을 보였다(『동아일보』1922.2.17).

한편 전후 국제협조주의는 독립된 개별 국가들의 공존을 바탕으로 국제협력을 추구하는 이념이었으므로 윌슨이 주창한 민족자결(self-determination) 원칙과 밀접한 관계를 맺고 있었다. 1920년 『동아일보』의 「국제연맹의 연구」는 "국가호입(國家狐立)의 시대"가 가고 "국제협조의 시대"가 왔다며, 세계가 접근해 하나의 사회가 되었다고 말한다(『동아일보』1920.7.8). 이 글은 국제협조주의가 구체적으로 발현된 국제연맹의 참가자가 국가가 아니라 민족이라는 점에 주목하며, 오늘날 정치사의 일대원칙이자 표준이 된 민족자결주의가 연맹의 근본이라고 밝혔다. 또한 천하의 일대강국으로 연맹을 주창한 미국, 그중에도 특히 민주당이, 압박받는 세계의 모든 민족과 제군에 민족자결주의를 권고했다고 말한다(『동아일보』1920.7.10). 그리고 이는 상호상부의 인류본성과 역사에 근거한 판단으로 "인류본성의 동일한 바의 당연한 결과"이고 "인류생활 상호상부조의 자연한 귀결"이라고 주장한다(『동아일보』1920.7.17).

당시 윌슨의 주도로 조인된 14개조의 제5항이 식민지 주권과 민족의 자결권을 보장하는 원칙으로 이해되면서 인도와 중국을 비롯한 세계각지의 독립운동을 촉진했다. 윌슨의 민족자결주의는 식민지 한국인들에게 반향을 불러일으켰다. 1919년 2월 8일에 이르러 토오꾜오 조선기독교청년회관에서 재일본동경조선청년독립단의 2·8독립선언이 이루어졌다. 이광수가 초안을 작성하고 최팔용, 송계백, 서춘 등 11인이 서명한 독립선언문의 부칙은 "만국평화회의(萬國平和會議)에 민족자결주의를 오족(吾族)에게 적용하게 하기를 요구"한다는 내용을 담고 있다.[13] 3·1독립선언서는 "인류

---

13) 「2·8독립선언문」, 독립기념관(https://search.i815.or.kr/ImageViewer/ImageViewer.jsp?tid=co&id=6-002632-017).

적 양심의 발로(發露)에 기인한 세계개조의 대기운에 순응병진(順應并進)하기 위하야 차(此)를 제기(提起)함이니 시(是)는 천(天)의 명명(明命)이며 시대의 대세이며 전인류 공존동생권(共存同生權)의 정당한 발동(發動)"이라고 밝혔다.[14] 『개벽』에 실린 익명의 글도 윌슨이 제창한 민족자결이라는 표제가 전세계의 약소국민과 식민지인 들에게 신활로를 개척하는 것으로 보여 "동서양에서 피정복자의 동란"이 일어났고, 조선의 3·1운동이 일어났다고 설명했다(○民 1924). 마넬라(Erez Manela)는 한국 민족주의자들이 전쟁 초기에는 독일 측 동맹국(Central Power)의 승리를 통해 일본의 지배를 벗어나기를 원했으나, 미국의 참전 이후 특히 식민지 한국인들이 14개 조항과 연이은 선언들을 익히고 윌슨주의적 시각을 받아들이면서 이를 새로운 국제질서 속에서 독립을 성취하고 국가들의 커뮤니티에 동등한 일원으로 참여할 수 있는 기회로 여기게 되었다고 설명한다(Manela 2007, 109~10면).

이와 같은 상황 속에서 국제협조주의는 건전한 민족주의의 연장으로 인식되기도 하였다. 김영식은 민족주의를 과대망상적 민족주의와 자아실현적 민족주의로 구분했다. 그는 과대망상적 민족주의, 즉 제국주의는 스스로를 멸망시킨다는 사실을 뉘우치며 지상에서 소멸해가고 있지만, "여하한 민족이라도 다 가치 생존하야 각각 기(其) 국가를 조직하는 소위 민족자결권 자아실현적 민족주의"는 오늘날 군국주의 자본가 외에는 모두가 승인한다고 서술한다(金泳植 1923). 김영식은 민족주의가 공격적으로 발현되면 제국주의로 나아가고 평화적으로 발현되면 국제협조주의로 나아간다고 보았다. 그리고 "각 민족의 민족적 단체를 연합한 국제협조주의가 금일의 사상"이며, "국제협조주의는 민족을 단위로 한 국민주의의 시인(是

---

14) 「3·1독립선언문」, 독립기념관(https://search.i815.or.kr/ImageViewer/ImageViewer.jsp?tid=oo&id=5-001095-000&pid).

認)을 전제로 하는 것"이라고 말했다. 그는 다원적 구심작용으로 민족자결을 고창하고, 일원적 구심작용으로 국제주의 또는 세계주의까지 도달해야 한다고 주장했다. 김영식은 민족이 자의식을 갖고 자결(自決)을 요구하는 세계에서 국민주의는 인도적 측면에서나 국제평화의 측면에서나 당연히 인정해야 한다고 말했지만, 민족들이 서로 대립하는 상태가 영원하지는 않을 것이라며 민족주의를 절대적인 것으로 간주하지는 않았다.

IV. 식민지 한국의 국제협조주의 비판

1. 국제협조주의의 한계

1920년대 한국의 국제협조주의 비판은 두가지 논리로 전개되었다. 첫째, 식민지 한국의 비판자들은 제1차 세계대전 이후 강화조약과 군축조약으로 형성된 국제협조체제가 인도정의가 아닌 생존경쟁의 질서를 노정하고 있다며 협조체제의 구체적인 현실을 비판했다. 둘째, 국제관계의 본질 자체가 국제협조를 달성하기 어렵다는 정치학적 비판을 제기하며, 전후 협조주의를 통해 확립된 국제관계에서도 세력균형이 지배적일 것이라고 보았다. 따라서 제2차 세계대전이 다시 일어날 수밖에 없다고 강조했다.

먼저, 국제연맹이라는 조직으로 대표되는 국제협조체제가 세계개조의 올바른 정신을 발휘하지 못한다는 점은 국제협조주의에 대한 낙관론과 비판론에서 모두 지적되던 사실이었다. 국제연맹이 각 민족이나 지방단체를 기초로 평등한 조직이 될 것이라던 「국제연맹의 연구」도, 총회가 아닌 이사회가 주권을 행사하는 현재의 연맹이 대소국의 권리가 동등하지 않은 귀족적 조직이라고 비판했다(『동아일보』 1920.6.26). 필자는 국제연맹이 불의로 획득한 현 영토를 보장한 것도 "개조적 진(眞) 평화의 정신"을 발휘한 것이 아니라 현상 유지에 대한 각국의 야심을 표현한 것이라며, 국제연맹을 위대한 사명의 태반을 잃어버린 보수연맹이라 평했다(『동아일보』 1920.6.27). 김명식은 윌슨 대통령이 공정한 입지에서 국제연맹의 정신과 경륜을 설명했으나, 무병합·무배상, 민족자결, 해양자유 등에 대한 유럽 위정자들의 반대로 "초우인(草偶人)" 같은 연맹조직이 나타났다고 설명한다(金明植 1920).

　김기전은 대전 이후 한동안 "국민주의적 반동정신에 급주(急走)하던 구미 정국"이 이해타산 때문에 구차한 협조를 유지하려 한다고 비판했다(小春 1925). 국제분쟁의 평화적 해결과 군비 축소를 통해 국제관계에서 힘의 지배를 정의와 협조로 대신하려는 것이었고, 1924년 제네바 평화의정서는 무력 균형에 토대를 두고 동맹이나 협상을 체결하던 습관을 버리고 일반적(一般的)인 협조제재(協調制裁)로 국제문제를 다스리려는 "신시험"이었다. 그러나 처참한 전화 앞에서 정의, 인도, 비병합, 비배상, 새로운 세계 건설을 장담하던 자들도 정작 평화회의가 열리자 이익 분배에 눈이 어두워져 태도가 급변했다. 대전의 유일한 선물이라는 국제연맹과, 유럽의 평화유지에 가장 효과적일 것이라던 영미의 프랑스보장조약도 미국의 비준 거부로 중도반단(中途半斷)되고, "영불의 괴리와 독불의 시의(猜疑)"가 세계를 다시 19세기의 사상에 환원시키는 경향을 보였다. 그는 미국이 처음부터 국제연맹에 참가하지 않고 스스로 군축회의를 소집하고자 했으며, 미국에 늘 협조하는 영국도 이를 묵인했다고 비판했다.

　이동곡은 제1차 세계대전이 끝나자 구미의 많은 학자와 정치가 들이 가련하고 어수룩한 낙관으로 "영구평화의 기(機)"나 "세계개조의 제회(際會)"라면서 제1차 세계대전을 야기했던 과거의 행위방식을 버리지 못했다고 비판했다(北旅東谷 1923). 세계가 근본적으로 새롭게 개조되고 인류가 새로운 토대 위에서 참된 평화와 행복을 영원히 누릴 것이라고 했지만, 세계와 인류는 여전히 투쟁에서 벗어나지 못했다는 것이다. 당시 전쟁에 대한 일시적 혐오에서 나온 비병토, 비배상, 민족자결 등의 "평화를 가장하는 표어"가 감동을 주었지만, 평화회의가 개최되고 국제연맹이 성립되자 다소 힘을 쓰다가 결국 이해관계가 부딪쳐 세계개조가 좌절되었다(李東谷 1923). 인도, 정의, 평화 등은 "구실을 작하는 호신부(護身符)"에 불과하고 월슨이 절규하던 바는 "보고 못 먹는 화중(畵中) 병(餠)"이 되었으며, 유럽 교전국이 기대했던 바도 "남가의 한 꿈"이 되었다. 이동곡은 인류의 투쟁이 끝날 것이라거나 세계가 평화 속에서 개조되어갈 것이라는 추측은 몽상으로 판명났고, 오히려 인류의 투쟁이 대규모로 개전될 동기를 제공했다고 강조했다. 후일 공산주의 활동으로 검거되는 정규선도 국제연맹이란 세계동포주의의 발현이 아니라 여러 강국 간 권세균형의 한 변형에 불과하다고 보았다(鄭圭璇 1922). 그는 국제연맹이 만약 세계동포적 일시동인주의(一視同人主義)나 전인류적 박애주의에 근거를 두었다면 독일을 그처럼 참혹하게 징계하지 않았을 것이라고 말한다.

김양수 역시 일련의 강화조약을 "세계의 개조와 영구의 평화와 정의인도와 공명정대한 외교의 가명(假名)하에서 산출한 기형아"라고 비판했다(若瓔生 1924). 그는 1919년 8월 28일 베르사유 대독일 강화조약에서 1920년 8월 1일 대터키 강화조약에 이르기까지 월슨의 14개 원칙이 얼마나 실현되었는지 물을 필요가 없다며, 승전국들이 평화, 정의, 인도의 가명 아래 자기이익만 추구하고 패전국의 약소민족에게 횡포를 행했다고 말한다. 베르사유 강화조약에서 세계개조에 그나마 의의를 가진 것은 국제연맹과 노동문제 관련 규정뿐이고, 조약의 주요 목적과 기능은 독일에 막대한 배상금을 물리고 영토를 분할하며 재물을 착취하고 수족을 제약하는 것이었다고 서술한다. 그러므로 국제협조주의를 내세운 베르사유조약이 한 세기 전의 빈조약이나 약 반 세기 전의 베를린조약과 별 차이가 없다며, "세력균형주의의 가면평화(假面平和)"와 별반 다르지 않다고 말한다.

다음으로 당시 국제협조체제가 노정하는 현실적인 한계뿐만 아니라, 국제정치의 본질 자체가 국제협조를 달성하기 어렵다는 이론적 비판이 제기되었다. 대표적으로 김양수는 개별 국가의 국익 추구보다 베르사유조약의 불완전성에 더 큰 책임을 돌리며, 해당 문제가 궁극적으로는 국가들을 지배해온 종래의 그릇된 국가관념에 기인한다고 서술했다(若櫻生 1924). 먼저, 프랑스가 영미에 느낀 배신감과 안보 불안, 그로 인한 군비 증강과 국가들 간의 갈등을 유럽의 향후 평화를 위협하는 주요 문제로 지적했다. 베르사유조약의 결함을 보완해 "국제적 협조생활에 새로운 일맥(一脉)의 생기"를 띄우려는 최소한의 가능성마저 미국의 비준 거부로 좌절되었다. 김양수는 영국과 프랑스 간 "감정의 소격(疎隔)"이 현저해진 것은 일차적으로 영미에 책임이 있다며, 국익을 과도하게 추구하는 승전국을 날카롭게 비판했다. 그러나 본질적으로 자국 중심적 국가경쟁 속에서 국제협조주의는 달성하기 어려운 이상주의이며, 제1차 세계대전 이후의 조약들이 이를 증명한다고 보았다. 김양수는 국제협조주의가 달성되기 어려운 원인을 그릇된 국가관념에 기반을 둔 국제관계의 속성 자체, 즉 국가주권의 모순에서 기인하는 필연적인 것으로 파악했다. 그는 초월적 권위가 부재한 국제정치의 현실에서 제한적 주권개념에 토대를 둔 국제협조주의에 대해 낙관하는 것을 경계했다. 근대국가들의 주권이 국내외에서 모순적 성질을 갖고 작동하는 것이 기본 원리인데, 국제협조주의는 주권제한설에 토대를 둔 국제관계를 모색함으로써 본질적 한계를 갖게 되었다는 것이다.

김양수는 세력균형에 근거한 평화에 회의적이었다. 그는 국내적으로는 정치적 입헌주의와 경제적 산업혁명을 통해 국가주권 만능설이 쇠퇴하고 소극적 불간섭주의가 표방된 반면, 국가주권을 제약할 초국적 권위가 부재한 국제관계에서는 여전히 국가만능설에 토대를 둔 "적나라한 약육강식의 수라장"이 나타났다고 말한다. 국력의 강약으로 우열과 시비를 가리는 것이 근대 일반국가의 국제생활을 지배하던 근본 원칙이었으며, 국가만능설이 군비 확장과 대외적 팽창주의(제국주의)로 이어지고 전쟁열을 고양시키며 재정 파산을 야기했다고 말한다. 이러한 상황에서 세력균형이라는 신조어가 만들어졌고, 폭력과 폭력의 균세로 국제관계의 표면적 파괴를 예방하려는 세력균형주의가 평화 보전을 위한 국제적 이상으로 간주되었다. 하지만 세력균형에 기반을 둔 "가장(假裝) 평화"의 한계를 자각하게 되면서 국제협조주의가 대두했다. 김양수는 국가주권의 무제한적 절대 관념을 제한적 상대 관념에 환원하면서, 국가주권에 대한 일정한 제한 없이 국제생활의 평화를 보전할 수 없다는 관념이 생겨났다고 말한다.

그러나 그는 국제협조주의 또는 국제연맹주의가 세력균형주의에 대항하여 발생한 것이 "인류역사상에 일단(一段)의 진보(進步)"임에도 불구하고 국제협조주의 구상이 근본적으로 내외부적인 장애에 부딪힐 수밖에 없음을 지적한다. 국제협조주의의 외부적 장애에는 오랜 기간 지속된 국가만능주의의 인습에 의한 위정자들의 선입견, 군벌과 자본계급의 주전열(主戰熱), 부화뇌동하는 무리가 있다. 또한, 국제협조주의의 "내부적 기초(根基)가 미약하야 능히 외래(外來)의 장애를 저항치 못한 유인(誘因)"도 있다. 김양수는 국제협조주의의 이상을 구체화한 국제공법의 불완전성이 국가만능주의를 주창하는 위정자, 군벌, 자본계급과 같은 반동세력이 창궐할 여지를 제공한 것이라며, 국제공법이 불완전한 원인으로 다음 세가지를 언급했다. 첫째는 만국공법의 이론이 일관적이지 못한 것, 둘째는 만국공법의 위반을 제재할 방도가 없는 것, 셋째는 국제법의 원칙에 대한 각국의 주의주장(主義主張)이 일치하지 않는 것이다(若瓔生 1924).

김양수는 국제관계에서 구심력과 원심력처럼 정반대의 세력이 대항하여 작용한다며, 하나는 국가연맹을 중심으로 열국의 협조를 고조하고 다른 하나는 세력균형의 국가연합으로 국가 간의 조절을 도모한다고 설명했다. 두 이념은 본질적으로 국제생활의 안정이라는 이상을 공유하지만 방식에 차이가 있다. 그는 세력균형주의의 한계를 고려하면 장래의 국제관계는 협조적 연맹주의로 나아가야 하지만, 현재의 국제협조체제를 고려한다면 결코 쉽지 않은 일이라고 보았다. 그리고 베르사유조약이 미숙하고 불완전하기 때문에 반동세력의 여광(餘光)을 인정할 수밖에 없다며, 앞으로의 국제생활은 "반동에 대한 원동(原動) 세력의 진작" "국제심리의 계발(啓發)" "재래 국가지상주의의 해탈"에 있지만 그 시기가 언제일지는 아무도 예측할 수 없다고 말했다. 세력균형주의의 관점에서 국제협조체제를 비판하는 것은 김양수가 와세다대학에서 유학하던 당시 교수로 재직했던 시노부 준뻬이(信夫淳平)의 글에서도 드러난다. 시노부 준뻬이도 국제관계의 "인력"이라는 용어로 세력균형주의를 설명했다(信夫淳平 1925). 그러나 국제질서가 세력균형주의로 회귀하는 것이 본질적인 원리라고 확언한 시노부 준뻬이와 달리, 김양수는 그에 대한 직접적인 평가를 보류했다.

2. 전쟁의 발발가능성

국제협조주의의 비판자들은 국제협조체제의 현황과 국제관계의 본질을 분석해 제2차 세계대전의 발생가능성을 예측했다. 워싱턴회의 이후 일본 내에서 미국과의 대립 혹은 충돌에 대한 우려가 고조되었고, 『주오꼬론』에는 미국을 분석하는 특집들이 실리기 시작했다. 미일전쟁은 당시 서울에서도 큰 이슈였다. 1921년 6월 『동아일보』는 미일전쟁이 언제 발발할 것인가에 대한 질문이 경성에서도 나오고 있다고 보도한다(『동아일보』 1921.6.29). 외신을 인용해 미일충돌의 가능성을 이야기하는 소식이 전달되기도 했고, 한편으로는 전쟁의 가능성을 부정하는 견해도 보도되었다. 언론은 동아시아 지역에서 강대국 간의 전쟁이 발발할 수 있다는 예측의 근거로서 주로 워싱턴회의를 통한 영미 간의 제휴와 일본의 소외를 제시했다. 김양수에 의하면, 베르사유조약은 진정한 평화조약이 아니라 "제이(第二)의 세계대전란을 준비하는 서막"이었다. 또한 그는 영미일 삼국의 해군축소라는 업적을 남긴 워싱턴 군축회의의 "국제적 공효"가 현저하지만, 그 조약이 새로운 질시와 시기를 조장하여 태평양을 중심으로 한 영미일 삼각대립이 두드러지게 드러났다고 서술했다(若櫻 1924). 김양수는 군비 축소의 목소리가 높지만 군비 확장의 형세가 세계대전 이전보다 심화되었다고 지적했다.

국제협조체제에 대한 비판론자들은 제1차 세계대전 이후 국제질서가 미국을 중심으로 재편되고 있음을 강조했다. 김양수는 전쟁 이후 부와 세력을 두 배로 늘린 미국이 국제적 지위에서 명백한 우위를 점했고, 영미 양국은 워싱턴회의를 기점으로 태평양 방면에서 일본을 견제하려는 정책적 협력을 모색했다고 설명했다(若櫻生 1924). 그는 워싱턴회의가 세계 외교문제가 유럽에서 태평양으로 이동했음을 증명하는 것이며, 동일한 앵글로색슨 계통인 영미 양국이 유럽 정국에서 머리의 반 혹은 전부를 돌려 태평양 방면을 새롭게 주목하며 일본에 대한 대책을 세우려는 동기에 의해 이루어진 것이라고 보았다. 그는 영미 양국이 일본이 가진 잠재력을 의식하고 견제하게 되었음을 강조한다.

타(他)의 강(強)함과 장(長)함을 죽어라 하고 시러하는 쫀불과 앙클삼은 은연히 손을 마조 잡고 일본의 잠세력(潛勢力)에 일격을 가코자 한 것이엿다. 이것이 해군축소의 명(名)에 가(假)한 영미 양국의 일본 골님이요 그 군비 급 방비(軍備 及 防備)의 제한조건은 다 일본의 태평양 급(及) 인도양 방면의 진출를 금지하는 수단이엿다.

기존 동아시아질서의 핵심 축이었던 영일동맹이 폐기된 것은 대표적 사례였다. 김양수는 워싱턴조약이 영일동맹을 파기하는 간접효과를 야기한 것이 아니라, 영미 양국이 동맹을 폐기할 구실을 만들기 위해 해당 협정을 일부러 고안했다고 보았다. 김양수는 프랑스와 일본이 "공연히 양국의 허수아비 노릇만 한 것"이며, 특히 "알고도 속는 일본의 허수아비 짓은 얼마나 일본의 등더리에 냉한(冷汗)을 최(催)하얏슬지 일본의 심중(心中)을 가히 짐작할 만도 하다"고 기술했다. 1923년 8월 조정환도 전후의 중대 문제는 생존경쟁이라며, 미일충돌이 미일전쟁으로 확대될 수 있다고 언급했다(曹正煥 1923). 김기전은 동일한 앵글로색슨종임에도 불구하고 미국의 독립전쟁 후 관계가 좋지 않던 영미가 대전 참가를 기점으로 서로 호의를 갖기 시작해, 영일동맹 폐기와 영국의 대미군채 상환 등으로 "아조 단짝이 되고 마럿다"고 지적했다(小春 1925). 그는 구미의 정치가들이 지금은 경제 회복을 위한 대전의 "뒷일 정리"로 바쁘지만 전후처리를 끝내면 "동서원정"을 단행할 것이라고 주장했다.

이처럼 일부 한국인들은 워싱턴회의를 통해 나타난 영미 양국의 협력 속에서 일본이 배제당하는 것을 목도하며, 현실적으로 협조체제는 강대국 간의 평화조차도 유지하지 못할 것이라고 예상했다. 1923년 7월 『동아일보』 사설은 충돌이 요원한 장래에 없을 것이라고 밝혔다(『동아일보』 1923.7.25). 그러나 동아시아에서 전쟁이 발발할지도 모른다는 예상도 언론에 종종 등장했다. 1921년 8월의 「동양평화와 특수권 포기」는 만일 태평양 회의가 파열한다면, 아시아에 대한 각국의 경제적 각축으로 인해 아시아를 넘어선 국제적 전쟁이 일어나는 것은 명백한 이치라고 보았다(『동아일보』 1921.8.9). 지식인 사이에 열강들의 자본주의적 제국주의에 대한 공통된 문제의식이 존재했음에도 불구하고, 아시아와 태평양에서의 전쟁, 일본과 미국의 전쟁, 러시아와 미국의 전쟁, 자본주의 국가 간의 전쟁, 자본주의 국가와 사회주의 국가의 전쟁, 계급전쟁 등 직접적인 전쟁 발발가능성과 전쟁의 원인·지역·시기·행위자에 대한 예측에서는 차이가 났다. 또한 전쟁이 일어난다면 식민지 한국에 어떤 영향을 미칠 것인가에 대해 식민지 한국인들은 더욱 조심스럽게 말할 수밖에 없었다.

조정환은 미러충돌의 도정에서 미일충돌이 전제가 될 것이며, 중국문제가 바로 충돌의 도화선이 될 것이라고 보았다(曹正煥 1923). 일본은 인구밀도가 높아 인구 이식을 위한 식민지 확보에 사활이 걸려 있는데, 인구밀도가 높은 조선, 일본인의 이민을 배척하는 미국, 토인의 저항이 심한 시베리아와 만주 대신 "일인(日人)이 희망하고 노력하는 지방은 태평양군도와 남아메리카"라는 것이다. 그러나 미국이 "황인위험(黃人危險)이니 몬로주의니 하는 등설(等說)"을 부르짖고 도처에서 반대하므로 일본이 자연히 악감(惡感)을 갖게 될 뿐만 아니라, 이는 중대 문제이며 생존경쟁이라서 일미충돌이 일미전쟁으로 "화작(化作)"할 것이라 주장했다. 또한 일본이 공업원료를 취득하는 주요 지역이 시베리아, 만주, 중국 본토이고 일본의 상업활동지도 중국인데, 전후 제1위의 상업국이 된 미국 또한 시베리아 쪽으로 향할 것이라고 보았다. 따라서 "일미충돌은 점차 격심하여질 형세"라고 서술했다. 이와 같이 1920년 초반 일부 조선인들은 워싱턴체제에서 드러나는 국가 간의 경쟁과 의심을 목도하며 미일충돌을 예견하는 입장에 힘을 실어주었다.

이동곡은 제2차 세계대전의 행위자를 사회주의적 관점에서 바라보고 있었다. 그는 "최후에 태평양 안에 제일선착으로 대풍운이 일어나게 될 것"은 일반 약소민족의 분기, 소비에트의 세계혁명운동, 자본주의 제국주의자들 간의 투쟁, 그들과 전세계 무산계급 및 피압박 민족 합동전선의 투쟁이라고 말했다. 그는 제국주의나 자본주의가 당연히 도태될 것이라던 레닌(Vladimir Lenin)의 견해에 깊은 영향을 받았음을 드러내며, 자본주의 질서와 사회주의 질서의 충돌로 전쟁이 발발할 것이라고 예상했다(北旅東谷 1923). 이동곡은 계급투쟁의 역사적 원리를 근저부터 부인하며 자본주의나 제국주의의 문명과 생활을 지속시킨 것과 더불어 승전국들이 더욱 극악한 심리로 과거보다 "더 심한 도저히 실행치 못할 평화조약을 정하야놓은 것"을 비판했다. 결국 베르사유 평화회의는 차회의 대전(Next war)을 기도하는 전시 참모본부의 군사회의와 유사했으며, 평화조약의 조문이 전쟁과 불안을 야기하는 근원이 되었다고 주장했다. 그도 발칸반도의 위험과 더불어 태평양 안이 현재 세계문제의 중심점이라고 보았다. 워싱턴회의를 통해서 자본주의 국가인 영미일 삼국의 해군경쟁이 심해졌으며 "영, 미, 일의 자본주의 제국주의의 이익상 충돌은 도저히 면치 못하게 되얏다"는 것이다. 또한 이동곡은 중국에 대한 영불일미 4개 열강의 이권 투쟁을 지적하며, 일본이 원래 국제적으로 호감을 얻지 못했고 무엇보다도 다른 국가들이 중국에 대한 일본의 이권 독점을 질투하기 때문에 일본을 위해 행동할 자는 없을 것이라고 말한다. 이동곡은 일본은 전운명을 걸더라도 최후까지 악전고투할 것이고 중국에 절실한 이해관계를 가진 다른 국가들도 이를 두려워하지 않을 것이니, "동아 금후 대세는 참으로 일대전환기를 봉착케 되는 때에 대국의 파열은 결코 면치 못할 것" 같다고 언급했다. 앞으로 동아시아의 대세가 필연적으로 대투쟁, 대혁명의 속에 들어갈 수밖에 없다는 것이다. 그는 "일을 위하야 노력하는 자, 정히 이때 그 대세의 여하를 보아" 등한(等閑)히 넘어가지 못할 것이라며, 미일충돌이 행일지 불행일지 모르나 분투해서 광명의 길을 발견해야 한다고 주장했다(李東谷 1923b).

김양수는 계급 간의 이해관계보다 일국주의적 국가이익에 의해 국제협조가 깨질 것이라고 예상했다(하영선 2011). 그는 워싱턴회의의 결과가 태평양 방면에 대한 영미 대 일본의 각축을 의미한다며, 군비 확장을 제한한 것은 다소 평화적 효과가 있지만 "일미의 풍운(風雲)이 점점 급한 것을 고(告)하게 된 반면(反面)을 생각하면 이 회의의 내용도 그 결론에 가서 공죄상반(功罪相半)일 것"이라고 언급했다(若櫻生 1924). 이처럼 김양수는 미일대립이 점차 심해지고 있음을 강조하며, 미일관계가 향후 세계정세의 핵심 변수가 될 것으로 보았다. 미일 간의 마찰을 예측한 김양수는 불안정한 전간기의 국제질서에 대해 전세계적으로 병근이 남아 "화농의 시기"를 기다리고 있다고 표현했다.

송진우는 누가 전쟁을 할 것인가에 대해 다소 유보적 입장을 보이며, "사상적으로, 자본적으로 좌우협공을 당하고 잇는 일본의 형세는 실로 위난(危難)의 감"이 있다고 말했다(宋鎭禹 1925). 그는 미국의 자본적 제국주의에 토대를 둔 이민문제와 중국문제로 미일충돌의 기운이 촉진되는 한편, "입국(立國)의 기초와 주의(主義)가 근본적으로 불상용"하는 러일 간의 충돌도 불가피함을 지적했다. 일본이 영미와의 대립 속에서 시도했던 러시아와의 교섭마저 중단되면서 일본의 국제적 지위가 진퇴양난의 궁지에 몰렸고, 설상가상으로 관동대지진이 발생해 일본의 국력이 급감하고 동양 및 태평양 방면에 세력균형이 일변했다. 그는 일본이 지진피해를 완전히 복구하려면 적어도 십년은 와신상담(臥薪嘗膽)할 수밖에 없지만, 동양 혹은 세계 정치가 그대로 정지상태에 있을 것이라 생각하는 것은 "치인(痴人)의 망상(妄想)"이라고 말한다. "자본주의의 표범(標範)인 미국"과 "사회주의의 대표적인 적로(赤露)"가 태평양에서 발흥하는 것이 협조로 귀결될 것인지 충돌로 귀결된 것인지 확실하지 않은 상황에서, 일본이 거대자본을 가진 미국과 경쟁·발전하는 것도 실력이 불허하고 "적나라하게 세계적으로 난봉행세를 하는 적로"와 제휴·협력하는 것도 위험을 감수하는 것이다. 그는 동아시아에서 미일충돌이 발생할 때 "미국의 세력하에서 조선의 해방을 희망"하고 러일충돌이나 중일충돌을 예측해 "노중 양국의 원조하에서 민족의 자유를 촉망"하지만, 이는 조선민족의 전통적 정신에 배치되고 우리의 양심이 불허(不許)하는 바라고 말한다. 물산장려운동 등에 앞장서며 문화파 민족주의로 나아갔던 송진우는, 자유란 자주적 행동이며 자력적 해결을 통해 달성되는 것이므로 "타력적 원조와 사대적 사상의 지배와 용인"을 허락하지 않겠다고 밝혔다. 이처럼 협조체제의 안정성에 비판적이었던 일부 식민지 한국인들은 미일전쟁 혹은 중러전쟁 속에서 독립을 달성할 수도 있을 것이라 보았다. 그러나 송진우는 외세의 원조보다 자체적 중심세력을 확보해야 한다며 사상 수련과 민족 단결을 강조했다(宋鎭禹 1925; 1924).

V. 맺음말

제1차 세계대전이 종결된 직후, 서구국가들은 유럽 지역의 안정과 새로운 국제질서를 모색하며 국제협조체제를 설립하려 했다. 승전국의 일원으로서 일본은 서구의 국제협조주의를 세계개조 개념을 통해 받아들이며 국내의 데모크라시를 증진시키는 한편, 전후 국제사회에서 영향력 있는 일원으로서의 지위를 인정받으려 했다. 식민지 한국인들도 세계개조 개념을 매개로 수용한 국제협조주의를 통해 변화된 국제질서의 실현을 모색하려 했으나 논의의 구체적인 양상은 일본과 명백히 달랐다.

식민지 한국인들은 국제협조주의를 세계개조라는 포괄적이며 이상적인 개념군의 하나로 이해했다. 세계개조론은 국제차원에서 이뤄지던 생존경쟁론 비판에 토대를 두고 있었다. 일부 조선인들은 국제협조주의를 군국주의, 제국주의, 국가주의, 국가만능주의 등과 대별되는 개념으로 파악했고, 국제협조체제를 통해서 조선민족이 국제사회의 일원이 되기를 요구했다. 그러나 전후처리 조약이 체결되어가는 과정에서 식민지 한국이 국제협조체제의 동등한 일원이 될 수 없다는 사실은 더욱 분명해졌다. 민족자결과 상호부조의 원칙에 토대를 둔 국제협조체제에 대한 희망이 무너지면서 식민지 한국인에게 국제협조체제는 생존경쟁의 국제질서를 상징했다. 국제협조주의 비판자들은 전후의 협조체제에서도 생존경쟁과 세력균형이 지배적이라고 보았고, 대전(大戰)이 또다시 일어날 수밖에 없다는 사실을 강조했다. 일부는 사회주의 논리를 통해 국제협조주의를 비판했으나, 일부는 현실주의 시각에서 전후 국제정치의 핵심 행위자가 계급보다 국가라는 사실을 명확히 파악했다.

국제협조주의에 대한 식민지 한국인들의 절망은 1930년대에 접어들며 명백해졌다. 1929년 7월 『동아일보』에 실린 「국민주의와 국제주의와의 모순」은 자유주의적 국제주의와 사회주의적 국제주의 모두 실패한 것으로 간주하며, 두 종류의 국제주의가 모두 약소국의 "내셔널리즘"을 인정하지 않는 기만적 모습을 보였다고 밝힌다(『동아일보』 1929.7.18). 이 글에 따르면, 자국민의 이익을 주장하는 국민주의와 타국민과 협조하는 국제주의는 이론적으로 모순되기 때문에 상용될 수 없다. 특히 제1차 세계대전 이후 국민주의와 국제주의의 타협을 위해 세계의 정치가와 국제법학자가 전력을 쏟았고 국제연맹, 로카르노조약, 군축회의 등 온갖 국제적 회합을 개최했으나, 그것도 "국민주의에 입각한 표면상 국제주의의 표방"에 불과했기 때문에 진실한 국제주의에는 이르지 못했다. 현재 국제연맹에서 불참권리를 인정하고 군축조약에서 전쟁기회를 인정한 것은 현재세계가 진정한 국제협조주의 위에 있지 않음을 증명한다. 한편, 소비에트연방은 민족자결권과 무배상 및 비병합 원칙에 의해 침략적 조약을 포기함으로써 혁명 이래 십년간 과거 어떤 제국주의 국가보다도 민족자결주의에 기초한 국제주의를 이끌어왔으나, 세계 사회주의 혁명이라는 자기이상을 실현하려는 목적 앞에서 자민족에 의한 통치를 무시했다. 따라서 이전의 국제주의든 새로운 국제주의든 국민주의와 반대되는 것은 똑같다. 이 글은 강대국만의 국제연맹은 세계협조의 정신을 파괴하는 것이었고, 미국의 분리주의를 거부하지 못함으로써 세계협조의 근본정신을 파기했다고 언급했다.

1930년대에 접어들면서 제2차 세계대전의 발발 가능성이 더욱 본격적으로 논의되었다. 그러나 여전히 전쟁에 대한 예측은 엇갈렸다. 만주에서 시작된 전운이 감돌던 1931년 11월, 『동광』이 실시한 설문에서 식민지 한국인들은 중국과 미국이 일본에 대항할 것이라는 견해, 제국주의 국가와 사회주의 국가 진영이 싸울 것이라는 견해 등 다양한 예측을 제시했다.[15]

---

15) 「豫言? 第二次世界大戰!! 원제 大戰이 일어나나? 그 相對國은 어느 나라?」, 『동광』 제27호, 1931.

함상윤은 전쟁이 유럽에서 발발할 가능성이 많았으나 도리어 역전되어 동양에서 먼저 일어날 것 같다며, 같은 해 겨울이나 다음 봄에 일본과 미국이 주전(主戰)을 일으킬 것이라고 보았다. 현상윤은 전쟁의 중심 진영은 일미 양국으로 극동과 태평양에서 주로 전쟁이 일어날 것이지만, 식민지 문제로 유럽국가들이 일어난다면 독일과 이탈리아가 프랑스와 투쟁하고 일본은 영미에 대항할 강대국을 구할텐데 프랑스와 러시아가 이에 참여할지 의문이라고 언급했다.

전간기 국제관계가 상호부조가 아닌 생존경쟁으로 나아가는 것은 식민지 한국의 장래에 큰 문제였다. 그러나 국제협조체제를 통해 한국인을 고려하지 않는 강대국만의 협조가 유지되는 것 또한 심각한 문제였다. 식민지 한국인들은 상호부조적 국제협조주의가 실현되기를 갈구하면서도 전간기 국제협조체제가 무산되길 바라는 모순적 상황을 맞이했던 것이다. 이러한 딜레마 속에서 한국인들은 국제협조체제의 본질과 장래에 대해 논쟁을 벌였고 식민지 정치사회는 점차 더욱 분화되어갔다. 1930년대로 접어들며 동아시아의 국제정치 경쟁은 더욱 가열되었고, 만주사변 이후 일본이 국제연맹을 탈퇴함으로써 전간기 국제협조체제는 막을 내리고 전쟁의 화농을 터트리게 된다.

참고문헌

제1장

김명식·인정식·차재성「동아협력체와 조선」,『삼천리』제11권 1호, 1939.

김용구『세계관 충돌의 국제정치학: 동양 예와 서양 공법』, 서울: 나남 1997.

김한규『天下國家』, 서울: 소나무 2005.

리 다자오「신아시아주의」, 최원식·백영서 엮음『동아시아인의 '동양' 인식』, 파주: 창비 2010.

박정희「1974년 연두 기자회견」, 통일연구원『한반도 평화체제: 자료와 해설』, 서울: 통일연구원 2007.

박종린「조선 초유의 사회주의 재판: 꺼지지 않는 불꽃, 송산 김명식」,『진보평론』2호, 1999.

朴趾源 지음, 이가원 옮김『열하일기』, 민족문화추진회 1966. (한국고전번역원 한국고전종합데이터베이스, http://http://db.itkc.or.kr)

이용희『일반국제정치학(상)』, 서울: 박영사 1962.

_____「대담: 사대주의」,『知性』2월호, 1972.

하영선「북한의 한국전쟁 해석」, 서울대학교 국제문제연구소 논문집, 1984.

_____「한국현대사의 재조명: 한국전쟁을 중심으로」, 서울대학교 국제문제연구소 논문집 17집, 1993.

_____「한국사의 미래를 위한 한국전쟁사가 필요하다」,『동북아역사재단 NEWS』Vol.43, 2010.

_____『역사속의 젊은 그들: 18세기 북학파에서 21세기 복합파까지』, 서울: 을유문화사 2011.

_____「변환의 세계정치와 한반도」, 하영선 · 남궁곤 엮음『변환의 세계정치』 제2판, 서울: 을유문화사 2012.

_____『한국 근대 국제정치론 연구』(근간).

하영선 엮음『동아시아공동체: 신화와 현실』, 서울: 동아시아연구원 2008.

하영선 · 김상배 엮음『복합세계정치론: 전략과 원리, 그리고 질서』, 서울: 한울 2012.

하영선 · 조동호 엮음『북한 2032: 북한선진화로 가는 공진전략』, 서울: 동아시아연구원 2010.

홍승현『중국과 주변: 중국의 확대와 고대 중국인의 세계인식』, 서울: 혜안 2009.

渡邊英幸『古代'中華'觀念の形成』, 東京: 岩波書店 2010.

渡辺信一郎『中國古代の王權と天下秩序』, 東京: 校倉書房 2003.

小南一郎『古代中國天命と靑銅器』, 京都: 京都大學大學出板會 2006.

鎭陳德仁 · 安井三吉 編『孫文講演「大アジア主義」資料集』, 京都: 法律文化社 1989.

洪宗郁「1930年代における植民地朝鮮人の思想的模索: 金明植の現實認識と「轉向」を中心に」,『朝鮮史研究會論文集』第42集, 2004.

孫文「大亞洲主義 演說辭」,『民國日報』1924/12/8.

李大钊「大亞細亞主義與新亞細亞主義」,『國民雜誌』2月, 1919

中華文史網(http://www.qinghistory.cn).

叶自成『春秋戰國時的中國外交思想』, 香港: 香港社會科學出版社 2003.

『殷周金文集成』, 北京: 中華書局 1984~1994.

『禮記』

『呂氏春秋』

『今文尙書』

『國語』

『春秋左傳』

『孟子』

Di Cosmo, Nicola *Ancient China and Its Enemies: The Rise of Nomadic Power in East Asian History*, Cambridge: Cambridge University Press 2002.

Elliott, Mark, James Milward, Ruth Dunnel, and Philippes Forêt eds. *New Qing Imperial History: The Making of Inner Asian Empire at Qing Chengde*, New York: Rouledge Cuazon 2004.

Fairbank, John K. ed. *The Chinese World Order: Traditional China's Foreign Relations*, Cambridge, Mass.: Harvard University Press 1968.

Hevia, James L. *Cherishing Men From Afar: Qing Guest Ritual and the Macartney Embassy of 1793*, Durham: Duke University Press 1995.

Waley-Cohen, Joanna "The New Qing History," *Radical History Review* 88(Winter), 2004.

Weathersby, Kathryn "Soviet Aims in Korea and the Origins Of the Korean War, 1945-1950: New Evidence from Russian Archives," *Cold War International History*

Project Working Paper 8, 1993.

_____ "To Attack or Not to Attack? Stalin, Kim Il Sung and the Prelude to War," *CWIHP Bulletin* 5, 1995.

_____ "New Evidence on the Korean War" *Cold War in Asia CWIHP Bulletin* 6/7, 1996.

제2장

『徑國大典』

『高麗史節要』

『高麗史』

『栗谷全書』

『孟子集註』

『孟子』

『三峰集』

『宋子大全』

『朝鮮王朝實錄』

『尊周彙編』

『退溪先生文集』

이성규「중화제국의 팽창과 축소: 그 이념과 실제」,『역사학보』제186집, 2005.

이용희·신일철「사대주의(상·하): 그 현대적 해석을 중심으로」,『知性』2·3월 호, 1972.

이춘식「유학경전 속의 9주 9복 9기 5복과 봉건적 세계국가상」,『중국학논총』 16집, 2003.

홍대용『의산문답』, 서울: 꿈이 있는 세상 2006.

Fairbank, John, K. ed. *The Chinese World Order*, Cambridge: Harvard University Press 1970.

Hevia, James H. *Cherishing Men from Afar: Qing Quest Ritual and the Macartney Embassy of 1793*, Durham: Duke University Press 1995.

Hunt, Michael "Chinese Foreign Relations in Historical Perspective," H. Harding ed. *China's Foreign Relations in the 1980s*, New Haven and London: Yale University Press 1984.

Millward, James *Beyond the Pass: economy, ethnicity, and empire in Qing Central Asia, 1759-1864*, Stanford: Stanford University Press 1998.

Rossabi, Morris ed. *China Among Equals: The Middle Kingdom and Its Neighbors, 10th-14th Centuries*, Berkeley: University of California Press 1983.

Serruys, Henry "Four Documents Relating to the Sino-Mongol Peace of 1570-1571," *Monumenta Serica* 19, 1960.

Wills, John *Embassies & Illusions: Dutch and Portuguese Envoys to Kang-hsi, 1666-1687*, Cambridge, Ma.: Harvard University Press 1984.

Womack, Brantley *China and Vietnam: The politics of asymmetry*, Cambridge: Cambridge University Press 2006.

제3장

1. 1차 자료

金玉均 「甲申日錄」,『金玉均全集』, 서울: 아세아문화사 1979a.

_____ 「朝鮮改革意見書」,『金玉均全集』, 서울: 아세아문화사 1979b.

_____「池運永事件糾彈上疏文」,『金玉均全集』, 서울: 아세아문화사 1979c.

金允植『金允植全集』, 서울: 아세아문화사 1980.

_____『陰晴史』, 서울: 국사편찬위원회 1958.

김효전 역주「국가학」,『동아법학』제7호, 1988.

朴珪壽『朴珪壽全集』, 서울: 아세아문화사 1978.

_____「美國兵船滋擾咨」,『瓛齋先生集』(『瓛齋叢書(六)』), 서울: 성균관대학교 대동문화연구원 1996a.

_____「美國封函轉遞咨」,『瓛齋先生集』(『瓛齋叢書(六)』), 서울: 성균관대학교 대동문화연구원 1996b.

_____「與溫卿」,『瓛齋先生集』(『瓛齋叢書(六)』), 서울: 성균관대학교 대동문화연구원 1996c.

_____「擬黃海道觀察使答美國人照會」,『瓛齋先生集』(『瓛齋叢書(六)』), 서울: 성균관대학교 대동문화연구원 1996d.

朴泳孝 지음, 金甲千 옮김「7. 朴泳孝의 建白書」,『韓國政治硏究 2』, 서울: 서울대학교 한국정치연구소 1990.

福澤諭吉 지음, 정명환 옮김.『文明論의 槪略』, 서울: 광일문화사 1987.

梁啓超「國家思想變遷異同論」,『飮氷室文集(上)』, 서울: 이문사 1977.

_____「論國家思想」,『飮氷室文集(上)』, 서울: 이문사 1977.

兪吉濬『西遊見聞』,『兪吉濬全書 I』, 서울: 一潮閣 1971a.

_____『政治學』,『兪吉濬全書 IV』, 서울: 一潮閣 1971b.

丁偉良『萬國公法』, 서울: 아세아문화사 1980.

『大漢和辭典』, 서울: 경인문화사, 1989.

『독립신문』(영인본), 서울: 獨立新聞影印刊行委員會, 甲乙出版社 1987.

『漢城旬報 · 漢城週報』(영인본), 서울: 관훈클럽신영연구기금 1983.

ラートゲン, 李家隆介・山崎哲藏 譯述『政治學』, 東京: 明法堂 1892.

Bluntschli, J. K. 加藤弘之 譯『國法汎論』, 東京: 文部省 1872.

Wheaton, Henry *Elements of International Law*, Oxford: Clarendon Press 1836.

2. 연구문헌

溝口雄三 외 지음, 김석근·김용천·박규태 옮김『중국사상문화사전』, 서울: 책과
   함께 2011.

김동택「『독립신문』의 근대국가 건설론」,『社會科學研究』12(2), 서울: 西江大學
   校社會科學研究所 2004.

김용구『세계관 충돌과 한말외교사, 1866~1882』, 서울: 문학과지성사 2001.

_____『세계관 충돌의 국제정치학』, 서울: 나남출판 1997.

김효전『근대한국의 국가사상: 국권회복과 민권수호』, 서울: 철학과현실사
   2000.

박상섭『국가·주권: 한국개념사총서 2』, 서울: 소화 2008.

이용희『일반국제정치학(상)』, 서울: 박영사 1962.

家永三郎・小牧治 編『哲學と日本社會』, 東京: 弘文堂 1978.

瀧井一博「伊藤博文は日本ビスマルクか?」,『ヨーロッパ研究』第9號, 2010.

_____「帝國大學體制と御雇い教師カール・ラートゲン: ドイツ國家學の傳道」,『人
   文學報』第84號, 2001.

上野隆生「近代日本における國家學の受容(その1): 藤波言忠によるローレンツ・
   フォン・シュタインの講義筆記」,『環境情報研究』第6號, 1998.

石田雄『日本の社會科學』, 東京: 東京大學出版會 1984.

小倉芳彦『逆流と順流: わたしの中國文化論』, 東京: 研文出版 1978.

野崎敏郎「カール・ラートゲンとその同時代人たち: 明治日本の知的交流」,『社會學

部論集』第33號, 2000.

田中浩「長谷川如是閑のドイツ學批判 – イギツ思想ドイツ思想の對立による日本
近代史觀」, 家永三郎·小牧治 編『哲學と日本社會』, 東京: 弘文堂 1978.

Dyson, Kenneth *The State Tradition in Western Europe*, London: Martin
Robertson·Oxford 1980.

Elliot, Mark C. *Emperor Qianlong*, New York: Longman 2009.

Fairbank, John King ed. *The Chinese World Order*, Cambridge: Harvard University
Press 1968.

Grimmer-Solem, Erik "German Social Science, Meiji Conservatism, and the
Peculiarities." *Journal of World History* Vol.16, No.2, Hawaii: University of Hawaii
Press 2005.

Hevia, James L. *Cherishing Men From Afar: Qing Guest Ritual and the Macartney
Embassy of 1793*, Durham and London: Duke University Press 1995.

Hobbes, Thomas, Richard Tuck ed. *Leviathan*, Cambridge: Cambridge University
Press 1996.

Koselleck, Reinhart *Futures Past: On the Semantics of Historical Time*, Massachusetts:
MIT Press 1985.

Millward, James A. Ruth W. Dunnell, Mark C. Elliott, and Philippe For?t *New Qing
Imperial History*, London: RoutledgeCurzon 2004.

Perdue, Peter *China Marches West*, Cambridge: Harvard University Press 2005.

Skinner, Quentin "The State," Terence Ball, James Farr and Russell L. Hanson eds.
Political Innovation and Conceptual Change, Cambridge: Cambridge University
Press 1989.

제4장

김달중 「북방정책의 개념, 목표 및 배경」『국제정치논총』 Vol.29, No.2, 1989.

노무현 「제58주년 광복절 대통령 경축사」, 『제16대 대한민국 대통령 연설문』, 2003.

동북아시대위원회 『평화와 번영의 동북아시대 구상』, 2005.

마상윤 「한국의 지역주의 구상」, 손열 엮음 『매력으로 엮는 동아시아』, 서울: 지식마당 2007.

박태균 「박정희 정부 시기 한국주도의 동아시아 지역 집단안보체제 구상과 좌절」, 『세계정치』 15, 2011.

_____ 「박정희의 동아시아 인식과 아시아·태평양 공동사회 구상」, 『역사비평』 가을호, 2006.

손열 「일본의 지역 인식과 전략」, 손열 엮음 『동아시아와 지역주의』, 서울: 지식마당 2006.

_____ 「동아시아의 매력경쟁, 한국의 매력 찾기」, 『매력으로 엮는 동아시아』, 서울: 지식마당 2007.

신범식 「북방정책과 한국-소련/러시아 관계」, 『국제문제연구』 7, 2003.

신욱희 「압박과 배제의 정치: 북방정책과 제1차 북핵위기」, 『통일학연구』 38, 2006.

아리프 딜릭 「아시아-태평양권이란 개념」, 정문길 엮음 『동아시아, 문제와 시각』, 서울: 문학과지성사 1995.

장인성 「근대 동아시아 국제정치와 인종」, 『근대 국제질서와 한반도』, 서울: 을유문화사 2003.

전재성 「노태우 정부의 북방외교와 한국-소련/중국 수교」, 『외교정책론』, 명인문화사 2008.

전재성 「노태우 행정부의 북방정책 결정요인과 변화과정 분석」, 『세계정치』

Vol.24, No.1, 2002.

정용화 「한국의 지역 인식과 구상(1): 동양평화 구상」, 손열 엮음 『동아시아와 지역주의』, 서울: 지식마당 2006.

카와카츠 헤이타 「아시아개념의 성립과 변용」, 『신아세아』 Vol.5, No.3, 1998.

하영선 「근대한국의 문명개념 도입사」, 하영선 외 지음 『근대한국의 사회과학 개념 형성사』, 파주: 창비 2009.

大庭三枝 『アジア太平洋地域形成への道程』, 東京: ミネルヴァ書房 2003.

山室信一 『思想課題としてのアジア』, 東京: 岩波書店 2001.

松本三之介 『近代日本の中國認識』, 東京: 以文社 2011.

竹內好 『日本とアジア』, 東京: ちくま文庫 1993.

中見立夫 「北東アジアはとのようにとらえられてきたか」 2004. (미간행 논문)

Calder, Kent and Min Ye *The Making of Northeast Asia*, Standford: Stanford University Press 2010.

Christiansen, Thomas "China, the US-Japan Alliance, and the Security Dilemma in East Asia," G. John Ikenberry and Michael Mastanduno eds. *International Relations and the Asia-Pacific*, New York: Columbia University Press 2004.

Clinton, Hillary "America's Engagement in the Asia-Pacific," Remarks in Kahala Hotel, Honolulu, October 28, 2010.

Fairbank, John "A Preliminary Framework," *Chinese World Order*, Cambridge: Harvard University Press 1973.

Fukuyama, Francis *The End of History and the Last Man*, New York: Avon Books 1989.

Hamashita, Takeshi "The Intra-Regional System in East Asian in Modern Times," Peter Katzenstein and Takeshi Shiraishi eds. *Network Power*, Ithaca: Cornell

University Press 1997.

Huntington, Samuel *The Clash of Civilizations and the Reclaiming of World*, New York: Simon & Schuster, 1993.

Kotkin, Stephen "Robert Kerner and the Northeast Asia Seminar," *ACTA SLAVICA IPONICA* vol.15, 1997.

Krauss, Ellis "The United States and japan in APEC's EVSL Negotiations," Ellis Kauss and T. J. Pempel eds. *Beyond Bilateralism: US-Japan Relations in the New Asia-Pacific*, Stanford: Stanford University Press 2004.

Lefebvre, Henry *The Production of Space*, NY: Blackwell 1991.

Najita, Tetsuo and H. D. Harootunian "Japanese Revolt against the West," *The Cambridge History of Japan* Vol.6, Cambridge: Cambridge University Press 1988.

Richter, Melvin *The History of Political and Social Concepts: A Critical Introduction*, Oxford: Oxford University Press 1995.

Rozman, Gilbert *Northeast Asia's Stunted Regionalism*, Princeton: Princeton University Press 2002.

Said, Edward *Orientalism*, New York: Vintage Books 1979.

Sohn, Yul "Japan's New Regionalism: China Shock, Soft Balancing and the East Asian Community," *Asian Survey* Vol.50, No.3, 2010.

Terada, Takashi "Constructing an East Asian Concept and Growing Regional Identity," *The Pacific Review* Vol.16, No.2, 2003.

_____ "Forming an East Asian Community: A Site for Japan-China Struggles," *Japan Studies* Vol.26, No.1, 2006.

제5장

『高宗實錄』

『구한국외교문서: 日案 I』

『同文彙考』

『備邊司謄錄』

『善隣始末』

『承政院日記』

『倭使問答』

『李鴻章全集』

『日本外交文書』

『日使文字』

『電稿』

『從宦日記』

『淸季中日韓關係史料』

『淸光緖朝中日交涉史料』

『淸案 I』

『通文館志』

FRUS

국사편찬위원회『修信使記錄–修信使日記』, 국사편찬위원회 1958.

김성배『유교적 사유와 근대 국제정치의 상상력』, 파주: 창비 2009.

김수암「한국의 근대 외교제도 연구: 외교관서와 상주사절을 중심으로」, 서울대학교 박사학위논문, 2000.

김용구「공산권에 있어서의 외교 개념」,『논문집』제8호, 서울대 국제문제연구소 1984.

_____『만국공법』, 서울: 소화 2008.

노재봉 엮음『한국민족주의』, 서울: 瑞文堂 1977.

동덕모「동양에 있어서의 전통외교의 개념: 한국의 전통외교를 중심으로」,『논
　　문집』제8호, 서울대 국제문제연구소 1984.

민두기「19세기 후반 조선왕조의 대외위기 의식」,『동방학지』제52집, 1986.

朴珪壽「美國封函轉遞咨」,『朴珪壽全集』상권, 서울: 아세아문화사 1978.

박정양『朴定陽全集』제2권, 아세아문화사 1984a.

_____『朴定陽全集』제4권, 아세아문화사 1984b.

신욱희 "근대한국의 주권개념," 하영선 외『근대한국의 사회과학 개념 형성사』,
　　파주: 창비 2009.

전해종『한중관계사연구』, 서울: 일조각 1977.

정용화『문명의 정치사상: 유길준과 근대한국』, 서울: 문학과지성사 2004.

渡邊昭夫「外交とは何か‐その語源的考察」,『外交フォラム』no.56, 1993.

茂木敏夫「中華帝國の近代的再編と日本」,『岩派講座 近代日本と植民地1‐植民地帝
　　國日本』, 東京: 岩派書店 1992.

제6장

『高宗純宗實錄 上·中·下』探究堂 1970.

『高宗實錄』

『대조선독립협회회보』

『독립신문』

『續陰晴史』

『陰晴史』

FRUS.

Korean-American Relations.

O. N. 데니 지음, 유역박 역주『淸韓論』, 서울: 동방도서 1989. 〔*CHINA AND KOREA*, 1888〕

국사편찬위원회 엮음『從政年表 · 陰晴史 全』, 서울: 탐구당 1971.

權善弘「유교문명권의 국제관계사상」, 釜山外大『國際問題論叢 9』, 1997.

김성배「김윤식의 정치사상 연구: 19세기 조선의 유교와 근대」, 서울대학교 대학원 외교학과 박사학위논문, 2001.

김용구『만국공법』, 서울: 도서출판 소화 2008.

김용구『세계관 충돌의 국제정치학: 동양 禮와 서양 公法』, 서울: 나남출판 1997.

김용구『외교사란 무엇인가』, 인천: 도서출판 원 2002.

류준필「19세기 말 '독립'의 개념과 정치적 동원의 변화:『독립신문』논설을 중심으로」, 이화여대 한국문화연구원『근대계몽기 지식개념의 수용과 그 변용』, 서울: 소명출판 2004.

송재문화재단 편집부 엮음『독립신문 논설집』, 송재문화재단 출판부 1976.

유길준「답청사조회」兪吉濬全書編纂委員會 編『兪吉濬全書 1』(西遊見聞〈全〉), 서울: 일조각 1971.

李用熙·申一澈 對談「2. 事大主義: 그 現代的 解釋을 중심으로」, 李用熙『韓國民族主義』, 서울: 서문당 1977.

피제손(서재필)「동양론」,『대조선독립협회회보』제6호, 1897.

한국한문헌연구소 엮음『김옥균全集』, 서울: 아세아문화사 1979.

한규무「19세기 청-조선 간 종속관계의 변화와 그 성격」, 하정식·유장근 엮음『근대 동아시아 국제관계의 변모』, 서울: 혜안 2002.

黃玹 지음, 李章熙 옮김『梅泉野錄』, 대양서적 1972.

姜東局「屬邦の政治思想史」, 東京大 博士學位論文, 2004.

岡本隆司『屬國と自主のあいだ- 近代淸韓關係と東アジアの命運』, 名古屋: 名古屋
　大學出版會 2004.

伊藤博文 篇『秘書類纂-朝鮮交涉資料』上卷, 東京: 原書房 1970.

日本 外務省 編『日本外交文書』第21卷(明治 21年 1月-12月間), 東京: 日本國際連
　合協會 1963.

Bourne, Kenneth and D. Cameron Watt eds. *British documents on foreign affairs-
reports and papers from the Foreign Office Confidential Print*, Part I, From the mid-
nineteenth century to the First World War. Series E, Asia, 1860-1914, Vol. 2,
Korea, the Ryukyu Islands, and North-East Asia, 1875-1888, Frederick, Md.:
University Publications of America 1989~1994.

Lee, Yur-Bok *Diplomatic Relations Between the United States and Korea, 1866-1887*,
New York: Humanities Press 1970.

Treat, Payson J. *Diplomatic Relations between the United States and Japan* Vol.2,
Stanford, CA: Stanford University Press 1932.

제7장

『경향신문』

『동아일보』

『每日申報』

『별건곤』

『조선왕조실록』

『황성신문』

「대한독립선언서」(https://search.i815.or.kr/OrgData/OrgList.jsp?tid=de&id=
　　5-001543-000)

「대한민국헌법」, 국가법령정보센터(www.law.go.kr).

「반공법」, 국가법령정보센터(www.law.go.kr).

孤蝶「개인주의의 약의」,『개벽』제2호, 1920.

김동석「민족의 자유」,『신천지』제1권 제7호, 1946.

김비환「현대 자유주의의 스펙트럼과 한국사회의 보수와 진보」, 철학연구회 엮
　　음『자유주의와 그 적들: 한국자유주의 담론의 행방』, 철학과현실사 2006.

김상현「한용운의 독립사상」, 만해사상연구회 엮음『한용운사상연구 제2집』,
　　민족사 1981.

김윤경「자유에 대한 일고」,『동광』제13호, 1927.

김일영「박정희 시대와 민족주의의 네 얼굴」,『한국정치외교사논총』제28집 1
　　호, 2007.

_____「현대 한국에서의 자유주의의 전개과정: 헌법규범과 헌법현실의 괴리와
　　극복과정을 중심으로」,『한국정치외교사논총』제29집 2호, 2008.

김진송『현대성의 형성: 서울에 딴스홀을 허하라』, 현실문화연구 1999.

김철「한국에 있어서의 자유주의와 자유지상주의에 대한 반성」,『사회이론』제
　　30호, 2006.

문교부『고등도덕 3』, 문교부 1964.

문지영『자유』, 책세상 2009.

박노자『우승열패의 신화』, 한겨레신문사 2005.

박봉식「사대주의와 민족주의: 정쟁의 도구로 쓰이는 정치인의 주의·주장」,『사
　　상계』제11권 6호, 1963.

박원곤「카터 행정부의 대한정책: 10·26을 전후한 도덕외교의 적용」,『한국정치
　　학회보』제43집 2호, 2009.

박은식『한국독립운동지혈사』, 유신사 1920.

박정희『박정희대통령연설문집 제3집』, 동아출판사 1967.

_____『민족의 저력』, 광명출판사 1971.

_____『박정희대통령선집 1』, 지문각 1975.

_____『민족 중흥의 길』, 광명출판사 1978.

박주원「근대적 개인, 사회 개념의 형성과 변화: 한국자유주의의 특성에 대하여」,『역사비평』제67호, 2004.

박찬승『한국 근대 정치사상사연구: 민족주의 우파의 실력양성운동』, 역사비평사 1992.

백낙준「사회적 변천과 민의」,『사상계』제1권 5호, 1953.

백동현「신채호와 '국'의 재인식」,『역사와 현실』제29호, 1998.

백범김구선생전집 편찬위원회 엮음『백범 김구 전집: 제8권 건국·통일운동』, 대한매일신보사 1999.

백영서『중국현대 대학문화연구』, 일조각 1994.

북웅생「靑春男女들의 結婚準備」,『별건곤』제28호, 1930.

사회과학출판사『주체사상의 사회역사원리』, 백산서당 1989.

서중석『한국현대 민족운동연구: 해방 후 민족국가 건설운동과 통일전선』, 역사비평사 1991.

신동아편집실 엮음「강철의「해방서시」: 반제민중민주화운동의 횃불을 들고 민족해방의 기수로 부활하자」,『『선언』으로 본 80년대 민족·민주운동』, 동아일보사 1990a.

_____「김대중·김영삼 8·15공동선언: 민주화투쟁은 민족의 독립과 해방을 위한 투쟁이다」,『『선언』으로 본 80년대 민족·민주운동』, 동아일보사 1990b.

_____「민족의 통일과 평화에 대한 한국기독교회선언」,『『선언』으로 본 80년대 민족·민주운동』, 동아일보사 1990c.

_____「부산미문화원 방화사건 당시 성명서: 미국은 더이상 한국을 속국으로

만들지 말고 이 땅에서 물러가라」,『「선언」으로 본 80년대 민족·민주운동』,
  동아일보사 1990d.

신상초「고전해설 20:법의·정신」,『사상계』제4권 8호, 1956.

신연재「구한말의 사회진화론 수용과 그 영향: 신채호의 국가사상을 중심으로」,
  『울산대학교 사회과학논집』제6권 2호, 1996.

신채호「대아(大我)와 소아(小我)」,『단재신채호전집 하』, 단재신채호선생기념
  사업회 1995a.

_____「정신상 국가(精神 上 國家)」,『단재신채호전집 별집』, 단재신채호선생기
  념사업회 1995b.

안병욱「이(利)의 세대와 의(義) 세대」,『사상계』제8권 6호, 1960.

안외순「백남운과 자유주의: 식민지자유주의에 대한 조선적 맑스주의자의 비판
  적 인식을 중심으로」,『한국철학논집』16집, 2005.

우남숙「양계초와 신채호의 자유론 비교:『신민설』과「20세기 신국민」을 중심
  으로」,『동양정치사상사』제6권 1호, 2006.

유진오『젊은 날의 자화상』, 박영사 1976.

윤건차 지음, 장화경 옮김『현대 한국의 사상흐름: 지식인과 그 사상 1980~90』,
  당대 2000.

윤치호『윤치호일기 1』, 국사편찬위원회 1973.

이광린「구한말 진화론의 수용과 그 영향」,『한국개화사상연구』, 일조각 1992.

이광수「우리의 사상」,『이광수전집 10』, 삼중당 1972.

이나미『한국 자유주의의 기원』, 책세상 2001.

이돈화「生活의 條件을 本位로 한 朝鮮의 改造事業(續)」,『개벽』16호, 1921.

이보형「3·1운동에 있어서의 민족자결주의의 도입과 이해」, 동아일보사 엮음
  『3·1운동 70주년 기념논집』, 서울: 동아일보사 1992.

이상록「4·19민주항쟁 직후 한국 지식인들의 민주주의 인식 자유민주주의와
  민주적 사회주의를 중심으로」,『사총』제71호, 2010.

이상익『유교전통과 자유민주주의』, 심산 2005.

이용희「근대국가사상의 등장(속)」,『사상계』제5권 11호, 1957.

이준식「박정희 시대 지배 이데올로기의 형성: 역사적 기원을 중심으로」, 한국
　　정신문화연구원 엮음『박정희시대연구』, 백산서당 2002.

이철순「1950년대 후반의 미국의 대한 정책」, 박지향·김철·김일영·이영훈 엮
　　음『해방 전후사의 재인식 2』, 책세상 2006.

장준하「1960년을 보내면서」, 10주기추모문집간행위원회 엮음『장준하문집』,
　　사상 1985a.

＿＿＿「3·1운동에 즈음하여」, 10주기추모문집간행위원회 엮음『장준하문집』,
　　사상 1985b.

＿＿＿「민족주의자의 길」, 10주기추모문집간행위원회 엮음『장준하문집』, 사상
　　1985c.

＿＿＿「민주주의의 재확인」, 10주기추모문집간행위원회 엮음『장준하문집』, 사
　　상 1985d.

전복희『사회진화론과 국가사상』, 한울아카데미 1996.

전인권『박정희평전: 박정희의 정치사상과 행동에 관한 전기적 연구』, 이학사
　　2006.

정교『대한계년사 상』, 국사편찬위원회 1957.

정용화「근대적 개인의 형성과 민족: 일제하 한국자유주의의 두 유형」,『한국정
　　치학회보』제40집 1호, 2006.

정지영「1920-30년대 신여성과 첩/제이부인: 식민지 근대 자유연애결혼의 결
　　렬과 신여성의 행위성」,『한국여성학』제22권 4호, 2006.

조선일보사 엮음『사료 해방40년』, 조선일보사 1985.

한림과학원 엮음『동아시아개념연구 기초문헌해제』, 선인 2010.

한용운「조선독립의 서」,『한용운전집 1』, 불교문화연구원 2006.

한태연「한국에 있어서의 자유」,『사상계』제6권 12호, 1958.

휘문의숙 편집부『고등소학수신서』, 휘문관 1908.

金觀濤·劉青峰『觀念史研究: 中國現代重要政治術語的形成』, 香港: 香港中文大學 2008.

梁啓超「自由書」,『飮氷室合集 專集』 2권, 北京: 中華書局 1936a.

梁啓超「新民說」,『飮氷室合集 專集』 4권, 北京: 中華書局 1936b.

朱熹『四書章句集注』, 北京: 中華書局 1983.

『淸會典』, 北京: 中華書局出版 1991.

『後漢書』, 皇后紀第十下閣皇后紀.

姜德相 編『現代史資料 朝鮮 2』, みすず書房 1967.

姜東局「屬邦の政治思想史」, 東京大學博士論文, 2004.

宮村治雄『日本政治思想史「自由」の觀念を軸にして』, 東京: 放送大學校育振興會 2005.

吉原政道『生活手記』, 京都: 文榮堂書店 1923.

木部尚志「自由」, 古賀敬太 編『政治槪念の歷史的展開 第1券』, 京都: 晃洋書房 2004.

福沢諭吉『福沢諭吉全集 1』, 東京: 岩波書店 1969.

夫馬進「明淸中國の對朝鮮外交における礼と問罪」, 夫馬進 編『中國東アジア外交 交流史の研究』, 京都: 京都大學學術出版會 2007.

石田雄『日本の政治と言葉 上:「自由」と「福祉」』, 東京: 東京大學出版會 1989.

羽太銳治『性慾戀愛の知識: 何人も心得べき』, 東京: 白文社 1928.

土田英雄「梁啓超の「西洋」攝取と權利·自由論」, 狹間直樹 編『共同研究 梁啓超: 西 洋近代思想受容と明治日本』, 東京: みすず書房 1999.

樋口龍峽 編『自ら進んで取れ』, 東京: 廣文堂 1910.

Arblaster, Anthony *The Rise and Decline of Western Liberalism*, Oxford: Basil Blackwell 1984.

Berlin, Isaiah "Two Concepts of Liberty," *Four Essays on Liberty*, Oxford: Oxford University Press 1969.

Carr, E. H. *Twenty Years' Crisis: An Introduction to the Study of International Relations*, London: Macmillan 1939.

Deuchler, Martina *The Confucian Transformation of Korea: A Study of Society and Ideology*, Cambridge, Mass.: Harvard University Press 1992.

Gray, John *Liberalism*, Minneapolis: University of Minnesota Press 1995.

Kukanthas, Chandran "Libety," Robert E. Goodin and Philip Pettit eds. *A Companion to Contemporary Political Philosophy*, Oxford: Blackwell Publisher 1995.

Locke, John, Peter Laslett eds. *Two Treatises of Government*, New York: New American Library 1963.

Manela, Erez *The Wilsonian Moment: Self-Determination and the International Origin of Anticolonial Nationalism*, Oxford: Oxford University Press 2007.

Mill, John S. *On Liberty*, London: Longman, Roberts & Green 1869.

Ryan, Alan "Liberalism," Robert E. Goodin and Philip Pettit eds. *A Companion to Contemporary Political Philosophy*, Oxford: Blackwell Publisher 1995.

Smith, Gaddis, *Morality, Reason and Power: American Diplomacy in the Carter Years*, New York: Hill & Wang 1987.

제8장

『독립신문』

『황성신문』

『매일신문』

『대한매일신보』

권보드래 「근대 초기 '민족'개념의 변화: 1905~1910년 『대한매일신보』를 중심
　　으로」, 이화여대 한국문화연구원 엮음『근대계몽기 지식의 굴절과 현실적 심
　　화』, 서울: 소명출판 2007.

김도형『대한제국기의 정치사상연구』, 서울: 지식산업사 1994.

박명규『국민 · 인민 · 시민: 개념사로 본 한국의 정치주체』, 서울: 도서출판 소
　　화 2009.

박주원「『대한매일신보』에 나타난 '개인'개념의 특성과 의미」, 이화여대 한국
　　문화연구원 엮음『근대계몽기 지식의 굴절과 현실적 심화』, 서울: 소명출판
　　2007.

양재익 엮음『원한국 일진회 역사』, 경성: 문명사 1911.

Chatterjee, Partha *Nationalist Thought and the Colonial World: A Derivative Discourse?*
　　London: Zed Books 1986.

Hwang, Kyung Moon "Country or State? Reconceptualizing Kukka in the Korean
　　Enlightenment Period, 1896–1910," *Korean Studies* Vol.24, 2000.

Moon, Yumi *Populist Collaborators: the Ilchinhoe and the Japanese Colonization of
　　Korea, 1896–1910*, Ithaca: Cornell University Press, forthcoming 2013.

Schmid, Andre *Korea between Empires 1895–1919*, New York: Columbia University
　　Press 2002.

Skinner, Quentin *Visions of Politics* vol.1, Cambridge; Cambridge University Press
　　2002.

제9장

『經世遺表』

『고종실록』

『農政新編』

『湛軒書』

『北學議』

『西遊見聞』

『續陰清史』

『承政院日記』

『神氣通』

『신동아』

『與猶堂全書』

『儒學經緯』

『仁政』

『日省錄』

『推測錄』

『漢城旬報』

『皇城新聞』

고병익「다산의 진보관」,『조명기 박사 화갑기념 불교사학논총』, 1965.

구가 가쓰토시『지식의 분류사』, 서울: 한국출판마케팅연구소 2009.

국사편찬위원회『修信使記錄——修信使日記』, 국사편찬위원회 1958.

권석봉「영선사행에 대한 일고찰: 군계학조사(軍械學造事)를 중심으로」,『역사 학보』제17·18합집, 1962.

권오영「신기선의 동도서기론 연구」,『청계사학』제1집, 1984.

김갑천 「박영효의 건백서: 내정개혁에 대한 1888년의 상소문」, 『한국정치연구』
　　제2집, 1990.

김기승 「다산 정약용의 부국강병형 국가개혁 사상」, 『한국사학보』 제19집,
　　2005.

김상배 「기술과 지식, 그리고 기식(技識): 정보혁명의 국제정치학적 탐구를 위
　　한 개념적 기초」, 『국제정치논총』 제45집 1호, 2005.

_____ 『정보화시대의 표준경쟁: 윈텔리즘과 일본의 컴퓨터산업』, 파주: 한울
　　2007.

_____ 『정보혁명과 권력변환: 네트워크 정치학의 시각』, 파주: 한울 2010a.

_____ 「집합지성보다는 커뮤니티?: 한국사의 맥락에서 본 인터넷 문화의 특
　　징」, 『사이버커뮤니케이션학보』 제27집 4호, 2010b.

김숙자 「독립협회의 과학기술 구국운동: 서울 지역을 중심으로」, 『향토서울』 제
　　43집, 1985.

김연희 「고종시대 서양기술 도입」, 『한국과학사학회지』 제25권 1호, 2003.

_____ 「영선사행 군계학조단(軍械學造團)의 재평가」, 『한국사연구』 제137권,
　　2007.

_____ 「개항 이후 해방 이전 시기에 대한 한국기술사 연구동향」, 『한국과학사
　　학회지』 제31권 1호, 2009.

_____ 「『한성순보』 및 『한성주보』의 과학기술 기사로 본 고종시대 서구 문물 수
　　용 노력」, 『한국과학사학회지』 제33권 1호, 2011.

김영호 「한말 서양기술의 수용: 근대서양의 도전에 대한 주체적 대응의 일면」,
　　『아세아연구』 제11집 3호, 1968.

_____ 「개항 이후의 근대경제사상: '동도서기'론을 중심으로」, 『한국학입문』,
　　정신문화연구원 1983.

_____ 「다산실학에 있어서 윤리와 경제」, 『동방학지』 54·55·56합집, 1987.

_____ 「정다산(丁茶山)의 과학기술사상」, 『동양학』 제19집, 1989.

김용운·김용국,『동양의 과학과 사상: 한국과학의 가능성을 찾아서』, 서울: 일
　　지사 1984.

김용헌「서양과학에 대한 홍대용의 이해와 그 철학적 기반」,『철학』제43집,
　　1995.

＿＿＿「박제가 기술수용론의 의의와 한계」,『퇴계학』제9권 1호, 1997.

＿＿＿「조선 후기 실학적 자연관의 몇가지 경향」,『한국사상사학』제23집,
　　2004.

김의환「한말 근대기술교육의 자주적 성장과 일제의 침략」,『한일연구』, 한국일
　　본문제연구회 1972.

김정기「1880년대 기기국·기기창의 설치」,『한국학보』제10집, 1978.

노대환『동도서기론 형성과정 연구』, 서울: 일지사 2005.

노태천「정약용의 〈기예론〉과 공학교육의 새로운 방향」,『공학교육연구』제1권
　　1호, 1998.

＿＿＿「홍대용과 공학교육」,『공학교육연구』제5권 1호, 2002.

문중양「조선 후기 실학자들의 과학담론, 그 연속과 단절의 역사」,『정신문화연
　　구』제26권 4호, 2003.

박성래「정약용의 과학사상」,『다산학보』제1집, 1978a.

＿＿＿「한국근세의 서구과학 수용」,『동방학지』제20집, 1978b.

＿＿＿「개화기의 과학 수용」,『한국사학』제1집, 1980a.

＿＿＿「대원군시대의 과학기술」,『한국과학사학회지』제2집 1호, 1980b.

＿＿＿「개화기의 서양과학」,『한국과학사학회지』, 제10권 1호, 1988.

＿＿＿「19세기 조선의 근대 물리학 수용」,『외대사학』제5권 1호, 1993.

＿＿＿「홍대용의 과학사상」,『교수아카데미총서』제7권 1호, 1994.

＿＿＿「홍대용『담헌서(湛軒書)』의 서양과학 발견」,『진단학보』제79호, 1995.

＿＿＿「서세동점과 동도서기」,『과학사상』제25호, 1998a.

＿＿＿「한성순보와 한성주보의 근대과학 인식」, 김영식·김근배 엮음『근현대

한국사회와 과학』, 서울: 창작과비평사 1998b.

박성래 엮음『중국의 과학사상: 중국에는 왜 과학이 없었던가?』, 전파과학사 1978.

박성래·신동원·오동훈 엮음『우리 과학 100년』, 서울: 현암사 2011.

박충석「박영효의 부국강병론」, 와타나베 히로시·박충석 엮음『'문명' '개화' '평화': 한국과 일본』, 서울: 아연출판부 2008.

배항섭『19세기 조선의 군사제도 연구』, 서울: 국학자료원 2002.

성좌경『기술의 이해 그리고 한국의 기술』, 인천: 인하대학교출판부 1986.

송상용·전상운·박성래·김근배·신동원「한국과학사의 현황과 과제」,『과학사상』제30호, 1999.

안외순「서학 수용에 따른 조선실학사상의 전개양상」,『동방학』제5집, 1999.

야부우치 기요시『중국의 과학문명』, 서울: 민음사 1997.

연갑수『대원군 집권기 부국강병정책 연구』, 서울: 서울대출판부 2001.

이광린『한국개화사연구』, 서울: 일조각 1974.

이상일「김윤식의 개화자강론과 영선사 사행(使行)」,『한국문화연구』제11호, 2006.

이용태「다산 정약용의 자연과학사상」,『정다산연구』(다산선생 탄생 200주년 기념논문집), 과학연구소 1962.

이용희『일반국제정치학(상)』, 서울: 박영사 1962.

이원호『한국기술교육사』, 서울: 문음사 1991.

이유진「정약용『경세유표(經世遺表)』의 연구」,『한국사상사학』제14권 1호, 2000.

이해경「실학파의 기술개혁론」,『논문집』제17권, 1987.

이현구『최한기의 기철학과 서양과학』, 서울: 성균관대출판부 2000.

임형택「개항기 유교 지식인의 '근대' 대응논리: 혜강 최한기의 기학을 중심으로」,『대동문화연구』제38집, 2001.

적총충(赤塚忠)·김곡치(金谷治) 외『중국사상개론』, 서울: 이론과실천 1987.

전상운『한국과학기술사』, 과학세계사 1966.

전해종「통리기무아문 설치의 경위에 대하여」,『역사학보』제17·18합집, 1962.

정옥자「신사유람단고(考)」,『역사학보』, 1965.

정호훈「조선 후기 실학의 전개와 개혁론」,『동방학지』제124집, 2004.

조성을「정약용의 군사제도 개혁론」,『경기사학』제2집, 1998.

하영선 엮음『근대한국의 사회과학 개념 형성사』, 파주: 창비 2009.

한우근「개항 당시의 위기의식과 개화사상」,『한국사연구 2』, 1968.

홍이섭『정약용의 정치경제사상 연구』, 한국연구원 1959.

三技博音『技術の哲學』, 東京: 岩波書店 1951.

Jeon, Sang-woon *Science and Technology in Korea: Traditional Instruments and Techniques*, Cambridge, Mass.: The MIT Press 1974.

Neehdam, Joseph *Science and Civilization in China*, Cambridge: Cambridge University Press 1999.

제10장

高永煥「데모크라시의 의미」,『학지광』제19호, 1920.

_____「우리 生活의 改造」,『학지광』제22호, 1921.

金明植「大勢와 改造」,『동아일보』1920/4/2.

金泳植「日米海軍比率問題」,『동아일보』1921/12/3.

_____「民族主義의 將來(四)」,『동아일보』1923/6/6.

金俊淵「世界改造와 吾人의 覺悟」,『학지광』제20호, 1920.

大山郁夫 지음, YS 옮김 「民族과 階級, 現代 政治에 在한 民族과 階級과의 關係」, 『개벽』 제51호, 1924.

朴錫胤 「우리의 할 일 (랏셀)」, 『학지광』 제19호, 1920.

李敦化 「人類相對主義와 朝鮮人」, 『개벽』 제25호, 1922.

李東谷 「中國에 在한 日本의 利權動搖와 東亞의 今後의 大勢」, 『개벽』 제36호, 1923.

北旅東谷 「새 甲子를 넘겨다보는 世界의 不安, 極紛糾에 陷한 歐洲의 亂局=全世界 被壓迫階級의 奮鬪=불이냐? 물이냐?=爆發의 最後瞬間」, 『개벽』 제42호, 1923.

새봄 「『칸트』의 永遠平和論을 讀함」, 『개벽』 제4호, 1920.

서정훈 『홉슨의 제국주의론』, 울산: 울산대학교출판부, 2005.

小春 「最近國際政局大觀」, 『개벽』 제61호, 1925.

宋鎭禹 「최근의 감, 무엇보다도 힘」, 『개벽』 제46호, 1924.

_____ 「세계대세와 조선의 장래(十)」, 『동아일보』 1925/9/6.

若櫻 「일년간의 세계대세」, 『동아일보』 1924/1/4.

若櫻生 「勢力均衡主義와 國際協調主義」, 『개벽』 제46호, 1924.

梁起鐸 「知아否아?」, 『동아일보』 1920/4/1.

에취 지 웰쓰 「世界改造案」, 『동명』 제34~38호, 1923.

牛岩 「國際聯盟의 硏究」, 『동아일보』 1920/7/19.

윤치호 「1891년 11월 일기」, 박정신 옮김 『윤치호일기 2』, 서울: 연세대학교출판부 2001.

鄭圭璇 「改造問題에 關與하는 社會連帶의 精神」, 『개벽』 제27호, 1922.

조세현 「동아시아 3국(한중일)에서 크로포트킨 사상의 수용: 『상호부조론(相互扶助論)』을 중심으로」, 『중국사연구』 제39집, 2005.

曹正煥 「日米國交의 過去, 現在, 將來 (九)」, 『동아일보』 1923/8/1.

崔承萬 「상조론」, 『학지광』 제19호, 1920.

하영선 『역사 속의 젊은 그들: 18세기 북학파에서 21세기 복합파까지』, 서울: 을 유문화사 2011.

허수「『학지광』의 매체적 특성과 일본의 영향 1:『학지광』의 주변」,『대동문화연
구』제48집, 2002.

黃錫禹「現日本思想界의 特質과 그 主潮, 附 現日本 社會運動의 그 手段」,『개벽』
제34호, 1923.

○民「思想의 歸趨와 運動의 方向」,『개벽』제45호, 1924.

2·8독립선언문 원문(독립기념관)

https://search.i815.or.kr/ImageViewer/ImageViewer.jsp?tid=co&id=6-002632-017

3·1 독립선언문 원문(독립기념관)

https://search.i815.or.kr/ImageViewer/ImageViewer.jsp?tid=oo&id=5-001095-
000&pid

高杉洋平「國際軍縮會議と日本陸軍: パリ平和會議からワシントン會議へ」,『國際
政治』Vol.154, 2008.

吉野作造「國家中心主義個人中心主義二思潮の對立衝突調和」,『中央公論』9月號
(10號), 1916.

_____「現代思潮低流は國際協調主義」,『中央公論』2月號(2號), 1921a.

_____「帝國主義より國際民主注意へ」,『六合雜誌』7月號, 1921b.

_____『吉野作造選集 6』, 東京: 岩波書店 1995.

桑木嚴翼「世界改造の哲學的基礎: 勞動問題, 文化主義, 人格主義」,『改造』2號,
1919.

信夫淳平『國際政治の進化及現勢』, 東京: 日本評論社 1925.

入江昭『日本の外交: 明治維新から現代まで』東京: 中央公論社 1966.

酒井哲哉『近代日本の國際秩序論』, 東京: 岩波書店 2007.

Asada, Sadao "Japan's 'Special Interests' and the Washington Conference, 1921-22," *The American Historical Review* Vol.67, No.1, 1961.

_____ "From Washington to London: The Imperial Japanese Navy and the Politics of Naval Limitation, 1921-1930," *Diplomacy & Statecraft* Vol.4, No.3, 1993.

Burkman, Thomas "Nationalist actors in the international theater: Nitobe Inazo and Ishii Kikujiro and the League of Nations," Dick Stegewerns ed. *Nationalism and Internationalism in Imperial Japan: Autonomy, Asian Brotherhood, or World Citizenship?* London: Routledge Curzon 2003.

Duggan, Stephen "Reconstruction Among the Small Nations of Middle," Carl Kelsey ed. *International Reconstruction*, American Academy of Political and Social Science 1919.

Hayes, Calton J. H. "Bases of a New National Imperialism" (1941), Harrison M. Wight ed. *The New Imperialism: Analysis of Late-Nineteenth-Century Expansion*, 2nd edition, Boston: Heath, 1976.

Hawley, Ellis W. *The Great War and the Search For a Modern Order: A History of the American People and Their Institutions 1917-1933*, New York: St. Martin's Press 1979.

Hobson, John *Imperialism: A Study*, New York: Gordon Press 1975.

Holbraad, Carsten *Internationalism and Nationalism in European Political Thought*, New York: Palgrave Macmillan 2003.

Ikeda, Josuke "Japanese Vision of International Society: A History Exploration," Kosuke Shimizu, Josuke Ikeda, Tomoya Kamino and Shiro Taro, *Is There A Japanese IR? Seeking an Academic Bridge through Japan's History of International Relations*, Afrasian Centre for Peace and Development Studies, Kyoto: Ryukoku University 2008.

Kant, Immanuel "To Perpetual Peace: A Philosophical Sketch," Ted Humphrey trans.

Perpetual Peace, and Other Essays on Politics, History, and Morals, Indianapolis; Cambridge: Hackett Pub. Co. 1983.

Katsuizumi, Sotokichi *Critical Observation on the Washington Conference*, MI: Ann Arbor 1922.

Laqua, Daniel *Internationalism reconfigured: Transnational Ideas and Movements Between the World Wars*, New York: I. B. Tauris 2011.

Long, David and Brian Schmidt eds. *Imperialism And Internationalism in the Discipline of International Relations*, Albany: New State University of New York Press 2004.

Long, David and Peter Wilson eds. *Thinkers of The Twenty Years' Crisis: Inter-war Idealism Reassessed*, Oxford: Clarendon Press; New York: Oxford University Press 1995.

Manela, Erez *The Wilsonian Moment: Self Determination and the International Origins of Anticolonial Nationalism*, Cambridge, UK: Oxford University Press 2007.

Miyaoka, Tsunejiro *Growth of Internationalism in Japan: Report to the Trustees of the Endowment*, Washington D. C.: Carnegie Endowment for International Peace 1915.

Navari, Cornelia *Internationalism and the State in the twentieth century*, London, New York: Routledge 2000.

Nishida, Toshihiro "The Increased Influence of League of Nations in East Asia and US and Japan Relations: 1927-1931," *Gei* Vol.2, 2005.

Rich, Paul "Reinventing Peace: David Davies, Alfred Zimmern and Liberal Internationalism in Interwar Britain," *International Relations* Vol.16, No.1, 2002.

Rousseau, Jean-Jacques "Abstract of Monsieur the Abbé de Saint-Pierre's Plan for Perpetual Peace," *The Plan for Perpetual Peace, On the Government of Poland, and Other Writings on History and Politics* (Collected Writings of Rousseau vol. Ⅱ), Hanover, N.H.: Dartmouth College Press 2005.

Saint-Pierre Charles Irénée Castel de *A project for settling an everlasting peace in Europe. First proposed by Henry IV. of France, and approved of by Queen Elizabeth, ... and now ... made practicable by the Abbot St. Pierre, ...* , Gale ECCO Print Editions 2010.

Toynbee, Arnold J. *The new Europe: some essays in reconstruction*, London, Toronto: Dent; New York: Dutton 1916.

Wilson, Peter "The myth of the 'First Great Debate' in Ken Booth," Michael Cox and Timothy Dunne eds. *The eighty years' crisis: International Relations 1919~1999*, Cambridge, England: Cambridge University Press 1998.

Woolf, Leonard *International Government*, New York: Brentano's 1916.

_____ *The War for Peace*, London: Labour Book Service 1940.

Zaidi, Waqar "Liberal Internationalist Approaches," Daniel Laqua ed. *Internationalism reconfigured: Transnational Ideas and Movements Between the World Wars*, New York: I. B. Tauris 2011.

찾아보기

ㄱ

간디(Mahatma Gandhi) 365

갑신정변 25, 83, 100~2, 165, 182, 183, 185

갑오개혁 83, 92, 106, 112, 163, 187, 198, 269, 271, 274, 276, 285, 305, 336, 338, 340, 341

강동국 172

개디스, 존 루이스(John Louis Gaddis) 30

개조 218, 221, 296, 297, 342, 351, 354~71, 380

개화사상 269, 270, 326

건전국가 293

고르바초프, 미하일(Mikhail S. Gorbachev) 134, 136, 137

고영환 354~56, 358

고종 112, 161, 163, 166, 173, 179, 181, 185~92, 197~99, 305, 306, 329, 337, 340

공사 98, 155, 156, 159, 160, 163, 166~68, 172, 176, 177, 181, 182, 184~88, 192, 193, 195, 197, 283

공수동맹 122

공화주의 263, 277, 283, 306

관권 269, 290, 292~94, 298, 300, 305

콤독트린 31, 32

교빙 154, 156, 157, 164, 169

교제사무 154~57, 162, 164

국권 101, 102, 112, 281, 282, 290, 294, 305, 306

국민국가체제 52

국제연맹 221, 342, 344, 345, 348, 355, 356, 358~61, 364, 365, 367, 369~71, 373, 381, 382

국제협조주의 26, 342~47, 349~54, 356, 359, 361, 362, 364, 366~69, 371~74, 380~82

군민공치 104, 109

권재형 197

그나이스트(Rudolf von Gneist) 89

그레이, 존(John Gray) 202

근대국가 77, 78, 80~87, 90, 92~94, 99~103, 105, 106, 108, 113~15, 148, 169, 175, 335, 372

근대기술 308, 309, 322, 330, 331, 334, 335, 337~40

글래드스톤(W. E. Gladstone) 115

기조(F. Guizot) 100

김기전 356, 370, 376

김대중 34, 118, 142~45, 258

김명식 28, 356, 370

김명준 292~94, 302

김양수 26, 344, 366, 371~75, 378

김영남 35

김영삼 118, 142, 256, 258

김영식 368, 369

김영호 30

김옥균 83, 94, 101, 102, 172, 310, 330, 334, 335

김윤경 224

김윤식(운양) 83, 94, 97~99, 100, 107, 108, 159, 178, 180, 186, 187, 310, 324~26, 328~30

김익노 277

김일성 30, 32, 35

김일성-스탈린 모스크바 비밀회담 30

김재현 197

김정일 35

김종직 70

김준연 357, 363, 364

김지하 253, 254

김홍집 158, 159, 177, 190, 191, 329

ㄴ

나까무라 마사나오(中村正直) 211, 212

나바리(Cornelia Navari) 343, 348

냉전질서 28~30, 36

〈노륙법〉 276

416

노무현 118, 143, 144

노태우 118, 134, 135, 258

니또베 이나조(新渡戸稲造) 352

니시 아마네(西周) 313

닉슨(Richard Nixon) 31, 32

ㄷ

다이쇼 데모크라시 224, 343

다이슨(K. Dyson) 85

대동아공영권 28, 126~28

대아시아주의 26, 27

대원군 94, 101, 310, 327, 329, 339

대한제국 191, 197, 198, 211, 213~16, 269, 272, 281~83, 288, 302, 305

대한협회 288, 289, 292, 305

데니(O. N. Denny) 172, 185

데이비스(David Davies) 348

데카르트(Rene Descartes) 86

데탕트 30, 32~35, 133, 242, 250

『독립신문』 105, 106, 124, 194, 196, 199, 272, 273, 275~79, 284, 286, 288~90

독립협회 194, 199, 272~74, 276~78, 281, 282, 286, 288, 298, 302, 305, 337, 340

「독밀아자서」 288

동도서기 121, 122, 310, 322~32, 335, 336, 338~41

동북아(동북아시아) 52, 117~20, 128~30, 134~36, 138, 139, 141~44, 146, 147

동북아시대 118, 143, 144, 146

동아시아 신질서(동아신질서) 19, 27, 28, 36, 39, 41, 42, 126

동아시아정상회의(EAS) 143, 145, 146

동아시아질서 19, 20, 24, 27, 29, 36, 37, 39~41, 46, 50, 74, 375

동아협동체 27, 28, 125, 126

동양평화론 26, 124

동학 185, 270, 272~74, 277, 279, 286, 287, 299, 305, 309, 310, 336

ㄹ

라트겐(K. Rathgen) 90, 110~13

량 치차오(梁啓超) 80, 90~93, 114, 211~13, 220

러셀(Bertrand Russell) 365

러일전쟁 25~27, 124, 284, 305

레닌(Vladimir Lenin) 377

레이건(Ronald Reagan) 258

로물로, 카를로스(Carlos P. Romulo) 131

로오야마 마사미찌(蠟山政道) 350

로우(F. F. Low) 176

로우즈(Holland Rose) 347

로이드(Lorna Lloyd) 343

롤랑, 로맹(Romain Rolland) 365

롱(David Long) 343

루소(Jean Jacques Rousseau) 86, 292, 293, 302, 306

리 다자오(李大釗) 27

리노이에 류스께(李家隆介) 110

리치, 마테오(Matteo Ricci) 117

리치(Paul Rich) 348

리 홍장(李鴻章) 83, 98, 159, 167, 168, 172, 178, 185, 288, 328

린제이(H. H. Lindsay) 152

ㅁ

마끼노 노부아끼(牧野伸顯) 352

마넬라(Erez Manela) 368

마르텡(K. von Martens) 154

마키아벨리(Niccoló Machiavelli) 84, 365

마하티르(Mahathir Mohamad) 139, 145

만국공법 25, 50, 80, 81, 94, 96~101, 153, 174, 184, 373

만주사변 27, 382

매카시즘(McCarthyism) 238

메이지 유신 25, 78, 122

메이지(明治) 천황 88

메테르니히(Klemens Metternich) 299, 300, 304

모스(E. S. Morse) 107

문명개화파 83, 94, 100, 101, 103, 105, 106, 108, 115

미끼 타께오(三木武夫) 126

미끼 키요시(三木淸) 126

미야모또 코이찌(宮本小一) 155, 156

미야오까(Tsunejiro Miyaoka) 349

미트라니(David Mitrany) 348

민권 103, 252, 269, 271~73, 275~84, 286, 288~306, 351

민권당 275~79, 299

민본 277, 286, 344, 351, 359

『민약론』 293, 302

민족자결주의 27, 219, 220, 262, 263, 337, 346, 358~60, 362, 367~70, 381

민족해방론 259~261, 265

민중민주주의론 259, 260

민회 104, 278, 281, 286, 288, 289, 296

밀(J. S. Mill) 115, 211
밀러(J. D. Miller) 343

ㅂ

박규수(환재) 94~97, 100, 107, 153, 310, 324, 325, 331
박명림 30
박봉식 250
박석윤 365
박영효 83, 94, 101, 102, 172, 180~83, 190, 310, 330, 335
박정양 156, 166, 168, 185, 192
박정희 32~34, 132, 133, 245~52, 254~58, 261, 264, 265
박제가 310, 318, 321
박지원 23, 310, 318
박철언 135
반공 131~33, 236, 245, 246, 248, 250, 253~57, 261, 263~67
〈반공법〉 254
방종 216, 225, 228~33, 240, 241, 243~48, 251, 255, 258, 267, 282
백낙준 241
백남운 223
변신무외교 152, 165
벌린, 이사야(Isaiah Berlin) 240

베르사유 강화조약 345, 371~74
베르사유회의 344, 352, 360, 377
베이징사변 81
베이커(James Baker) 139
베이컨(Francis Bacon) 314
베트남전 29, 31, 32, 133, 242, 248
보댕(Jean Bodin) 86
북방정책 33, 118, 134~36, 141, 146
북학파 310, 317, 318, 320, 321
블룬칠리(J. K. Bluntschli) 82, 88~92, 100, 112, 115
빗센(Nicolas Witsen) 128
빈센트(Andrew Vincent) 348
빙엄(John Armos Bingham) 181

ㅅ

사까이 테쯔야(酒井哲哉) 346, 351
사대관계 53, 57~61, 68, 69, 76, 100, 178, 179, 194
사대주의 45, 46, 174, 256, 261
사대질서 45~47, 68, 69, 73, 86, 164, 173, 174, 177
사이온지 킨모찌(西園寺公望) 352
4·19혁명 242~47, 252, 256
3·1운동 216~18, 221~23, 225, 252, 262, 271, 368

삼조 166, 167

상주사절 150, 165, 166, 168, 185

생 피에르(Abbé de Saint-Pierre) 345

서거정 62

서재필 106, 197

서춘 367

선거제 275, 277, 281, 282, 289, 298, 305, 351

『성초지장』 154, 156, 160, 161

세계개조 342, 354, 357~60, 362~64, 366, 368~71, 380

세계대공황 27

세력균형 26, 101, 184, 218, 359, 366, 369, 372~74, 379

세력균형주의 26, 366, 373, 374

셰바르드나제(Eduard A. Shevardnadze) 35

소프트파워 141, 147

소화연구회 27

속방자주 171, 173,

손병희 336

송계백 367

송시열 70, 71

송진우 378, 379

쇼오또꾸 태자(聖德太子) 83

쉬 소우펑(徐壽朋) 168

슈미트(Brian C. Schmidt) 343

슈타인, 로렌츠 폰(Lorenz von Stein) 89, 90, 113, 114,

슈펠트(Robert W. Shufeldt) 159, 181

슘페터(Joseph Schumpeter) 347

스탈린(Iosif Stalin) 30, 130

스파르타 294, 295

스펜서(H. Spencer) 115

시노부 준뻬이(信夫淳平) 374

시데하라 키주우로오(幣原喜重郞) 352, 353

신관호 327

신기선 310, 324, 325, 330

신사유람단 156

신상초 238

신자유주의 266, 348, 350

신종희 286

신채호 213, 220

신청사학파 22, 46~50, 61, 79

신헌 155, 157~59

실학 68, 73, 310, 316~18, 320~23, 326, 327, 331, 333, 334, 336, 338, 339, 341

심순택 198

쑨 원(孫文) 27

씰(John M. B. Sill) 192, 193

ㅇ

아관파천 92, 106, 109, 112, 197

아사다(Sadao Asada) 352

아세안+3(APT) 43, 143, 145, 146

아테네 294

아편전쟁 24, 25, 81, 94

안종수 324, 331

안중근 124

애그뉴(Spiro T. Agnew) 32, 35

야마자까 테쯔조오(山崎哲藏) 110

양기탁 354

양성지 52, 63

양절체제론 25, 108, 166

어윤중 83, 159, 179

에인절, 노먼(Norman Angell) 348

에자와(江澤讓爾) 127

「여일진회장서」 286, 287

여중룡 286

열하 23, 94

영선사행 97, 178, 328, 329, 331, 340

영약삼단 166~68, 184, 185

예의지방론 95, 96

옐리네크(G. Jellinek) 86, 89, 112

오꾸마 시게노부(大隈重臣) 89

오리엔탈리즘 270

오연근 199

오오가끼 타께오(大垣丈夫) 289~94, 305

오오또리 케이스께(大鳥圭介) 186, 187

오오야마 이꾸오(大山郁夫) 357

5·16쿠데타 245, 247

오페르트(Ernst Jacob Oppert) 152

왕권(군권) 101, 102, 112, 213, 269,
    272, 273, 281, 282, 286, 290, 294,
    304~306

요시노 사꾸조오(吉野作造) 350, 351,
    357, 364

우찌다 코오사이(內田康哉) 353

우찌사가끼 사꾸사부로(內ヶ崎作三郎)
    358

울시(T. D. Woolsey) 89, 112, 115

울프(Leonard Woolf) 347~50, 364

워싱턴, 조지(George Washington) 276,
    277, 293

워싱턴회의 26, 27, 344, 345, 352,
    353, 360, 361, 374~78

원용부회론 25

웰스(H. G. Wells) 348, 357

위안 스카이(袁世凱) 168

위원(魏源) 94

윌슨(Peter Wilson) 343, 348, 367

윌슨(Woodrow Wilson) 219, 345,
    355, 358, 368, 370, 371

윌슨의 14개조 360, 363, 367, 371

윌슨주의 218~21, 262, 263, 271, 368

유길준 83, 90, 92~94, 106~14, 165, 172, 184, 185, 297, 298, 310, 330, 335, 336

유진오 224

유진희 365

윤보선 248

윤선학 310, 326, 330

윤치호 208, 209, 222, 223, 276, 366

이계태 296

이광수 222, 367

이께다(Josuke Ikeda) 350

이노우에 고와시(井上毅) 89

이돈화 225, 226, 360, 361

이동곡 370, 371, 377, 378

이동인 98

이또오 히로부미(伊藤博文) 89, 90, 114, 300

이성계 59

이승만 131~33, 241, 244, 246, 277

이시다 타께시(石田雄) 224

이시바시 탄잔(石橋湛山) 350

이시이 키꾸지로오(石井菊次郎) 352

이와꾸라 토모미(岩倉具視) 89, 122

이용후생 312, 317, 318, 322, 323, 325, 333, 334

이용희 47, 50~53, 61, 238

이이(율곡) 65, 66

이조연 179

이찌지마 켕끼찌(市島謙吉) 115

이황(퇴계) 65

이후락 32

인민주권론 104, 274, 275, 290, 301~ 304, 306

인신무외교 150~53, 157, 160, 165, 167, 169

인종연대론 123, 147

일진회 230, 273, 279, 284~87, 289, 290, 292, 299, 300, 302, 305

임오군란 25, 165, 174, 179, 181, 199, 328, 329, 332, 333

ㅈ

자소사대 22, 25, 206, 207, 209

자유권 216, 217, 275, 278, 279, 285, 290, 292, 293, 300, 305, 306

자유연애/결혼 226~28, 233

자주독립 124, 136, 147, 171, 174, 184~91, 194~97, 199, 200, 234, 275, 336, 337

자주의 방(自主之邦) 176

장덕수 363

장소성 119, 120, 122, 147

장 인후안(張蔭桓) 168

장준하 251~53, 266, 267

장지연 214, 337

저우 언라이(周恩來) 31

전권 155, 157~60, 163, 167, 181, 188, 352

정교 208, 209

정교금령 164, 169, 174, 176~78

정덕 313, 317, 318, 325, 334, 339

정도전 62

정두원 316

정병훈 30

정약용 310, 318~22

제1차 세계대전 26, 125, 218, 219, 222, 224, 225, 235, 342, 345, 347, 349, 351, 354~56, 361, 365, 366, 369, 370, 372, 375, 376, 380, 381

제2차 세계대전 28, 29, 126, 239, 343, 369, 374, 377, 381

제퍼슨, 토머스(Thomas Jefferson) 276

조국통일 3대 원칙 32, 33

조병세 198

조병호 158

조일수호조규(강화도조약) 154, 155, 158, 173, 175, 176

조정환 375, 376

종응성(宗應星) 311

주 후(周馥) 179

주권국가체제 45, 46, 175

주한미군 철수 31~34, 131, 250

중일전쟁 27, 126,

중화질서론 47, 48

지리상의 발견 208

지방자치 288, 289, 295~98

지석영 333

지역공간 117, 119, 120, 127, 134, 147

지역주의 26, 133, 134, 138, 140, 143, 144

짐먼(Alfred Zimmern) 348

쓰다 센(律田仙) 331

ㅊ

척사론 25, 95, 124, 322, 323

천주교정의구현전국사제단 253

천하예의지방 20, 21, 24

천하질서 19~25, 45, 47, 51, 54, 80, 82, 83, 93, 115, 119, 120, 127, 147, 151, 160, 161, 169, 170

천황제 290

청일전쟁 23~26, 83, 113, 123~125,
170, 172, 174, 182, 185, 188, 191,
194, 197, 200
최박 70
최승만 365
최익현 124
최팔용 367
최한기 310, 323, 324, 339
7·4남북공동성명 29, 30, 32~35
7·7선언 134, 135

ㅋ
카(Edward H. Carr) 343
카또오 칸지(加藤寬治) 352, 353
카또오 토모사부로오(加藤友三郎) 352,
353
카또오 히로유끼(加藤弘之) 87~89, 92
카스틸리오네(Giuseppe Castiglione, 郎
世寧) 23
카쯔 카이슈우(勝海舟) 122
카쯔이즈미(Sotokichi Katsuizumi)
353
카터(Jimmy Carter) 250
칸트(Immanuel Kant) 345, 360
커너(Robert Kerner) 129, 130
커밍스, 브루스(Bruce Comings) 29

코노에 후미마로(近衛文麿) 27
코젤렉(Reinhart Koselleck) 113
콧킨(Stephen Kotkin) 129
크로포트킨(PëtrAlekseevich Kropotkin)
347, 350, 364, 365
크림전쟁 110, 349
키신저(Henry A. Kissinger) 31, 32

ㅌ
타고르(Rabindranath Tagore) 365
타루이 토오끼찌(樽井藤吉) 123
타르타리 128, 129
탈냉전 30, 35, 36, 38, 118~20, 133,
134, 139, 144, 147
탈식민주의 269, 270
탈아론 26, 122, 123
태평양전쟁 27
테라시마 무네노리(寺島宗則) 156
테크네 308, 312, 313, 316, 322, 328,
334, 338, 339, 341
톈안먼 사태 138
톈진조약 186
토인비(Arnold Toynbee) 355
토크빌(A. Tocqueville) 115
톨스토이(Lev Tolstoy) 350, 365
통감부 296, 298~300, 302, 305, 306

통리교섭통상사무아문 163, 164
통리기무아문 161~63, 328

ㅍ

파리 장서 217, 221
파스칼(Blaise Pascal) 86
페어뱅크(John K. Fairbank) 23,
 46~50, 60, 79
페이비언 사회주의(Fabian socialism)
 348, 350
포스트식민주의 267
포퓰리즘 273, 286, 305
프랑스혁명 86, 121, 278, 279, 293
프렐링하이젠(Fredk T. Frelinghuysen)
 181
프로이센 87, 89, 113, 114
프루동(Pierre-Joseph Proudhon) 350
플라톤(Plato) 228

ㅎ

하나부사 요시모또(花房義質) 156, 160
하마시따(Takeshi Hamashita) 121
한국전쟁 29, 30, 131
한성부민회 297
한용운 220
한일강제병합 271, 306, 346

한태연 239
합성명방론 95, 96
해방론 25, 80, 94, 95
향소제도 296
향장 296
허 루장(何如璋) 172, 177
헤겔(Georg W. F. Hegel) 86
헤비아, 제임스(James L. Hevia) 22, 23,
 79, 80
헤이즈(Carlton Hayes) 347
호이브렌크(Daniel Hooibrenk, 荷衣白蓮)
 331
홉스(T. Hobbes) 85
홉슨(John Hobson) 346, 347, 349
홍대용 73, 74, 310, 318
홍범 14개조 188, 189, 192
홍효민 228
화이(華夷) 20, 46, 55~57, 71, 95, 326
황 쭌셴(黃遵憲) 98, 158, 172, 177
후꾸자와 유끼찌(福沢諭吉) 87, 88, 107,
 122, 212, 231, 232, 246
후마 스스무(夫馬進) 207
후지나미 고또따다(藤波言忠) 90
휘튼(Henry Wheaton) 100, 154
휴즈(Charles Evans Hughes) 353
흥아론 26

근대한국의 사회과학 개념 형성사 2

초판 1쇄 발행／2012년 9월 28일

엮은이／하영선·손열
펴낸이／강일우
책임편집／황혜숙 성지희
펴낸곳／(주)창비
등록／1986년 8월 5일 제85호
주소／413-120 경기도 파주시 회동길 184
전화／031-955-3333
팩시밀리／영업 031-955-3399 편집 031-955-3400
홈페이지／www.changbi.com
전자우편／human@changbi.com

ⓒ 하영선·손열 외 2012
ISBN 978-89-364-8579-5 93300